普通高等教育“十一五”国家级规划教材

新世纪高职高专物流管理专业规划教材

机械工业出版社精品教材

物流成本管理

第3版

主　编　朱伟生

副主编　张洪革　张　颖

机　械　工　业　出　版　社

本书是普通高等教育“十一五”国家级规划教材、新世纪高职高专物流管理专业规划教材之一。本书从成本管理角度，介绍了物流成本管理的基本理论与方法，并从物流过程的主要环节上，分别介绍了仓储、运输、包装、装卸、配送、流通加工等物流活动的成本构成、成本计算、成本分析和成本控制的基本方法。

本书可作为高职高专物流管理专业教材，也可作为企事业单位物流工作人员的岗位培训教材和中等职业学校物流类专业的教学参考用书。

图书在版编目（CIP）数据

物流成本管理 / 朱伟生主编. —3 版. —北京：机械工业出版社，2009.6（2016.7 重印）

普通高等教育“十一五”国家级规划教材. 新世纪高职高专物流管理专业规划教材. 机械工业出版社精品教材

ISBN 978-7-111-27227-4

Ⅰ. 物… Ⅱ. 朱… Ⅲ. 物流—成本管理—高等学校：技术学校—教材 Ⅳ. F253.7

中国版本图书馆 CIP 数据核字（2009）第 081082 号

机械工业出版社（北京市百万庄大街 22 号　邮政编码 100037）

策划编辑：孔文梅

责任编辑：孙　聪

责任印制：李　洋

北京振兴源印务有限公司印刷

2016 年 7 月第 3 版 · 第 16 次印刷

169mm×239mm · 21.25 印张 · 379 千字

标准书号：ISBN 978-7-111-27227-4

定价：36.00 元

凡购本书，如有缺页、倒页、脱页，由本社发行部调换

电话服务

服务咨询热线：010-88379833

读者购书热线：010-88379649

网络服务

机 工 官 网：www.cmpbook.com

机 工 官 博：weibo.com/cmp1952

教育服务网：www.cmpedu.com

金 书 网：www.golden-book.com

第3版序

由全国二十多所高职高专院校的物流管理专业的专家、学者和教师共同规划、共同编写的“新世纪高职高专物流管理专业规划教材”，于 2003 年 2 月由机械工业出版社出版发行第 1 版，这套教材是我国高职高专院校开办物流管理专业初始时，内容体系较为完整，实用性和操作性较强，适合高职高专物流管理专业人才培养定位和教学特点的第一套教材。为了适应我国物流行业业态变化快、管理模式和技术创新速度快的特点，我们在征求广大院校教师和读者意见并深入了解物流企业用人需要的基础上，于 2004 年 6 月完成了本套教材第 1 版的修订，推出了第 2 版教材。

2006 年，教育部下发了教高 [2006] 16 号文《关于全面提高高等职业教育教学质量的若干意见》（简称“16 号文”）。“16 号文”对未来高等职业院校的工学结合人才培养模式改革、面向工作任务和内容的课程内容和教学方式改革、教材建设提出了新的要求。为了适应教育部“16 号文”的高等职业教育改革精神的要求，以职业能力培养为目标，以国家物流师职业资格标准为参照，以物流运营管理相关工作岗位过程和内容为缆绳，以适合“教学做”一体化教学为宗旨，我们组织了对第 2 版教材的修订，陆续推出第 3 版系列教材（其中部分教材是第 2 版系列教材中新增加的书目）。

第 3 版教材具有如下特点：

（1）在内容上更能突出物流运营管理相关岗位的工作实际。

（2）在组织结构上更符合相关岗位群的业务流程。

（3）采用案例更具时代性和实用性。

（4）例题和作业更能如实反映企业实际。

（5）配套的多媒体课件更有助于提高教学效率和效果。

（6）行业企业教学资料库更加充实。

（7）本套教材均配有电子课件，凡用作教材的学校或教师可向出版社索取，电子邮箱：cmpgaozhi@sina.com，咨询电话：010-88379375、88379757。

本套教材既可作为高职高专院校物流类专业课程的教材，也可作为各类、各层次学历教育和短期培训的选用教材，也适合广大物流业界人员作为学习参考用书。

由于物流行业发展变化快，我国高等职业教育改革日益深入，再有由于作者水平的限制，书中难免有不尽如人意之处。恳请广大读者提出宝贵意见，以期保持这套教材的时代性和实用性，使其与物流管理高等职业教育的发展和谐共进。

新世纪高职高专物流管理专业
规划教材编审委员会

第2版序

由全国交通系统22所高职高专院校的专家、学者共同规划、共同编写的“新世纪高职高专物流管理专业规划教材”（第1版），于2003年2月由机械工业出版社出版发行，这是我国高职高专院校开办物流管理专业以来，内容体系较为完整、实用性和操作性较强，适合高职高专物流管理专业培养目标和教学特点的第一套教材。该套教材自面世以来，深受广大师生和业界读者的欢迎。通过一年多的使用、实践，我们广泛收集了各院校和读者对本套教材的反馈意见和建议，并深入调查和了解了物流企业的用人需要，深感有必要对第1版教材从结构到内容上进行调整与修订，以使本套教材更能适应物流行业对人才实际要求的变化，更适合高职高专的培养目标和教学特点，更方便广大师生的使用。

第2版教材的特点是：

（1）为了适应不同行业、不同地区院校物流管理专业办学要求，在原来规划的第1版15本教材的基础上，增加了《货物学》、《物流电子商务》、《物流经济学》、《物流中心运作管理》、《物流采购管理》。

（2）教材各章增加学习目的，并尽可能附本章小结，内容、结构更加适合学校教学的要求。

（3）克服以往要么理论分析过深，要么泛泛介绍等缺点，减少了理论分析和公式推导，突出实用性和操作性，更能适合高职高专培养目标和教学特点的要求。

（4）每章后面的案例和复习思考题侧重运作管理方法与技术，突出专题性，突出实训，更有利于培养学生分析问题和解决实际问题的能力，体现高职高专的特点。

（5）章节内容和案例更能体现现代物流运作的技术和管理实际，更能反映当今物流行业新技术、新管理方法和工具的应用。

（6）为了方便广大教师的备课和教学，每本教材增加了助教多媒体课件，帮助教师组织教学过程，使教学更生动直观，提高教学效率。

本套教材既可作为高职高专院校物流类专业课程的教材，也可作为各类、各层次学历教育和短期培训的选用教材，也适合广大物流业界人员作为学习参考用书。

我们相信，“新世纪高职高专物流管理专业规划教材”（第 2 版）的面世，必将为推动我国高职高专物流管理专业教育事业的发展和物流行业的进步，发挥积极的作用。

由于行业发展变化快，再有编者水平的限制，书中难免有不足之处，恳请广大读者提出宝贵意见，以期保持这套教材的时代性和实用性，使其和高职高专的物流管理专业教育与时俱进。

新世纪高职高专物流管理专业
规划教材编审委员会

前言

为了满足物流管理专业教学的需要，经新世纪高职高专物流管理专业规划教材编委会决定，对《物流成本管理》（第2版）重新进行规划和修订。

《物流成本管理》（第 3 版）为高职高专物流管理专业系列教材之一，本书对物流成本管理的理论与方法作了较为全面、系统的阐述，并附有大量的例题与案例，适合作为物流企业和其他企事业中从事物流工作在职人员的培训用书，也适合作为大专院校和职业技术院校物流管理专业的教材或参考用书。

本书由河北交通职业技术学院朱伟生任主编，辽宁高等交通专科学校张洪革、河北交通职业技术学院张颖任副主编。具体编写分工如下：朱伟生编写第四、五、六章；张颖编写第三、十二章（新增）；张洪革编写第一、十一章，并与广东交通职业技术学院朱卫红合编第九章；山西交通职业技术学院张彩花编写第二章和第七章；云南交通职业技术学院赵银芬编写第八章，并与朱伟生共同编写第十章。朱伟生对全书进行了统稿与勘误，并制作了教学课件。

在编写过程中，我们参阅了大量同行专家的有关著作、教材及案例，在此表示感谢。

为方便教学，本书配备电子课件等教学资源。凡选用本书作为教材的教师均可索取，请发送邮件至 cmpgaozhi@sina.com，咨询电话：010-88379375。

对于物流成本管理的理论与方法及其实践的总结，当前还在发展与不断探索中，虽然我们为《物流成本管理》一书的再版付出了艰辛的努力，但由于水平所限，难免出现疏漏和差错，恳请读者批评指正。

编　者

目录

第一章　物流成本管理概述

【学习目的】

通过本章的学习，掌握物流成本的含义与物流成本管理的意义；了解物流成本管理的内容与物流成本管理的方法。

第一节　物流成本的概念及成本管理的意义

一、物流成本的概念

物流泛指根据用户的需要，以最经济的费用，将物资从供给地向需求地转移的过程，包括原材料、产成品从起点至终点及相关信息有效流动的全过程。它将运输、仓储、装卸、加工、整理、配送、信息等方面有机结合，形成完整的供应链，为用户提供多功能、一体化的综合性服务。

在物流活动中，为了提供有关服务，要占用和耗费一定的活劳动和物化劳动，这些在物流活动中所消耗的物化劳动和活劳动的货币表现，即为物流成本，也称物流费用。

物流成本管理是指对物流成本费用进行的计划、协调与控制。物流成本管理可以说是以成本为手段的物流管理体系。

如何以最经济的费用为用户提供多功能、一体化的综合性服务并满足其需要，应是物流成本管理的研究内容。

物流成本包括物流各项活动的成本，是特殊的成本体系。对于物流成本问题，一方面有必要建立一套完整的理论体系，以指导实践，把物流成本管理提升到企业会计管理的高度，这样才能纳入到企业常规管理范畴之内。另一方面，从企业组织结构来看，有必要从根本上改变企业部门和职能的结构，成立专职的物流管理部门，才有可能对物流成本实行单独核算，并对物流成本进行系统分析与控制。

二、物流成本管理的意义

物流成本无论对国家还是对企业来说，都决非一个小数目。目前，国际社会通常以物流成本占 GDP 的比重这一指标作为标准，来衡量一个国家物流业的发展水平与运作效率。

从国家角度来看，美国是当代物流业最发达的国家之一。调查表明，美国物流成本占 GDP 的比重从 20 世纪 80 年代中期到 90 年代初期曾一直保持在 11.4%～11.7%的范围内，20 世纪 90 年代以后，这一比重有了显著下降。进入 21 世纪以后，这一比重仍继续下降。与此同时，美国物流成本的上升幅度低于国民经济的增长幅度。相对美国来讲，我国的物流管理还处于初级阶段，物流成本长期居高不下。表 1-1 为 1996 年至 2005 年中美两国在物流成本占 GDP 比例方面的比较情况。

表 1-1　1996 年至 2005 年中美两国物流成本占 GDP 的比例（%）

年份	1996	1997	1998	1999	2000	2001	2002	2003	2004	2005	均值
中国	21.1	21.1	20.2	19.9	19.4	18.8	18.9	18.9	18.8	18.6	19.57
美国	10.3	10.2	10.1	9.9	10.1	9.5	8.7	8.5	8.6	8.6	9.45

从表 1-1 的比较结果可以看出，我国 1996 年至 2005 年物流成本占 GDP 的比重，初期徘徊在 20%左右，近年来虽有所降低，但仍高达 18%以上；而美国十年来却相对稳定，初期徘徊在 10%左右，2002 年以后则进一步降低到了 9%以下。若以美国物流总成本占 GDP 的比例来计算，我国在 2005 年因物流成本过高造成的损失达 18 750 亿元，意味着整个国家的物流系统效率明显偏低。

从企业角度来看，中国仓储协会 2000 年 3 月对中国家电、电子、日化、食品等行业中具有代表性的 450 家大中型企业的调查结果表明，物流费用占销售费用的比例偏高，比例在 12%以上的占总数的 48.5%。

无论是从国家角度还是从企业角度来看，物流成本下降所带来的利润空间与潜力是巨大的。

由此可见，进行物流成本管理，降低物流费用具有以下几个方面的重要意义。

1、增加国家资金积累

积累是社会扩大再生产的基础，企业承担着上缴国家利税的责任，而物流费用的降低，在其他因素不发生相应变化的情况下，将意味着相应增加了国家资金积累。

2、为社会节省大量的物质财富

工业企业生产的产品，存在着生产过程和消费过程相脱节的现象。企业为了满足社会的需要，其产品一般通过流通环节从生产地流向消费地。加强物流成本管理，可以降低物品在运输、装卸、仓储等物流环节的损耗，不但节约了物流费用，而且为社会节约了大量的物质财富。

3、有利于调整商品价格

物流费用是商品价格的组成部分之一，对于某些特殊商品（如啤酒等）更显突出。物流费用的高低，对商品的价格具有重大的影响。降低物流费用，就是降低它在商品价格中的比重，从而使商品价格下降，减轻消费者的经济负担。

4、有利于改进企业的物流管理，提高企业的竞争力

随着经济全球化和信息技术的迅速发展，企业生产资料的获取与产品营销范围日益扩大，市场竞争十分激烈。企业物流管理水平的高低，将直接影响物流费用水平，进而影响产品成本。对于我国工商企业而言，迫切需要高质量的现代物流系统为之服务，以降低物流成本，提高企业及其产品参与国际市场的竞争力，在激烈竞争的市场环境中求得生存和发展。

系统地开展物流成本管理活动，通过对物流成本费用进行计划、协调与控制，实现相对降低物流费用的目标，从微观角度上看，可以提高企业的物流管理水平，加强企业的经营管理，促进经济效益的提高；从宏观角度上看，降低物流费用对国民经济的健康发展和人民生活水平的不断提高具有重要的意义。

第二节　物流成本管理的内容

一、物流成本管理的原则

物流成本管理是企业财务管理的一项重要内容。物流成本管理应遵循下列原则。

1、认真执行财务制度

由于物流成本是特殊的成本体系，因此物流费用的支出必须按照财务制度的规定，不得随意扩大物流费用支出范围和提高支出标准。企业财会部门要严格审查一切费用开支，正确划分物流费用支出与其他费用支出的界限，保证物流费用支出的真实性和合理性。

2、厉行节约

在保证物流活动正常进行和提高或维持物流服务水平的前提下，尽量节约一切不必要的开支，努力降低相关费用水平。

3、实现计划管理

及时编制物流费用计划（预算），对企业的物流费用开支实行计划（预算）

管理，并且坚持按照计划严格控制开支，切实保证完成计划规定的物流成本降低的任务。

二、物流成本管理的内容

物流成本管理的内容一般包括：物流成本核算、物流成本分析、物流成本控制、物流成本预测、物流成本计划和物流成本决策等。

1、物流成本核算

物流成本核算是根据企业确定的物流成本计算对象，采用相适应的成本计算方法，按照规定的成本项目，通过物流费用汇集与分配的一定程序与方法，最终计算出各项物流活动或作业的成本计算对象的实际总成本和单位成本。

通过物流成本核算，可以如实地反映生产经营过程中有关物流活动的实际耗费，同时，也是对物流成本费用支出的控制过程。物流成本核算应为物流成本分析、物流成本控制、物流成本预测、物流成本计划和物流成本决策等环节提供真实可靠的数据，是物流成本管理的基础工作。

2、物流成本分析

物流成本分析是在成本核算及其他有关资料的基础上，运用一定的方法，揭示一定时期内物流成本水平变动程度，并进一步提示与查明影响物流成本变动的各种因素。通过物流成本分析，提出相应的改进建议，使相关责任部门采取必要措施，以便有效地控制物流成本。

3、物流成本控制

物流成本控制是根据计划目标，对成本发生和形成过程以及影响成本的各种因素和条件施加主动的影响，以保证实现物流成本控制目标的一种行为。

从企业生产经营过程来看，成本控制包括成本的事前控制、事中控制和事后控制。

物流成本事前控制是整个成本控制活动中最重要的环节，它直接影响着将来各作业流程成本的高低。物流成本事前控制活动主要有物流配送中心的建设控制，物流设施与设备的配备控制，物流作业过程的改进控制等。事中控制是对物流作业过程实际耗费的控制，包括设备耗费的控制、人工耗费的控制、劳动工具耗费和其他费用支出的控制等方面。事后控制是通过定期对过去某一段时间成本控制的总结与反馈来控制成本。

通过成本控制，可以及时发现物流活动中所存在的问题，采取纠偏措施，保证成本目标的实现。

4、物流成本预测

物流成本预测是根据有关成本数据和企业具体的发展情况，运用一定的技术方法，对未来的物流成本水平及其变动趋势作出科学的估计。成本预测是成本决策、成本计划和成本控制的基础工作，可以提高物流成本管理的科学性和预见性。

5、物流成本决策

成本决策是在成本预测的基础上，结合其他有关资料，运用一定的科学方法，从若干个备选方案中选择一个较为满意方案的过程。

从物流整个流程来说，有配送中心新建、改建、扩建的决策；装卸搬运设备、设施决策；货物合理配送决策；运输方式选取决策以及流通加工合理下料的决策等。这些决策分析常常以其总成本最小化或功能成本比最大化为目标，从而将其转化为成本决策问题。进行成本决策、确定目标成本是编制成本计划的前提，也是实现成本的事前控制，提高经济效益的重要途径。

6、物流成本计划

物流成本计划是根据成本决策所确定的方案、计划期的生产任务、降低成本的要求以及有关资料，通过一定的程序，运用一定的方法，以货币形式规定计划期物流各环节耗费水平和成本水平，并提出保证成本计划顺利实现所采取的措施。通过成本计划管理，可以在降低物流各环节成本方面给企业提出明确的目标，推动企业加强成本管理责任制，增强企业的成本意识，控制物流环节费用，挖掘降低成本的潜力，保证企业降低物流成本目标的实现。

上述各项物流成本管理活动的内容是互相配合、相互依存的一个有机整体。成本预测是成本决策的前提，成本计划是成本决策所确定目标的具体化，成本控制是对成本计划的实施进行监督，以保证目标的实现，成本核算是对成本形成过程与结果的记录与反映，成本分析既是对成本目标是否实现的检验，也是对其差异成因的确定。

第三节　影响物流成本的因素及降低物流成本的途径

一、影响企业物流成本的因素

1、竞争性因素

企业所处的市场环境充满了竞争，企业之间的竞争除了产品的价格、性能和质量外，从某种意义上来讲，优质的顾客服务水平是决定竞争成败的关键，而高效物流系统则是提高顾客服务水平的重要途径。如果企业能够及时可靠地提供产品和服务，就可以有效地提高顾客服务水平，而顾客服务水平的高低又会直接影响物流成本的变动。

影响顾客服务水平的因素主要有以下几个：

（1）订货周期　企业物流系统的高效化运作，可以缩短企业的订货周期，降低货物的库存，从而降低货物的库存成本，提高企业的顾客服务水平，提高企业的竞争力。

（2）库存水平　企业的库存水平提高，可以减少缺货成本。也就是说，缺货成本与库存水平成反比。库存水平过低，会导致缺货成本增加；库存水平过高，虽然会相应降低缺货成本，但是存货成本会显著增加。理论上讲，合理的库存应保持在使仓储总成本为最小的水平上。

（3）运输　企业采用更为快捷的运输方式，虽然会增加运输成本，但却可以缩短运输时间，提高物流服务水平，提高企业在竞争中的快速反应能力，并可相应地降低库存成本。

2、产品因素

产品的特性不同也会影响物流成本，如产品价值、产品密度、易损性和特殊搬运等。

（1）产品价值　产品价值的高低通常会直接影响其物流成本的大小。随着产品价值的增加，其相关的各项物流活动的成本都会增加。一般来讲，产品的价值越大，对其运输或搬运作业及其工具的要求就越高，其运输或搬运成本也就越高。存储与包装成本通常也随着产品价值的增加而增加，产品的高价值意味着其存货与包装的高成本。

（2）产品密度　产品密度越大，相同单位运输工具所装载的货物就越多，单位运输成本就越低。同理，仓库中一定空间内存放的货物越多，单位存储成本就越低。

（3）易损性　物品的易损性对物流成本的影响是显而易见的，易损的产品对物流各环节如运输、包装、仓储等作业活动都提出了更高的要求。

（4）特殊搬运　有些特种货物会对搬运提出特殊的要求，如对长大物品的搬运，需要特殊的装载工具；有些物品在搬运过程中需要持续加热或制冷等，这些特殊耗费的结果，就是增大物流成本。

3、空间因素

空间因素是指物流系统中企业制造中心或仓库相对于目标市场或供货点的位置关系。制造中心或仓库距离目标市场太远，必然会增加运输及包装等成本；但在目标市场建立或租用仓库，会增加库存成本。因此空间因素对物流成本水平的高低具有重要影响。

二、降低物流成本的途径

降低物流成本已成为企业开辟“第三利润源泉”的重要途径，也是企业可以挖掘利润的一片新的绿洲，物流成本的降低成为企业获得利润的重要方面。从长远的角度来看，降低物流成本可以通过以下几个途径来实现。

1、物流合理化

物流合理化就是使一切物流活动和物流设施趋于合理，以尽可能低的成本获得尽可能好的物流服务。根据物流成本的效益背反理论，物流活动各环节的成本往往此消彼长，如果不综合考虑，必然会造成物流成本的不必要的增加和浪费。对于一个企业而言，物流合理化是降低物流成本的关键因素，它直接关系到企业的效益，也是物流管理追求的总目标。物流的合理化，不能单纯地强调某环节的合理性和有效性来节省个别成本，而是要统筹兼顾、系统地加以考虑。

2、提高物流质量

提高物流质量，也是降低物流成本的有效途径。这是因为只有不断提高物流质量，才能减少并最终消灭各种差错事故，降低各种不必要的费用支出，降低物流过程的消耗，从而保持良好的信誉，吸引更多的客户，形成规模化的集约经营，提高物流效率，从根本上降低物流成本。

物流质量的内涵丰富，主要内容有：

（1）商品质量　商品质量指商品运送过程中对原有质量（数量、形状、性能）的保证，尽量避免商品的破损。

（2）物流服务质量　物流服务质量指物流企业对用户提供服务，使用户满意的程度。比如，第三方物流企业采用 GPS 定位系统，货主可随时查询送货车辆的位置，及时了解货物的运行状态信息及货物运达目的地的整个过程，可有效地增强物流企业和货主之间的相互信任。

（3）物流工作质量　物流工作质量是指物流服务各环节、各岗位具体的工作质量。这是相对于企业内部而言的，是在一定标准下的物流质量的内部控制。物流工作质量控制指标体系包括运输工作质量指标、仓库工作质量指标、包装工作质量指标、配送工作质量指标、流通加工工作质量指标及信息工作质量指标等。

（4）物流工程质量　物流工程质量是指把物流质量体系作为一个系统来考察，用系统论的观点和方法，对影响物流质量的诸要素进行分析、计划，并进行有效控制。这些因素主要包括：人的因素、体制因素、设备因素、工艺方法因素以及环境因素等。具体的物流工程质量指标有：运输工程质量指标、仓库工程质量指标、包装工程质量指标、配送工程质量指标、流通加工工程质量指标及信息工程质量指标等。

物流质量管理与一般商品质量管理的主要区别是：它一方面要满足生产者的要求，使其产品能及时准确地运送给用户；另一方面要满足用户的要求，即按用户要求将其所需的商品送达交付，并使生产者与用户在经济效益上求得一致。

3、加快物流速度

加快物流速度，可以减少资金占用，缩短物流周期，降低存储费用，从而节省物流成本。

加快物流速度可以通过加快采购物流、生产物流、销售物流的速度，来缩短整个物流周期，加大资金的利用率。据了解，美国生产企业的物流周期平均每年 16～18 次，而我国目前还不到 2 次，也就是说，同样的物品从生产到消费，我们需要的资金是美国的 8～9 倍。资金的占用是有成本的，所以说，在我国通过提高物流效率来降低物流成本的空间也是非常巨大的。

第四节　物流成本管理的方法与手段

物流成本管理是通过成本去管理物流，即管理的对象是物流而不是成本，物流成本管理可以说是以成本为手段的物流管理体系。物流成本管理本身，就是为了以相对较低的物流成本达到用户所满意的服务水平，对物流活动进行的计划、组织、协调与控制。

一方面，成本能较为真实地反映物流活动的实态；另一方面，成本可以成为评价所有活动的共同尺度。就第一方面而言，一旦用成本去反映物流活动，物流活动方法上的差别就会以成本差别而明显地表现出来；就第二方面而言，用成本这个统一的尺度来评价各种活动，可以把性质不同的活动放到同一场合进行比较、分析，评价优劣。因此，把物流活动置换成物流成本来管理，是物流管理的有效手段。

物流成本管理的方法通常体现在以下几个方面。

一、物流成本的划分、计算、控制与分析

物流成本的正确划分、归集、计算、控制与分析是物流成本管理的最基本工作。只有真实合理地划分、归集、计算物流成本，才能正确分析成本变动的因素；只有正确分析与确定成本变动的成因，才能有效地控制不宜发生的物流费用；只有有效地控制物流成本费用，才能实现成本控制目标，并为下一循环的物流成本预测与计划的制订以及目标成本函数的构建提供重要参数。

二、物流成本预测与计划

物流成本预测是在编制物流成本计划之前进行的，它是在对本年度物

流成本进行分析，充分挖掘降低物流成本潜力的基础上，寻求降低物流成本的有关技术经济措施，以保证物流成本计划的先进性和可靠性。物流成本计划按时间标识进行划分，有短期计划（半年或一年）、中期计划和长期计划。

三、物流活动优化作业

物流过程是一个创造时间性和空间性价值的经济活动过程，为使其能提供最佳的价值效能，就必须保证物流各个环节的合理化和物流过程的迅速、通畅。物流系统是一个庞大而复杂的系统，要对它进行优化，需要借助于先进的管理方法和管理手段。

1、优化运输方案，实现物品运输优化

物流过程中遇到最多的是运输问题，例如某产品现由某几个企业生产，又同时供应某几个客户，怎样才能使企业生产的产品运到客户所在地时，达到总运费最小的目标？假定这种产品在企业中的生产成本为已知，从某企业到消费地的单位运费和运输距离，以及各企业的生产能力和消费量都已确定，则可用线性规划来解决。如企业的生产量发生变化，生产费用函数是非线性的，就应使用非线性规划来解决。属于线性规划类型的运输问题，常用的方法有单纯型法和表上作业法。

2、选择货物最佳配送方案，实现货物配送优化

配送线路是指各送货车辆向各个客户送货时所要经过的路线，它的合理与否，对配送速度、车辆的利用效率和配送费用都有直接影响。目前较成熟的优化配送线路的方法是节约法，也称节约里程法。

3、运用存储论，确定经济合理的库存量，实现物资存储优化

存储是物流系统的中心环节，物资从生产到送达客户手中通常需要经过几个阶段，几乎在每一个阶段都需要存储。究竟在每个阶段库存量保持多少为合理？为了保证供给，需隔多长时间补充库存？一次进货多少才能达到费用最省的目的？这些都是确定库存量的问题，也都可以在存储论中找到解决的方法，其中应用较广泛的方法是经济订购批量模型。

4、运用模拟技术，对整个物流系统进行研究，实现物流系统的最优化

例如，克莱顿·希尔模型，它是一种采用逐次逼近法的模拟模型。这个方法提出了物流系统的三项目标：最高的服务水平、最小的物流费用、最快的信息反馈。在模拟过程中采用逐次逼近的方法来求解下列决策变量：流通中心的数目、对客户的服务水平、流通中心收发货时间的长短、库存分布、系统整体的优化。

四、计算机管理系统

计算机管理系统是物流成本管理的重要手段，通过计算机管理系统对物流活动的反复进行的控制、计算、评价，使整个物流系统在不断地优化，并及时确定其总成本最低的各项物流活动最佳方案。

由于物流成本是物流系统全部活动的价值耗费结果，因此，从某种意义上讲，物流成本管理的内容几乎涉猎了物流技术与管理的各个方面。

但在现实工作中，物流成本管理和物流技术与管理有着较为明确的划分，这种划分也应体现在物流课程体系上。物流成本管理的方法虽然繁杂多样，但其采用的成本数据高度依赖于物流成本的正确划分、计算、控制与分析，因此物流成本的划分、计算、控制与分析应是物流成本管理的基础与主体，也是本书的侧重点。

【阅读资料 1】 我国物流成本为何居高不下

在我国，物流费用占了货品总成本的 30%，运输成本比西方发达国家高出 3 倍。另外，从产品的供应链结构来看，90%的时间消耗在流通环节，在生产环节的时间只占 10%。

在上海召开的“2005 中国国际物流节”上可以了解到，尽管目前我国社会物流需求持续高速增长，物流业增加值稳步上升，但物流发展的总体水平还比较低。

据统计，2004 年，全国社会物流总额达 38.4 万亿元，同比增长 29.9%。国内现代物流业实现增加值 8 459 亿元，同比增长 8.4%。全国社会现代物流总费用为 29 114 亿元，同比增长 16.6%，但第三方物流在整个物流需求中所占的份额不足 4%，远低于发达国家。

“2004 年，工业企业流动资金周转率为 2.16 次/年，发达国家一般超过 15 次/年。社会物流总费用占国民生产总值的比重为 21.3%，高于国外发达国家一倍以上。”国家发展和改革委员会副主任欧新黔说。此外，主要满足货物的空间位移和仓储服务的传统物流服务在我国仍占主导地位。“现在，能参与客户物流资源的内外统筹配置，为客户提供量体裁衣的个性化物流服务的还很少。”中国对外贸易运输（集团）总公司总裁张斌介绍，在我国的外包物流服务中，85%来自基础性服务，其中 53%来自运输管理，32%来自仓储管理，增值服务及物流信息的财务收益只占 15%。而在美国，来自基础性服务的收益占 62%，增值服务的比例已达 38%。

虽然我国的物流基础设施发展很快，但仍难满足高速发展的物流需求。2004 年，我国需要运输的实物量增长 20%左右，而实际完成的货运总量只增长了 10.6%，使货物在途时间延长，压港、压航、压库严重。

【阅读资料 2】我国物流成本居高不下三大原因

“如果物流成本降低1至2个百分点，将带来大约2 000亿元的社会效益。”全国政协委员、交通部副部长洪善祥在接受记者的采访时说。洪善祥同时指出，“我国物流成本占GDP的比重高达20%，而发达国家一般才占10%左右，必须要建立推进现代物流发展的统一协调机制。”

洪善祥分析说，导致我国物流成本居高不下的原因主要有以下三点：

一是物流管理体制各自为政。物流是一个跨部门、跨行业的复合型产业，其发展涉及国家宏观经济与对外贸易，涉及铁路、公路、水路和空运等多种运输方式，也涉及口岸监管、商务、土地、税务和信息等相关部门。但各部门之间缺少有效沟通与协调，各自为政。所以跨地区的物流服务往往受到区域性局部利益的影响而难以得到良好的发展。

二是物流基础设施相对薄弱，建设规划缺少合理统筹。内陆交通运输设施建设缓慢，特别是集装箱运输中转站发展较慢，集装箱“门到门”的多式联运未得到充分发展。目前，我国内地进出口货物有 70%左右是由内地以散杂货形式集运到港区再拼箱，或拆箱后以散杂货形式疏运到内地。服务于区域或城市的物流基地、物流中心等现代化物流设施相对缺乏。

三是多种运输方式之间缺少良好衔接与配合，发展不平衡、不协调，使得各种运输方式不能合理地发挥各自的优势。

针对这些情况，洪善祥提出了解决的办法和建议：

一是要建立推进现代物流发展的统一协调机制。现代物流是一个行业涉及面广、服务领域宽和区域跨度大的综合性产业体系。推进现代物流发展特别需要有全局观、前瞻性，需要统筹规划和合理布局。因此，有必要建立全国推进现代物流发展的统一协调机制。建议由国家发改委牵头，商务部及交通、铁道、民航、邮政、海关、质检、国土资源、财政、税收、信息等相关部门共同参与的联合机构，研究商讨我国现代物流发展的全局性问题。

二是统筹规划，实现基础设施资源的有效配置与整合。洪善祥认为，现代物流的发展规划，要充分注重全局性、前瞻性和实用性，重点是正确处理好与国际先进水平接轨和与我国国情结合之间的关系，处理好长远发展与近期需要之间的关系，处理好东西部地区之间物流平衡发展的关系，处理好新建物流基础设施与整合利用现有条件之间的关系，防止盲目建设、重复建设，避免资源浪费。

三是优势互补，促进多种运输方式的高效协作与发展。洪善祥说，应该充分发挥各种运输方式的比较优势，优化组合多种运输方式，提供最佳的全过程服务，以达到货物安全快速流通和降低全程运输成本的目的。

第二章　物流成本的构成、分类与特征

【学习目的】

通过本章的学习，了解物流成本的构成、物流成本的分类及其意义、物流成本的特征。

第一节　物流成本的构成

研究不同领域的物流成本的构成和不同环节的物流成本的构成，既是物流成本核算的需要，也是物流成本分析与管理的需要。

一、社会物流费用构成

社会物流费用是指国民经济各方面用于社会物流活动的各项费用支出。它包括：支付给运输、储存、装卸搬运、包装、流通加工、配送、信息处理等各个物流环节的费用；应承担的物品在物流期间发生的损耗；社会物流活动中因资金占用而应承担的利息支出；社会物流活动中发生的管理费用等。

社会物流费用一般划分为运输费用、管理费用、保管费用三个部分。

（1）运输费用　是指社会物流活动中，国民经济各方面由于物品运输而支付的全部费用。它包括支付给物品承运方的运费（即承运方的货运收入）；支付给装卸搬运保管代理等辅助服务提供方的费用（即辅助服务提供方的货运业务收入）；支付给运输管理与投资部门的，由货主方承担的各种交通建设基金、过路费、过桥费、过闸费等运输附加费用。

运输费用的基本计算方法是：

运输费用=运费+装卸搬运等辅助费

具体计算时，可根据铁路运输、道路运输、水上运输、航空运输和管道运输不同的运输方式及对应的业务核算办法分别计算。

（2）管理费用　是指社会物流活动中，物品供需双方的管理部门，因组织和管理各项物流活动所发生的费用。它主要包括管理人员报酬、办公费用、教育培训费用、劳动保险、车船使用费用等各种属于管理费用科目的费用。

管理费用的基本计算方法是：

管理费用=社会物流总额×社会物流平均管理费用率

式中，社会物流平均管理费用率是指一定时期内，各物品最初供给部门完成全部物品从供给地流向最终需求地的社会物流活动中，管理费用额占各部门物流总额比例的综合平均数。

（3）保管费用 是指社会物流活动中，物品从最初的资源供应方（生产环节、海关）向最终消费用户流动过程中，所发生的除运输费用和管理费用之外的全部费用。它包括：物流过程中因流动资金的占用而需承担的利息费用；仓储保管方面的费用；流通中配送、加工、包装、信息及相关服务方面的费用；物流过程中发生的保险费用和物品损耗费用等。

保管费用的基本计算方法是：

保管费用＝利息费用＋仓储费用＋保险费用＋货物损耗费用＋信息及相关服务费用＋配送费用＋流通加工费用＋包装费用+其他保管费用

比较我国与发达国家在社会物流成本构成上的差别，具有重要意义，见表 2-1、表 2-2。

表 2-1 美国社会物流费用构成（%）

年 份	运输费用	保管费用	管理费用	社会物流总费用
1999	60.08	36.12	3.80	100.00
2000	58.82	37.29	3.89	100.00
2001	60.71	35.42	3.87	100.00
2002	63.40	32.75	3.85	100.00
2003	64.10	32.05	3.85	100.00

表 2-1 显示，1999 年至 2003 年，美国的运输费用在其社会物流总费用中的比例最大，超过 60%，而且近年比例逐渐增长，基本维持在 65%左右；仓储费用呈下降态势，其占物流总费用的比例接近 30%，仅次于运输费用。由此可见，美国现代物流发展的突出成绩集中体现在降低库存、加速资金周转方面。

表 2-2 我国社会物流费用构成（%）

年 份	运输费用	保管费用	管理费用	社会物流总费用
2001	53.20	30.30	16.50	100.00
2002	54.30	30.00	15.70	100.00
2003	56.20	29.50	14.30	100.00
2004	56.40	29.90	14.00	100.00
2005	55.00	31.40	13.50	100.00

表 2-2 表明：我国社会物流费用构成中，运输费用占的比例最大，占总费

用的一半以上，低于美国；保管费用约占 30%左右，接近美国；管理费用约占 14%左右，明显偏高。

二、企业物流成本构成

企业物流成本是指企业在生产经营过程中，商品从原材料供应开始，经过生产加工，到产成品和销售，以及伴随着生产和消费过程所产生的废物回收利用等过程中所发生的全部费用。

物流成本从其所处的领域看，可分为流通企业物流成本和生产企业物流成本。领域不同，其物流成本的构成也不同。下面我们再来介绍一下流通企业和生产企业的物流成本具体构成。

1．流通企业物流成本的构成

在我国，物质资料的经营主要是由物资企业和商业企业共同承担的。流通企业物流成本是指在组织物品的购进、运输、仓储、销售等一系列活动中所消耗的人力、物力、财力的货币表现，其具体构成如下：

（1）人工费用　包括职工工资、奖金、津贴以及福利费等。

（2）营运费用　如能源消耗、运杂费、折旧费、办公费、差旅费、保险费等。

（3）财务费用　指经营活动中发生的资金使用成本支出，如利息、手续费等。

（4）其他费用　如税金、资产损耗、信息费等。

2．生产企业物流成本构成

生产企业的主要目的是生产能够满足社会需要的产品，以此换取企业的利润。为了进行生产经营活动，企业必须同时进行有关生产要素的购进、仓储、搬运以及产成品的销售等。另外，为保证产品质量，为消费者提供优良产品，企业还要进行产品的返修和废品的回收。因此，生产企业的物流成本是指企业在进行供应、生产、销售、回收等过程中所发生的运输、包装、仓储、配送、回收方面的费用。与流通企业相比，生产企业的物流成本大多体现在所生产的产品成本中，具有与产品成本的不可分割性。

生产企业的物流成本一般包括以下内容：

（1）人工费用　包括供应、仓储、搬运和销售环节的职工工资、奖金、津贴以及福利费等。

（2）生产材料的采购费用　包括运杂费、保险费、合理损耗成本等。

（3）产品销售费用　如广告费、运输费、展览推销费、信息费等。

（4）仓储保管费　如仓库维护费、搬运费等。

（5）设备费用　如有关设备和仓库的折旧费、维修费、保养费等。

（6）营运费用　如能源消耗费、物料消耗费、折旧费、办公费、差旅费、保险费、劳动保护费等。

（7）财务费用　如仓储物资占用的资金利息。

（8）回收费用　如回收废品发生的物流成本。

物流成本的高低，直接关系到利润的多少。因此，如何以最少的物流成本“在适当的时间将适当的产品送到适当的地方”是摆在企业面前的一个重要问题。解决这个问题的根本出路在于加强对物流系统即采购、仓储、运输三个环节的成本控制。

从总体来看，物流环节不同，各环节的成本构成也各不相同。下面我们具体讨论各环节的物流成本构成。

三、运输成本

本书中的“运输”专指“物”的载运与输送。它是在不同地域范围间，以改变“物”的空间位置为目的的活动，对“物”进行空间位移。运输与搬运的区别在于：运输是在较大范围内的活动，而搬运是在较小范围内的活动。

1、运输方式的分类

运输方式一般按运输设备及运输工具的不同分类。其具体分类如下：

（1）汽车运输　使用汽车在道路上进行货物运输的一种方式。

（2）铁路运输　使用铁路列车运送货物的一种运输方式。其运输成本通常低于汽车运输成本。

（3）船舶运输　使用船舶运送货物的一种运输方式。其运输成本通常低于其他运输方式的成本。

（4）航空运输　使用飞机或其他航空器材进行运输的一种方式。航空运输的成本较高。

（5）管道运输　利用管道输送气体、液体和粉状固体的一种运输方式。

2、运输成本构成

在现代物流企业中，运输在其经营业务中占有主导地位。因此物流运输费用在物流费用中占有较大比例。经综合分析计算，运输费在社会物流费用中一般约占 50%。由于运输是物流中最重要的功能要素之一，物流合理化在很大程度上依赖于运输合理化，而运输合理与否直接影响着物流运输费用的高低，进而影响着物流成本的高低。

就一般物流企业或一般生产企业的运输部门而言，其运输工具主要是载货汽车，因此，其物流成本中的运输成本主要表现为汽车运输成本。汽车运输成本中主要包括以下费用：

（1）人工费用　如工资、福利费、奖金、津贴和补贴等。

（2）营运费用　如营运车辆的燃料费、轮胎费、折旧费、维修费、租赁费、车辆清理费、保险费等。

（3）其他费用　如差旅费、事故损失、相关税金等。

四、流通加工成本

流通加工是物流中具有一定特殊意义的形式。流通加工是指物品在从生产地到使用地的过程中，根据需要施加包装、分割、计量、分拣、刷标志、拴标签、组装等简单作业的总称。

一般来说，生产是通过改变物质形式和性质，进而创造商品的价值和使用价值的一种活动，而流通是保持商品原有物质形式和性质，以完成所有权转移和空间形式位移的一种活动。物流的包装、储存、运输、装卸等功能，虽然具备生产的性质，但并不改变物流对象的属性。

为了提高物流速度和物资利用率，在商品进入流通领域后，还需按用户的要求进行一定的加工活动，即在商品从生产者向消费者流动的过程中，为了促进销售，维护商品质量，实现物流的高效率所采用的使商品发生形状和性质的变化，就是流通加工活动。

流通加工成本构成内容主要有：

（1）流通加工设备费用　流通加工设备因流通加工形式不同而不同。如木材加工需要电锯，剪板加工需要剪板机等，购置这些设备所支出的费用，将以流通加工费（折旧费）的形式转移到被加工的产品中去。

（2）流通加工材料费用　在流通加工过程中，投入到加工过程中的一些材料消耗的费用，即流通加工材料费。

（3）流通加工劳务费用　在流通加工过程中，支付给从事加工活动的工人及有关人员工资、奖金等费用。

（4）流通加工其他费用　除上述费用外，在流通加工中耗用的电力、燃料、油料以及车间经费等费用，也应加到流通加工费用之中去。

五、配送成本

配送是指在经济合理区域范围内，根据用户要求，对物品进行拣选、加工、包装、分割、组配等作业，并按时送达指定地点的物流活动。配送是物流中一种特殊的、综合的活动形式，是信息流与物资流紧密结合的一种形式。

配送成本是指企业的配送中心在对物品进行拣选、加工、包装、分割、组配以及运送过程中所发生的各项费用的总和。

配送是小范围内的物流活动，一般的配送集装卸、包装、保管、运输于一身，特殊的配送还包括加工在内。但是配送的主体活动与一般物流不同，一般物流是运输保管，而配送则是运输与分拣配货。分拣配货是配送的独特要求，也是配送中有特点的活动。以送货为目的的运输是最后实现配送的主要手段，从这一主要手段出发，常常将配送简化地看成是运输活动中的一种。

1、配送的特征

配送具有以下三个方面的特征：

（1）信息流与物流相结合，形成商品购销、储存、加工、运输全过程一体化的配送体系。

（2）小批量、多批次、品种规格齐全、配套、实行连续不断的均衡供货。

（3）物流企业与用户的关系更紧密。通过签订配送协议或合同，在较长时期内稳定双方的供需关系，形成利益共同体。有了这种稳固的关系，用户所需的商品才有可靠的保证，物流企业的经营也才能够正常开展。

2、配送的成本构成

根据配送流程及配送环节的作业内容，配送成本由配送运输费用、分拣费用、配装及流通加工费用等构成。

（1）配送运输费用　主要包括在配送运输过程中发生的车辆费用和营运间接费用。

（2）分拣费用　主要包括在配送分拣过程中发生的分拣人工费用及分拣设备费用。

（3）配装费用　主要包括配装环节发生的材料费用、人工费等。

（4）流通加工费用　主要包括流通加工环节发生的设备使用费、折旧费、材料费及人工费用。

六、包装成本

包装是指为在流通过程中保护产品、方便储运、促进销售，按一定技术方法而采用的容器、材料及辅助物等的总体名称，也指为了达到上述目的而采用容器、材料和辅助物的过程中施加一定技术方法等的操作活动。

包装对商品具有保护、保管、定量、标识、便利、效率和促销功能。按包装的功能，包装可分为工业包装和商业包装两大类。

包装作为生产的终点和物流的起点，实施包装作业的单位可能是生产企业，也可能是流通企业。无论其为工业包装还是商业包装，都需要耗用一定的人力、物力、财力，对于大多数商品，只有经过包装，才能进入流通。据统计，包装费用占流通费用的10%，有些商品（特别是生活消费品）包装费用甚至高达50%。因而加强包装费用的管理核算，可以降低物流成本，提高经济效益。

包装成本构成一般包括以下几方面：

（1）包装材料费用　常见的包装材料有多种，由于包装材料功能不同，成本差异也较大。

（2）包装机械费用　包装机械不仅可以极大地提高包装的劳动效率，还可以大幅度提高包装水平。包装机械费用主要包括设备折旧费、低值易耗品摊销、维修费等。

（3）包装技术费用　为了使包装的功能能够充分发挥其作用，达到最佳的包装效果，包装时需要采用一定的技术效果。如实施缓冲包装、防潮包装、防霉包装等。这些技术的设计、实施所支出的费用就是包装技术费用。

（4）包装辅助费用　这些费用包括包装标记、标志的设计费用、印刷费用、辅助材料费用、赠品费用以及相关的能源消耗费用等。

（5）包装人工费用　指从事包装工作的工人与其他有关工作人员的工资、福利费、奖金、津贴和补贴等。

七、装卸与搬运成本

装卸搬运广泛存在于物流各领域、各环节，成为提高物流效率、降低物流成本、改善物流条件、保证物流质量、使物流能够顺利进行的关键环节之一。

装卸是指在指定地点以人力或机械设备装入或卸下的作业活动。搬运是指在同一场所内，对物品以水平移动为主的作业活动。

一般发生在同一地域范围内（如车站、工厂、仓库等），以改变“物”的存放、支承状态的活动称为装卸；以改变“物”的空间位置的活动称为搬运。

物流过程中，装卸搬运活动是不断出现和反复进行的，它出现的频率高于其他各项物流活动，每次装卸活动都要花费很长时间，所以往往成为决定物流速度的关键。装卸活动消耗的人力、物力也较多，所以装卸费用在物流成本中所占的比重也较高。

装卸搬运成本构成内容主要有以下几方面：

（1）人工费用　如工人工资、福利费、奖金、津贴和补贴等。

（2）营运费用　如固定资产折旧费、维修费、能源消耗费、材料费、设备维修费等。

（3）装卸搬运合理损耗费用　如装卸搬运中发生的货物破损、散失、损耗、混合等损失。

（4）其他费用　如办公费、差旅费、保险费、相关税金等。

八、仓储成本

仓储管理的主要任务是用相对较低的费用在适当的时间和适当的地点取得适当数量的存货。在许多企业中，仓储成本是物流总成本的一个重要组成部分，物流成本的高低常常取决于仓储管理成本的大小，而且，企业物流系统所保持的库存水平对于企业为客户提供服务的水平起着重要作用。

仓储成本构成内容主要有以下几方面：

（1）仓储持有成本　仓储持有成本是指为保持适当的库存而发生的成本，一般包括仓储设备折旧、仓储设备的维护费用、仓库职工工资、库存占用资金的利息费用、仓储商品的毁损和变质损失、保险费用、搬运装卸费用、挑选整理费用等。

（2）订货或生产准备成本　订货成本是指企业为了实现一次订货而进行的各种活动的费用，包括处理订货的差旅费、办公费等支出。

生产准备成本是指当库存的某些产品不由外部供应而是由企业自己生产时，企业为生产一批货物而进行准备的成本。其一般包括设备折旧费、材料费、加工费、人工费等。

（3）缺货成本　缺货成本是指因库存供应中断而造成的损失，包括原材料供应中断造成的停工损失、产成品库存缺货造成的延迟发货损失和丧失销售机会的损失，以及紧急额外购入成本。

（4）在途库存持有成本　在途库存持有成本一般包括在途库存的资金占用成本、保险费用等。

第二节　物流成本的分类

企业按其业务性质不同可分为两类，即生产企业和流通企业。相对应的物流成本也可以按其所处的领域不同分为两类，即生产企业物流成本和流通企业物流成本。

物流成本按照流通环节分类，主要包括仓储成本、运输成本、装卸搬运成本、流通加工成本、包装成本、配送成本、物流信息管理成本七部分。

此外，物流成本还可以按照以下方式进行分类。

一、按物流成本是否具有可控性分类

按物流成本是否具有可控性，可将物流成本分为可控成本与不可控成本。

1、可控成本

可控成本是指考核对象对成本的发生能够控制的成本。例如生产部门对产量的消耗是可以控制的，所以材料的耗用成本（按标准成本计算）是生产部门的可控成本；而材料的价格，因由供应部门所控制，所以是供应部门的可控成本。又如企业在生产过程中消耗的由辅助生产部门所提供的水、电、气时，这些水、电、气成本的高低对辅助生产部门来说是可以控制的，因而是可控成本，但对生产部门来说，则是不可控制的，所以必须按标准成本来结转其成本。由于可控成本对各责任中心来说是可控制的，因而必须对其负责。

2、不可控成本

不可控成本是指考核对象对成本的发生不能予以控制的成本，因而也不予以负责的成本。例如上面所说的材料的采购成本，生产部门是无法控制的，因而对生产部门来说是不可控成本；又如供应部门的水、电、气成本对生产部门来说也是不可控成本。

可控成本与不可控成本都是相对的，而不是绝对的。对于一个部门来说是可控的，而对另一部门来说是不可控的。但从整个企业来考察，所发生的一切费用都是可控的，只是这种可控性需分解落实到相应的责任部门，所以从整体上看，所有的成本都是可控成本，这样才能同时调动各责任中心的积极性。

二、按物流成本的特性分类

按物流成本的特性分类，即按物流成本与业务量之间的数量关系分类，可将物流成本划分为变动成本和固定成本。

在企业的生产经营活动中，企业发生的资源消耗与业务量之间的数量关系可以分为两类：一类是随着业务量的变化而变化的成本，例如材料的消耗、工人的工资、能源消耗等。这类成本的特征是：业务量高，成本的发生额也高；业务量低，成本的发生额也低。成本的发生额与业务量近似成正比关系。另一类是在一定的业务量范围内，与业务量的增减变化无关的成本，例如固定资产折旧费、管理部门的办公费等。这类成本的特征是：在企业正常经营的条件下，这些成本是必定要发生的，而且在一定的业务量范围内基本保持稳定。对于这两类不同性质的成本，我们将前者称为变动成本，而将后者称为固定成本。

1、变动成本

变动成本是指其发生总额随业务量的增减变化而近似成正比例增减变化的成本。

这里所需强调的是变动的对象是成本总额，而非单位成本。就单位成本而言，恰恰是固定的，因为只有单位成本保持固定，变动成本总额才能与业务量之间保持正比例的变化。

2、固定成本

固定成本是指成本总额保持稳定，与业务量的变化无关的成本。

同样应予以注意的是，固定成本是指其发生的总额是固定的，而就单位成本而言，却是变动的，因为在成本总额固定的情况下，业务量小，单位产品成本中的固定成本含量就高，业务量大，单位产品成本中的固定成本含量就低。

在生产经营活动中，还存在一些既不与产量的变化成正比例变化，也非保持不变，而是随产量的增减变动而适当变动的成本，这种成本被称为半变动成本或半固定成本，如机器设备的日常维修费、辅助生产费用等。其中受变动成本的特征影响较大的称为半变动成本，而受固定成本的特征影响较大的称为半固定成本。由于这类成本同时具有变动成本和固定成本的特征，所以也称为混合成本。对于混合成本，可按一定方法将其分解成变动与固定两部分，并分别划归到变动成本与固定成本中。

三、按成本计算的方法分类

按成本计算的方法分类，可将成本分为实际成本与标准成本两类。

1、实际成本

实际成本是指企业在物流活动中实际耗用的各种费用的总和。

2、标准成本

标准成本是通过精确的调查、分析与技术测定而制定的，用来评价实际成本、衡量工作效率的一种预计成本。在标准成本中，基本上排除了不应该发生的“浪费”，因此被认为是一种“理想成本”。

标准成本和估计成本同属于预计成本，但后者不具有衡量工作效率的尺度作用，主要体现可能性，供确定产品销售价格使用。标准成本要体现企业的目标和要求，主要用于衡量工作效率和控制成本，也可用于存货和销货成本的计价。

准确地讲，“标准成本”一词在实际工作中有两种含义。

第一种含义是指“单位产品的标准成本”，也称为“成本标准”，它是根据单位产品的标准消耗量和标准单价计算出来的。其计算公式为

$$单位产品标准成本=单位产品标准消耗量\times标准单价$$

第二种含义是指“实际产量的标准成本”，它是根据实际产品产量和成本标准计算出来的。其计算公式为

$$实际产量的标准成本=实际产量\times单位产品标准成本$$

标准成本按其制定所根据的生产技术和经营管理水平，分为理想标准成本和正常标准成本。

理想标准成本是指在最优的生产条件下，利用现有的规模和设备能够达到的最低成本。制定理想标准成本的依据，是理论上的业绩标准、生产要素的理想价格和可能实现的最高生产经营能力利用水平。这里所说的理论业绩标准，是指在生产过程中毫无技术浪费时的生产要素消耗量，最熟练的工人全力以赴工作、不存在废品损失和停工时间等条件下可能实现的最优业绩。这里所说的最高生产经营能力利用水平，是指理论上可能达到的设备利用程度，只扣除不可避免的机器修理、改换品种、调整设备等时间，而不考虑产

品销路不佳、生产技术故障等造成的影响。这里所说的理想价格，是指原材料、劳动力等生产要素在计划期间最低的价格水平。事实上，这种理想标准成本很难成为现实，它的主要用途是提供一个完美无缺的目标，揭示实际成本下降的潜力。因其提出的要求太高，不能作为考核的依据。

正常标准成本按其适用期，分为现行标准成本和基本标准成本。

现行标准成本指根据其适用期间应该发生的价格、效率和生产经营能力利用程度等预计的标准成本。在这些决定因素变化时，需要按照改变了的情况加以修订。这种标准成本可以成为评价实际成本的依据，也可以用来对存货和销货成本计价。

基本标准成本是指一经制定，只要生产的基本条件无重大变化，就不予变动的一种标准成本。所谓生产的基本条件重大变化是指产品的物理结构变化，重要原材料和劳动力价格的变化，生产技术和工艺的根本变化等。只有这些条件发生变化，基本标准成本才需要修订。由于市场供求关系变化导致的售价变化和生产经营能力利用程度变化，以及由于工作方法改变而引起的效率变化等，不属于生产的基本条件变化，对此不需要修订基本标准成本。使用基本标准成本与各期实际成本对比，可反映成本变动的趋势。由于基本标准成本不按各期时间修订，不宜用来直接评价工作效率和成本控制的有效性。

四、按物流成本在决策中的作用分类

1、机会成本

机会成本是企业在作出最优决策时必须考虑的一种成本。其含义是当一种资源具有多种用途，即多种利用机会时，选定其中的一种就必须放弃其余几种，为了保证经济资源得到最佳利用，即选择资源利用的最优方案，在分析所选方案（机会）的收益时，就要求将其余放弃的方案中最高的收益额视作选定该方案所付出的代价，这种被放弃的次优方案最高的收益额即为所选方案的机会成本。

机会成本不是实际所需支付的成本，而是一种决策时为选择最优方案而所需考虑的成本。在选择方案时，如果考虑了机会成本，所选方案的收益仍为正数，该方案即为最优方案；如果考虑了机会成本，所选方案的收益为负数，该方案就不是最优方案。引进机会成本这一概念后，就可保证决策的最优化。

2、可避免成本

可避免成本是指当决策方案改变时某些可免予发生的成本，或者在有几种方案可供选择的情况下，当选定其中一种方案时，所选方案不需支出而其他方案需支出的成本。但应注意，可避免成本不是可降低的成本，虽然对本

方案来说，其他方案的某些支出，本方案可免予支出，但本方案发生的支出，则不可避免，所以，可避免成本仅指其他方案的某些支出，本方案可免予发生。可避免成本常常是与决策相关的成本。

3、重置成本

重置成本是指按目前的市价来计量的所耗资产的成本，重置成本所反映的是现时价值。从理论上讲，采用重置成本计价比采用原始成本计价更为合理。

4、差量成本

差量成本是指两个不同方案之间预计成本的差异数。在作出决策时，由于各个方案所选用的生产方式、生产工艺和生产设备的不同，各方案预计所发生的成本也不同，各方案预计成本的差异数即为差量成本。在产品售价或销售收入相同的情况下，差量成本是进行决策的重要依据。另外，在各方案的成本比较中，当选定某一方案为基本方案，然后将其他方案与之相比较时，增加的成本称为增量成本，增量成本是差量成本的一种表现形式。

五、按物流费用的支付形态分类

按物流费用支付形态分类，分为直接物流成本和间接物流成本。

直接物流成本由企业直接支付；间接物流成本是由企业把物流活动委托其他组织或个人而支付的物流费用。这两大项又可以细分为以下几类。

（1）材料费　包括包装材料、燃料、工具材料等的消耗形成的费用。

（2）人工费　包括工资、奖金、退休金、福利费等。

（3）燃料动力费　包括水费、电费、燃气费等。

（4）经营管理费　包括维护保养费、消耗材料费、房租、保险费、折旧费等。

（5）一般经费　包括差旅费、交际费、教育费、会议费、杂费等。

（6）委托物流费　包括包装费、运费、保管费、出入库费、手续费等以及委托企业外部承担物流业务而支付的费用。

六、按物流活动发生的范围分类

按物流活动发生的具体范围分类，物流成本可以分为以下几类。

（1）采购物流费　指从原材料（包括空容器、包装材料）的采购到送达购入者为止的物流活动所发生的费用。

（2）工厂内部物流费　指从产成品包装开始到确定向顾客销售为止的物流活动所发生的费用。

（3）销售物流费　指从确定向顾客销售开始到出库为止发生的物流活动费用。

（4）退货物流费　伴随着产品销售的退回等物流活动而发生的费用。

（5）废弃物物流费　主要指为了处理已经成为废弃物的产品而发生的包装费、运输用容器费、材料费、运杂费等。

七、按物流功能类别分类

按物流活动发生的功能类别分类，可以分为物流环节成本、信息管理成本、物流管理成本等。

（1）物流环节成本　包括运输费、仓储费、包装费、装卸费、流通加工费等。

（2）信息管理成本　指处理和传送物流相关信息发生的费用，包括库存管理、订单处理、顾客服务等相关费用。库存管理是指与库存的移动、计算、盘点等有关的信息处理、传达等业务。订单处理是指顾客委托仓库出库的相关信息的处理业务，并不包括商流部分订货活动。顾客服务是指接受顾客的咨询和询问，提供有关信息的业务。以上业务的特点是离不开计算机和信息系统的支持，本质上属于信息活动。

（3）物流管理成本　指物流计划、协调、控制等管理活动方面发生的费用，不仅包括现场物流管理成本，而且包括本部物流管理成本。具体包括人工费用、办公费用、物料消耗费用、资金使用费用等。现场物流管理成本是指配送中心、仓库、物流网点等物流作业部门的人工费、办公费、物料消耗成本以及维持费等。本部物流管理成本是指企业综合物流管理部门发生的上述费用。

第三节　物流成本的特征

由于物流是在各种不同场合发生的，掌握与计算物流成本相当困难。而且物流成本一般没有单独列入企业的财务会计中，更加剧了确定物流成本的难度。因此，了解和把握住物流成本的特征，对于更好地认识物流成本管理的规律，深化物流成本管理的理论与实践具有重要意义。

一、物流成本的几种重要学说

（一）“黑大陆”学说

“黑大陆”主要是指尚未认识、尚未了解的领域。如果理论研究和时间探索照亮了这块黑大陆，那么摆在人们面前的可能是一片不毛之地，也可能是一片宝藏。

著名的管理学学者彼得·德鲁克曾经讲过：“流通是经济领域里的黑暗大陆。”德鲁克泛指的是流通，但是由于流通领域中物流活动的模糊性特别突出，是流通领域中人们认识不清的领域，所以，“黑大陆”学说应当是针对物流而言。

在财务会计中把营运生产费用大致划分为生产成本、管理费用、营业费用、财务费用和营业外费用。再把营业费用按各种支付形态进行分类，这样，在损益表中，所能直观看到的物流成本在整个销售额中只占极少的比重，因此物流的重要性当然不会被认识到，这就是物流被称为“黑暗大陆”的一个原因。

“黑大陆”学说是对当代经济学界存在的愚昧认识的一种批驳和反对，指出在市场经济繁荣和发达的情况下，科学技术也好，经济发展也好，都没有止境。“黑大陆”学说也是对物流本身的客观评价，即这个领域未知的东西还很多，理论与实践皆不成熟。

（二）物流成本冰山理论

“物流冰山”学说是日本早稻田大学西泽修教授提出来的，他在研究物流成本时发现，现行的财务会计制度和会计核算方法都不能掌握物流费用的实际情况，因而人们对物流费用的了解是一片空白，甚至有很大的虚假性，他把这种情况比做“物流冰山”。

冰山的特点是大部分沉在水面之下，而露出水面的仅仅是冰山的一角。物流便是一座冰山，其中沉在水面以下的是我们看不到的黑色区域，而我们看到的不过是物流成本的一部分，如图 2-1 所示。

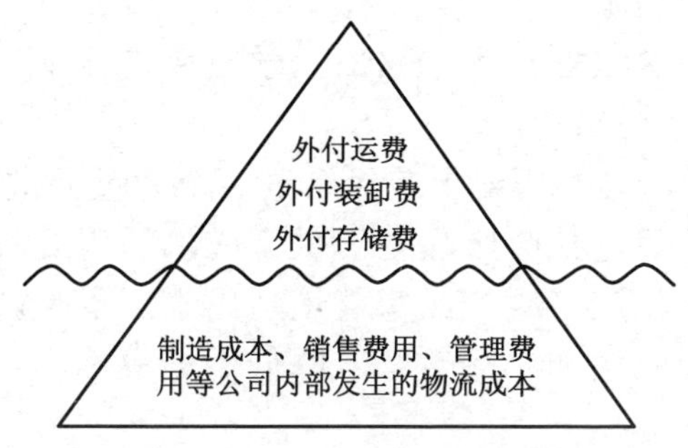

图 2-1　物流成本冰山理论

西泽修教授用物流成本具体分析了德鲁克的“黑大陆”学说，事实证明，物流领域的方方面面对我们而言还是不清楚的，在“黑大陆”中和“冰山”的水下部分正是物流管理尚待开发的领域，也正是物流管理的潜力所在。

如果将决算表中记载的物流费用，只认为是公司外部支付的部分，把它误解为“冰山全貌”，从而忽略物流成本管理，那么企业就会面临险境。只有对物流成本进行全面计算，才能够解释清楚混在有关费用中的物流成本。

具体来讲，工厂生产的产品，其购买原材料所支付的物流费用是计算在原材料成本中的；自运运输费和自用保管费是计入营业费用中的；另外与物流有关的利息和其他利息一起计入财务费用之中。如果把这些来自生产成本、原材料成本、销售费用和财务费用之中的有关物流部分费用划分出来，并单独加以汇总计算，就会对物流费用的全部有进一步的了解，并会为其巨大的金额而感到惊讶。

实际上，在物流成本中，有不少是物流部门无法控制的。如保管费中就包括了由于过多进货或过多生产而造成积压的库存费用，以及紧急运输等例外发货的费用。从销售方面看，物流成本没有对额外的服务和标准服务加以区别，比如物流成本中往往包含促销费用。

根据物流冰山理论，要把隐藏在水面下的物流成本全部核算出来是不可能的，传统的会计体系不仅不能提供足够的物流成本分摊数据，而且也没有这个必要。

理论研究与实际管理毕竟是有所区别的，在企业物流管理中，不可能为了建立物流独立核算体系，而破坏其他若干成熟的财务会计核算体系，实际上，真正需要纳入物流成本管理的是那些对物流成本有影响的会计数据。

在现实工作中，仍然只是把“冰山浮出水面的一角”作为物流成本核算的对象，主要的核算范围是那些明显的或容易单独计算的外付物流费用等。在许多企业中，物流成本并未全部单独核算，更未融入企业成本核算体系中。

（三）“第三个利润源”

第三个利润源的说法是日本早稻田大学教授、日本物流成本学说的权威学者西泽修在 1970 年提出的。

从历史发展来看，人类历史上曾经有过两个大量提供利润的领域。

在生产力相对落后、社会产品处于供不应求的历史阶段，由于市场商品匮乏，制造企业无论生产多少产品都能销售出去，于是就大力进行设备更新改造、扩大生产能力、增加产品数量、降低生产成本，以此来创造企业剩余价值，即第一个利润源。

当产品充斥市场，转为供大于求，销售产生困难时，也就是第一个利润源达到一定极限很难持续发展时，便采取扩大销售的办法寻求新的利润源泉。人力领域最初是廉价劳动，其后则是依靠科技进步提高劳动生产率，降低人力消耗或采用机械化、自动化来降低劳动耗用，从而降低成本，增加利润，我们称之为“第二个利润源”。

然而，在前两个利润源潜力越来越小，利润开拓越来越困难的情况下，物流领域的潜力被人们所重视，于是，出现了西泽修教授的“第三个利润源泉”学说。同样的解释还反映在日本另一位物流学者谷本谷一先生编著的《现代日本物流问题》一书和日本物流管理协议会编著的《物流管理手册》中。

第三个利润源是对物流潜力及效益的描述。经过半个世纪的探索，人们已肯定这“黑大陆”虽不太清晰，但绝不是不毛之地，而是一片富饶之源。

这三个利润源着重开发生产力的三个不同要素：第一个利润源挖掘对象是生产力中的劳动对象；第二个利润源挖掘对象是生产力中的劳动者；第三个利润源主要挖掘对象则是生产力中劳动工具的潜力，同时注重劳动对象与劳动者的潜力，特别是物流管理的效能潜力，因而更具全面性。

第三个利润源的理论最初认识是基于以下几个方面：

1）物流可以完全从流通中分化出来，自成体系，有目标，有管理，因而能进行独立的总体分析判断。

2）物流和其他独立的经济活动一样，它不是总体的成本构成因素，而是单独盈利因素，物流可以成为相对独立的“利润中心”。

3）从物流服务角度来说，通过有效的物流服务，可以给接受物流服务的生产企业创造更好的盈利机会，成为生产企业的“第三个利润源”。

4）通过有效的物流活动，可以优化社会经济系统和整个国民经济的运行，降低整个社会的运行成本，提高国民经济的总效益。

对此，经济界的一般理解，是从物流可以创造微观经济效益来看待“第三个利润源”的。

（四）效益背反理论

“效益背反”是物流领域中很经常很普遍的现象，是这一领域中内部矛盾的反映和表现。

“效益背反”指的是物流的若干功能要素之间存在着损益的矛盾，即某一功能要素的优化和利益发生的同时，必然会存在另一个或几个功能要素的利益损失，反之也如此。这是一个此消彼长、此盈彼亏的现象，虽然在许多领域中这种现象都是存在的，但在物流领域中，这个现象似乎更为突出。

物流系统的效益背反包括：物流成本与服务水平的效益背反和物流各功能活动的效益背反。

1、物流成本与服务水平的效益背反

高水平的物流服务是由高水平的物流成本作保证的，在没有较大的技术进步情况下，物流企业很难做到既提高了物流服务水平，同时也降低了物流成本。一般来讲，提高物流服务水平，物流成本就会上升，两者之间存在着效益背反。

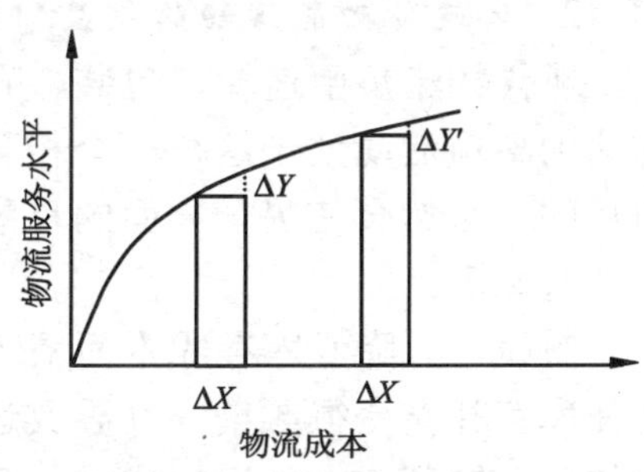

图 2-2 物流服务与成本

通常情况下，物流服务水平与物流成本之间并非呈现线性关系，而是如图 2-2

所示，物流服务水平曲线是向下弯曲的。也就是说，物流服务如处于低水平阶段，追加成本ΔX，物流服务水平即可上升ΔY；如果处于高水平阶段，同样追加ΔX，则服务水平上升$\Delta Y'$，但$\Delta Y' < \Delta Y$。

从图 2-2 中我们也可以看出，在不同的服务水平上，投入相同的物流成本并非可以得到相同的物流服务水平的增长。

换句话说，与处于竞争状态的其他企业相比，在处于相当高的服务水平的情况下，要想超过竞争对手，维持更高的服务水平就需要有更多的投入。美国营销专家菲利普·科特勒指出："物流的目的必须引进投入与产出的系统效率概念，才能得出较好的定义。"这就是说，要把物流看成是由多个效益背反的要素所构成的系统，避免为了片面达到某一单一目的，而损害企业整体利益。

一般在对物流服务和物流成本做决策时，以价值工程理论为指导，可以考虑以下四种方法：

（1）保持物流服务水平不变，尽量降低物流成本　在不改变物流服务水平的情况下，通过改进物流系统来降低物流成本，提高物流价值。这种通过优化系统结构降低物流成本来维持一定物流服务水平的方法，称为追求效益法。

（2）提高物流服务水平，增加物流成本　这是许多企业提高物流服务水平的做法，是物流企业面对特定顾客或其面临竞争对手时所采取的具有战略意义的做法。

（3）保持物流成本不变，提高服务水平　这是一种积极的物流成本对策，是一种追求效益的方法，也是一种有效地利用物流成本性能的方法。

（4）用较低的物流成本，实现较高的物流服务　这是一种增加效益、具有战略意义的方法。物流企业只有合理运用自身的资源，才能获得这样的成果。

企业采取哪种物流成本策略，要根据各个方面的综合因素。这些因素包括商品战略、流通战略和物流系统所处的环境及竞争对手的情况等。

2、物流各功能活动的效益背反

现代物流是由运输、包装、仓储、装卸及配送等物流活动组成的集合，物流的各项活动处于这样一个相互矛盾的系统中，要想较多地达到某个方面的目的，必然会使另一方面的目的受到一定的损失，这便是物流各功能活动的效益背反。

例如，为降低库存成本而减少物流网络中仓库的数目并减少库存，必然会使库存补充变得频繁，并导致运输次数的增加，虽然降低了库存成本，却增加了运输环节上的运输成本；又如，将铁路运输改为航空运输，虽然增加了运费，却提高了运输速度，减少了库存，降低了库存费用。

再如，就包装环节来说，在产品销售市场和销售价格皆不变的前提下，假定其他成本要素也不变，那么包装方面每少花一分钱，这一分钱就必然转到收益上来，包装越省，利润则越高。但是，一旦商品进入流通之后，如果节省包装其结果降低了产品的防护功能，造成了大量损失，就会造成储存、装卸、运输等功能要素的工作困难和效益减少。显然，包装活动的效益是以其他功能要素的损失为代价的，我国流通领域每年曾因包装不善出现的上百亿元的商品损失，就是这种“效益背反”的实证。所有这些表明，在设计物流系统时，要综合考虑各方面因素的影响，使整个物流系统达到最优。

由此可见，物流系统就是以成本为核心，按最低成本的要求，使整个物流系统化。它强调的是调整各要素之间的矛盾，把它们有机地结合起来，使物流总成本为最小。

企业物流成本的效益背反关系，实质上是研究企业物流的经营管理问题，即将管理目标定位于降低物流成本的投入并取得较大的经营效益。在物流成本管理中，作为管理对象的是物流活动本身，物流成本是作为一种管理手段而存在的。一方面成本能真实地反映物流活动的实态；另一方面成本可以成为评价所有活动的共同尺度。

企业物流管理肩负着“降低企业物流成本”和“提高服务水平”两大任务，这是一对相互矛盾的对立关系。整个物流合理化，需要用总成本评价，这反映出企业物流成本管理的效益背反特征及企业物流对整体概念的重要性。

物流具有与商流不同的特性而独立存在，是对物流学科特性的认识；而物流效益背反的规律，是对物流学科的功能要素的认识，并使我们寻求解决各功能要素效益背反问题的相对满意的方案。在系统科学已在其他领域形成和普及的时代，科学的思维必将导致人们寻求物流的总体最优化。不但可将物流这一块“黑大陆”细分成若干功能要素来认识，而且可将包装、运输、仓储等功能要素有机地结合起来，连成一个整体来认识物流，进而有效解决“效益背反”规律，追求整体的效益，这是物流学科的一大发展。

这种思想在不同国家、不同学科的表述方法是不同的，如美国学者用“物流森林”的结构概念来表述物流的整体观念，指出物流是一种结构，对物流不能只见功能要素而不见结构，也就是说，不能只见树木不见森林。物流的整体效果是森林的效果，这可以归纳成一句话：“物流是一片森林而非一棵棵树木。”

对这种整体观念的描述还有许许多多的提法，诸如物流系统观念、多维结构观念、物流一体化观念、综合物流观念、后勤学和物流的供应链管理等，都是这种思想的另一种提法或是同一思想的延伸和发展。

（五）其他物流成本学说

除了上述较有影响的物流理论学说之外，还有一些物流成本学说在物流学界广为流传。

1、成本中心学说

成本中心学说的含义是：物流在整个企业战略中，只对企业营销活动的成本发生影响，物流是企业成本重要的产生点，因而解决物流的问题，并不止要搞合理化、现代化，不止为了支持保障其他活动，重要的是通过物流管理和物流的一系列活动降低成本。所以，成本中心既是指主要成本的产生点，又是指降低成本的关注点，物流是“降低成本的宝库”等说法正是这种认识的形象表述。

2、利润中心学说

利润中心学说的含义是：物流可以为企业提供大量直接和间接的利润，是形成企业经营利润的主要活动。非但如此，对国民经济而言，物流也是国民经济中创利的主要活动。物流的这一作用，被表述为“第三个利润源”。

3、服务中心学说

服务中心学说代表了美国和欧洲等一些国家学者对物流的认识。他们认为，物流活动最大的作用，并不在于为企业节约了消耗、降低了成本或增加了利润，而是在于提高企业对用户的服务水平，进而提高企业的竞争能力。因此，他们在使用描述物流的词汇上选择了后勤一词，特别强调其服务保障的职能。通过物流的服务保障，企业以其整体能力来压缩成本，增加利润。

4、战略学说

战略学说是当前非常盛行的说法。实际上学术界和产业界越来越多的人已逐渐认识到，物流更具有战略性，是企业发展的战略而不是一项具体操作性任务。应该说这种看法把物流放在了很高的位置，企业战略是什么呢？是生存和发展。物流会影响企业总体的生存和发展，而不是在哪个环节搞得合理一些，省了几个钱。

二、物流成本的重要特性

根据本章的上述分析，我们可以将物流成本的特性归纳为以下几点。

（一）计算要素难以确定

在一般情况下企业会计制度中，只把支付给外部运输、仓储企业的费用列入物流成本，实际上这些费用在整个物流费用中确实犹如冰山的一角。因为，物流基础设施建设费和企业利用自己的车辆运输、利用自己的库房保管货物、由自己的工人进行包装、装卸等费用都没有列入物流费用科目内。一般来说，企业向外部支付的物流费用是很小的一部分，而真正的大头是企业内部发生的物流费用。

“物流成本冰山”学说之所以成立，有以下三个方面的原因，这也是物流成本难以确定的三个方面。

1．物流成本的计算范围太大

物流成本的计算范围包括原材料物流、工厂内部物流、从工厂到仓库和配送中心的物流、从配送中心到商店的物流等。这么大的范围，涉及的单位非常多，牵涉的面也很广，很容易漏掉其中的某一部分，致使物流费用计算结果相差甚远。

2．物流成本的计算对象难以确定

在运输、保管、包装、装卸以及信息等各物流环节中，以哪些环节作为物流成本的计算对象？如果只计运输和保管费用，不计其他费用，与将运输、保管、装卸、包装以及信息等费用都进行计算，两者的费用计算结果差别很大。

3．物流成本的计算内容难以归集

选择哪几种费用列入物流成本，也是物流成本计算所面临的问题。比如，向外部支付的运输费、保管费、装卸费等费用一般都容易列入物流成本，但是本企业内部发生的物流费用，如与物流相关的人工费、物流设施建设费、设备购置费，以及折旧费、维修费、电费、燃料费等是否也列入物流成本中？此类问题都与物流费用的高低直接相关。

（二）存在制度性缺陷，实际操作难度大

由于物流成本大部分发生在企业内部，而且范围大、流通环节多、涉及的单位较多，因此，许多已经发生的物流费用在具体分解时存在很大的困难。现行会计制度通常将一些应计入物流成本的费用，如仓储保管费用、仓储办公费用、仓储物资的合理损耗等计入企业的经营管理费用；同时，将物资采购中发生的物资运输费用、保险费用、合理损耗、装卸费用、挑选整理费用等计入物资采购成本。因此，在实际计算物流成本时，对上述费用的分解还同时存在一个制度规范的问题，而且，如果要分解这些被不经意隐藏的费用，在操作上也存在很大的难度，操作成本较高。

（三）核算方法难以统一

不同企业的物流成本项目不同，在如何统一物流成本计算项目方面，尚没有形成统一的标准。

美国物流成本的计算范围包括以下三个部分：

第一部分为库存费用。指花费在保存货物上的费用，除了包括仓储、合理损耗、人力费用、保险和税收费用外，还包括库存占用资金的利息。其中利息是当年美国商业利率乘以全国商业库存总金额得到的。把库存占用的资金利息加入物流成本，这是现代物流与传统物流在费用计算上的最大区别，只有这样，降低物流成本和加快资金周转速度才从根本利益上统一起来。

第二部分为运输费用。运输费用包括汽车运输与其他运输方式发生的费用。汽车运输费用包括城市内运送与区域间卡车运输发生的费用。其他运输方式费用包括铁路运输、航空运输、船舶运输、管道运输发生的费用。此外，还包括搬运装卸费等。

第三部分为物流管理费用。是按照美国的历史情况由专家确定一个固定比例，乘以库存费用和运输费用的总和得出的。

日本物流成本的计算依据 1997 年日本运输省制定的《物流成本计算统一标准》。该“标准”按三种不同的方式规定了物流成本计算标准。

第一种方式是按物流范围划分。将物流费用分为供应物流费用、生产物流费用、企业内部物流费用、销售物流费用、退货物流费用和废弃物物流费用六种类型。供应物流费用是指从原材料（包括容器、包装材料）采购到供应给制造业这一物流过程中所发生的费用；企业内部物流费用是指从物品运输、包装开始到最终确定向顾客销售这一物流过程中所发生的费用；销售物流费用是指从确定向顾客销售到向顾客交货这一物流过程中所发生的费用；退货物流费用是指随售出商品的退货而发生的物流活动过程中所发生的费用。

第二种方式是按支付形式划分的物流费用计算标准。其物流费用分为材料费、人工费、公益费、维护费、一般经费、特别经费和委托物流费用等。材料费是指直接材料费、燃料费、工具费、器具费和备用品费等费用；人工费是指人员工资、补贴、奖金、杂费、退休金和福利费等费用；公益费是指向电力、煤气、自来水等提供公益服务部门支付的费用；维护费是指使用和维护土地、建筑物、车辆、搬运工具等支出的维护维修费、材料消耗费、课税、租赁费和保险费等费用；一般经费是指旅差费、交通费、会议费、交际费、教育费和杂费等一般支出费用；特别经费是指折旧费、企业贷款利息等特殊支出费用；委托物流费用是指企业向外支付的包装费、运输费、保管费、装卸费和手续费等物流业务费用。

第三种方式是按物流的功能划分计算物流费用。它包括运输费、保管费、包装费、装卸费、信息费和物流管理费。

我国对物流成本计算的范围和具体计算方法还没有形成统一的规范。

上述物流成本的这些特性，将直接影响物流成本的核算体系与管理体系的设计。

【复习思考题】

1．什么是物流成本？它有哪些分类方法？分类的依据是什么？

2．物流成本的构成内容有哪些？

3．按照物流环节分类，物流各环节的成本内容是什么？

4．简述各种物流成本学说的内容。

5．简述物流成本的特性。

【案例】

美国、加拿大物流成本开支与构成情况，见表2-3～表2-8。

表2-3　2000年美国普通公司物流成本开支

	占销售额比例（%）	加拿大元/每百磅
运输	3.54	42.91
仓储	2.39	27.80
订单清关/客户服务	0.76	8.44
管理	0.85	4.29
库存搬运	2.03	30.63

表2-4　2000年加拿大普通公司物流成本开支

	占销售额比例（%）	加拿大元/每百磅
运输	3.38	24.17
仓储	2.39	20.03
订单清关/客户服务	0.69	13.94
管理	0.73	7.10
库存搬运	2.09	20.91

注：资料来源ESTABLISH.INC HERBERT W.DAVIS AND COMPANY。

表2-5　美国加拿大公司物流成本构成情况

成 本 内 容	美国公司（%）	加拿大公司（%）
客房服务/订单清关	8	8
仓储	25	25
运输	37	36
管理	9	8
库存搬运	21	23

表 2-6　美国小公司物流成本

年销售额/百万美元	小于 200	200～500	500～1 250	大于 1 250
物流成本占销售额的比例（%）	10.45	8.73	7.36	3.4

表 2-7　加拿大中等公司物流成本

年销售额/百万美元	小于 200	200～500	500～1 250	大于 1 250
物流成本占销售额的比例（%）	10.1	10.97	10.24	3.4

表 2-8　美国市场物流软件销售额预测

（单位：百万美元）

	2000 年	2001 年	2002 年	2003 年	2004 年	2005 年	年均增长率（%）
运输管理系统	150	203	273	383	536	750	38
仓储管理系统	339	424	594	831	1 164	1 629	37
物流优化软件	52	70	98	138	193	270	39
视程软件（货物跟踪）	200	310	450	600	740	850	34
链接及信息服务	215	280	363	491	662	894	33
国际贸易物流软件	140	203	294	412	556	723	39
总　计	1 096	1 490	2 072	2 855	3 851	5 116	36.1

试就上述资料进行比较分析，并作出初步的分析结论。

第三章　物流成本计算的基本方法

【学习目的】

通过本章的学习，掌握物流成本计算对象与成本计算期的选取方法，初步掌握品种法、分批法、分步法和作业法等物流成本计算的基本方法。

第一节　物流成本计算对象

物流成本如何归集与计算，取决于对所评价与考核的成本计算对象选取的正确与否。成本计算对象的选取方法不同，得出的物流成本结果也不同。

在计算物流成本或收集物流成本数据时，明确成本计算对象是前提条件，否则，物流成本的计算也就失去了存在的意义。在实际工作中，之所以存在着通过成本来管理物流时发生无功而返的现象，其中一个主要因素，就是不能正确地选取与确认物流成本的计算对象。因此，正确确定成本计算对象，是进行成本计算的基础与前提。

成本计算对象，指企业或成本管理部门，为归集和分配各项成本费用而确定的、以一定时期和空间范围为条件而存在的成本计算实体。

企业的物流活动都是在一定的时空范围内进行的，从物流的各个环节来看，其时间上具有连续性和继起性，空间上具有并存性。因此，各项成本费用的发生，需要从其发生期间、发生地点和承担实体三个方面进行合理划分，这就形成了成本计算对象的三个基本构成要素。

一、成本费用承担实体

成本费用承担实体，是指其发生并应合理承担各项费用的特定经营成果的体现形式，包括有形的各种产品和无形的各种劳务作业等。例如，工业企业的某种、某批或某类产品；服务行业的某一经营项目；施工企业的某项工程；运输业的某种运输劳务等。

就物流企业来讲，其成本费用承担实体，主要是各种不同类型的物流活动或物流作业。

二、成本计算期间

成本计算期间，是指汇集生产经营费用、计算生产经营成本的时间范围。

例如，工业企业成本计算期按产品的生产周期和日历月份；农业种植业按轮作周期；服务业、劳务性企业一般按日历月份等。物流企业的成本计算期视其物流作业性质可有不同的确定方法，如对于远洋货物运输作业来讲，因其生产周期较长（以航次为生产周期），所以应以航次周期作为成本计算期。

三、成本计算空间

成本计算空间，是指成本费用发生并能组织企业成本计算的地点或区域（部门、单位、生产或劳务作业环节等）。例如，工业企业的成本计算空间可按全厂、车间、分厂、某个工段或某一生产步骤划分；服务性等企业可以按部门、分支机构或班组等单位来确定各个成本计算空间。

物流企业成本计算空间的划分，一般是指对物流活动范围、物流功能范围以及物流成本控制的重点进行选取。

1、对物流活动范围的选取

成本计算空间对物流活动范围的选取，从物流成本计算对象的角度来讲，是指对物流的起点与终点以及起点与终点间的物流活动过程的选取，也就是对物流活动过程的空间上的截取。

对于每个物流成本计算对象，都存在着物流活动的起讫点的选取问题。起讫点的选取不同，其成本计算结果也就不同。

2、对物流功能范围的选取

成本计算空间对物流功能范围的选取，是指在运输、搬运、储存、保管、包装、装卸、流通加工和物流信息处理等物流功能中，选取哪种功能作为物流成本计算对象。把所有的物流功能作为成本计算对象与只把运输、保管这两种功能作为成本计算对象，两者所反映的物流功能范围的成本，显然是不同的。

3、对物流成本控制重点的选取

物流成本计算应服务于物流成本管理的目的。在实际工作中，不可能将所有的物流活动耗费都精确地加以记录与计算，这样做，既不经济，也无意义。在众多的物流作业活动中，选取物流成本控制重点作为成本计算对象，或者说，对物流活动耗费相对较大的物流作业活动进行单独的费用记录与计算，将对物流成本管理产生事半功倍的效果。

四、生产经营特点和管理要求对成本计算方法的影响

1、生产组织不同，成本计算对象不尽相同

对于大量生产类型的产品（物流作业，下同），因连续不断地重复生产品种相同的产品，因此只要求按照产品的品种计算其成本。

对于大批生产类型的产品，由于产品批量较大、生产周期较长，所以可

与大量生产一样，只要求按产品品种计算产品成本。

对于小批生产类型的产品，因其批量较小，一批产品往往同时完工，因此，有可能按产品的批别归集费用，计算各批产品的成本。

对于单件生产类型的产品，因生产过程是按件（产品实物单位）进行组织的，所以有必要也有可能按单件计算产品成本。按单件计算产品成本实际上是批量为 1 的按产品批别计算产品成本的特例。

2、生产工艺过程不同，成本计算对象有所不同

在单步骤生产条件下，由于生产工艺过程不可能或不需要划分为几个生产步骤，因此只要求按产品品种计算产品成本。

在多步骤生产条件下，由于生产工艺过程是由几个可以间断的或分散到几个不同地点进行生产的生产步骤所组成，为加强对各步骤的成本管理，特别是按成本责任单位进行管理时，在按产品品种计算成本的同时，还要求按生产步骤计算产品成本。

3、管理要求不同，产品成本的计算对象和计算方法有所不同

生产组织和生产工艺过程的不同，从客观上决定着成本的计算对象，但是同时还要考虑管理上的要求。比如，在多步骤生产条件下，如果管理上不要求按生产步骤考核生产成本时，也可以不考虑产品的生产（作业）步骤，而只按产品的品种或批别计算成本。

4、按成本控制重要程度对产品成本的计算对象与计算方法进行选取

企业在确定成本计算对象时，如果可作为成本计算对象者较多时，可仅将成本控制的重点作为成本计算对象，而对于那些非成本控制重点可加以归并或不予考虑。

五、物流成本计算对象的选取

就物流企业来讲，物流成本的计算并非越全越细越好，其成本计算对象也并非越全越好，过细过全的成本计算是不必要的，也是不经济的。

物流成本计算对象的选取，常常取决于企业领导对各种物流活动代价的关心程度，以及成本计算人员对成本数据收集的难易程度、能力差别等。严格地讲，这些因素不能作为成本计算对象选取的根本依据。

物流成本计算对象的选取，应当放在成本控制的重点上。成本控制的重点应包括：

（1）按成本责任划定的责任成本单位。

（2）当前成本费用开支比重较大或根据当前需要有必要分清并分别计算其物流成本的部门或作业活动。

（3）新开发的物流作业项目等。

由于各个企业在物流成本的发生期间、发生地点和承担实体的划分方法上不尽相同，因此，即使生产或劳务作业类型相同的企业，也可能在进行成本对比时不完全具有可比性。

六、常用的几种成本计算方法

在实际当中，常用的适应一般生产组织和工艺过程特点以及成本管理需要的成本计算方法，主要有下述四种：

（1）按照产品或作业的品种计算产品成本，称为品种法。

（2）按照产品或作业的批别计算产品成本，称为分批法。

（3）按照产品或作业的生产步骤计算产品成本，称为分步法。

（4）按照劳务作业项目计算劳务成本，可称为作业成本法或 ABC 法。

第二节　产品成本计算方法

一、品种法

品种法，是以产品（物流作业，下同）品种作为成本计算对象，归集生产费用、计算产品成本的一种成本计算方法。

1、品种法的特点

品种法具下列特点：

（1）以产品品种作为成本计算对象，按产品品种归集其生产费用并计算其成本。

（2）按月定期计算产品成本。

（3）对于单步骤生产企业，因其生产品种单一，且生产周期短，月末一般不会存在在产品，所以，一般不需要将生产费用在完工产品和月末在产品之间分配。

2、品种法的计算程序

品种法的计算程序如下：

（1）按产品品种设置成本明细账（即成本计算单），并按各成本项目设置费用专栏。

（2）编制各种费用要素分配明细表，对于各种产品发生的直接费用，如直接耗用的原材料、生产工人工资等，按各种产品计入各自的产品成本明细账；对于间接费用，则应选择适当的分配标准按照相应的分配方法进行分配，计入各受益的产品成本明细账中。当然，从对成本责任单位考核与评价角度，对于间接费用也可单独进行计算，不再以分配的形式计入产品或劳务作业成本。

（3）月末将归集在各产品成本明细账中的费用汇总，如果月末没有在产品，其汇总的费用即是完工产品总成本。

（4）根据总成本与产品产量计算该产品的单位成本。

品种法核算程序如图 3-1 所示。

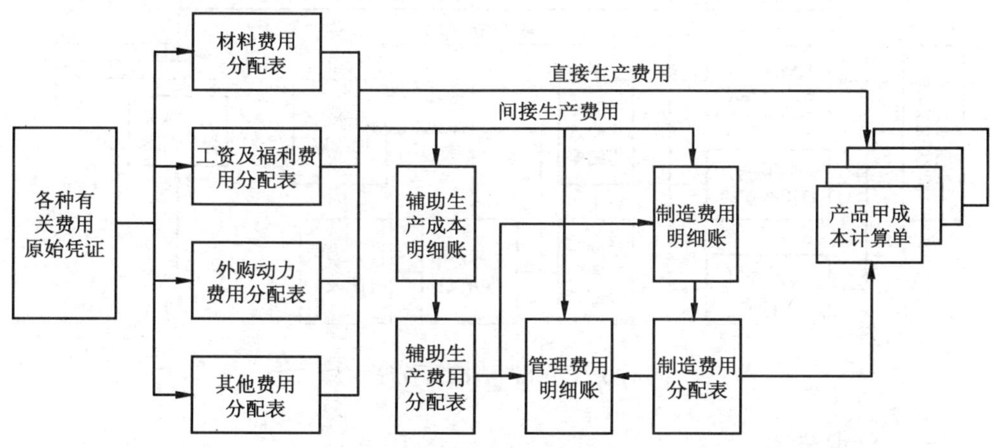

图 3-1　品种法核算程序

二、分批法

分批法是以产品的批别（或物流作业对象的批次，下同）作为成本计算对象，归集分配生产费用并据以计算产品成本的一种方法。

1、分批法的特点

（1）以产品批别作为成本计算对象。如果生产订单上只是一种产品，但数量较大，也可将其划分成若干生产批次，并按批别计算各批产品成本。

（2）产品成本计算是不定期的，在有完工产品（同一批产品全部完工时才算作完工产品）的月份才计算完工产品成本。成本计算期与产品生产周期一致。

（3）一般不需要将生产费用在完工产品和月末在产品之间进行分配。

2、分批法的计算程序

分批法的计算程序如下：

（1）以产品的批别设置成本计算单。

（2）按批别归集和分配直接费用和间接费用，对于间接费用可按一定的方法分配给所受益的产品批别，从对成本责任单位考核与评价角度，对于间接费用也可单独进行计算，不再以分配的形式计入产品或劳务作业成本。

（3）月末汇总完工产品成本计算单中所归集的各项生产费用，即为某批完工产品（或某劳务作业对象批次）的总成本。

（4）据总成本和该批完工产品产量计算其单位成本。

分批法核算程序如图 3-2 所示。

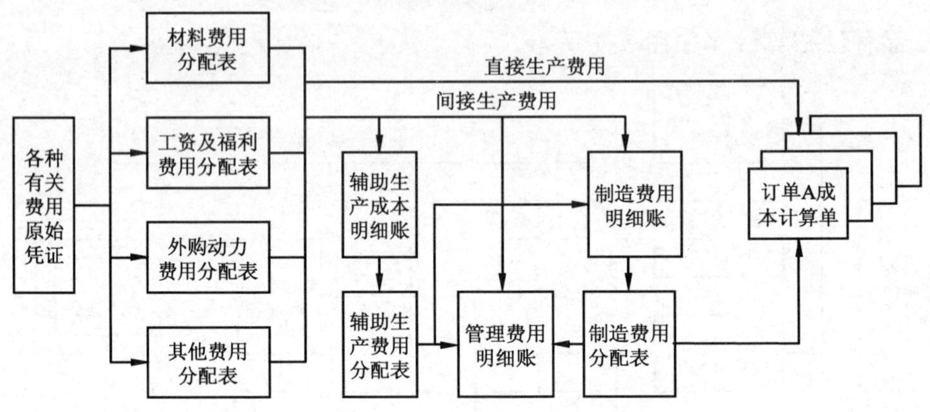

图 3-2 分批法核算程序

三、分步法

分步法是以产品（物流作业，下同）的品种和每种产品所经过的生产步骤为成本计算对象，来归集生产费用并计算产品成本的一种方法。它适用于大量大批多步骤生产企业，也适用于多环节、多功能、综合性营运的物流企业。

分步法又可分为逐步结转法和平行结转分步法。

1. 分步法的特点

分步法具有下列特点：

（1）成本计算的对象是各生产步骤的各种半成品和最后一个步骤的产成品。

（2）定期地在每月月末计算成本，计算期与产品的生产周期不需一致。

（3）以生产步骤为成本计算的空间，即在各个生产步骤范围内归集生产费用，并按步骤计算产品成本。

（4）需要采用一定的方法将本步骤归集的生产费用，在完工产品和月末在产品之间进行分配，以确定完工产品成本和月末在产品成本。

2. 分步法的一般程序

分步法的一般程序如下：

（1）按各生产步骤结合该生产步骤所生产的产品品种设置成本计算单。

（2）各步骤发生的用于产品生产并能够具体到某种产品的直接费用，应直接计入该步骤该种产品成本计算单相应的成本项目中；对于不能直接计入产品成本的间接费用，可按一定方法，分配计入各步骤的产品成本计算单中。

（3）月末根据各步骤各种产品成本计算单所汇集的生产费用，采用适当的方法在各步骤的完工产品与在产品之间进行分配，以计算各步骤完工产品成本与月末在产品成本。

（4）据完工产品产量与总成本，计算出完工产品的单位成本。

逐步结转分步法（综合结转法）的核算程序，如图 3-3 所示。

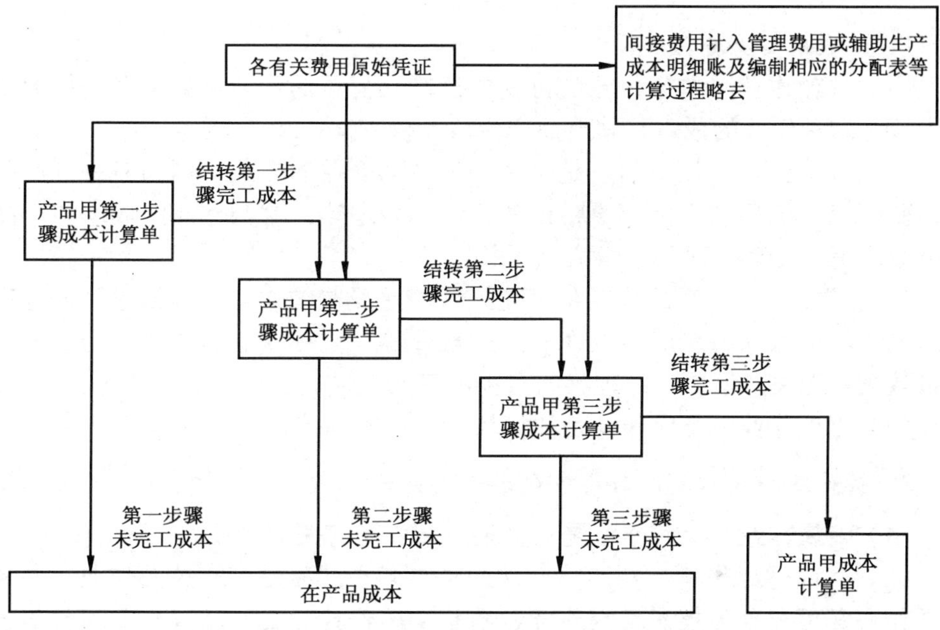

图 3-3 逐步结转分步法（综合结转法）的核算程序

第三节 作业成本法

作业成本法（Activity-Based Costing，简称 ABC），也称为作业成本会计或作业成本核算制度，它是以成本动因理论为基础，通过对作业（Activity）进行动态追踪，反映、计量作业和成本对象的成本，评价作业业绩和资源利用情况的方法。

一、作业成本法的基本概念

（一）作业

在作业成本法中，所谓作业，就是指企业为提供一定量的产品或劳务所消耗的人力、技术、原材料、方法和环境等的集合体，或者说，作业是企业为提供一定的产品或劳务所发生的、以资源为重要特征的各项业务活动的统称。

作业是汇集资源耗费的第一对象，是资源耗费与产品成本之间的连接中介。作业成本法将作业作为成本计算的基本对象，并将作业成本分配给最终产出（如产品、服务或客户），形成产品成本。

一个企业，特别是物流企业，其作业多种多样，十分复杂。从作业成本法角度，有必要对其进行分类。

1．按成本层次分类

（1）单位作业　单位作业是可使单位产品受益的作业，如机器的折旧及动力等。这种作业的成本与其产品产量成比例变动。

（2）批别作业　批别作业是可使一批产品受益的作业，例如对每批产品的检验、机器准备与调试、原料处理、订单处理等。这类作业的成本与产品的批数成正比变动，而与批量大小无关。

（3）产品作业　产品作业是可使某种产品受益的作业，例如对每一种产品编制生产计划、材料清单或变更工程设计等。这种作业的成本与产品产量及批量大小无关，但与产品种类的多少成正比变动。

（4）工序作业　工序作业是计算加工成本的基础。

2．按作业与成本动因的关系密切程度分类

（1）专属作业　专属作业是只与某产品生产有关的作业。

（2）共同消耗作业　共同消耗作业是与多种产品生产有关的作业。共同消耗作业又可细分为批次动因作业、数量动因作业、工时动因作业和价值管理作业等。

（二）成本动因

成本动因是指导致企业成本发生的各种因素，也是成本驱动因素。它是引起成本发生和变动的原因，或者说是决定成本发生额与作业消耗量之间内在数量关系的根本因素。例如：直接人工小时、机器小时、产品数量、准备次数、材料移动次数、返工数量、订购次数、收取订单数量、检验次数等。

成本动因按其对作业成本的形成及其在成本分配中的作用可分为资源动因和作业动因。

1．资源动因

资源动因也称为作业成本计算的第一阶段动因，主要用在各作业中心内部成本库之间分配资源。

按照作业会计的规则：作业量的多少决定着资源的耗用量，资源耗用量的高低与最终的产品量没有直接关系。资源消耗量与作业量的这种关系称为

资源动因。

资源动因反映着资源被各种作业消耗的原因和方式，它反映某项作业或某组作业对资源的消耗情况，是将资源成本分配到作业中去的基础。例如，搬运设备所消耗的燃料直接与搬运设备的工作时间、搬运次数或搬运量有关，那么搬运设备的工作时间、搬运次数或搬运量即为该项作业成本的资源动因。

2、作业动因

作业动因也称为作业成本计算的第二阶段动因，主要用于将各成本库中的成本在各产品之间进行分配。

作业动因是各项作业被最终产品消耗的原因和方式，它反映的是产品消耗作业的情况，是将作业中心的成本分配到产品或劳务顾客中的标准，是资源消耗转化为最终产出成本的中介。

（三）作业中心与作业成本库

作业中心是成本归集和分配的基本单位，它由一项作业或一组性质相似的作业所组成。

一个作业中心就是生产流程的一个组成部分。根据管理上的要求，企业可以设置若干个不同的作业中心，其设立方式与成本责任单位相似。作业中心与成本责任单位的不同之处在于：作业中心的设立是以同质作业为原则，是相同的成本动因引起的作业的集合。

由于作业消耗资源，所以伴随作业的发生，作业中心也就成为一个资源成本库，也称为作业成本库。

二、作业成本法的基本原理

作业成本法的理论基础是所谓的成本因素理论，即企业间接制造成本的发生是企业产品生产所必需的各种作业所“驱动”的结果，其发生额的多少与产品产量无关，而只与“驱动”其发生的作业数量相关，成本驱动因素是分配成本的标准。例如，各种产品的生产批次驱动生产计划制定及产品检验、材料管理和设备调试等成本的发生；接收货物的订单驱动收货部门的成本发生；发送货物的订单驱动发货部门的成本发生；采购供应和顾客的订单驱动与原材料库存、在制品和库存成品有关的成本发生等。

作业成本法的基本原理是，根据“作业耗用资源，产品耗用作业；生产导致作业的产生，作业导致成本的发生”的指导思想，以作业为成本计算对象，首先依据资源动因将资源的成本追踪到作业，形成作业成本，再依据作业动因将作业的成本追踪到产品，最终形成产品的成本。其原理如图 3-4 所示。

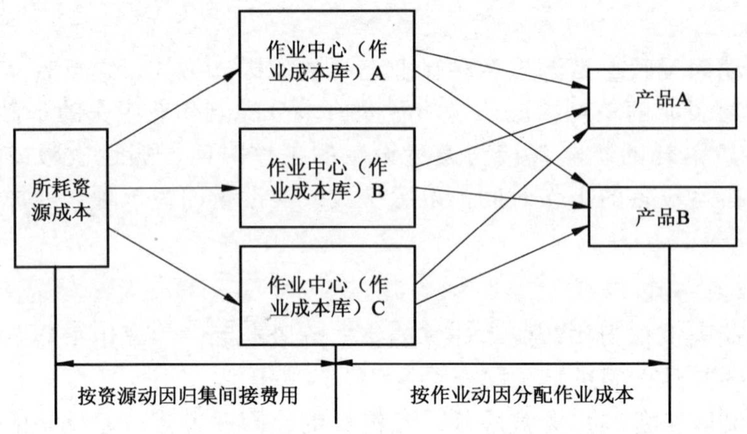

图 3-4 作业成本法的基本原理

三、作业成本法的意义

作业成本法不仅是一种成本计算方法，而且也是成本计算与成本控制的有机结合。

作业成本法的重要意义在于：

（1）从成本计算的角度来看，它是以作业（并非产品）为成本计算对象，通过对作业成本的计算，追踪产品成本的形成和积累过程，由此大大提高了计算过程的明细化程度和成本计算结果的精确度；从成本控制的角度来看，作业成本法通过对作业成本的确认、计量，为尽可能消除不增值作业提供有用信息，从而促使这类作业减少到最低限度，以达到降低成本的目的。同时，由于作业成本法提供的成本信息相对更为准确，从而有利于管理当局正确决策，进行成本管理和评价经济业绩。

（2）作业成本法以作业成本为计算对象，实现了成本核算的灵活性，拓展了成本核算的范围，改进了成本分配方法，从而能为企业外部使用者提供更为准确的成本信息。

传统的成本计算方法在选择成本计算对象时，自始至终局限在资源耗费和产品耗费的主观联系和转换上，始终没有摆脱生产组织和工艺过程对成本计算的约束，没有按照费用发生与成本计算对象之间最为直接、最为实质的联系因素进行归集和分配。作业成本法克服了上述缺陷，突出选择作业来反映成本费用动因，使得现代企业成本计算更为合理和准确。

从作业成本法的核算过程看，它对直接费用的确认和分配与传统的成本计算方法并无不同，所不同的只是对间接费用的分配。作业成本法将间接费用按相互之间的内在联系划归到若干个不同的成本库，再按各自的成本动因将它们分配到产品上去，这比传统的以直接人工工时或机器工时等单一标准在全厂范围内统一分配间接费用更为科学合理。

总而言之，作业成本法通过设置多样化的作业成本库和采用多种成本动因，使间接费用也按产品对象化，从而使成本的可归属性明显提高，因而得出的产品成本能较为准确地反映产品消耗资源的真实情况。

（3）作业成本法为成本管理和成本控制提供了良好的出发点，优化了业绩评价尺度，从而更好地满足了企业内部管理的需要。

传统的成本计算方法强调产成品的核算，因而只能进行被动的事后成本控制，而作业成本法找到了产品与成本费用发生的连接点即作业，使其所提供的成本信息可以深入到作业层次。因而可以在生产工艺设计、生产过程中根据产品生产的需要，控制作业的数量，通过减少不增值作业来减少成本费用发生的动因，切断成本费用发生的源头，使成本费用发生得到有效控制，达到事前、事中成本控制的目的。

此外，从责任会计角度来讲，计算作业成本实际上就是计算责任成本，因而对作业成本的核算，既可达到责任会计控制成本的目的，又可实现财务会计核算、监督成本的职能。

四、作业成本法的特点

作业成本法与传统成本会计方法相比有如下特点：

（1）作业成本法提供的会计信息，并不追求传统成本会计法下的“精确”计算，只要求数据能够准确到保证制定计划正确性即可。

（2）作业成本有利于企业进行产品成本控制。在产品设计阶段，可以通过分析产品成本动因对新产品的影响，达到降低产品成本的目的；而在产品生产阶段，则可以通过成本系统反馈的信息，降低新产品成本，并减少无价值的作业活动。

（3）作业成本可用于分析企业生产能力的利用情况。以成本动因计算的作业量，将能更准确地反映企业实际消耗的作业量水平。如果将作业成本系统建立在标准成本计算法上，将会提高间接成本差异分析的有效性。

（4）作业成本法可用于制定产品生产种类的决策。产品的开发、减产和停产等决策与企业未来经营活动密切相关，因而企业的未来差量收入和差量成本将变为对决策有用的关键信息。作业成本信息则为预测这些未来成本数据提供了基础。

五、作业成本法核算程序

1、确认各项作业的成本动因

成本动因的确认是否客观合理，是实施作业成本法有无成效的关键。因此，成本动因的确认与筛选，应由有关技术人员、成本会计核算人员和管理人员等共同分析讨论。

在确定成本动因时，应遵循三个原则：

1）确定的成本动因应简单明了，能从现有的资料中直接分辨出来。

2）在选择成本动因时，为避免作业成本计算过于复杂，要筛选具有代表性和重要影响的成本动因。

3）选择信息容易获得的成本动因，以降低获取信息的成本。

2、对作业进行筛选整合，建立作业中心及作业成本库

首先对各项作业进行确认，其确认的方法主要有业务职能活动分解法、过程定位法、价值链分析法和作业流程图分析法等。其中：业务职能活动分解法，是将企业各业务职能部门的活动进行分解，确定每一个部门应完成的作业有几种、多少人参与该项作业以及作业耗费的资源；作业流程图分析法，是通过绘制作业流程图来描述企业各部门的作业以及它们之间的相互联系，以便确定完成特定业务所要求的各项作业、各项作业所需要的人员以及所要消耗的时间。

在确认作业的基础上，对作业进行筛选与整合。在一个企业内部，其作业数量的多少取决于其经营的复杂程度，生产经营的规模与范围越大，复杂程度越高，导致成本产生的作业量也就越多。事实上，如果列示全部的作业数量，有可能过于繁琐和复杂，并增大信息采集的成本。因此，有必要对这些作业做必要的筛选与整合，确保最后可设计出特定而有效的作业中心。

作业筛选与整合的原则是：

（1）重要性原则　从成本管理角度，分析每项作业的重要性，以便评价其是否值得单独列示为一个独立的作业中心。对于非重要的作业，可与其他作业合并为一个作业中心。

（2）相关性原则　从成本动因角度，分析和确认作业的相关性，以便评价各项作业的成本性态是否同质，从而考虑其是否可能被合并为同一个作业中心。

在确认作业中心之后，应按每个作业中心设置相应的作业成本库，以便归集各作业中心的作业成本。

3、依据资源动因，将各项作业所耗费的资源追踪到各作业中心，形成作业成本库

在对企业作业和资源动因进行全面分析的基础上，应依据各项资源耗费结果、资源动因及作业之间的相关性，将当期发生的生产费用按不同的作业中心进行归集，即按各作业中心的作业成本库归集作业成本，并计算全部成

本库中的成本总和。

4、根据产品对作业的消耗，将成本分配给最终产品，计算产品成本

当成本归集到各作业中心的作业成本库后，应按作业动因及作业成本额计算出作业成本的分配率，并按不同产品所消耗的作业量的多少分配作业成本，最终计算出产品应承担的作业成本。

作业成本分配率的计算式为

$$\text{某项作业成本分配率}=\frac{\text{该作业中心作业成本总额}}{\text{该中心的成本动因量化总和}}$$

某产品应承担的某项作业成本分配额计算式为

$$\text{某产品应承担的某项作业成本分配额}=\frac{\text{该产品消耗}}{\text{某作业量总和}}\times\text{该项作业成本分配率}$$

六、作业成本法核算程序举例

某企业的某生产部门生产两种产品，即产品甲和产品乙，现采用作业成本法对其生产费用组织核算。

（1）该企业根据管理与核算上的需要，对资源动因进行确认与合并。确认合并后，共有 6 项，即材料移动、订单数量、准备次数、维修小时、质检数量及直接工时（成本动因的确认与合并的具体作法与过程略去）；将全部作业分解与合并为 6 个作业中心，即材料采购作业中心、材料处理作业中心、设备维修作业中心、质量检验、生产准备作业中心以及动力与折旧（作业的分解与合并的具体作法与过程略去），并按各作业中心分别建立作业成本库。

（2）对于直接生产费用即直接材料费、直接人工费用，不需计入各作业成本库，可直接按产品进行归集，计入产品成本。产品甲与产品乙当期（月）产量及各项直接生产费用和共同耗用的制造费用见表 3-1。

表 3-1　产品甲与产品乙当期（月）产量、各项直接生产费用、共同耗用的制造费用

项　目	产　品　甲	产　品　乙
该月产量/件	400 000	200 000
直接材料费用/元	380 000	420 000
直接人工费用/元	106 000	168 000
直接人工工时/小时	400 000	600 000
共同耗用的制造费用/元	1 864 000	

（3）该生产部门的全部制造费用（即间接费用），均已按资源动因归集到各作业成本库（按资源动因的归集过程略去），其结果见表 3-2。

表 3-2 该生产部门的全部制造费用

作业中心（作业成本库）	资源动因	资源动因数量统计结果	作业成本费用归集/元
材料处理	材料搬运/次	2 500	414 000
材料采购	订单数量/张	7 500	320 000
生产准备	准备次数/次	800	160 000
设备维修	维修小时/小时	20 000	310 000
质量检验	检验次数/次	4 000	240 000
动力与折旧	直接工时/小时	200 000	420 000
制造费用总额/元			1 864 000

（4）在费用归集和成本动因分析的基础上，将各作业成本库中的成本按相应作业动因（本例假定作业动因与资源动因相同），分配到各产品中去。

产品甲与产品乙的作业动因数量统计情况见表 3-3。根据表 3-3 中的作业动因数量统计分析结果，可将制造费用在产品甲与产品乙之间进行分配。作业动因比率的计算见表 3-4，根据计算出的作业动因比率，分配作业成本，分配过程与结果见表 3-5。

表 3-3 产品甲与产品乙的作业动因数量统计表

作业中心（作业成本库）	作业动因	作业动因数量统计结果		
		合计	产品甲	产品乙
材料处理	材料搬运/次	2 500	2 000	500
材料采购	订单数量/张	7 500	5 000	2 500
生产准备	准备次数/次	800	550	250
设备维修	维修小时/小时	20 000	12 500	7 500
质量检验	检验次数/次	4 000	3 000	1 000
动力与折旧	直接工时/小时	200 000	120 000	80 000

表 3-4 作业动因比率的计算

作业中心（作业成本库）	作业动因	作业动因数量统计	作业成本总额/元	成本/动因
材料处理	材料搬运/次	2 500	414 000	165.6
材料采购	订单数量/张	7 500	320 000	42.666 67
生产准备	准备次数/次	800	160 000	200
设备维修	维修小时/小时	20 000	310 000	15.5
质量检验	检验次数/次	4 000	240 000	60
动力与折旧	直接工时/小时	200 000	420 000	2.1

表 3-5　作业成本分配过程与结果

作业成本库	成本/动因	产品甲		产品乙		作业成本合计/元
		动因数量	分配额/元	动因数量	分配额/元	
材料处理	165.6	2 000 次	331 200	500/次	82 800	414 000
材料采购	42.666 67	5 000 张	213 333	2 500/张	106 667	320 000
生产准备	200	550 次	110 000	250/次	50 000	160 000
设备维修	15.5	12 500 小时	193 750	7 500/小时	116 250	310 000
质量检验	60	3 000 次	180 000	1 000/次	60 000	240 000
动力与折旧	2.1	120 000 小时	252 000	80 000/小时	168 000	420 000
总　计		—	1 280 283	—	583 717	1 864 000

（5）计算产品成本。将按产品甲与产品乙所归集的直接材料费用、直接人工费用和所分配来的制造费用进行汇总，分别计算产品甲与产品乙的总成本与单位成本，见表 3-6。

表 3-6　产品甲与产品乙的总成本与单位成本

成本项目	产品甲（产量 400 000 件）		产品乙（200 000 件）	
	总成本/元	单位成本/（元/件）	总成本/元	单位成本/（元/件）
直接材料费用	380 000	0.95	420 000	2.1
直接人工费用	106 000	0.27	168 000	0.84
制造费用	1 280 283	3.20	583 717	2.92
合　计	1 766 283	4.42	1 171 717	5.86

【练习题】

某企业同时生产 A、B、C 三种产品。其中，A 产品是老产品，已经有多年的生产历史，比较稳定，每批大量生产 10 000 件以备顾客订货的需要，年产 A 产品 120 000 件；B 产品是应顾客要求改进的产品，每批生产 100 件，年产 B 产品 60 000 件；C 产品是一种新的、复杂的产品，每批生产 10 件，年产 C 产品 12 000 件。

三种产品生产的成本资料如表 3-7 所示。

表 3-7　某企业产品生产成本表

（单位：元）

成本项目	直接材料	直接人工	制造费用	合　计
A 产品	600 000	240 000	1 200 000	2 040 000
B 产品	360 000	120 000	600 000	1 080 000
C 产品	96 000	36 000	180 000	312 000
合　计	1 056 000	396 000	1 980 000	3 432 000

根据表 3-7，按传统成本计算法，A、B、C 三种产品的单位成本计算结果如表 3-8 所示。

表 3-8 某企业产品生产单位成本表

（单位：元）

成本项目	直接材料	直接人工	制造费用	合计
A 产品	5.00	2.00	10.00	17.00
B 产品	6.00	2.00	10.00	18.00
C 产品	8.00	3.00	15.00	26.00

根据作业成本计算法，依据不同的成本库，归集制造费用如表 3-9 所示。

表 3-9 按成本库归集的制造费用表

（单位：元）

项目	数额
制造费用	—
准备工作	320 000
材料处理	280 000
检验人员	200 000
采购人员	210 000
产品分类人员	100 000
工厂管理人员	160 000
小计	1 270 000
其他制造费用	—
热和照明	80 000
房屋占用	190 000
材料处理设备折旧	80 000
机器能量	140 000
供应商（检验）	70 000
供应商（购买）	60 000
供应商（产品分类）	40 000
供应商（全面管理）	50 000
小计	710 000
合计	1 980 000

假设有关的成本动因资料如下：

1）A、B、C 产品的单位机器小时比例分别是：1、1.5 和 3.5。

2）每批次需要一次标准的准备工作。

3）每批的标准检验单位为：A 产品每批 50 次；B 产品每批 5 次；C 产品每批 2 次。

4）A、B、C 产品每批材料移动次数分别为：25、50 和 100。

5）A、B、C产品每种购货订单次数分别为：200、400和1 400。

6）A、B、C产品每件产品分类次数分别为：50、75和200。

根据上述资料，按照单位作业、批作业、产品作业和能量作业四个作业层次分配制造费用。

1、单位作业层次

1）直接材料成本与直接人工成本的计算与传统成本计算法相同。

2）机器能量成本按一定比率分配到产品生产线，其计算过程与结果填入表3-10。

表3-10　机器能量成本分配表

产　品	数量/件	用量/（小时/件）	机器小时/小时	分配率/（元/小时）	分配额/元
A产品	120 000	1			
B产品	60 000	1.5			
C产品	12 000	3.5			
合　计	—	—	252 000		140 000

2、批作业层次

1）检验成本按检验次数分配，其计算过程与结果填入表3-11。

表3-11　检验成本分配表

产　品	批数/批	每批检验数/（次/批）	检验总数/次	分配率/（元/次）	分配额/元
A产品	12	50			
B产品	600	5			
C产品	1 200	2			
合　计	—	—	6 000		270 000

检验成本：检验人员工资200 000元+供应商（检验）70 000元。

2）材料处理成本以材料移动次数为基础分配，其计算过程与结果填入表3-12。

表3-12　材料处理成本分配表

产　品	批数/批	移动次数/（次/批）	总次数/次	分配率/（元/次）	分配额/元
A产品	12	25			
B产品	600	50			
C产品	1 200	100			
合　计	—	—	150 300		360 000

材料处理成本：材料处理人员工资280 000元+折旧80 000元。

3）准备成本以每批准备次数为基础分配，其计算过程填入表 3-13。

表 3-13 准备成本分配表

产品名称	每批准备次数	分配率/（元/次）	分配额/元
A产品	12		
B产品	600		
C产品	1 200		
合计	1 812		320 000

3．*产品作业层次*

1）购买成本以购货订单数量为基础分配，其计算过程填入表 3-14。

表 3-14 购买成本分配表

产品名称	购货订单数量/件	分配率/（元/件）	分配额/元
A产品	200		
B产品	400		
C产品	1 400		
合 计	2 000		270 000

购买成本：购买人员工资 210 000 元+供应商（购买）60 000 元。

2）产品分类成本以分类次数为基础分配，其计算过程填入表 3-15。

表 3-15 分类成本分配表

产品名称	分类次数/次	分配率/（元/次）	分配额/元
A产品	50		
B产品	75		
C产品	200		
合 计	325		140 000

分类成本：分类人员工资 100 000 元+供应商（产品分类）40 000 元。

4．*能量作业层次*

能量作业层次以主要成本（直接材料成本+直接人工成本）为基础分配，其计算过程与结果填入表 3-16。

表 3-16 能量成本分配表

产品名称	单位主要成本/元	生产数量/件	主要成本/元	分配率	分配额/元
A产品	7.00	120 000			
B产品	8.00	60 000			
C产品	11.00	12 000			
合 计	—	—	1 452 000		480 000

能量成本：工厂管理人员工资 160 000 元+照明和热动力费用 80 000 元+房屋占用费 190 000 元+供应商（全面管理）50 000 元，合计 480 000 元。

根据上述计算，将 A、B、C 三种产品的总成本和单位成本汇总填入表 3-17。

表 3-17　总成本和单位成本汇总表

（单位：元）

项　　目	A 产品		B 产品		C 产品	
	单位成本	总成本	单位成本	总成本	单位成本	总成本
1. 单位作业层次						
直接材料						
直接人工						
机器能量						
小　　计						
2. 批作业层次						
检验						
材料处理						
准备						
小　　计						
3. 产品作业层次						
购买						
产品分类						
小　　计						
4. 能量作业层次						
全面管理						
合　　计						

**【阅读资料】**美国的物流成本

一、美国物流成本占 GDP 比例

美国物流成本占国内生产总值（GDP）的比重，在 20 世纪 90 年代大体保持在 11.4%～11.7%范围内，而进入 20 世纪最后十年，这一比重有了显著下降，由 11%以上降到 10%左右，甚至达到 9.9%。必须指出的是，物流成本的绝对数量还是一直在上升的，但是由于上升的幅度低于国民经济的增长幅度，所以占 GDP 的比例在缩小，从而成为经济效益提高的源泉。

我们再进一步从物流成本构成进行分析。美国的物流成本主要由三部分组成：一是库存费用；二是运输费用；三是管理费用。通过比较近 20 多年来的变化可以看出，运输成本在 GDP 中比例大体保持不变，而库存费用比重降低是导致美国物流成本比例下降的最主要的原因，这一比例由过去接近 5%下降到不足 4%。由此可见，降低库存成本、加快资金周转速度是

美国现代物流发展的突出成绩，也就是说利润的源泉更集中在降低库存、加速资金周转方面。

二、物流成本的计算方法

宏观上，美国物流成本包括的三个部分各自有其测算的办法。第一部分库存费用是指花费在保存货物上的费用，除了包括仓储、残损、人力费用及保险和税收费用外，还包括库存占压资金的利息。其中利息是当年美国商业利率乘以全国商业库存总金额得到的。把库存占压的资金利息加入物流成本，这是现代物流与传统物流费用计算的最大区别，只有这样，降低物流成本和加速资金周转速度才能从根本利益上统一起来。美国库存占压资金的利息在美国企业平均流动资金周转次数达到 10 次的条件下，约为库存成本的 1/4，为物流总成本的 1/10，数额之大，不可小视。仓储成本数字既包括公用仓库，也包括私人仓库。

第二部分运输成本是基于伊诺运输基金会出版的年度运输丛书得到的货运数据。运输成本包括公路运输、其他运输方式与货主费用。公路运输包括城市内运送费用与区域间卡车运输费用；其他运输方式包括铁路运输费用、国际国内空运费用、货代费用、油气管道运输费用；货主方面的费用包括运输部门运作及装卸费用。近十年来，美国的运输费用占国民生产总值的比重大体为 6%，一直保持着这一比例，说明运输费用与经济的增长是同步的。

第三部分物流管理费用，是按照美国的历史情况由专家确定一个固定比例，乘以库存费用和运输费用的总和得出的。美国的物流管理费用在物流总成本中比例大体在 4%左右。

另一个反映美国物流效率的指标是库存周期。美国平均的库存周期在 1996～1998 年间保持在 1.38 个月到 1.40 个月。但 1999 年发生了比较显著的变化，库存周期从 1999 年 1 月份的 1.38 个月降低到年底的 1.32 个月，这是有史以来的最低周期。库存周期减少的原因是由于销售额的增长超过了库存量增长，1999 年库存量增长了 4.6%，而同时，产品销售额增长了 9.2%，是库存量增长的 2 倍。

三、几点启示

从上面的分析可以得出几点清晰而重要的启示。

第一，降低物流成本是提高效益的重要战略措施。美国每年 10 万亿美元的经济规模，降低 1%的成本，就相当于多出 1 000 亿美元的效益。我国现在是 1 万亿美元的经济规模，降低 1%的物流成本就等于增加了 100 亿美元的效益。业界普遍认为我国物流成本下降的空间应该在 10 个百分点或更多，这是一个巨大的利润源泉。

第二，美国的实践表明，物流成本中运输部分的比例大体不变，减少库存支出就成为降低物流费用的主要来源。减少库存支出就是要加快资金周转、压缩库存，这与同期美国库存平均周转期降低的现象是吻合的。因此，发展现代物流就是要把目标锁定在加速资金周转、降低库存水平上面，这是核心的考核指标。

第三，物流成本的概念必须拓展。库存支出不仅仅是仓储的保管费用，更重要的是要考虑它所占有的库存资金成本，即库存占压资金的利息。理论上还应该考虑因库存期过长而造成的商品贬值、报废等代价，尤其是产品周期短、竞争激烈的行业，如PC机、电子、家电等。总之，只有在物流成本中包含资金周转速度的内涵，才能真正反映出物流的作用并作出准确的评价。目前，我国现行的财务制度还很不适应这样的要求，应该逐步向国际接轨。

【案例】应用作业成本法计算客户的价值

某公司，不同客户在销售服务方面的差别主要有“订单处理”、“特殊包装”、“发货服务”、“客户交际”、“客户信息”等方面。

“订单处理”的成本差别主要表现在每次订购的数量不同，导致每张订单上的处理成本不同；“特殊包装”的成本差别是因客户有特别包装要求而产生的，是一种“因客户而异”的成本；“发货服务”的成本差别主要表现在是客户自行提货，还是企业安排送货，以及发货时间上，如有的要求 3 天，有的要求 5 天，因发货方式和发货时间不同而导致的运输成本、保险费用、仓储费用等均会有很大差别；“客户交际”的成本差别是指客户招待费、赠送客户纪念品等项开支；“客户信息”的成本差别则是指收集和分析客户相关信息所花费的代价。

现在，假设该公司现有 9 个客户，有关数据见表 3-18。表中“基本成本”为各类产品共同使用的“作业链”部分的成本。

表 3-18 各个客户消耗作业的情况以及客户的利润和利润率

（单位：元）

客户编码	销售额	基本成本	订单处理	特殊包装	发货服务	客户交际	客户信息	经营利润	利润率（%）
A	1 550	1 054	72	150	120	30	30	94	6.06
B	68 910	58 900	250	12 780	3 575	554	120	−7 269	−10.55
C	2 088	1 350	80	0	1 200	60	50	−652	−31.23
D	6 778	3 876	72	0	0	30	30	2 770	40.87
E	87 865	47 581	240	5 750	1 050	1 100	225	31 919	36.33

（续）

客户编码	销售额	基本成本	订单处理	特殊包装	发货服务	客户交际	客户信息	经营利润	利润率（%）
F	1 274	641	72	1 340	0	50	20	–849	–66.64
G	13 054	11 850	542	2 450	0	120	68	–1 974	–15.14
H	1 045	818	72	0	0	172	30	–47	–4.50
I	429 205	378 890	1 109	0	0	1 206	580	47 420	11.05

从图 3–5 中可以看出，客户 I 和 E 贡献了绝大部分的利润，是企业的重点客户，但是 E 的销售额占总销售额的比例不大，如果能够加大销售额，将显著增加企业利润；客户 D、A 是企业有潜力的客户，尤其是客户 D，是利润率最高的客户，可以采取手段扩大销售额，以获得更多的利润；客户 H 和 G 各自的利润率为负值，表示侵蚀了企业的利润，应根据它对各项作业的消耗做进一步的分析，以找出原因，采取有针对性的措施；客户 C、F 的利润率为较大的负值，在销售额不大的情况下，对企业的利润侵蚀不多，可进一步分析它的作业消耗，看能否改变目前不盈利的情况，如果不能改变，企业最好放弃；客户 B 虽然对销售额贡献不小，却没有产生利润，可进一步分析，看能否改变客户的一些消费习惯，以降低成本增加企业利润。

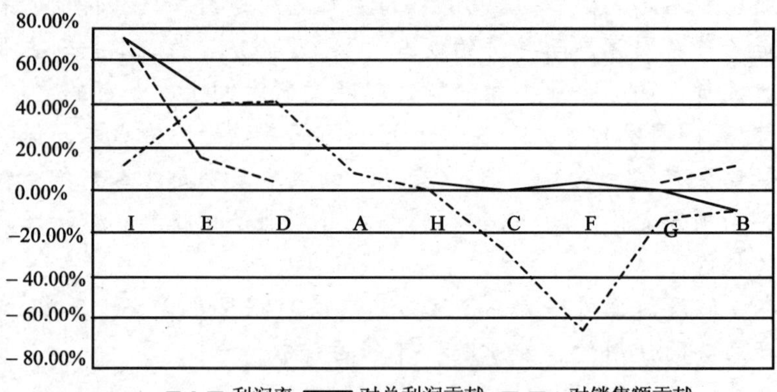

图 3–5　各个客户的利润率以及对总利润贡献图

图 3–6 是各个客户各作业成本在各自的销售额中所占的比例，这有助于解释导致客户不同利润率的原因。图 3–6 可以结合图 3–7 对各客户做进一步分析。作业成本法的计算结果还有利于新客户的开拓，如果能够知道一个新的客户对企业各项销售相关作业的消耗和客户愿意支付的价格，则可以计算出作业的利润和利润率，从而辅助销售人员更好地进行客户相关的谈判和咨询工作，避免客户侵蚀企业的利润。各个作业的成本也对产品的销售有帮助，

在本例中，包装作业成本是一种较大的销售成本，如果能在保证质量的前提下，说服客户接受简易包装或者不包装，将节省大量的成本。

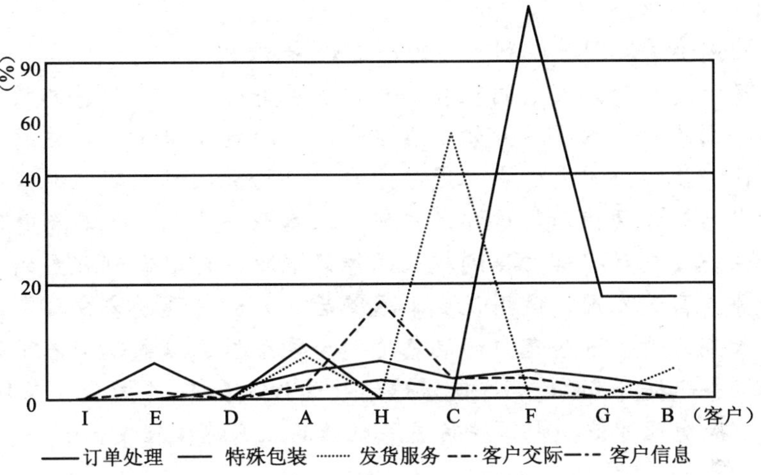

图 3-6　各个客户各作业成本在各自销售额中所占比例

图 3-7 是各项作业的成本对比图，图中显示包装作业和发货服务作业花费了大量的成本。分析显示，由于企业运输方式相对落后，产品易损，加大了企业在包装和运输方面的支出，企业可以借助第三方物流获得高质量的运输服务，同时改变供货时间和方式，使客户降低产品包装方面的要求，从而降低企业的包装和发货服务成本。

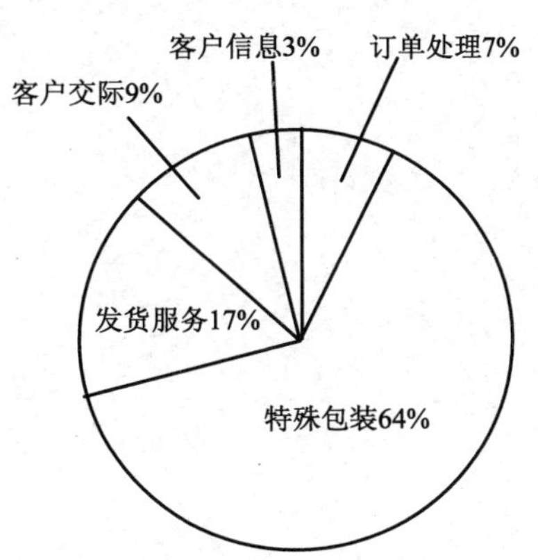

图 3-7　各项作业成本对比图

不盈利客户的处理方法：客户是企业的重要资源，即使客户没有为企业带来利润，也不要轻易放弃。作业成本法提供的中间信息为解决客户不盈利的问题提供了帮助。如上例中的各个客户对各项作业的消耗，企业可以有意识地引导客户改变某些要求，使不盈利的客户转变成为企业的盈利客户。当然，销售部门自身也应该从作业成本法提供的信息中获得改变自身成本的有用信息。

下面的例子是处理不盈利客户的一个好的方法：

富达投资是全球最大共同基金，富达发现部分客户在既有的服务方式下无利可图。因此，从两年前开始，当这类客户打电话来时，富达的业务代表开始引导他们使用公司的低成本通路：自动电话和网站。富达也修改网站，使其更加友善和方便使用，这些客户仍可联络业务代表，但具有身份辨识功能的电话系统会自动将其转接到较长的等候线路，好让有利可图的客户获得更快的服务。富达发现，改用低成本通路后，无利可图的客户就变得有利可图，而且长期来看，这些客户的满意度因为使用低成本通路节省了时间和获得更快的服务而提升，总之，这使富达的营业收入在12个月内大为提高。（资料来源：上海商业职业技术学院物流基础精品课网络课程案例）

第四章 物流成本控制的基本方法

【学习目的】

通过本章的学习，初步掌握弹性预算法、零基预算法、目标成本法、责任成本法等物流成本控制的基本方法。

第一节 弹性预算法与零基预算法

企业预算是指企业未来的一定时期内经营、资本、财务等各方面的收入、支出、现金流的总体计划。它将各种经济活动用货币的形式表现出来。每一个责任中心都有一个预算，它是为执行本中心的任务和完成财务目标所需各种资源的财务计划。

成本费用预算是企业预算的重要组成部分，其制订方法不尽相同。本节重点介绍常用的两种成本费用预算方法，即弹性预算法和零基预算法。

一、弹性预算法

弹性预算也称为变动预算或滑动预算，它是相对固定预算而言的一种预算方法。

编制预算的传统方法是固定预算法，即根据固定业务量水平（如产量、运输量、销售量）编制出的预算。这种预算的主要缺陷是：当实际发生的业务量与预期的业务量发生较大偏差时，各项变动费用的实际发生数与预算数之间就失去了可比基础。在市场形势多变的情况下，这种偏差出现的可能性极大，因而将导致固定预算失去应有的作用。

为了弥补按传统方法编制预算所造成的缺憾，保证实际数同预算数的可比性，就必须根据实际业务量的变动对原预算数进行调整，于是就产生了“弹性预算”。

所谓“弹性预算”，是指在编制费用预算时，预先估计到计划期内业务量可能发生的变动，编制出一套能适应多种业务量的费用预算，以便分别反映各种业务量情况下所应开支费用水平。由于这种预算随着业务量的变化而变化，本身具有弹性，因此称为弹性预算。

（一）弹性预算的基本原理

弹性预算的基本原理是：把成本费用按成本习性分为变动费用与固定

费用两大部分，由于固定费用在其相关范围内，其总额一般不随业务量的增减而变动，因此在按照实际业务量对预算进行调整时，只需调整变动费用即可。

设固定预算中的费用预算总额为

$$Y=a+bX$$

式中 Y—— 费用预算总额；

a—— 固定费用总额；

b——单位变动成本；

X——计划业务量。

如果实际业务量为 X'，按实际业务量调整后的费用预算总额为 Y'，则

$$Y'=a+bX'$$

（二）弹性预算的特点

弹性预算具有下述特点：

（1）弹性预算可根据各种不同的业务量水平进行编制，也可随时按实际业务量进行调整，具有伸缩性。

（2）弹性预算的编制是以成本可划分为变动费用与固定费用为前提的。

弹性预算由于可根据不同业务量进行事先编制，或根据实际业务量进行事后调整，因此具有适用范围广的优点，增强了预算对生产经营变动情况的适应性。只要各项消耗标准、价格标准等编制预算的依据不变，弹性预算就可以连续地使用下去。由于弹性预算的编制是以成本可划分为变动费用与固定费用为前提的，所以可以分清成本增加的正常与非正常因素，有利于成本分析与控制。

（三）弹性预算的编制

弹性预算在成本控制中可用于编制各种费用预算。下面仅以某公司销售部门的推销及管理费用预算为例，说明弹性预算的编制方法。

编制销售部门的推销及管理费用预算，首先要选择合适的业务量计量对象，确定适当的业务量变动范围，然后根据各项费用与业务量之间的数量关系，区分出变动费用与固定费用，并在此基础上分析确定各项目的预算总额或单位预算，并用一定的形式表达出来。其编制步骤如下：

1．业务量计量对象的选取

业务量计量对象的选取，应以代表性强、直观性强为原则。就销售部门来讲，其推销及管理费用预算的业务量计量对象可选取实物量，也可选取销售额。但销售额的多少常常与价格变动有关，因而选取实物量作为业务量计

量对象的代表性与直观性较强。

2．确定业务量变动范围

确定业务量变动范围应满足其业务量实际变动的需要。确定的方法有以下几种：

（1）把业务量范围确定在正常销售量的60%至120%之间。

（2）把历史上的最低销售量和最高销售量分别作为业务量范围的下限和上限。

（3）对企业预算期的业务量作出悲观预测和乐观预测，分别作为业务量的上限和下限。

3．选择弹性预算的表达方式

弹性预算的表达方式主要有列表法和公式法。

（1）列表法。

例：某公司销售部门，某产品在正常情况下，全年销售量预计为 50 000 件。要求在其 70%至 120%之间按间隔 10%的销售量以及按表 4-1 中的各项成本费用的标准编制其弹性预算。

表 4-1　各项成本费用的标准

（单位：元）

成 本 项 目	费用与销售量的关系
销货佣金	按销量每件支付津贴 2
包装费	按销量每件支付津贴 1
装卸费	基本工资 2 100，另按销量每件支付津贴 1.5
管理人员工资	基本工资 30 000，另按销量每件支付津贴 0.1
保险费	2 000
广告费	30 000
办公费	40 000

根据表 4-1 所列资料编制该销售部门的推销及管理费用弹性预算，见表 4-2。

表 4-2　推销及管理费用弹性预算

费 用 项 目	单位变动费用/（元/件）	销售量/件					
		35 000	40 000	45 000	50 000	55 000	60 000
变动费用：	—	—	—	—	—	—	—
销货佣金	2.00	70 000	80 000	90 000	100 000	110 000	120 000
包装费	1.00	35 000	40 000	45 000	50 000	55 000	60 000
装卸费	1.50	52 500	60 000	67 500	75 000	82 500	90 000

（续）

费 用 项 目	单位变动费用（元/件）	销售量/件					
		35 000	40 000	45 000	50 000	55 000	60 000
管理人员工资	0.10	3 500	4 000	4 500	5 000	5 500	6 000
变动费用小计	—	161 000	184 000	207 000	230 000	253 000	276 000
固定费用：	—	—	—	—	—	—	—
装卸费	—	2 100	2 100	2 100	2 100	2 100	2 100
管理人员工资	—	30 000	30 000	30 000	30 000	30 000	30 000
保险费	—	2 000	2 000	2 000	2 000	2 000	2 000
广告费	—	30 000	30 000	30 000	30 000	30 000	30 000
办公费	—	40 000	40 000	40 000	40 000	40 000	40 000
固定费用小计	—	104 100	104 100	104 100	104 100	104 100	104 100
合　计	—	265 100	288 100	311 100	334 100	357 100	380 100

（2）公式法。由于销售部门的推销及管理费用，按其与销售数量的依存关系（即成本习性）可分解为固定费用与变动费用，所以其费用预算总额 Y 可用下式表示与计算：

$$Y=a+bX$$

式中　a——固定费用总额；

b——单位变动费用；

X——计划销售量。

当确定了 a 与 b 的数值后，在相关范围内的销量为 X 的费用预算即可用上式计算出来。

以上例为例，求出 a 与 b 的数值，见表 4-3。

表 4-3　费用总额中的 a 与 b 的数值计算

费 用 项 目	固定费用 a/元	单位变动费用 b/（元/件）
销货佣金	—	2.00
包装费	—	1.00
装卸费	2 100	1.50
管理人员工资	30 000	0.10
保险费	2 000	—
广告费	30 000	—
办公费	40 000	—
合　计	104 100	4.60

通过表 4-3 可计算出 a 与 b 的数值，分别为 104 100 元和 4.60 元/件。当计划销量（或实际销量）X 在相关范围内，均可用下式计算出相应的推销及管

理费用预算总额：

$$Y=104\ 100+4.60X$$

例如，该公司当年实际销量为 55 000 件，则相应的费用预算总额应为

104 100 元+4.60 元/件×55 000 件=357 100 元

二、零基预算法

零基预算也称为“以零为基础编制计划和预算”。在编制间接费用或固定费用预算时，传统的方法是：以以往的各种费用项目的实际开支数为基础，考虑到预算期业务变化，对以往的开支数作适当的增减调整后加以确定。这种方法的不足之处在于，以往的开支中势必有不合理的费用支出，如果仅仅笼统地在此基数上加以增减，很有可能使这些不合理的费用开支继续存在下去，无法使预算发挥其应有的作用。

为解决这个问题，人们提出了零基预算的预算编制方法。

零基预算不同于传统的预算编制方法，它对于任何一项预算支出，不是以过去或现有费用水平为基础，而是一切都以零为起点，从根本上考虑它们的必要性及其数额的多少。所以，这种预算编制方法更切合实际情况，从而使预算充分发挥其控制实际支出的作用。

零基预算的编制步骤与方法如下：

（1）明确企业或本部门计划期的目标和任务，列出在计划期内需要发生哪些费用项目，并说明费用开支的目的性，以及需要开支的具体数额。

（2）将每项费用项目的所得与所费进行对比，权衡利害得失，并区分轻重缓急，按先后顺序排列，并把其分出等级。一般以必不可少的业务及其发生的费用为第一层次，必须保证；然后依据业务内容和费用多少，依次列为第二层次、第三层次等，作为领导人决策的依据。

（3）按照上一步骤所定的层次和顺序，结合可动用的资金来源，分配资金，落实预算。

由于零基预算对每一项费用都是从零开始考虑的，因此其工作量必然繁重，但其带来的效益和效果也是十分可观的。

第二节　目标成本法

目标成本是一种预计成本，是指产品、劳务、工程项目等在其生产经营活动开始前，根据预定的目标所预先制定的产品、劳务、工程项目等在生产和营建过程中各种耗费的标准，是成本责任单位、成本责任人为之努力的方向与目标。

一、目标成本的作用

通过对目标成本的确认，并在实际工作中为之努力，将使目标成本发挥以下作用：

（1）充分调动企业各个部门或各级组织以及职工个人的工作主动性、积极性，使上下级之间、部门之间、个人之间相互配合，围绕共同的成本目标而努力做好本职工作。

（2）目标成本是有效地进行成本比较的一种尺度。将成本指标层层分解落实，使其与实际发生的生产费用进行对比，揭示差异，查明原因，采取措施，以防止损失和浪费的发生，起到控制成本的作用。

（3）确认目标成本的过程，也是深入了解和认识影响成本各因素的主次关系及其对成本的影响程度的过程，这将有利于企业实行例外管理原则，将管理的重点转到影响成本差异的重要因素上，从而加强成本控制。

二、目标成本确定的方法

（一）倒扣测算法

倒扣测算法是根据通过市场调查确定的顾客或服务对象可接受的单位价格（如售价、劳务费率等），扣除企业预期达到的单位产品利润和根据国家规定的税率预计的单位产品税金以及预计单位产品期间费用而倒算出单位产品目标成本的方法。其计算式为

$$\frac{单位产品}{目标成本}=\frac{预计}{单价}-\frac{单位产品}{目标利润}-\frac{预计单位}{产品税金}-\frac{预计单位产}{品期间费用}$$

例：某新产品预计单位产品售价为 2 000 元，单位产品目标利润为 300 元，国家规定该产品税率为 10%，预计单位产品期间费用为 200 元。据倒扣测算法计算式，可求得该产品的目标成本。

该产品单位产品目标成本为

$$2\,000\text{ 元}-300\text{ 元}-2\,000\text{ 元}\times 10\%-200\text{ 元}=1\,300\text{ 元}$$

（二）比价测算法

比价测算法是将新产品与曾经生产过的功能相近的老产品进行对比，凡新老产品结构相同的零部件，按老产品现有成本指标测定，与老产品不同的部件，应按预计的新的材料消耗定额、工时定额、费用标准等加以估价测定。这种方法适用于对老产品进行技术改造的目标成本的测定。

例：某企业在 MT—1 型产品的基础上，通过技术改造，推出 MT—2 型新产品。原 MT—1 型产品单位产品成本为 100 元，共由甲、乙、丙、丁 4 个零件组成。MT—2 型产品中的甲零件选材，改用工程塑料以代替不锈钢材料，

每件节约成本 3 元；乙零件提高抛光精度，每件增加成本 2 元；丁材料进行烤漆工艺处理，每件增加成本 3 元；丙零件材料与工艺无变化。

据此可推定 MT—2 型产品的单位产品目标成本为

$$100\text{ 元}-3\text{ 元}+2\text{ 元}+3\text{ 元}=102\text{ 元}$$

（三）本·量·利分析法

本·量·利分析法是指在利润目标、固定成本目标和销量目标既定的前提下，对单位变动成本目标进行匡算的方法。

依据成本、销售量与利润三者的关系式，即

$$\text{利润}=\text{单位售价}\times\text{销售量}-\text{单位变动成本}\times\text{销售量}-\text{固定成本}$$

可导出目标单位变动成本的计算式，即

$$\begin{matrix}\text{目标单位}\\\text{变动成本}\end{matrix}=\begin{matrix}\text{单位}\\\text{售价}\end{matrix}-\frac{\text{利润}+\text{固定成本}}{\text{预计销售量}}$$

例：某车间加工一种新产品投放市场，据分析，其单价不能高于同类产品单价的 120%，即单价不能超过 50 元。预计加工该产品的固定性加工费用（如设备折旧费等）全年为 3 000 元。该产品的目标利润为 20 000 元，据市场调查估算的销售量为 1 150 件。试匡算该产品的目标单位变动成本。

据上式，该产品的目标单位变动成本为

$$50\text{元/件}-\frac{20\,000\text{元}+3\,000\text{元}}{1150\text{件}}=30\text{元/件}$$

其实在匡算产品目标单位变动成本之前，先要确定其目标固定成本，两者相互依存，两者之和（指以目标单位变动成本和预计销售量计算的目标变动成本总额与目标固定成本总额之和）形成目标总成本。

（四）功能成本分析法

1、功能成本分析原理

功能成本分析是根据价值工程原理，对所生产或研制的产品或对所提供服务的功能与成本的匹配关系，试图以尽可能少的成本为用户提供其所需求的必要功能或必要服务，或按功能与成本的匹配关系，将产品成本按组成产品的各个零部件的必要功能进行合理分配，以达到优化成本设计和实现成本控制目的的一种方法。

功能与成本的关系从理论上讲可表示为

$$\text{价值}=\frac{\text{功能}}{\text{成本}}$$

上式中的功能是指一种新产品、零件或一项服务所具有的用途（或使用价值）；成本是指产品的寿命周期成本（即生产成本与使用成本之和）；价值是功能与成本的比值，与通常的价值概念并不相同，它表明以某种代价（成本耗费）取得某种使用价值是否合理、是否值得、是否必要。

2、提高价值的途径

上述价值的表达式表明：功能成本分析的目的在于提高产品（或零件、服务项目）的价值，即以相对低的寿命周期成本确保实现必要的功能。从该表达式也可以得出如下提高价值的途径：

（1）在产品功能不变的前提下降低成本。

（2）在成本不变的前提下提高产品的功能。

（3）在产品成本略有增加的同时，显著增加产品的功能。

（4）在不影响产品主要功能的前提下，适当降低一些次要功能，或消除不必要的功能，从而使成本显著降低。

（5）运用科技手段，或改变产品结构、采用新工艺新材料等措施，既提高功能又降低成本。

3、功能分析的步骤

（1）计算功能评价系数，其计算式为

$$\text{功能评价系数}=\frac{\text{某零件的功能分数}}{\text{全部零件的功能分数之和}}$$

从上式中可以看出，功能评价系数是反映某零件功能重要程度的一个指标。根据价值工程原理，某零件的成本高低应与该零件的功能重要程度相匹配；换句话说，某零件的功能评价系数数值比其他零件高，则应配以较高的成本。同理，假如某零件的成本较高，但其功能在产品中相对较低，则说明这个零件的成本分析偏高，应予以改进。

功能的高低好差，通常是一个定性的概念，如何对其进行量化评价，是一件较难的工作。这里介绍的功能评价系数计算式所采用的量化方法，就是将组成某单位产品的各个零部件逐一地进行一对一的比较，进而确定其相对的重要程度，即汇总求出各零件的功能分数，并据以计算出各零件的功能评价系数。

为使其评价客观一些、合理一些，在实际中可由几个有关的专业人员（如产品设计人员、材料定额人员、采购人员等）分别进行评价，然后用平均分数来表示零件的功能分数。

例：某产品由 8 个零件组装而成，各零件的功能分数由 8 位专家进行评价（即强制打分）。若以 A、B、C、D、E、F、G、H 分别表示这 8 个零件的名称，在此给出其中的一位专家（专家甲）对这 8 个零件功能的评价结果（见

表 4-4)，以及这 8 位专家的功能评价汇总结果（见表 4-5）。

表 4-4　功能评价表　　评价人：专家甲

序　号	零件名称	一对一进行打分								
		A	B	C	D	E	F	G	H	各零件得分情况
1	A	—	0	1	1	1	1	1	1	6
2	B	1	—	1	1	1	1	1	1	7
3	C	0	0	—	0	1	0	0	1	2
4	D	0	0	1	—	1	1	1	1	5
5	E	0	0	0	0	—	0	0	0	0
6	F	0	0	1	0	1	—	0	1	3
7	G	0	0	1	0	1	1	—	1	4
8	H	0	0	0	0	1	0	0	—	1
全部零件得分合计										28

表 4-5　功能评价汇总表

序　号	零件名称	各专家评价结果										
		甲	乙	丙	丁	戊	己	庚	辛	小计	平均得分	评价系数
1	A	6	5	6	7	7	5	6	7	49	6.125	0.218 8
2	B	7	6	4	7	6	4	6	5	45	5.625	0.200 9
3	C	2	2	3	1	2	3	3	4	20	2.5	0.089 3
4	D	5	6	5	6	4	3	4	3	36	4.5	0.160 7
5	E	0	1	1	0	2	2	1	2	9	1.125	0.040 2
6	F	3	2	3	2	2	4	4	2	22	2.75	0.098 2
7	G	4	4	5	3	4	5	3	4	32	4	0.142 9
8	H	1	2	1	2	1	2	1	1	11	1.375	0.049 1
合　计		28	28	28	28	28	28	28	28	224	28	1.000

（2）计算成本系数，其计算式为

$$\text{成本系数} = \frac{\text{某零件成本}}{\text{组成该产品的全部零件总成本}}$$

成本系数反映当前的各零件成本（即当前各零件的单位变动成本）在总成本中所占的比重。

本例中各零件的当前成本及其成本系数计算结果，见表 4-6。

表 4-6 各零件的当前成本及其成本系数

序号	零件名称	功能评价系数	成本系数	价值系数	零件当前成本/（元/件）	零件目标成本/（元/件）	零件成本应降低额/（元/件）
	（1）	（2）	（3）=（5）/40	（4）=（2）÷（3）	（5）	（6）= 产品目标成本×（2）	（7）=（5）-（6）
1	A	0.218 8	0.30	0.729 3?	12.00	6.564	+5.44
2	B	0.200 9	0.22	0.913 2	8.80	6.027	+2.77
3	C	0.089 3	0.08	1.116 3	3.20	2.679	+0.52
4	D	0.160 7	0.02	8.035 0*	0.80	4.812	-4.01
5	E	0.040 2	0.06	0.670 0?	2.40	1.206	+1.19
6	F	0.098 2	0.20	0.491 0?	8.00	2.946	+5.05
7	G	0.142 9	0.10	1.429 0*	4.00	4.287	-0.29
8	H	0.049 1	0.02	2.455 0*	0.80	1.473	-0.67
合计		1.00	1.00	—	40	30（产品目标成本）	+10

注：表中标有“？”的价值系数表示该零件的成本匹配过剩；标有“*”的价值系数表示该零件的成本匹配不足。

（3）计算价值系数，其计算式为

$$价值系数=\frac{功能评价系数}{成本系数}$$

计算价值系数是为了系统反映各零件的功能与成本之间的匹配情况，从理论上讲，如果某零件的价值系数接近于 1（如零件 B 和零件 C 的情况），两者是相适应的；如果某零件的价值系数偏大（如零件 D、零件 H 和零件 G 的情况），则说明其成本匹配不足；如果某零件的价值系数过于偏小（如零件 A、零件 E 和零件 F 的情况），则说明其成本匹配过剩。

显然，零件的价值系数过于偏小者，应是成本控制的重点，见表 4-6（4）所列。

（4）据功能评价系数将产品的目标成本在各零件之间进行分配，其计算式为

$$某零件的目标成本=该产品的目标成本\times功能评价系数$$

见表 4-6（6）。

（5）计算各零件的成本降低额，以确定各零件按功能评价系数和产品目标成本要求的升降幅度，见表 4-6（7）。

（6）拟定降低成本的措施。功能成本分析法的关键，并非只是计算出其各零件的目标成本和确定其成本应降低额，重要的是如何对成本控制的重点

零件采取必要的措施与方法，使其合理地实现降低任务。例如，根据各零件的目标成本，选择适当的工艺方法和适当的原材料等，使设计成本切实控制在目标成本之内。

第三节　责任成本法

一、责任成本法的意义

责任成本是指责任单位能对其进行预测、计量和控制的各项可控成本之和。责任成本是按照谁负责谁承担的原则，以责任单位为计算对象来归集的，所反映的是责任单位与各种成本费用的关系。

采用责任成本法，对于合理确定与划分各物流部门的责任成本，明确各物流部门的成本控制责任范围，进而从总体上有效地控制物流成本有着重要的意义。

1、使物流成本的控制有了切实保障

建立了责任成本制，由于将各责任部门、责任人的责任成本与其自身的经济效益密切结合，可将降低成本的目标落实到各个具体物流部门及个人，使其自觉地把成本管理纳入本部门或个人的本职工作范围，使成本管理落到实处。

2、使物流成本的控制有了主动力

建立责任成本制，可促使企业内部各物流部门及个人主动寻求降低成本的方法，积极采用新材料、新工艺、新能源、新设备，充分依靠科学技术来降低物流成本。

二、成本责任单位的划分

确定责任成本的前提是划分成本责任单位（以下简称为责任单位）。

责任单位的划分不在于单位大小，凡在成本管理上需要、责任可以分清、其成本管理业绩可以单独考核的单位都可以划分为责任单位。

通常可按照物流活动过程中特定的经济任务来划分责任单位。物流企业或企业物流部门，其内部各个活动环节相互紧密衔接和相互交叉，形成一个纵横交错、复杂严密的网络。

1、横向责任单位

横向责任单位是指企业为了满足生产经营管理上的需要，而设置的平行职能机构。它们之间的关系是协作关系，而非隶属关系。

横向责任单位主要包括：供应部门、生产部门、劳资部门、设计部门、

技术部门、设备管理部门、销售部门、计划部门和质量管理部门等。

上述各部门内部下属的平行职能单位之间，也可以相对看作是横向责任单位，如供应部门内部的采购部门与仓储部门之间互为横向责任单位。横向责任单位的划分，从某种意义上讲，是将物流成本在横向责任单位之间的合理分割与责任划分。

2、纵向责任单位

纵向责任单位是指企业及其职能部门为了适应分级管理的需要，自上而下层层设置的各级部门或单位。纵向责任单位之间虽然是隶属关系，但因其在成本的可控性上有其各自的责任与职权，所以有必要在责任单位划分上将其区别出来。

以运输部门为例，其纵向责任单位分为：公司总部、分公司、车队、单车（司机）。

三、责任成本的计算与考核

为了明确各责任单位责任成本的执行结果，必须对其定期进行责任成本的计算与考核，以便对各责任单位的工作作出正确的评价。

（一）责任成本的计算方法

责任成本的计算方法有直接计算法和间接计算法两种。

1、直接计算法

直接计算法是将责任单位的各项责任成本直接加计汇总，以求得该单位责任成本总额的方法。其计算公式为

$$\text{某责任单位责任成本} = \text{该单位各项责任成本之和}$$

这种方法的特点是计算结果较为准确，但工作量较大（需逐笔计算出各项责任成本）。此法适合于所有的责任单位。

2、间接计算法

间接计算法是以本责任单位的物流成本为基础，扣除该责任单位的不可控成本，再加上从其他责任单位转来的责任成本的计算方法。其计算公式为

$$\text{某责任单位责任成本} = \text{该责任单位发生的全部成本} - \text{该单位不可控成本} + \text{其他单位转来的责任成本}$$

这种方法不需逐笔计算各责任单位的责任成本，所以计算工作量比直接计算法小。在运用此法时，应合理确认该单位的不可控成本与其他单位转来的责任成本。

（二）责任成本评价考核的依据

在实际工作中，对责任单位的责任成本评价考核的依据是责任预算和“业绩报告”。

责任成本的业绩报告是按各责任单位责任成本项目，综合反映其责任预算数、实际数和差异数的报告文件。

业绩报告中的“差异”是按“实际”减去“预算”后的差额。负值为“节约”，也称为“有利差异”；正值为“超支”，也称为“不利差异”。成本差异是评价考核各责任单位成本管理业绩好坏的重要标志，也是企业进行奖惩的重要依据。

业绩报告应按责任单位层次进行编报。在进行责任预算指标分解时，其方式是从上级向下级层层分解下达，从而形成各责任单位的责任预算；在编制业绩报告时，其方式是从最基层责任单位开始，将责任成本实际数逐级向上汇总，直至企业最高管理层。

每一级责任单位的责任预算和业绩报告，除最基层只编报本级的责任成本之外，其余各级都应包括所属单位的责任成本和本级责任成本。

四、纵向责任单位责任成本的计算与考核

纵向责任单位系统内各单位责任成本的计算，是从最基层逐级向上进行的。以生产系统为例，其纵向责任单位责任成本的计算是从班组开始，逐级上报至企业总部。

1、班组责任成本的计算与考核

班组责任成本由班组长负责，各班组应在每月月末编制班组责任成本业绩报告送交车间。在业绩报告中，应列出该班组各项责任成本的实际数、预算数和差异数，以便对比分析。

例：甲生产车间下设A、B、C三个生产班组，各班组均采用间接计算法来计算其责任成本。其中A班组业绩报告见表4-7。

表4-7　责任成本业绩报告

责任单位：甲车间A班组　　××××年×月　　（单位：元）

项　目	实　际	预　算	差　异
直接材料：	—	—	—
原料及主要材料	12 080	12 200	−120
辅助材料	11 400	11 300	+100
燃料	11 560	11 500	+60
其他材料	1 450	1 460	−10
小　计	36 490	36 460	+30

（续）

项　　目	实　　际	预　　算	差　　异
直接人工：	—	—	—
生产工人工资	16 300	15 200	+1 100
生产工人福利费	2 120	2 100	+20
小　　计	18 420	17 300	+1 120
制造费用：	—	—	—
管理人员工资及福利费	11 140	11 000	+140
折旧费	11 450	10 660	+790
水电费	1 680	2 000	−320
其他制造费用	11 350	11 500	−150
小　　计	35 620	35 160	+460
生产成本合计	90 530	88 920	+1 610
减：折旧费	11 450	10 660	+790
废料损失	150	—	+150
加：修理费	5 300	5 000	+300
责任成本	84 230	83 260	+970

表 4-7 表明，甲车间 A 班组本月归集的实际生产成本 90 530 元减去不应由该班组承担的折旧费 11 450 元，并减去废料损失（系因供应部门采购有质量问题的材料而发生的工料损失 150 元），再加上从修理车间转来的应由该班组承担的修理费，即为 A 班组的责任成本 84 230 元。

从总体上看，A 班组当月责任成本预算执行较差，超支 970 元。但从各成本项目来看，“直接材料”中的“原料及主要材料”和“其他材料”共节约 130 元；“制造费用”中的“水电费”和“其他制造费用”共节约 470 元；“直接人工”实际比预算超支 1 120 元，经查明原因主要是企业提高计件工资单价所致；对于由企业机修车间转来的修理费 5 300 元（比预算超支 300 元），还应进一步加以分析，看其是否因本班组对设备操作不当导致维修费用增大，还是机修车间提高了修理费用（如人为多计修理工时等）。

对于节约的费用项目也应进一步加以分析，找出节约的原因，以巩固取得的成绩。

2．车间责任成本的计算与考核

车间责任成本也是定期（一般以月为周期）以业绩报告形式汇总上报企业总部。以上例为例，甲车间在编制业绩报告时，除归集本车间的责任成本外，还应加上三个班组的责任成本。其业绩报告见表 4-8。

表 4-8　责任成本业绩报告

责任单位：甲车间　　　　××××年×月　　　　（单位：元）

项　　目	实　　际	预　　算	差　　异
A 班组责任成本	84 230	83 260	+970
B 班组责任成本	68 930	67 890	+1 040
C 班组责任成本	76 890	77 880	−990
合　　计	230 050	229 030	+1 020
甲车间可控成本：	—	—	—
管理人员工资	24 500	24 300	+200
设备折旧费	22 960	23 000	−40
设备维修费	22 430	22 500	−70
水电费	5 600	5 200	+400
办公费	3 000	2 500	+500
低值易耗品摊销	6 980	6 800	+180
合　　计	85 470	84 300	+1 170
本车间责任成本合计	315 520	313 330	+2 190

从表 4-8 中可以看出，甲车间的 A、B、C 三个班组中，C 班组的成本业绩是最好的，甲车间当月责任成本超支 2 190 元，其中下属三个班组共超支 1 020 元，本车间可控成本超支 1 170 元；A、B 两班组超支合计为 2 010 元（970 元+1 040 元）是成本控制的重点。

对于甲车间可控成本中的超支项目，还应进一步详细分析，查找原因，采取措施，加以控制。

五、横向责任单位责任成本的计算和考核

横向责任单位责任成本的计算和考核与纵向责任单位基本相同，即由各部门负责人负责按月编制部门业绩报告报送企业总部。为简述起见，仅以供应部门为例，说明其责任成本的计算与考核方法。

企业的供应部门主要负责材料的采购、保管与收发。对供应部门的责任成本的考核，主要包括：采购费用、整理费用、仓库经费、办公费用和人员工资等。由于采购不当造成的积压浪费、废品损失等，也应加以反映与分析。其业绩报告格式略。

六、企业总部责任成本的计算与考核

企业总部责任成本应包括所属各管理部门的责任成本，所以当企业总部

（财会部门）收到所属各部门报送的业绩报告后，应汇总编制公司的责任成本业绩报告。其格式见表 4-9。

表 4-9 ××公司责任成本业绩汇总表

××××年×月 （单位：元）

业绩报告	实际	预算	差异
甲车间业绩报告	—	—	—
A 班组责任成本	84 230	83 260	+970
B 班组责任成本	68 930	67 890	+1 040
C 班组责任成本	76 890	77 880	−990
车间可控成本	85 470	84 300	+1 170
甲车间责任成本合计	315 520	313 330	+2 190
乙车间业绩报告	—	—	—
……	……	……	……
供应科业绩报告	—	—	—
……	……	……	……
公司总部责任成本业绩报告	131 500	132 000	−500
责任成本总计	1 223 450	1 221 400	+2 050
销售收入总额	1 455 450	1 445 300	+10 150
盈利及盈利净增额	232 000	223 900	+8 100

表 4-9 表明，该公司销售收入实际数超出预算数 10 150 元，在抵减责任成本超支数 2 050 元后，其盈利额实际数比预算数净增 8 100 元。对销售收入增加 10 150 元的增收原因，还需进一步加以分析，比如看其是否与责任成本增加有关等。

第四节 成本差异的计算与分析

日常的成本控制是通过计算实际成本与标准成本之间的成本差异，并对其差异产生的原因进行因素分析后采取相应的措施来实现的。

一、成本差异计算与分析的意义

显然，以标准价格、标准消耗量编制的费用预算与实际价格、实际消耗量反映的费用执行结果之间，必然会出现数额上的差异。凡实际成本大于预算成本（或标准成本）的差异，称之为不利差异；凡实际成本小于预算成本（或标准成本）的差异，称之为有利差异。

成本差异是可以计算出来的，并且可以对其进行因素分析，以确定各因素对差异的影响数额，进而有针对性地采取措施，对不利差异的影响因素进行必要的控制。

成本差异的计算与分析，是成本控制的一项重要工作，其在成本控制中的作用如图 4-1 所示。

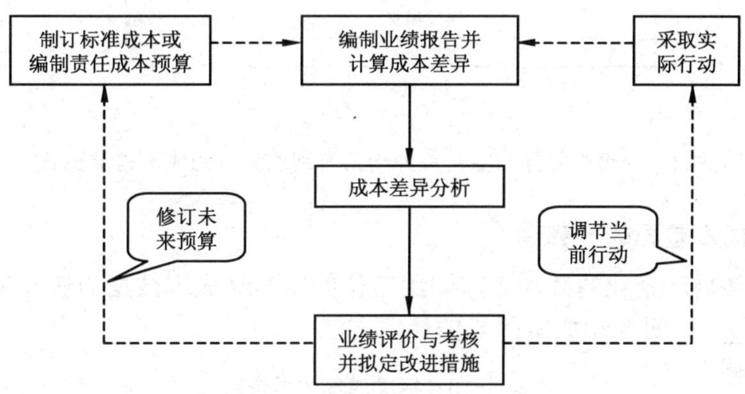

图 4-1　成本差异的计算与分析在成本控制中的作用

二、成本差异计算的基本原理

成本差异的计算与分析的对象，主要是标准成本与实际成本之间的差异。

由于标准成本中一般由直接材料、直接人工和变动制造费用三个成本项目构成，而直接材料、直接人工和变动制造费用这三个成本项目都具有单独的价格标准和数量标准，因此，这三大成本项目的成本差异，都可概括为“标准价格×标准数量”与“实际价格×实际数量”之差。其基本原理如图 4-2 和图 4-3 所示。

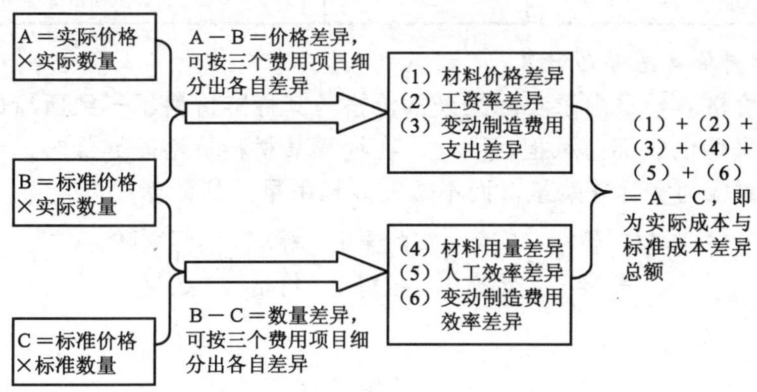

图 4-2　成本差异计算的基本原理

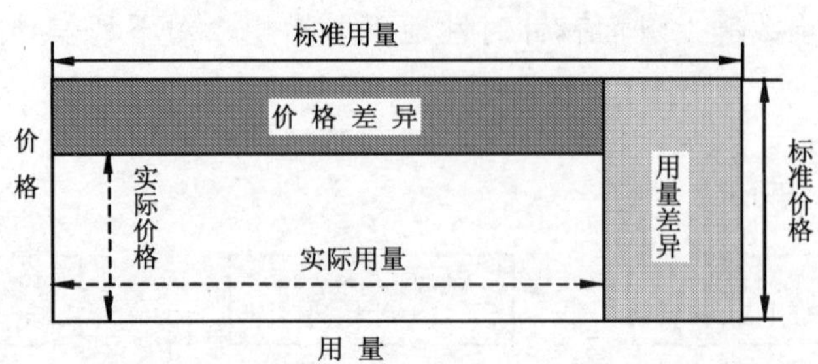

图 4-3 价格差异与数量差异均为有利差异时的成本差异图解

三、成本差异的计算

现以某物流企业的某加工车间甲工位的甲产品成本数据为例（见表 4-10 和表 4-11)，说明变动成本差异的计算方法。

表 4-10 标准成本数据资料

成本项目	用量标准	价格标准	标准成本
直接材料	4 千克/件	2 元/千克	8 元/件
直接人工	2 小时/件	10 元/小时	20 元/件
变动制造费用	2 小时/件	4 元/小时	8 元/件
合计	—	—	36 元/件

表 4-11 该车间某月实际成本数据资料（实际产量 60 件）

摘要	实际数量	实际价格	实际成本/元
耗用直接材料	235 千克	2.2 元/千克	517
耗用直接人工	110 小时	11 元/小时	1 210
支付变动制造费用	110 小时	3.8 元/小时	418
合计	—	—	2 145

1、材料价格差异的计算

材料价格差异是由于实际的采购价格与其标准价格不一致所造成的，其责任应由采购供应部门承担。因此，在计算其材料价格差异额时，计算式中的实际数量应为实际采购量，而不是实际耗用量。其计算式为

$$\text{材料价格差异}=\text{实际价格}\times\text{实际采购数量}-\text{标准价格}\times\text{实际采购数量}$$

或

$$\text{材料价格差异}=\text{实际采购数量}\times\left(\text{实际价格}-\text{标准价格}\right)$$

实际工作中，材料价格差异是以表格形式计算和报告的。其格式见表4-12。

表 4-12　材料价格差异计算表

材料名称	实际采购量	实际价格	标准价格	单位价差	价格差异总额
计算关系	①	②	③	④=②-③	⑤=④×①
甲材料	300 千克	2.2 元/千克	2 元/千克	0.20 元/千克	+60 元

由表 4-12 可知，因甲材料采购价格的上升所产生的材料价格差异（即超支）总额为 60 元。

2、工资率差异的计算

工资率差异也称为直接人工的价格差异，它是实际工时按实际工资率计算的人工成本，与按标准工资率计算的人工成本之间的差额。其计算式为

$$\text{工资率差异}=\text{实际工资率}\times\text{实际工时}-\text{标准工资率}\times\text{实际工时}$$

或

$$\text{工资率差异}=\text{实际工时}\times\left(\text{实际工资率}-\text{标准工资率}\right)$$

或

$$\text{工资率差异}=\text{实际工资额}-\text{标准工资率}\times\text{实际工时}$$

实际工作中，工资率差异是以计算表形式进行计算的，见表 4-13。

表 4-13　工资率差异计算表

工资等级	实际工时	实际工资率	标准工资率	单位工资率差异	工资率差异总额
计算关系	①	②	③	④=②-③	⑤=④×①
××级	110 小时	11 元/小时	10 元/小时	+1 元/小时	+110 元

如果该工位的工人工资标准不一时，可分开计算，然后再加以汇总。

3、变动制造费用支出差异的计算

变动制造费用支出差异是指变动制造费用的价格差异，也称为变动制造费用耗费差异。它是实际发生的变动制造费用，与按实际工时计算的标准变动制造费用之间的差额。其计算式为

$$\frac{\text{变动制造费用}}{\text{支出差异}}=\frac{\text{实际变动制造}}{\text{费用比率}}\times\frac{\text{实际}}{\text{工时}}-\frac{\text{标准变动制}}{\text{造费用比率}}\times\frac{\text{实际}}{\text{工时}}$$

或

$$\frac{\text{变动制造费用}}{\text{支出差异}}=\frac{\text{实际}}{\text{工时}}\times\left(\frac{\text{实际变动制造}}{\text{费用比率}}-\frac{\text{标准变动制造}}{\text{费用比率}}\right)$$

或

$$\frac{\text{变动制造费用}}{\text{支出差异}}=\frac{\text{实际变动}}{\text{制造费用}}-\frac{\text{标准变动制}}{\text{造费用比率}}\times\frac{\text{实际}}{\text{工时}}$$

本例变动制造费用支出差异的计算见表 4-14。

表 4-14　变动制造费用支出差异计算表

	实际工时	实际变动制造费用比率	标准变动制造费用比率	比率差异	变动制造费用支出差异总额
计算关系	①	②	③	④=②-③	⑤=④×①
该工位	110 小时	3.8 元/小时	4 元/小时	-0.2 元/小时	-22 元

4. 材料用量差异的计算

材料用量差异是指材料标准价格，按实际耗用量计算的材料成本，与按标准耗用量计算的材料成本之间的差额，它反映直接材料成本的数量差异。其计算式为

材料用量差异=标准价格×实际用量-标准价格×标准用量

或

材料用量差异=标准价格×（实际用量-标准用量）

本例材料用量差异的计算见表 4-15。

表 4-15　材料用量差异计算表

材料名称	标准价格	实际用量	标准用量	用量差异	用量差异总额
计算关系	①	②	③	④=②-③	⑤=④×①
甲材料	2 元/千克	235 千克	240 千克	+5 千克	+10 元

表 4-15 中的实际用量，是指该工位加工甲产品所耗用的甲材料的实际用量，而并非是实际采购量；标准用量 240 千克是以甲产品的实际产量 60 件，与甲材料的标准用量 4 千克/件相乘而计算出来的。

5. 人工效率差异的计算

人工效率差异是指直接人工成本的数量差异，它是指标准工资率按实际工

时计算的人工成本，与按标准工时计算的人工成本之间的差额。其计算式为

$$\text{人工效率差异}=\text{标准工资率}\times\text{实际工时}-\text{标准工资率}\times\text{标准工时}$$

或

$$\text{人工效率差异}=\text{标准工资率}\times\left(\text{实际工时}-\text{标准工时}\right)$$

上式中的标准工时，是指本期实际产量与直接人工用量标准的乘积。

本例人工效率差异的计算见表 4-16。

表 4-16　人工效率差异计算表

工资等级	标准工资率	实际工时	标准工时	工时差异	人工效率差异总额
计算关系	①	②	③	④=②-③	⑤=④×①
××级	10 元/小时	110 小时	120 小时	-10 小时	-100 元

表 4-16 中的标准工时 120h，是直接人工用量标准 2h/件，与甲产品实际产量 60 件的乘积。

6．变动制造费用效率差异的计算

变动制造费用效率差异是指变动制造费用在工时用量上的差异，用以反映工作效率的好差情况，它是以标准变动制造费用比率为同度量单位，按实际工时计算的变动制造费用，与按标准工时计算的变动制造费用之间的差额。其计算式为

$$\text{变动制造费用效率差异}=\text{标准变动制造费用比率}\times\text{实际工时}-\text{标准变动制造费用比率}\times\text{标准工时}$$

或

$$\text{变动制造费用效率差异}=\text{标准变动制造费用比率}\times\left(\text{实际工时}-\text{标准工时}\right)$$

本例变动制造费用效率差异的计算见表 4-17。

表 4-17　变动制造费用效率差异计算表

	标准变动制造费用比率	实际工时	标准工时	工时差异	变动制造费用效率差异总额
计算关系	①	②	③	④=②-③	⑤=④×①
该工位	4 元/小时	110 小时	120 小时	-10 小时	-40 元

7、成本差异的汇总

上述各项差异的计算，应通过汇总表的形式加以综合反映。本例成本差异汇总表见表4-18。

表4-18 成本差异汇总表

成本差异	差异额/元	差异属性	可能的责任部门
材料成本差异	—	—	—
材料价格差异	+60	价格差异	采购、企业外部
材料用量差异	–10	用量差异	生产、采购、维修
小计	+50	—	—
人工成本差异	—	—	—
工资率差异	+110	价格差异	生产、人事
人工效率差异	–100	用量差异	生产、维修、采购
小计	+10	—	—
变动制造费用差异	—	—	—
变动制造费用支出差异	–22	价格差异	生产、供应
变动制造费用效率差异	–40	用量差异	生产、维修、采购
小计	–62	—	—
合计	–2	—	—

从表4-18中可以看出，材料价格差异对生产部门（生产班组或工人）来说，是不可控的。所以在计算生产部门的成本差异额（成本业绩）时，不应包括材料价格差异。故此，该生产工位的可控成本差异额（成本业绩）应为：–2元–（+60）元=–62元。

四、成本差异的分析

1、材料价格差异的分析

材料价格差异主要是因材料实际采购价格，与其计划价格发生偏差而产生的，与采购部门的采购工作质量密切相关，可作为评价采购部门业绩的重要依据，一般不能用来评价生产耗用部门的成本业绩。本例中的材料价格差异超支60元，属不利差异，应查明原因并加以必要的控制。

材料价格差异的责任部门是企业的采购供应部门，因为影响材料采购价格的各种因素（如交货方式、运输工具、材料质量、购货折扣等），通常由采购部门控制和作出决策。当然，有些因素也是采购部门无法控制或抉择的，例如国家对原材料、燃料的价格进行上调，或由于种种原因使得原材料价格普遍上涨，或由于生产部门责任紧急购入等因素，均可导致材料价格的不利差异。另外，也有相反的情况，会出现非采购部门的原因造成材料价格的有利差异。但不论哪种情况，都要进一步作出量化分析，以便明确各有关部门的经济责任。

2、工资率差异的分析

工资率差异常为不利差异，其原因可能是企业提高了职工工资水平所致，或该工位更换为技术等级高的工人，或对该工位的工人工资进行了晋级，或临时加班提高了工时津贴等。

在实际工作中，如果在技术等级低的工位上安排了技术等级高（相应工资级别高）的工人时，也会产生不利的工资率差异，这应是工资费用控制的重点。

3、变动制造费用支出差异的分析

变动制造费用支出差异所反映的不仅是费用支付价格方面的节约或超支，同时也包括各费用明细项目在用量方面的节约或浪费。因此，对变动制造费用的各明细项目有必要加以详细分析，找出超支的主要原因。例如对变动制造费用进一步分解为间接材料、间接人工、动力费等，并从其价格与用量两个方面进行详细分析。

4、材料用量差异的分析

导致材料用量差异的因素，主要包括生产工人的技术熟练程度和对工作的责任感、加工设备的完好程度、材料的质量和规格是否符合规定要求，以及产品质量控制是否健全、有无贪污盗窃等。显然，材料的质量问题或工艺要求的变化而导致的材料用量增加，不应由生产部门负责。

例如，采购部门为压低材料进价，大量购入劣质材料而造成的生产部门用料过多，甚至增加了废次品等，由此而产生的材料用量差异应由采购部门负责。由于设备维修部门原因而使设备失修，出现材料用量上的浪费现象，也必然反映在材料用量差异上，而这部分差异应由设备维修部门负责。

在剔除非生产部门责任造成的用量差异后，对剩余的用量差异应查找出原因，看其是否由于工人粗心大意、缺乏训练或技术水平较低等原因造成的。

5、人工效率差异的分析

人工效率差异实质上是反映在实际生产过程中工时的利用效率。实耗工时与实耗标准工时不一致，说明其生产效率（以工时表示）利用的好差，实耗工时小于实耗标准工时，说明其生产效率高，反之说明其生产效率低。

实耗工时高低的决定因素是多方面的，例如工人的责任心、生产积极性、技术水平、时间利用程度、机器设备利用程度等均可能对生产效率产生影响。在一般情况下，人工效率差异应由生产部门负责；但如果系采购部门购入不合格的材料或因停工待料、机器维修、工艺调整、甚至停电、停水等生产部门无法控制的因素而导致的人工效率差异，应由相应的责任部门负责。

6. **变动制造费用效率差异的分析**

变动制造费用效率差异也是反映在实际生产过程中工时的利用效率情况，这项差异应称为工时的效率差异，但人们已习惯称之为变动制造费用效率差异。此项差异的因素分析方法，基本与人工效率差异的分析方法相同。

【练习题】

一、某公司在计划期内预计销售乙产品 1 000 件，销售单价为 50 元，产品单位变动成本为 20 元，固定成本总额为 15 000 元。采用弹性预算方法编制收入、成本和利润预算，其结果填入表 4-19 与表 4-20。

表 4-19 收入、成本和利润弹性预算表（列表法）

（单位：元）

项　　目	1 000 件	1 500 件	2 000 件	2 500 件
销售收入/元				
变动成本/元				
边际贡献/元				
固定成本/元				
利润/元				

表 4-20 收入、成本和利润弹性预算完成情况对照表（列表法）

（单位：元）

项　　目	计划数（1 000）	弹性预算（1 500）	实际（1 500）	预 算 差 异	成 本 差 异
	（1）	（2）	（3）	（4）=（2）-（1）	（5）=（3）-（2）
销售收入			75 000		
变动成本			32 000		
边际贡献			43 000		
固定成本			18 000		
利　　润			25 000		

二、假设甲产品单位售价为 10 元，单位产品的变动成本为 6 元，固定成本总额 2 000 元，试计算其盈亏临界点销售量。

三、根据表 4-21 数据，计算“价值系数”、“零件目标成本”和“零件成本应降低额”并填写于表 4-21 内。

表 4-21　零件的当前成本及其系数

序号	零件名称	功能评价系数	成本系数	价值系数	零件当前成本/（元/件）	零件目标成本/（元/件）	零件成本应降低额/（元/件）
	（1）	（2）	（3）	（4）=（2）÷（3）	（5）	（6）= 产品目标成本×（2）	（7）=（5）-（6）
1	A	0.20	0.25		15.00		
2	B	0.22	0.22		9.80		
3	C	0.08	0.08		3.20		
4	D	0.16	0.02		1.80		
5	E	0.07	0.05		2.40		
6	F	0.09	0.20		9.00		
7	G	0.14	0.14		6.00		
8	H	0.04	0.04		2.80		
合计		1.00	1.00	—	50	48（产品目标成本）	+2

【案例】邯钢：项目成本逆向分解

钢铁行业是多流程、大批量生产的行业，由于生产过程的高度计划性决定了对生产流程各个工艺环节必须实行高度集中的管理模式。为了严格成本管理，一般依据流程将整个生产线划分为不同的作业单元，在各个作业单元之间采用某些锁定转移价格的办法。而邯钢在成本管理方面率先引入市场竞争手段，依据市场竞争力为导向分解内部转移成本，再以此为控制指标，落实到人和设备上，将指标责任与奖罚挂钩，强制实现成本目标，达到系统总体最优。

1. “倒”出来的利润

对邯钢而言，要挤出利润，首先需要确定合理先进、效益最佳化的单位产品目标成本。公司根据一定时期内市场上生铁、钢坯、能源及其他辅助材料的平均价格编制企业内部转移价格，并根据市场价格变化的情况每半年或一年作一次修订。各分厂根据原材料等的消耗量和“模拟市场价格”核算本分厂的产品制造成本，也以“模拟市场价格”向下道工序“出售”自己的产品。获得的“销售收入”与本分厂的产品制造成本之间的差额，就是本分厂的销售毛利。销售毛利还需要作以下两项扣除：一是把公司管理费分配给分厂作销售毛利的扣除项，一般采用固定的数额（根据管理费年预算确定）；二是财务费用由分厂负担，一般根据分厂实际占用的流动资金额参考国家同期同类利率确定。作这两项扣除后，就形成了本分厂的“内部利润”。

如三轧钢分厂生产的线材，当时每吨成本高达 1 649 元，而市场价只能卖到 1 600 元，每吨亏损 49 元。经过测算，这 49 元全部让三轧钢分厂一个生产单元消化根本做不到。邯钢三轧钢厂发现，为使产品的包装质量符合公司要求，修卷减去的线材头尾一个月达上百吨，由此造成的损失超过 6 万元。为了降低成本，邯钢三轧钢厂对卷线机进行了技术改造，在充分保证包装质量的前提下，轧用量降低了 40%，吨材成本下降 8 元。其他流程环节也纷纷采取不同手段降低成本，开坯的二轧钢厂挖潜降低 5 元/吨坯，生产钢锭的二炼钢厂挖潜降低 24.12 元/吨钢，原料外购生铁每吨由 780 元降到 750 元以下，这样环环相扣（8+5+24.12+（780−750）> 49）就可扭亏为盈。

当时，总厂分别对各生产单元下达了目标成本，其中对三轧钢分厂下达了吨材 1 329 元的不赔钱成本指标。面对这一似乎高不可攀的指标，分厂领导班子既感到有压力，但又提不出完不成的理由。因为这既是从市场“倒推”出来的，又是由自己的历史水平和比照先进水平测算出来的，再下调就意味着邯钢要出现亏损，这样压力就变成了动力。面对新的成本目标，只能扎实工作，努力实现。

三轧钢分厂组成专门班子，也将工段进行层层分解，根据总厂下达的新成本指标，“倒推”测算出各项费用在吨钢成本中的最高限额。比如各种原燃料消耗、各项费用指标等，大到 840 多元（时价）1 吨的铁水，小到仅 0.03 元的印刷费、邮寄费，横向分解落实到科室，纵向分解落实到式段、班组和个人，层层签订承包协议，并与奖惩挂钩，使责、权、利相统一，使每个单位、每个职工的工作都与市场挂起钩来，经受市场的考验，使全厂形成纵横交错的目标成本管理体系。

为促使模拟市场核算这一机制的高效运转，当然需要严格的奖惩机制保驾护航。在考核方法上，总厂通常给分厂下达一组目标成本和目标利润。分厂制造成本低于目标成本，即形成成本降低额或称贷差，作为计奖或不“否决”奖金的依据，反之则“否决”奖金。实际内部利润大于目标利润的差额，通常也被当作计奖的依据。在现实中，有的公司以考核成本降低额为主，有的以考核内部利润为主。由于成本降低本身就是增加内部利润的因素，有的公司为了避免重复计奖，就将成本降低额从内部利润增加额中扣除，作为增加内部利润的计奖基数。在保证基本收入前提下，加大奖金在整个收入中的比例，奖金约占工资的 40%～50%；设立模拟市场核算效益奖，按年度成本降低总额的 5%～10%和超创目标利润的 3%～5%提取，仅 1994 年效益奖就发放了 3 800 万元。结果，三轧钢分厂拼搏一年，不仅圆满实现了目标，而且扭亏为盈，当年为总厂创利润82.67 万元。

2. 协同的正向循环

这种以市价为基础的内部成本倒推分解法，把产品成本、质量、资金占用、品种结构等因素纳入完整的考核体系之中，给了成本中心更大的责任和压力，使分厂在有限的决策权之下，有了除降低成本以外的增利手段。可以使分厂了解假如自己是一个独立企业时的盈亏水平，增强“亏损”或微利单位的危机感和紧迫感，则公司推进降低成本目标时遇到的阻力比较小；由于实行优质优价的定价原则，可鼓励分厂提高产品质量以增加“销售收入”，也使他们有了寻求质量与成本最佳结合点的权力；利息作为内部利润的扣除项，有利于量化资金占用水平，鼓励分厂压缩资金占用；通过对不同品种的合理定价，可鼓励分厂结合市场需求调整产品结构。采用项目成本倒推分解这种方法，从根本上改变了各个流程成本控制与总成本控制之间的关系，使个人将自己对总成本控制的贡献直观相关联，个人的晋升与发展也与这些贡献相关联，从而形成了良性循环。

邯钢推行项目成本分解制后，使其能够在1993年以来国内钢材价格每年降低的情况下保持利润基本不减：1994—1996年实现利润在行业中连续三年排名第三；1997—1999年上升为第二名。1999年邯钢钢产量只占全国钢产量的2.43%，而实现的利润却占全行业利润总额的13.67%。冶金行业通过推广邯钢经验，也促使钢材成本大幅度降低。1997年以来全行业成本降低基本与钢材降价保持同步；1999年成本降低还超过了钢材降价的幅度。这不仅使全行业经济效益呈现恢复性提高，而且为国民经济提供了廉价的钢材，缩小了高于国际钢价的价格差，增强了中国钢铁工业的国际竞争能力。

事实上，不只在钢铁行业，其他有色金属业、机械行业、化学工业、制糖业、造纸业等都具有邯钢这种大批量多流程生产的特点。由于邯钢成功地实施“模拟市场核算、倒推单元成本、实行成本否决、全员成本管理”这一全新的企业经营机制，因此在全国掀起了学邯钢的一轮浪潮。

第五章　汽车运输成本管理

【学习目的】

通过本章的学习，掌握汽车运输成本的概念与分类、汽车运输成本核算体制、汽车运输成本计算对象、汽车运输成本计算单位；初步掌握汽车运输成本核算程序以及汽车运输的成本分析方法。

第一节　汽车运输成本的概念与分类

一、汽车运输成本的概念

汽车货物运输（本书以下简称汽车运输）生产过程是实现货物的位移过程。在实现货物位移的运输生产过程中的耗费，包括生产资料如车辆、装卸机械、房屋建筑、燃料、轮胎、配件、工具等的价值耗费和相当于职工工资部分的价值耗费，这些价值耗费构成了汽车运输成本。汽车运输成本是以货币的形式来反映完成一定运输工作量的全部耗费。

本章主要以汽车运输企业为例，说明运输成本管理的基本方法，这些方法可以推广应用到企业的汽车运输作业的成本管理诸方面。

汽车运输企业完成一定的运输工作量所支付的各种生产费用的总和，称为运输总成本。分摊到单位产品（计算单位为：千吨公里）上的成本即为单位成本（计算单位为：元/千吨公里）。

1．应列入汽车运输成本的费用

（1）生产营运过程中消耗的燃料、轮胎、配件、润滑油、原材料、低值易耗品的费用。

（2）营运业务费、过路过桥费、代理费。

（3）职工工资、福利费、原材料节约奖、技术改造和合理化建议奖。

（4）固定资产的修理费、折旧费和租赁费。

（5）进行科学研究、技术开发和新产品试制而发生的不构成固定资产的费用，购置样品样机和一般测试仪器的费用。

（6）按规定比例计算拨给的工会经费和职工教育经费。

（7）财产和运输的保险费，契约、合同公证费和鉴证费、咨询费、专有技术使用费以及列入成本的排污费。

（8）流动资金贷款的利息。

（9）办公费、会议费、旅差费、劳动保护用品费、消防费等管理费。

（10）财政审查批准应列入成本的其他费用。

2、不得列入汽车运输成本的费用

（1）应在基本建设资金和各种专项经费中开支的费用。

（2）应在企业留用利润中开支的奖金。

（3）基本建设借款和专项借款的利息，以及流动资金贷款的罚息。

（4）超出国家规定开支标准部分的各项费用支出。

（5）应在企业留用利润中开支的各项赔偿金、违约金、滞纳金和罚款。

（6）与本企业生产经营活动无关的其他费用。

二、汽车运输成本构成内容的分类

为便于成本核算和管理，对汽车运输成本的构成内容，可按管理需要进行分类。

（一）按生产要素分类

按生产要素分类，可以反映企业在一定时期同类性质费用的全部支出，便于按费用性质归口管理。可将汽车运输企业营运费用按其费用要素构成分为以下 9 种：

1）外购材料费。

2）外购燃料费。

3）外购动力费。

4）外购低值易耗品。

5）职工工资。

6）职工福利费。

7）固定资产折旧费。

8）固定资产修理费。

9）其他费用支出。

（二）按经济用途分类

汽车运输成本构成内容按其经济用途分类，可分为车辆费用和营运间接费用两大类。

（1）车辆费用　指企业营运车辆从事运输生产活动所发生的各项费用。车辆费用包括：工资、职工福利费、燃料、轮胎、修理费、车辆折旧、车辆保险费、事故费、税金和其他费用等。

（2）营运间接费　指运输企业以下的基层分公司、车队、车站发生的营

运管理费用，但不包括企业行政管理部门（总公司或公司）的管理费用。

这种分类方法，便于研究分析成本降低或超支的原因，为降低成本提供具体途径。

（三）按成本性态分类

汽车运输生产的消耗，主要取决于运输距离的长短，即在汽车运输成本中相当一部分是随车辆行驶里程变动而变动的，有一部分是随周转量变动而变动。这两部分成本，称之为相对变动成本。还有一部分成本，在一定的周转量和行驶里程内不受其影响，则称为固定成本。

所以，汽车运输成本构成内容按汽车运输成本性态分类，可分为以下三类。

1、**甲类费用**（计算单位为：元）

甲类费用是在一定的周转量范围内，与行驶里程和周转量基本无关的那一部分相对固定的成本支出，也称固定成本。如管理人员的工资及其提取的职工福利费、营运间接费用、管理费用、按规定比例计提的工会经费和其他费用。

2、**乙类费用**（计算单位为：元/千车公里）

这是费用总额随行驶里程变动而变动的费用，如营运车耗用燃料、营运车装用轮胎、营运车维修费、按行驶里程计提的营运车辆折旧费等。这些成本费用，无论车辆是空驶或重载均会发生，而且与行驶里程成正比变动。

3、**丙类费用**（计算单位为：元/千吨公里）

这是费用总额随周转量变动而变动的费用，如吨公里燃料附加（即按周转量计算的燃料附加费用）、按周转量计算的行车补贴等。

某项费用属于固定成本还是变动成本，与采用的费用核算方法有关。例如营运车辆按生产法计提折旧时，其折旧费是变动成本；但按使用年限法计提折旧时，则属于固定成本。

汽车运输成本构成内容按成本性态进行分类，便于分析汽车运输成本升降的原因，并有助于进行本·量·利决策分析。

第二节　汽车运输的成本核算体制、成本计算对象、计算单位和成本核算程序

一、汽车运输企业成本核算体制

汽车运输企业的成本核算工作，由企业的财务会计部门负责，其成本核

算体制与企业的营运范围、管理体制和规模大小及生产组织机构有关。

大中型汽车运输企业一般都是区域性独立的生产经营单位，通常实行企业和分公司两级核算或企业、分公司、车队三级核算。企业核算运输完全成本，车队可以核算完全成本，也可以不核算完全成本。

一般情况下，车队不需核算完全成本，只需核算直接管理的车辆费用和车队管理费用，不负担车站经费和燃料、材料的成本差异。车队不设成本明细账，不进行账务处理，只是在月末通过汇总表、分配表及有关的原始凭证，汇总计算车辆费用和车队管理费用，编制车队运输成本表。企业审核汇集车队的各项费用消耗报表，计算分配表和车站费用表，进行账务处理，并调整燃材料的成本差异，编制企业的运输成本表。

车辆较少的小型运输企业，可由企业集中核算成本，而不进行车队成本核算。为了对运输成本进行有效监控，在必要的情况下，也可按单车核算其运输成本。

二、汽车运输成本计算对象和成本计算单位

汽车运输成本计算对象是企业的各项运输业务，也是各项营运费用的承担者。营运费用的汇集、分配以及成本计算，都要以成本计算对象为依据。汽车运输企业的生产经营活动主要是运输业务，根据管理上的需要，对于货物运输业务，需要设置不同的成本计算对象和成本计算单位。

1、汽车运输成本计算对象

汽车运输企业的营运车辆其车型较为复杂，为了反映不同车型货车的运输经济效益，应以不同燃料和不同厂牌的营运车辆作为成本计算对象。对于以特种大型车、集装箱车、零担车、冷藏车、油罐车等从事运输活动的企业，还应以不同类型、不同用途的车辆，分别作为单独的成本计算对象。

2、汽车运输成本计算单位

成本计算单位是指成本计算对象的计量单位。

汽车运输成本计算单位，是以汽车运输工作量的计量单位为依据的。货物运输工作量，通常称为货物周转量，其计量单位为“吨公里”，即实际运送的货物吨数与运距的乘积。为计量方便起见，通常以“千吨公里”作为成本计算单位。

大型车组的成本计算单位可为“千吨位小时”，集装箱车辆的成本计算单位为“千标准箱公里”。

集装箱以 20 英尺为标准箱，小于 20 英尺箱的，每箱按 1 标准箱计算；40 英尺箱或其他大于 20 英尺箱的集装箱，每箱按 1.5 标准箱计算。

其他特种车辆，如零担车、冷藏车、油罐车等运输业务，其运输工作量仍以“千吨公里”为成本计算单位。

三、汽车运输企业的成本计算期

汽车运输企业的运输成本，应按月计算各月成本，并按月、季、年计算从年初至各月末止的累计成本。因运输劳务的特殊性，一般不需要计算“在产品”成本。营运车辆在经营跨月运输业务时，一般以行车路单签发日期所归属的月份计算其运输成本。

四、汽车运输完全成本核算程序

汽车运输企业的完全成本核算程序，主要是指成本的会计核算程序。

（1）根据企业营运管理的要求，确定成本计算对象、成本计算单位、成本项目和成本计算方法。

（2）由车队根据费用支出和生产消耗的原始凭证，按照成本计算对象、费用类别和部门对营运费用进行归集、分配，并编制各种费用汇总表，包括工资及职工福利费分配表，燃料、材料及轮胎消耗汇总表，以及低值易耗品摊销表，固定资产折旧及大修理费用提存计算表，轮胎摊销分配表等。

（3）根据各种费用汇总表或原始凭证，登记“辅助营运费用”、“营运间接费用”、“待摊费用”、“预提费用”以及“运输支出”明细分类账；并将辅助营运费用、营运间接费用按成本计算对象分配和结转计入“运输支出”账户，确定各项业务应负担的费用，计算各种业务成本。

（4）企业根据车队、车站等所属单位上报的成本核算资料，汇总分配企业各项费用，编制企业成本计算表。

汽车运输完全成本核算程序如图 5-1 所示。

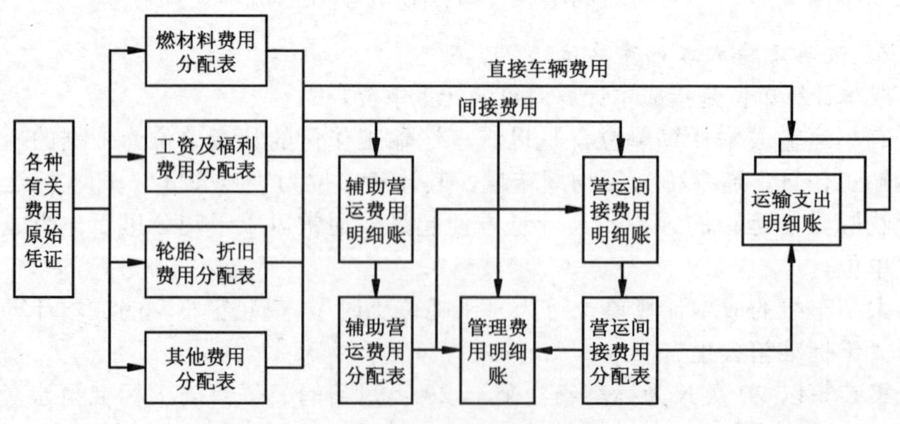

图 5-1 汽车运输完全成本核算程序

第三节　汽车运输成本的计算

汽车运输成本的计算方法，是指营运车辆在生产过程中所发生的费用，按照成本计算对象和成本项目，计算各分类运输成本的步骤、方式和程序要求。汽车运输企业不需要像工业企业那样，按成本计算对象单独设置成本计算单，只需在“运输支出”账户下，按照成本计算对象（如车型）及成本项目设置多栏式明细账，将运输支出的明细分类核算，与运输成本的分类计算结合起来一并进行核算。

一、汽车运输成本项目的设置与内容

根据运输企业会计制度的规定，汽车运输成本项目分为车辆直接费用和营运间接费用两部分。其设置与内容分别如下：

1．车辆直接费用

（1）工资　指按规定支付给营运车辆司机的基本工资、工资性津贴和生产性奖金，随车售票乘务人员工资和工资性津贴，以及实行承包经营企业的司乘人员个人所得的承包收入也包括在本项目内。

（2）职工福利费　指按规定的工资总额和比例计提的职工福利费。

（3）燃料　指营运车辆运行中所耗用的各种燃料，如汽油、柴油等，自动倾卸车辆卸车时所耗用的燃料也在本项目内核算。

（4）轮胎　指营运车辆耗用的外胎、内胎、垫带的费用支出，以及轮胎零星修补费。

（5）修理费　指营运车辆进行各级维护和小修所发生的工料费、修复旧件费用和行车耗用的机油费用，以及车辆大修费用。采用总成互换维修法的企业，维修部门领用的周转总成的价值和卸下总成的修理费用，也在本项目内核算。

（6）车辆折旧　指营运车辆按规定方法计提的折旧费。

（7）车辆保险费　指向保险公司缴纳的营运车辆的保险费用。

（8）事故费　指营运车辆在运行过程中，因行车肇事所发生的事故损失，扣除保险公司赔偿后的事故费用。但因车站责任发生的货损、货差损失，以及由不可抗拒的原因而造成的非常损失等，均不在本项目内核算。

（9）税金　指规定交纳的车船使用税。

（10）其他费用　指不属于以上各项的车辆营运费用，如行车杂支、随车工具费、篷布绳索费、防滑链条费、中途故障救济费、车辆牌照和检验费、洗车费、停车住宿费、过桥费、过渡费、高速公路建设费等。

2、营运间接费

营运间接费用是企业营运过程中所发生的不能直接计入成本核算对象的各种间接费用，包括企业实行内部独立核算单位的车站费用、车队费用、装卸队（站）费用。但企业行政管理部门发生的管理费用和企业辅助生产部门发生的制造费用不包括在内。

企业应根据成本管理和核算的特点及费用发生的用途和性质设置“营运间接费用”明细分类账，并按费用项目设置专栏进行明细核算。费用项目由企业根据实际情况自行确定，为了便于企业进行成本明细分析，对于工资、职工福利费、燃润料、材料、折旧费、修理费、办公费、水电费、业务费、差旅费、仓库经费等，可单列项目分别归集反映。

二、汽车运输完全成本的计算方法

汽车运输企业应按车型分类计算完全成本，以满足会计核算的需要。在计算分类成本时，可直接根据有关分配表或计算表的数字计入分类成本。

1、工资及职工福利费

根据工资分配表和职工福利费计算表中分配给各车型分类成本的金额计入成本。

对于有固定车辆的驾驶员工资、行车津贴和津贴，应由有关车型的运输成本负担，将其实际发生数直接计入运输成本的工资项目。按照工资负担对象和金额计算应计提的职工福利费，直接计入各分类运输成本的“职工福利费”项目。

对于不固定车型的驾驶员的工资及津贴，应按营运车吨位或营运车日，分配计入有关车辆的分类运输成本。其分配计算公式为

$$\text{每营运车吨日工资分配额}=\frac{\text{应分配的司机工资总额}}{\text{总营运车吨日}}$$

$$\text{某车型应分摊的司机工资额}=\frac{\text{该车型实际}}{\text{总营运车吨日}}\times\text{每营运车吨日工资分配额}$$

2、燃料

营运车辆消耗的燃料，应根据行车路单或其他有关燃料消耗报告所列实际消耗量计算计入各车型分类成本。燃料消耗计算的范围与期间，应与车辆运行情况相一致，以保证燃料实际消耗量与当月车辆行驶总车公里和所完成的运输周转量相对应。

实行满油箱制的运输企业，在月初、月末油箱加满的前提下，车辆当月加油的累计数，即为当月燃料实际消耗数。企业根据行车路单领油记录核实的燃料消耗统计表，即可计算当月燃料实耗数。

实行实地盘存制的企业，应在月底实地测量车辆油箱存油数，并根据行车路单加油记录，计算各车当月实际耗用的燃料数。其计算公式为

当月实耗数=月初车存数+本月领用数–月末车存数

营运车辆在本企业以外的油库加油，其领发数量不作为购入和发出处理的企业，应在发生时按照分类成本领用的数量和金额，直接计入各分类运输成本。

3、**轮胎**

营运车辆领用的内胎、垫胎以及轮胎零星修补费用和轮胎翻新费用，按实际领用数和发生数计入各分类运输成本。外胎可以按领用轮胎实际成本计入当月运输成本，但在一次领用轮胎较多时，可以在一年内分月摊入各月运输成本。

大中型汽车运输企业，一般按每胎公里摊销额和月度内实际行驶胎公里数计算列入成本。其计算公式为

$$\text{千胎公里摊提额}=\frac{\text{外胎计划价格}-\text{计划残值}}{\text{新胎到报废行驶里程定额}\div 1000}$$

外胎的轮胎摊提费用，应按月计入运输成本。其计算公式为

$$\begin{matrix}\text{某车型外胎应计}\\\text{摊提费用}\end{matrix}=\begin{matrix}\text{千胎公里}\\\text{摊提额}\end{matrix}\times\frac{\text{该车型外胎实际使用胎公里}}{1000}$$

例：某型号轮胎外胎计划价格为 4 000 元/胎，计划残值为 100 元/胎，新胎到报废行驶里程定额为 100 000 公里，求其千胎公里摊提额。

计算如下：

$$\begin{aligned}\begin{matrix}\text{该型号轮胎千胎公里}\\\text{摊提额}\end{matrix}&=\frac{\text{外胎计划价格}-\text{计划残值}}{\text{新胎到报废行驶里程定额}\div 1000}\\&=\frac{(4\,000-100)\text{元/胎}}{100\,000\text{公里}\div 1\,000}\\&=39\text{元/千胎公里}\end{aligned}$$

如果该型号轮胎当月使用里程为 1 500 000 公里，试求其轮胎应计摊提费用。

计算如下：

$$\text{该型号轮胎应计摊提费用}=\text{千胎公里摊提额}\times\frac{\text{该车型外胎实际使用胎公里}}{1000}$$

$$=39\text{元/千胎公里}\times\frac{1\,500\,000\text{胎公里}}{1000}$$

$$=58\,500\text{元}$$

报废的外胎，应按照新胎到报废的里程定额计算其超亏里程，并按月分车型计算其超亏里程差异，调整运输成本。其计算公式为

$$\text{某车型外胎超亏里程应调整成本差异}=\text{千胎公里摊提额}\times\frac{\text{该车型报废外胎超亏胎公里}}{1000}$$

如果该型号轮胎当月报废外胎超额使用里程为 110 000 公里，试求其超亏里程应调整成本差异额。

计算如下：

$$\text{该型号轮胎超亏里程应调整成本差异}=\text{千胎公里摊提额}\times\frac{\text{该车型报废外胎超亏胎公里}}{1000}$$

$$=39\text{元/千胎公里}\times\frac{-110\,000\text{胎公里}}{1000}$$

$$=-4\,290\text{元（应调减成本）}$$

4、修理费

营运车辆因维护和修理而领用的各种材料、配件费，直接计入各分类成本的修理费项目；预提的车辆大修理费用，可根据“预提大修理费用计算表”计入本项目。

营运车辆的大修理费用，按实际行驶里程计算预提，特种车、大型车可按使用年限计算预提。

（1）按使用年限计提　其计算公式为

$$\text{某车型月大修理费用提存率}=\frac{\text{预计大修理次数}\times\text{每次大修理费用}}{\text{该车型平均原值}\times\text{预计使用年限}\times12}\times100\%$$

$$\text{某车型某月大修理费用提存额}=\text{某车型当月平均原值}\times\text{该车型月大修理费用提存率}$$

例：某型号货运汽车，预计大修理次数为 3 次，每次大修理费用为 15 000 元，该车型平均原值为 600 000 元，预计使用年限为 10 年，试计算该车型月

大修理费用提存率。

计算如下：

$$\text{某车型月大修理费用提存率}=\frac{\text{预计大修理次数}\times\text{每次大修理费用}}{\text{该车型平均原值}\times\text{预计使用年限}\times 12}\times 100\%$$

$$=\frac{3\text{次}\times 15\ 000\text{元/次}}{600\ 000\text{元}\times 10\times 12}\times 100\%$$

$$=0.062\ 5\%$$

如果该型号货车当月平均原值（可取月初原值与月末原值的平均数）为1 800 000 元，试计算该型号货车当月大修理费用提存额。

计算如下：

$$\text{某车型某月大修理费用提存额}=\text{某车型当月平均原值}\times\text{该车型月大修理费用提存率}$$

$$=1\ 800\ 000\text{元}\times 0.062\ 5\%$$

$$=1\ 125\text{元}$$

（2）按实际行驶里程计提　其计算公式为

$$\text{某车型千车公里大修理费用预提额}=\frac{\text{预计大修理次数}\times\text{每次大修理费用}}{\text{该车型新至报废行驶里程定额}}\times 1\ 000$$

$$\text{某车型营运车月大修理费用提存额}=\text{该车型千车公里大修费用预提额}\times\frac{\text{该车型当月实际总行程}}{1000}$$

在上例中，如果该型号货车采用按实际行驶里程计提大修理费用，其预计大修理次数仍为 3 次，每次大修理费用仍为 15 000 元，该车型新至报废行驶里程定额为 180 万公里，试计算其千车公里大修理费用预提额（元/千车公里）。

计算如下：

$$\text{某车型千车公里大修理费用预提额}=\frac{\text{预计大修理次数}\times\text{每次大修理费用}}{\text{该车型新至报废行驶里程定额}}\times 1\ 000$$

$$=\frac{3\text{次}\times 15\ 000\text{元/次}}{1\ 800\ 000\text{车公里}}\times 1\ 000$$

$$=25\ 000\text{元/车公里}$$

$$=25\text{元/千车公里}$$

如果该型号货车当月实际行驶里程为 45 000 车公里，试计算其当月大修理费用提存额。

计算如下：

$$\begin{array}{c}\text{某车型营运车}\\\text{月大修理费用}\\\text{提存额}\end{array}=\frac{\text{该车型千车公里}}{\text{大修费用预提额}}\times\frac{\text{该车型当月实际总行程}}{1000}$$

$$=25\text{元/千车公里}\times 45\,000\text{车公里}\div 1\,000$$

$$=1125\text{元}$$

实际大修间隔里程与大修间隔里程定额比较，所发生的超亏里程造成的多提或少提费用差异，以及大修后实际大修费用与预提每次大修理费用的差额，应调增或调减本项目。

5、**车辆折旧**

营运车辆的折旧，按实际行驶里程计算，特种车、大型车按年限法计算列入本项目。不采取预提大修费的企业，可不分大修和小修，所发生的修理费用，直接计入本项目。

（1）按使用年限法计提折旧的计算　其计算公式为

$$\begin{array}{c}\text{某车型营运车}\\\text{月折旧率}\end{array}=\frac{1-\text{残值率}}{\text{该车型预计使用年限}\times 12}\times 100\%$$

$$\begin{array}{c}\text{某车型营运车}\\\text{月折旧额}\end{array}=\text{该营运车月初原值}\times\begin{array}{c}\text{该车型营运车}\\\text{月折旧率}\end{array}$$

例：某型号货运汽车原值为 600 000 元，预计使用年限为 10 年，残值率为 5‰，试计算该车型月折旧率（%）。

计算如下：

$$\begin{array}{c}\text{某车型营运车}\\\text{月折旧率}\end{array}=\frac{1-\text{残值率}}{\text{该车型预计使用年限}\times 12}\times 100\%$$

$$=\frac{1-0.005}{10\times 12}\times 100\%$$

$$=0.83\%$$

如果该型号货车当月月初原值为 1 800 000 元，试计算该型号货车当月折旧额。

计算如下：

$$\frac{某车型营运车}{月折旧额}=\frac{该营运车}{月初原值}\times\frac{该车型营运车}{月折旧率}$$
$$=1\,800\,000元\times0.83\%$$
$$=14\,940元$$

（2）营运车辆按行驶车公里计提折旧的计算　其计算公式为

$$\frac{某车型营运车千车公里}{折旧额}=\frac{车辆原值-（预计残值-清理费用）}{该车型折旧里程定额/1\,000}$$

$$\frac{某车型营运车}{折旧费用}=\frac{该车型营运车当月}{实际行驶里程}\times\frac{该车型营运车千车公里}{折旧额}\div1\,000$$

如果上例该型号货车采用按实际行驶里程计提折旧，其预计残值为 3 000 元，清理费用预计为 500 元，该车型新至报废行驶里程定额为 180 万公里，试计算其千车公里折旧额（元/千车公里）。

$$\frac{某车型营运车千车公里}{折旧额}=\frac{车辆原值-（预计残值-清理费用）}{该车型折旧里程定额/1\,000}$$
$$=\frac{600\,000元-（3\,000元-500元）}{1\,800\,000车公里/1\,000}$$
$$=331.94元/千车公里$$

如果该型号货车当月实际行驶里程为 45 000 车公里，试计算其当月折旧额。

计算如下：

$$\frac{某车型营运车}{折旧费用}=\frac{该车型营运车当月}{实际行驶里程}\times\frac{该车型营运车千车公里}{折旧额}/1000$$
$$=45\,000车公里\times331.94元/千车公里/1\,000$$
$$=14\,937元$$

月终，根据固定资产折旧计算表，将提取的营运车辆折旧额计入各分类运输成本的本项目内。

6、**车辆保险费**

按实际支付的投保费用和投保期，并按月份分车型分摊计入各分类成本的本项目内。

7、**事故费**

营运车辆在运营过程中因碰撞、翻车、碾压、落水、失火、机械故障等原因而造成的人员死亡、牲畜死伤、车辆损失、物资毁损等行车事故所发生的修理费、救援费和赔偿费，以及支付给外单位人员的医药费、丧葬费、抚恤费、生活补助费等事故损失，在扣除向保险公司收回的赔偿收入，以及事故对方或过失人的赔偿金额后，计入有关分类成本的本项目内。在事故发生时，可预估事故损失。在预估事故费用时，通过预提费用账户进行核算，根据当年结案事故的实际损失与预提数的差额，调整本年度有关业务成本。因车站责任发生货损、货差等事故损失，应计入“营运间接费用”账户，不列入本项目。

8、营运间接费用

营运间接费用是指企业营运过程中发生的不能直接计入成本核算对象的各种间接费用，但不包括企业管理部门的管理费用。营运间接费用可通过编制“营运间接费用分配表”，计入各分类运输成本的本项目内。

9、其他营运费用

随车工具、篷布绳索、防滑链及司机的劳动保护用品等，应根据“低值易耗品发出汇总表”和“材料发出汇总表”，将按各分类成本对象归集的费用数额，计入分类运输成本的本项目内。一次领用量较大时，也可以通过“待摊费用”账户分期摊销。企业发生的行车杂支、车辆牌照费、检验费和过渡费等，可根据付款凭证计入各分类成本项目。

三、辅助营运费用的计算

汽车运输企业的辅助营运费用，主要是指为企业车辆进行维修作业而设置的保养场或车间的生产业务，包括为小量零配件制造，以及供应水、电、气等生产业务。

辅助营运费用的计算，应按照费用计算对象和费用类别进行归集，并按受益部门和一定的方法进行分配。

企业应分别设置“辅助营运费用”总分类账和明细分类账，按规定的费用项目设置专栏进行核算。辅助生产部门在生产过程中发生的费用，能直接计入各成本计算对象的应直接计入，不能直接计入的间接费用，采取适当的分配方法，分配计入各成本计算对象的分类明细账。

各级维护和小修作业、自制设备和配件、轮胎修补、旧件修复以及对外修理等直接耗用的各种材料，月终根据材料库转来的领料单，按成本计算对象编制“材料耗用汇总分配表”，据以登记各成本计算对象的分类明细账。其他直接费用可根据有关原始凭证登记各有关分类明细账。

辅助生产人员工资及职工福利费和车间经费等不能按成本计算对象归集

的间接费用，应根据实际支付的工资及费用，按照实际总工时计算单位工时分配额，再按各成本计算对象所耗费的实际工时进行分配。其分配计算式为

$$\text{单位工时工资（费用）分配额}=\frac{\text{辅助生产人员工资及职工福利费（或车间经费）}}{\text{辅助生产实际总工时}}$$

$$\text{某类维修作业或产品应分摊工资或费用额}=\text{该类维修作业或产品实际耗用工时}\times\text{单位工时工资（费用）分配额}$$

四、营运间接费用的计算

汽车运输企业的营运间接费用，是指企业在营运过程中发生的不能直接计入成本计算对象的各种间接费用。其主要内容是指运输公司或公司以下的基层分公司、车队、车场、车站的营运管理费用，但不包括企业行政管理部门的管理费用。

1、车队管理费的分配

车队管理费应分配计入本车队各类车型的运输成本。为方便起见，其分配方法，通常先按车队发生的营运车辆的车辆费用和其他业务的直接费用比例，由运输业务和其他业务分摊，然后，再将运输业务分摊的车队管理费按各类车辆的直接费用比例或营运车日比例，由各类运输成本分摊。

车队管理费初次分配的计算公式为

$$\text{车队费用分配率}=\frac{\text{当月车队费用总额}}{\text{运输业务直接费用}+\text{其他业务直接费用}}\times100\%$$

$$\text{运输业务应分摊车队费用}=\text{当月运输业务直接费用总额}\times\text{车队费用分配率}$$

车队管理费按各种车辆的直接费用比例分配的计算公式为

$$\text{车队费用按车型分摊的分配率}=\frac{\text{运输业务应分摊的车队费用}}{\text{该车队各车型营运车的直接费用}}\times100\%$$

$$\text{某车型的营运车应分摊的车队费用}=\text{当月该车型营运车直接费用总额}\times\text{车队费用按车型分摊的分配率}$$

2、车站经费的分配

为简便起见，车站经费应在车站各种业务之间分配，通常按运输直接费用、其他业务直接费用比例分摊。由运输业务负担的车站费用，应按车型类别的直接费用比例分摊。

五、企业运输成本的计算

汽车运输企业的运输成本，是通过“运输支出”、“辅助营运费用”、“营运间接费用”等会计账户进行归集和分配的，从而计算出运输总成本和单位成本，然后再按费用项目，设置多栏式明细账。

“运输支出”账户按货车车型、大型车组、集装箱车、特种车等成本计算对象，设立运输成本明细账；“营运间接费用”账户按车队管理费、车站经费等，设立费用明细账。企业营运车辆所发生的直接费用，根据原始费用分配表计入运输成本明细账有关项目。月终再根据“运输支出”账户记录，计算各成本计算对象的总成本、单位成本、成本降低额和成本降低率。

（一）总成本的计算

总成本是成本计算期内，各运输成本计算对象的成本总额之和。

（二）单位成本的计算

单位成本是指成本计算期内，按成本计算对象完成单位周转量（千吨公里）的成本额。其计算公式为

$$\begin{array}{c}\text{某运输成本计算对象的}\\\text{单位成本}\end{array}=\frac{\text{该成本计算对象的当月运输成本总额}}{\text{该成本计算对象的当月周转量}}$$

对于不按千吨公里计算其生产成果的大型平板车、集装箱专用车等，应按照各自计算生产成果的“千吨位小时”、“千标准箱公里”计算其运输单位成本。

（三）成本降低额和成本降低率

1. 成本降低额

成本降低额是考核成本计划完成情况的主要指标，是以上年度实际单位成本与本期周转量计算的总成本减去本期实际总成本的差额。成本降低额是按成本计算对象计算的。其计算公式为

$$\text{成本降低额}=\begin{array}{c}\text{上年度实际}\\\text{单位成本}\end{array}\times\begin{array}{c}\text{本年实际}\\\text{周转量}\end{array}-\begin{array}{c}\text{本年实际}\\\text{成本}\end{array}$$

当计算结果为负值时，表示成本超支额。

2. 成本降低率

成本降低率是考核成本降低幅度计划完成程度的主要指标，是成本降低额与按上年度实际单位成本计算的总成本的比率。其计算公式为

$$\text{成本降低率}=\frac{\text{成本降低额}}{\text{上年实际单位成本}\times\text{本期实际周转量}}\times 100\%$$

不宜按照千吨公里计算其生产成果的大型平板车和集装箱专用车，其成本降低额和成本降低率的计算方法，可将上式中的周转量改为相应的工作量。

对于分类计算运输成本的营运车辆，除了分别计算各类运输成本的降低额和降低率外，还要考核全部运输车辆综合的成本降低幅度。其计算公式为

$$\text{全部运输成本降低额}=\sum_{\text{成本对象}}\left(\begin{matrix}\text{各运输成本计算}\\\text{对象的上年}\\\text{实际单位成本}\end{matrix}\times\begin{matrix}\text{该成本计算}\\\text{对象的本期}\\\text{实际周转量}\end{matrix}-\begin{matrix}\text{该成本计算}\\\text{对象的本期}\\\text{实际总成本}\end{matrix}\right)$$

$$\text{全部运输成本降低率}=\frac{\text{全部运输成本降低额}}{\sum_{\text{成本对象}}\left(\begin{matrix}\text{各运输成本计算对象的}\\\text{上年实际单位成本}\end{matrix}\times\begin{matrix}\text{该成本计算对象的}\\\text{本期实际周转量}\end{matrix}\right)}\times100\%$$

（四）“运输支出”明细账的基本格式

运输总成本是通过“运输支出”明细账进行记录与计算的，其格式如表5-1所示。

表5-1　“运输支出”明细账

明细科目：汽油车　　（单位：元）

年		摘要	工资	职工福利费	燃料	轮胎	折旧	修理费	事故费	其他	营运间接费用	合计
月	日											

（五）运输成本计算表的基本格式

汽车运输成本计算对象的单位成本、成本降低额、成本降低率通常是通过“汽车运输成本计算表”进行计算的。基本格式如表5-2所示。

表 5-2 汽车运输成本计算表

年 月

成本项目	合计	汽油车	柴油车
一、车辆费用/元	7 836 593.40	3 391 795.00	4 444 798.40
1．工资	753 300.00	333 400.00	419 900.00
2．职工福利费	105 462.00	46 676.00	58 786.00
3．燃料	2 813 000.00	1 164 000.00	1 649 000.00
4．轮胎	450 320.00	158 320.00	292 000.00
5．修理费	904 711.40	477 399.00	427 312.40
6．车辆折旧	512 000.00	212 000.00	300 000.00
⋮	⋮	⋮	⋮
二、营运间接费/元	1 073 406.60	513 485.00	559 921.60
三、运输总成本/元	8 910 000.00	3 905 280.00	5 004 720.00
四、周转量/千吨公里	27 463.91	11 319.65	16 144.26
五、单位成本/（元/千吨公里）	324.45	345.00	310.00
六、上年度实际单位成本/（元/千吨公里）	—	344.10	315.00
七、成本降低额/元	70 533.46	−10 188.44	80 721.30
八、成本降低率（%）	0.79	−0.26	1.59

六、车队运输成本的计算

基层分公司或车队是汽车运输企业的基本生产单位，直接管理和运用车辆，组织货物运输工作。目前，车队成本的计算，主要有两种形式，一种是不计算完全成本，另一种是计算完全成本。

（一）车队不计算完全成本

车队只核算其直接管理并负有责任的各项费用。车队计算的运输成本，不包括车站经费。车队耗用的燃料、材料均按计划成本计算，不分配燃料、材料成本差异。车队以部分成本项目计算成本，不需要通过完整的会计核算程序，根据有关原始记录和凭证，编制各种费用的汇总表、分配表和计算表，并汇集编制分类成本计算表，即可计算车队成本和单位成本。

车队不计算完全成本的成本计算过程及方法如下：

1．工资分配表

“工资分配表”是用以分配由车队支付和结算的所有工资及工资性津贴，包括不计入车队成本的警备人员及福利部门人员工资、长期病假人员工资等。本表根据车队工资结算表、行车津贴计算表等应付工资金额编制，是企业月终编制“工资汇总分配表”的依据。

2．职工福利费计算分配表

本表根据“工资分配表”中各成本项目分配额，扣除不计提职工福利费的各种津贴，按现行规定比例计算职工福利费。

3、燃料材料消耗汇总表

本表是用以按成本计算对象和用途，汇总车队领用按计划价格计算的燃料、材料的。本表根据仓库送来的领料单，按照成本计算要求按月汇总编制，是企业月终编制燃料、材料、备品配件、轮胎、低值易耗品等发出凭证汇总表的依据。

4、轮胎摊提费用计算表

"轮胎摊提费用计算表"是用来计算本月预提的轮胎费用。本表根据车队运行统计资料提供的各类车型总行驶里程，计算各胎型所行驶的胎公里，按照企业规定的各胎型的诸标准计算编制，是企业月终编制"轮胎摊提费用汇总表"的依据。

5、辅助营运费用分配表

本表用以分配车队发生的辅助生产成本。本表根据辅助生产车间的有关凭证，按成本计算对象和受益对象进行编制，是企业编制"辅助营运费用分配表"的依据。

6、固定资产大修理提存和折旧计算表

本表用以计算本月车队固定资产（含营运车辆）大修理预提费用和折旧费，是企业编制"固定资产大修理提存和折旧计算表"的依据。

7、营运间接费用分配表

本表用以按车队分类成本计算对象分配车队管理费、分公司经费。本表根据车队本月支付的费用和有关分配方法进行编制。

上列有关成本计算表，不论车队是否通过账务处理来计算车队成本，都是必须编制的。在采用表结方式计算车队成本时，可以根据上述各表直接汇集编制车队分类运输成本。

（二）车队计算完全成本

基层分公司或车队完全成本的计算，与企业分类运输成本计算方法相同，应分别不同车型设置明细账，进行账务处理，除核算其所管车辆的直接费用、辅助营运费用和本单位经费外，还要按照计算定额和比率分摊车站经费和燃料、材料成本差异。

基层分公司或车队经过收集、分配，而汇集的营运直接费用和本单位经费，加上应由车队运输业务负担的车站经费和燃料、材料成本差异，即为分公司或车队的分类运输总成本。企业汇编车队运输成本表，调整本期车站经费实际开支数与计划定额的差额，即为企业运输总成本。

七、集装箱车、大型车组运输成本的计算

在各类特种车辆中，零担货车、冷藏车、油罐车等车型的运输业务成本

的计算，基本上和货车运输业务相同，只有集装箱车运输和大型车组运输的成本计算略有区别。

（一）集装箱车运输成本的计算

集装箱车运输，是以集装箱为单元积载设备，用集装箱专用车或普通汽车进行货物运输的一种运输方式。集装箱车运输的主要任务是将沿海港口进口的集装箱接运送往内地，将内地的集装箱运到港口，为铁路车站接运集装箱，在城市之间运送集装箱。集装箱运输有专营的集装箱运输公司，也有汽车运输公司兼营集装箱运输的。

集装箱运输成本，是集装箱运输车辆从事集装箱运输时所发生的支出。集装箱车运输的成本开支范围和成本计算方法，与货车运输成本基本相同，不包括集装箱发生的费用。

由于集装箱车的车型特殊，各种消耗和运行组织不同于一般货车运输，因此单独作为成本计算对象进行成本计算。另外，由于集装箱车的运输对象是集装箱，所以成本计算单位是千标准箱公里，而不是千吨公里。

汽车运输企业在经营集装箱车运输和货物运输时，集装箱车运输和货车专门从事集装箱运输，均可作为成本计算对象，计算集装箱车运输成本。如果货车兼营集装箱运输时，货车的直接费用，应按从事集装箱运输和从事散货运输的行驶里程比例进行分配，分别计入集装箱车运输成本和货车运输成本。当汽车运输企业只有少量集装箱运输时，也可将集装箱运量折算为货运量并入货车运输成本，不单独计算集装箱车运输成本。

汽车运输企业集装箱车所发生的营运费用，在“运输支出”账户设置“集装箱车”明细账进行归集。集装箱车运输所发生的直接费用，以及分配负担的辅助营运费用和营运间接费用，构成集装箱车运输总成本，除以同期所完成的集装箱车运输周转量（千箱公里），即为集装箱车运输的单位成本。按现行规定，集装箱车辆的成本计算单位为“千标准箱公里”。其单位成本计算公式为

$$\text{集装箱车运输单位成本}=\frac{\text{集装箱车运输总成本}}{\text{集装箱车运输周转量}}$$

（二）大型车组运输成本的计算

大型车组包括大型平板车和专门从事特大件设备运输的车辆，这些特种车辆发生的各项直接费用，在“运输支出”账户设置“大型车组”明细账进行归集。按规定，大型车组的成本计算单位为“千吨位小时”。大型车组的直接营运费用和分配负担的辅助营运费用及营运间接费用，构成大型车组运输总成本，除以同期完成的工作量，即为大型车组运输单位成本。其计算公式为

$$\text{大型车组运输单位成本}=\frac{\text{大型车组运输总成本}}{\text{大型车组作业量}}$$

第四节　车辆租赁业务成本的计算

车辆租赁承包经营，就是将营运车辆租赁给职工个人，在合同期内，车辆所有权仍归属企业，承租人在按合同规定交纳租金后，经营权归属个人。在此情况下，汽车运输总成本由企业和承租人共同负担，企业只核算由企业统一支付和承担的成本费用，一般不再计算由承租人控制的营运过程中发生的各项成本消耗。因此，在成本核算内容、程序和方法上都有所不同。

一、车辆租赁业务的成本项目及其内容

汽车运输企业的营运车辆实行租赁承包经营，是企业改革以来出现的一种新的管理方式，其具体做法各有差异。因此，租赁业务成本的范围及其内容也不尽相同，一般分为两个部分：一部分是企业代收代付的费用；另一部分是由企业支付和承担的各项费用。

通常由企业支付和承担的费用项目如下：

（1）车辆保险费　指向保险公司交纳的营运车辆的保险费用。

（2）车辆折旧　指租赁车辆按一定方法计提的折旧费。

（3）职工福利保障费　指按规定比例计提的承租车辆职工的福利费、劳动保险费、待业保险费、住房公基金等。

（4）日常维护费　指企业为使租赁车辆始终处于良好技术状态，保证行车安全，按计划进行日常检查维护的费用。

（5）营运间接费用　车辆单位（分公司或车队车站）发生的营运管理费。

由于各企业在车辆租赁时，租金包含的内容和企业承担的风险不同，可以根据需要调整成本项目。

二、车辆租赁业务成本的计算方法

汽车运输企业实行车辆租赁承包经营，应设置“租赁业务支出”明细分类账，再按出租车辆的车别或车型设置明细账户，并按相应的成本项目设置专栏，归集租赁业务所发生的各项费用。

各项成本的计算方法如下：

（1）车辆保险费　根据实际支付的投保费用（第三者责任险、车损险、人身险）和投保期，按月分车型分摊计入各成本项目。

（2）车辆折旧　按租赁车辆的重估价格除以租赁合同期限，分月计算该成本项目，或按下式计算：

$$车辆月折旧额=\frac{车辆原值-已提折旧}{合同期限（年）\times 12}$$

在租赁合同到期后，车辆所有权一般归承租人所有，因此，必须在合同期内提足折旧。

（3）职工福利费用　以租赁车辆职工应付工资总额为基数，根据企业和国家规定的比例计算。

（4）日常维护费　即强行维护费。按合同规定的维护项目，对租赁车辆日常检查维护所支付的实际费用计入各分类成本。

（5）营运间接费用　车队和车站发生的营运管理费用，应先在运输车辆与其他业务之间进行分配，再将运输车辆负担的费用，按各类车辆的吨位比例进行分摊。车站实行内部独立核算，按一定比例从售票收入中提取劳务费的企业，车站费用不再计入本项目。

车辆租赁业务只计算单车租赁成本和租赁收入成本率。其计算式为

$$某车型单车租赁成本=\frac{某车型租赁业务总成本}{某车型租赁车辆总台数}$$

$$某车型单车租赁收入成本率=\frac{某车型租赁业务总成本}{某车型租赁承包总收入}\times 100\%$$

第五节　汽车运输成本控制原则与要求

汽车运输成本是表明汽车运输企业经营管理工作质量的一项重要的综合性指标，在很大程度上反映企业生产经营活动的经济成果。汽车运输成本管理的目的，是要通过对成本的预测、计划、控制、核算、分析和考核，挖掘企业内部降低成本的一切潜力，寻找降低成本的途径和方法，以降低生产费用和一切非生产性开支，增加盈利。

一、成本费用控制原则与依据

企业成本费用指标的日常管理应坚持统一领导和分级、归口管理相结合的原则，即以企业本部为主导，使企业与基层单位成本、费用指标的日常管理相结合；以财务会计部门为枢纽，使财务会计部门与生产调度、劳动工资、工艺、机电、物资等部门的成本指标日常管理相结合。

分解下达的成本、费用指标是控制成本费用的依据，企业的各成本费用责任部门应将归口管理的指标按所属单位提出分项指标（包括技术经济指标和费用指标，如燃料消耗、物料消耗、修理费用、管理费用等），经财务会计部门综合平衡后统一下达。

二、成本控制的基本要求

1、做好成本控制的基础工作

1）企业的燃料、润料、物料消耗定额及修理费用定额等是控制物资消耗的主要依据。企业应制定合理的消耗定额，并对定额执行情况经常分析。同时根据执行情况及成本计划的要求，制订降低燃料、润料等物资消耗的措施。

2）根据消耗定额严格控制燃料、物料的消耗。对耗用量大，领料次数频繁并有消耗定额的燃料、材料、低值易耗品应实行限额发料制度，对各种零星物料，应按材料费用定额控制。

3）编制物资采购、储存、供应等费用预算，作为控制有关支出的依据。物资管理部门应规划经济采购点和采购路线，合理组织装卸、提运，并控制各项材料物资的采购质量，合理控制储备量，把好各项材料物资验收入库关，努力降低物资采购、储存、供应费用。

4）制定合理的劳动定额和编制定员，严格控制职工人数的增加，努力提高工时利用率，合理调配劳动力，提高劳动生产率，并按照规定的工资标准和上级下达的劳动工资总额指标、核定的人员编制，控制工资总额。

5）提高车辆等各项固定资产的利用率，控制折旧及修理费用，相对降低成本费用。要充分挖掘现有固定资产的潜力，提高其利用率。新增运输车辆、装卸机械、机械设备以及对各项固定资产进行技术改造时，应事先组织有关部门进行技术经济论证和可行性研究，在确有经济效益的前提下，才予增添和改造，以控制折旧费用的增加。

6）在进行运输营运车辆、机械设备等固定资产修理时，如属日常维护修理，应严格按维护修理定额控制修理费用；如属大修理，应组织有关部门，提出大修方案，以降低大修理费用。

7）财务会计部门要同固定资产管理部门协作，建立健全本企业的固定资产管理办法，对各类固定资产的增减变动、内部转移、维护修理、报废清理等规定统一而严密的管理制度，监督有关单位认真执行。要经常对固定资产利用效率进行分析，制定提高固定资产利用效率的措施。

8）对管理费用、营运间接费用和其他费用实行指标分级、归口管理，明确管理责任部门。各责任部门负责制定本部门分管的费用定额，编制费用预算，分解下达费用指标，审批费用开支，实行限额控制，加强管理。各分级、归口管理部门应对费用支出单位建立《费用限额手册》，填明费用支出控制指标，经财务会计部门审核后，实行限额控制。对发生的支出，应根据有关单据登记入册，并结算开支后的指标结存额，以便及时掌握开支情况，采取措施，节约开支。

9）要建立健全货物招揽业务记录，运输生产记录，车辆维修作业记录，车辆、设备利用记录，财产物资变动记录，管理信息记录等原始记录。

10）一切物资进出都要经过计量、验收，计量仪表要配备齐全，并定期校正和维修，以保证计量的准确性和可靠性。企业的物资财产要定期盘存，保证账实相符，并及时处理多余积压物资，减少物资损耗。

2、要严格区分不同性质的费用支出范围

企业的费用支出种类多，且费用来源和用途不同，为了加强成本管理，必须严格按规定的成本开支范围和标准进行开支。在企业会计核算中，要严格区分营业费用与基建费用的开支范围、营业开支与营业外支出的界限，保证成本的真实性与可比性，防止乱挤、乱摊成本等违犯财经纪律的行为。

3、加强成本监督，保证成本核算真实

成本计划、成本控制和成本分析，有赖于成本核算资料。如果成本核算不真实，则不能发挥成本管理的作用，同时企业财务成果将会失真。造成成本核算不真实的主要原因有：

1）企业原始记录不健全，计量不准确。

2）有些财务人员对业务不熟悉，对各项费用的开支范围和标准不清，造成成本归集、分配和账务处理的方法不当。

3）有些企业负责人违反会计核算规则，假账真算，搞“经理成本”。

要保证企业成本核算真实，还必须加强成本监督工作，认真审查成本计划和各项费用开支标准，经常进行成本检查，对违反成本法规的，要及时制止，确保成本核算真实。

4、实行全面成本管理

全面成本管理，是指企业全员参与企业生产经营全过程的成本管理。

企业成本高低，关系到企业经济效益，也关系到企业每个职工的经济利益。因此，每个职工都应参与成本管理，做到干什么，管什么，成本责任到人。

汽车运输企业要从供应、维修、装卸、运行、结算全过程进行成本管理。生产经营全过程的每个环节都对总成本有直接影响。例如配件型号选择不当或价高质次，维修成本过高或维修质量不好，既影响车辆的使用成本，又影响车辆使用效率和运输质量。在运输生产过程中，运行燃料消耗、运输质量、驾驶员劳动生产率等，也都直接影响到汽车运输成本。

第六节　运输成本分析

实际工作中，运输成本分析的内容虽然繁简不一，但其分析的重点可归纳为六个方面：一是分析实际成本费用与计划成本费用、上期成本费用的差异及原因；二是分析实际降低额、实际降低率与计划降低额、计划降低率的

差异及原因；三是分析价格、费率、税率、汇率、利率变化对成本费用的影响；四是分析消耗定额或费用水平变化对成本费用的影响；五是分析车辆运用效率指标变化对成本费用的影响；六是分析货种构成变化对成本费用的影响。本章内容侧重于运输成本计划执行情况的总体检查分析，车辆运用效率指标变动对成本费用的影响分析，以及费用水平变动对成本费用的影响分析。

一、运输成本计划执行情况的总体检查分析

在企业的经营管理中，为及时了解与分析运输成本的升降原因，以便对其进行重点控制，就必须对运输成本计划的执行情况进行检查分析。

运输成本计划执行情况的检查分析方法有两种：一是直接将运输成本实际情况与其计划相比较，确定计划执行结果，并进行因素分析；二是先将运输成本实际情况与上期情况相比较，然后再与计划比较，并进行因素分析。为简便起见，本章介绍第一种方法。

成本降低额计划、单位成本计划和成本降低率计划完成情况可用以下算式分析：

$$\text{单位成本比计划降低额}=\text{计划单位成本}-\text{实际单位成本}$$

$$\text{单位成本计划完成率}=\frac{\text{实际单位成本}}{\text{计划单位成本}}\times100\%$$

$$\text{单位成本比计划降低率}=100\%-\text{单位成本计划完成率}$$

例：某汽车货运公司的某期周转量、运输总成本和单位成本计划与实际情况见表 5-3。

表 5-3 运输周转量、总成本、单位成本计划与实际情况

	计　划	实　际
周转量/千吨公里	11 658.721	11 983.212
运输总成本/元	3 205 280.00	4 104 720.00
单位成本/（元/千吨公里）	274.93	342.54

对表 5-3 中的成本变动与计划完成情况分析，可见表 5-4。

表 5-4 成本变动与计划完成情况分析

	报告期实际与计划比		
	降低额	计划完成率（%）	降低率（%）
单位成本/（元/千吨公里）	−67.61	124.59	−24.59

二、因素变动对运输单位成本的影响分析

单位成本分析主要是测定各影响因素对单位成本升降的影响额或影响幅

度，从而确定出哪些是主要影响因素。单位成本分析的着重点：一是单位成本构成变化以及实际单位成本与计划单位成本、上期单位成本比较的差异；二是成本各项目增减变动即耗费水平变动对单位成本的影响；三是车辆运用效率指标变动对单位成本的影响。

在实际工作中，汽车运输企业的运输单位成本实际数与计划数不一致的原因，来自两个方面：一是车辆运用效率指标（包括载运系数）因素的变动，对单位成本中的甲类费用含量和乙类费用含量产生影响，从而影响单位成本升降变动；二是各类费用的耗费水平因素变动对单位成本升降产生影响，同样影响单位成本升降变动。换句话说，单位成本升降的原因需从车辆运用效率指标（包括载运系数）变动和各类费用耗费水平变动两个方面进行因素分析，通过分析得出成本控制的方向与重点。

由于这两个因素同时作用于单位成本，所以在分析车辆运用效率指标变动（包括载运系数变动）对单位成本中的甲类费用含量和乙类费用含量的影响额时，必须假定各类费用耗费水平不变，也就是将各类费用耗费水平设定为计划数；同理，在分析各类费用耗费水平变动对单位成本升降的影响时，需将车辆运用效率指标数值（包括载运系数）设定为实际数。

由于运输总成本可分解为甲类费用（固定成本）、乙类费用（与总车公里成正比变动的成本）和丙类费用（与周转量成正比变动的成本），所以有

$$\begin{aligned}\text{运输总成本} &= \text{固定成本} + \frac{\text{与总车公里成正比}}{\text{变动的成本}} + \frac{\text{与总吨公里成正比}}{\text{变动的成本}} \qquad (5\text{-}1)\\ &= \text{甲类费用} + \text{乙类费用} + \text{丙类费用}\end{aligned}$$

由于周转量是车辆运用效率指标的函数，所以车辆运用效率指标的变动对单位成本升降的影响，可以通过周转量变动对单位成本的影响显现出来，为此需要构造相应的函数关系。

将式（5-1）等号两端同除以周转量（单位为千吨公里），得

$$\text{运输单位成本} = \frac{\text{甲类费用}}{\text{周转量}} + \frac{\text{乙类费用}}{\text{周转量}} + \frac{\text{丙类费用}}{\text{周转量}} \qquad (5\text{-}2)$$

$$= \frac{\text{单位成本中的}}{\text{甲类费用含量}} + \frac{\text{单位成本中的}}{\text{乙类费用含量}} + \frac{\text{单位成本中的}}{\text{丙类费用含量}} \qquad (5\text{-}3)$$

由于

$$\begin{aligned}\text{周转量} = &(\text{总车日} \times \text{工作率} \times \frac{\text{平均车日}}{\text{行程}} \times \frac{\text{里程}}{\text{利用率}} \times \\ &\frac{\text{重车平均}}{\text{吨位}} \times \frac{\text{吨位}}{\text{利用率}} \times \frac{1}{1-\text{拖运率}}) \div 1000\end{aligned} \qquad (5\text{-}4)$$

所以，式（5-3）中的第二项，即

$$\frac{\text{单位成本中的}}{\text{乙类费用含量}}=\frac{\text{与总车公里成正比变动的成本}}{\text{周转量}}$$

$$=\frac{\dfrac{\text{与总车公里成正比变动的成本}}{\text{总车日}\times\text{工作率}\times\text{平均车日行程}\div 1000}}{\text{里程利用率}\times\text{重车平均吨位}\times\text{吨位利用率}\times\dfrac{1}{1-\text{拖运率}}}$$

$$=\frac{\dfrac{\text{与总车公里成正比变动的成本}}{\text{总行程}}}{\text{里程利用率}\times\text{重车平均吨位}\times\text{吨位利用率}\times\dfrac{1}{1-\text{拖运率}}}$$

$$=\frac{\text{千车公里变动成本}}{\text{里程利用率}\times\text{重车平均吨位}\times\text{吨位利用率}\times\dfrac{1}{1-\text{拖运率}}}$$

$$=\frac{\text{千车公里变动成本}}{\text{载运系数}} \tag{5-5}$$

所以有

$$\text{运输单位成本}=\frac{\text{单位成本中的}}{\text{甲类费用含量}}+\frac{\text{千车公里变动成本}}{\text{载运系数}}+\frac{\text{单位成本中的}}{\text{丙类费用含量}} \tag{5-6}$$

根据甲、乙、丙三类费用的性质，我们将甲类费用、千车公里变动成本和单位成本中的丙类费用含量分别定义为甲类费用耗费水平、乙类费用耗费水平和丙类费用耗费水平。

根据式（5-2）和式（5-6）以及甲、乙、丙三类费用的特性可知，假定甲类费用耗费水平、乙类费用耗费水平和丙类费用耗费水平不变，那么单纯的车辆运用效率指标的变动所引起的周转量变动，只影响式（5-6）第一项“单位成本中的甲类费用含量”的变动，不会影响第二项的分子“千车公里变动成本”和第三项“单位成本中的丙类费用含量”的升降变动；但车辆运用效率指标中的载运系数的变动，将影响式（5-6）第二项“单位成本中的乙类费用含量”，同时也是式（5-2）的第二项的变动，从而影响运输单位成本的变动。这种影响关系如图 5-2（A）与（B）所示。

以上我们在分析车辆运用效率指标变动对单位成本变动影响时，是以假定甲类费用耗费水平、乙类费用耗费水平和丙类费用耗费水平不变为前提，但事实上，这三类费用的耗费水平都会发生不同程度的变动。所以，还要对这三类费用的耗费水平变动对单位成本的影响进行分析。

根据式（5-6）的含义可知，甲类费用耗费水平、千车公里变动成本（乙类费用耗费水平）和单位成本中的丙类费用含量（丙类费用耗费水平）的实际数与计划数不一致时，也会影响运输单位成本的升降。这种影响关系如图5-2（B）与（C）所示。

图5-2中的（A）与（B）的关系，反映了单纯车辆效率指标（包括载运系数）因素变动对运输单位成本的影响；图5-2中的（B）与（C）的关系，反映了各类费用耗费水平变动对运输单位成本的影响，显然两者影响额之和应当和计划单位成本与实际单位成本之差相等。即

$$\text{各因素变动对单位成本变动影响之和} = \text{计划单位成本} - \text{实际单位成本} \tag{5-7}$$

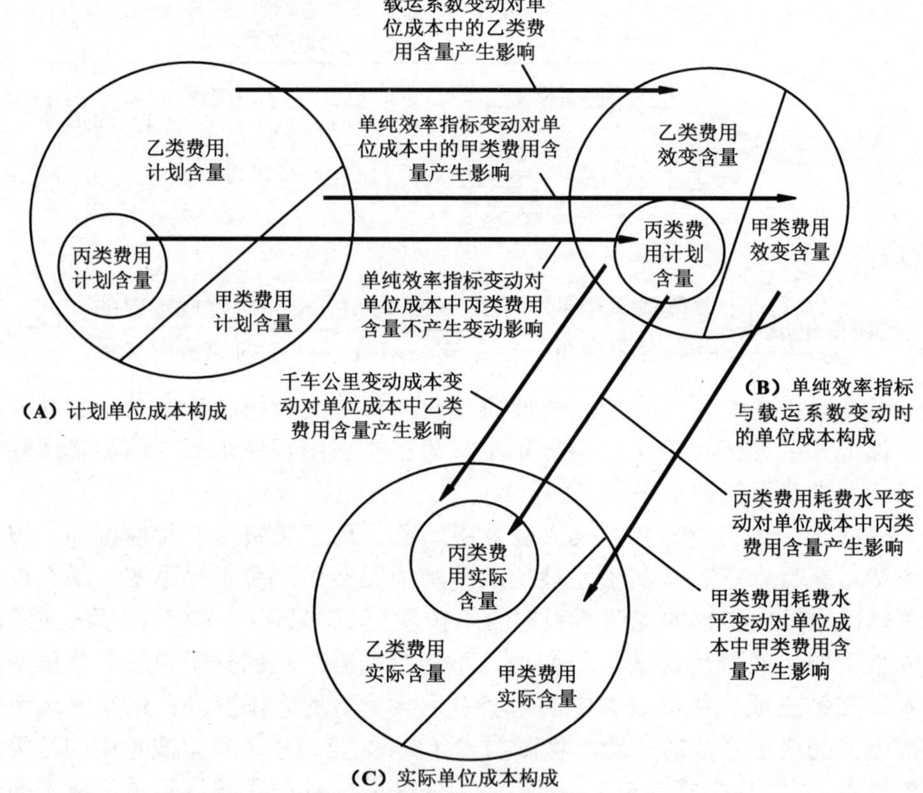

图5-2 车辆运用效率指标、载运系数和费用耗费水平变动对运输单位成本的影响关系

下面分别给出车辆运用效率指标的变动和各类费用耗费水平变动对运输单位成本的影响分析。

（一）车辆运用效率指标、载运系数的变动对运输单位成本的影响分析

在假定各类费用耗费水平的实际数与计划数相一致时，单纯的车辆运用

效率指标的变动对单位成本中甲类费用含量的影响额，以及车辆载运系数的变动对单位成本中的乙类费用含量的影响额，可通过表 5-5 中的算式确定。

表 5-5　车辆运用效率指标和载运系数变动对单位成本影响额的分析式

（单位：元/千吨公里）

影响因素		影响额分析式（“+”为降低；“−”为升高）
车辆运用效率指标变动对单位成本中甲类费用含量的影响额	1．总车日变动	$\left(\dfrac{C_0}{A_0\alpha_0 l_0\beta_0 q_0\gamma_0\dfrac{1}{1-\omega_0}}-\dfrac{C_0}{A_1\alpha_0 l_0\beta_0 q_0\gamma_0\dfrac{1}{1-\omega_0}}\right)\times1\,000$
	2．工作率变动	$\left(\dfrac{C_0}{A_1\alpha_0 l_0\beta_0 q_0\gamma_0\dfrac{1}{1-\omega_0}}-\dfrac{C_0}{A_1\alpha_1 l_0\beta_0 q_0\gamma_0\dfrac{1}{1-\omega_0}}\right)\times1\,000$
	3．平均车日行程变动	$\left(\dfrac{C_0}{A_1\alpha_1 l_0\beta_0 q_0\gamma_0\dfrac{1}{1-\omega_0}}-\dfrac{C_0}{A_1\alpha_1 l_1\beta_0 q_0\gamma_0\dfrac{1}{1-\omega_0}}\right)\times1\,000$
	4．里程利用率变动	$\left(\dfrac{C_0}{A_1\alpha_1 l_1\beta_0 q_0\gamma_0\dfrac{1}{1-\omega_0}}-\dfrac{C_0}{A_1\alpha_1 l_1\beta_1 q_0\gamma_0\dfrac{1}{1-\omega_0}}\right)\times1\,000$
	5．重车平均吨位变动	$\left(\dfrac{C_0}{A_1\alpha_1 l_1\beta_1 q_0\gamma_0\dfrac{1}{1-\omega_0}}-\dfrac{C_0}{A_1\alpha_1 l_1\beta_1 q_1\gamma_0\dfrac{1}{1-\omega_0}}\right)\times1\,000$
	6．吨位利用率变动	$\left(\dfrac{C_0}{A_1\alpha_1 l_1\beta_1 q_1\gamma_0\dfrac{1}{1-\omega_0}}-\dfrac{C_0}{A_1\alpha_1 l_1\beta_1 q_1\gamma_1\dfrac{1}{1-\omega_0}}\right)\times1\,000$
	7．拖运率变动	$\left(\dfrac{C_0}{A_1\alpha_1 l_1\beta_1 q_1\gamma_1\dfrac{1}{1-\omega_0}}-\dfrac{C_0}{A_1\alpha_1 l_1\beta_1 q_1\gamma_1\dfrac{1}{1-\omega_1}}\right)\times1\,000$
	运用效率指标变动对单位成本中的甲类费用含量的影响额合计	$\left(\dfrac{C_0}{A_0\alpha_0 l_0\beta_0 q_0\gamma_0\dfrac{1}{1-\omega_0}}-\dfrac{C_0}{A_1\alpha_1 l_1\beta_1 q_1\gamma_1\dfrac{1}{1-\omega_1}}\right)\times1\,000$
车辆载运系数变动对单位成本中的乙类费用含量的影响额	1．里程利用率变动	$\dfrac{F_0}{\beta_0 q_0\gamma_0\dfrac{1}{1-\omega_0}}-\dfrac{F_0}{\beta_1 q_0\gamma_0\dfrac{1}{1-\omega_0}}$
	2．重车平均吨位变动	$\dfrac{F_0}{\beta_1 q_0\gamma_0\dfrac{1}{1-\omega_0}}-\dfrac{F_0}{\beta_1 q_1\gamma_0\dfrac{1}{1-\omega_0}}$
	3．吨位利用率变动	$\dfrac{F_0}{\beta_1 q_1\gamma_0\dfrac{1}{1-\omega_0}}-\dfrac{F_0}{\beta_1 q_1\gamma_1\dfrac{1}{1-\omega_0}}$
	4．拖运率变动	$\dfrac{F_0}{\beta_1 q_1\gamma_1\dfrac{1}{1-\omega_0}}-\dfrac{F_0}{\beta_1 q_1\gamma_1\dfrac{1}{1-\omega_1}}$
	载运系数变动对单位成本中的乙类费用含量影响额合计	$\dfrac{F_0}{\beta_0 q_0\gamma_0\dfrac{1}{1-\omega_0}}-\dfrac{F_0}{\beta_1 q_1\gamma_1\dfrac{1}{1-\omega_1}}$

注：1．$A_0,\alpha_0,l_0,\beta_0,q_0,\gamma_0,\omega_0$ 分别为计划总车日、工作率、平均车日行程、里程利用率、重车平均吨位、吨位利用率、拖运率的计划数。

2．$A_1,\alpha_1,l_1,\beta_1,q_1,\gamma_1,\omega_1$ 分别为实际总车日、工作率、平均车日行程、里程利用率、重车平均吨位、吨位利用率、拖运率的实际数。

3．C_0为甲类费用计划数。

4．F_0为千车公里变动成本计划数。

下面举例说明车辆运用效率指标变动和载运系数变动对单位成本影响分析方法。

例：某公路运输企业某月车辆运用效率指标及运输成本费用计划与实际情况见表5-6和表5-7。

表5-6 ×年×月车辆运用效率指标计划与实际情况

项 目	计 划 数	实 际 数
总车日/车日	6 000（A_0）	6 060（A_1）
工作率（%）	94.5（α_0）	95.28（α_1）
平均车日行程/车公里	176.72（l_0）	177.69（l_1）
里程利用率（%）	68.86（β_0）	70.96（β_1）
重车平均吨位/吨位	10（q_0）	9.5（q_1）
吨位利用率（%）	97.7（γ_0）	97.84（γ_1）
拖运率（%）	42.18（ω_0）	43.53（ω_1）
总周转量/千吨公里	11 658.721 （$A_0\alpha_0 l_0\beta_0 q_0\gamma_0\frac{1}{1-\omega_0}\div 1000$）	11 983.212 （$A_1\alpha_1 l_1\beta_1 q_1\gamma_1\frac{1}{1-\omega_1}\div 1000$）

表5-7 ×年×月运输成本费用计划与实际情况

（单位：元）

成本项目	计 划	实 际
一、车辆费用	3 071 871.00	4 023 484.40
1．工资	333 400.00	419 900.00
2．职工福利费	46 676.00	58 786.00
3．燃料	1 210 676.00	1 707 786.00
4．轮胎	258 320.00	442 000.00
5．修理费	577 399.00	547 212.40
6．车辆折旧	345 400.00	450 000.00
7．按周转量计算的燃料附加费用	250 000.00	312 000.00
8．按周转量计算的行车补贴	50 000.00	85 800.00
二、营运间接费	133 409.00	81 235.60
三、运输总成本	3 205 280.00	4 104 720.00
四、周转量/千吨公里	11 658.721	11 983 212
五、单位成本/（元/千吨公里）	274.93	342.54
六、单位成本差额/（元/千吨公里）	–67.61	

通过对表 5-7 的成本费用进行逐项分析，按特性可将其划分为甲、乙、丙三类费用，其结果如表 5-8 所示。

表 5-8　×年×月运输成本费用分类表

（单位：元）

成本项目	计划	实际
一、甲类费用		
1．营运间接费	133 409.00	81 235.60
2．工资	333 400.00	419 900.00
3．职工福利费	46 676.00	58 786.00
甲类费用小计	513 485.00	559 921.60
二、乙类费用		
1．燃料	1 210 676.00	1 707 786.00
2．轮胎	258 320.00	442 000.00
3．修理费	577 399.00	547 212.40
4．车辆折旧	345 400.00	450 000.00
乙类费用小计	2 391 795.00	3 146 998.40
总行程/千车公里	1 002.002	1 025 976
千车公里变动成本/（元/千车公里）	2 387.02	3 067.32
三、丙类费用		
1．按周转量计算的燃料附加费用	250 000.00	312 000.00
2．按周转量计算的行车补贴	50 000.00	85 800.00
丙类费用小计	300 000.00	397 800.00
四、运输总成本	3 205 280.00	4 104 720.00
五、周转量/千吨公里	11 658.721	11 983.212
六、单位成本/（元/千吨公里）	274.93	342.54
七、单位成本差额/（元/千吨公里）	–67.61	

下面，根据表 5-5、表 5-6 和表 5-8，分析该企业当月车辆运用效率指标与载运系数变动（实际与计划相比较）对单位成本变动的影响。

1、**各效率指标变动对单位成本中甲类费用含量的影响额分析**

（1）总车日因素变动影响额

$$=\left(\frac{C_0}{A_0\alpha_0 l_0\beta_0 q_0\gamma_0\dfrac{1}{1-\omega_0}}-\frac{C_0}{A_1\alpha_0 l_0\beta_0 q_0\gamma_0\dfrac{1}{1-\omega_0}}\right)\times 1000$$

$$=\frac{C_0(A_1-A_0)}{A_1A_0\alpha_0 l_0\beta_0 q_0\gamma_0\frac{1}{1-\omega_0}}\times 1\,000$$

$$=\frac{513\,485.00\times(6\,060-6\,000)\times 1\,000}{6\,060\times 6\,000\times 0.945\times 176.72\times 0.688\,6\times 10\times 0.977\times\frac{1}{1-0.421\,8}}\text{元/千吨公里}$$

=0.44 元/千吨公里

（2）工作率因素变动影响额

$$=\left(\frac{C_0}{A_1\alpha_0 l_0\beta_0 q_0\gamma_0\frac{1}{1-\omega_0}}-\frac{C_0}{A_1\alpha_1 l_0\beta_0 q_0\gamma_0\frac{1}{1-\omega_0}}\right)\times 1\,000=\frac{C_0(\alpha_1-\alpha_0)\times 1\,000}{A_1\alpha_1\alpha_0 l_0\beta_0 q_0\gamma_0\frac{1}{1-\omega_0}}$$

$$=\frac{513\,485.00\times(0.952\,8-0.945)\times 1\,000}{6\,060\times 0.952\,8\times 0.945\times 176.72\times 0.688\,6\times 10\times 0.977\times\frac{1}{1-0.421\,8}}\text{元/千吨公里}$$

=0.36 元/千吨公里

（3）平均车日行程因素变动影响额

$$=\left(\frac{C_0}{A_1\alpha_1 l_0\beta_0 q_0\gamma_0\frac{1}{1-\omega_0}}-\frac{C_0}{A_1\alpha_1 l_1\beta_0 q_0\gamma_0\frac{1}{1-\omega_0}}\right)\times 1\,000=\frac{C_0(l_1-l_0)\times 1\,000}{A_1\alpha_1 l_1 l_0\beta_0 q_0\gamma_0\frac{1}{1-\omega_0}}$$

$$=\frac{513\,485.00\times(177.69-176.72)\times 1\,000}{6\,060\times 0.952\,8\times 177.69\times 176.72\times 0.688\,6\times 10\times 0.977\times\frac{1}{1-0.421\,8}}\text{元/千吨公里}$$

=0.24 元/千吨公里

（4）里程利用率因素变动影响额

$$=\left(\frac{C_0}{A_1\alpha_1 l_1\beta_0 q_0\gamma_0\frac{1}{1-\omega_0}}-\frac{C_0}{A_1\alpha_1 l_1\beta_1 q_0\gamma_0\frac{1}{1-\omega_0}}\right)\times 1\,000=\frac{C_0(\beta_1-\beta_0)\times 1\,000}{A_1\alpha_1 l_1\beta_1\beta_0 q_0\gamma_0\frac{1}{1-\omega_0}}$$

$$=\frac{513\,485.00\times(0.709\,6-0.688\,6)\times 1\,000}{6\,060\times 0.952\,8\times 177.69\times 0.709\,6\times 0.688\,6\times 10\times 0.977\times\frac{1}{1-0.421\,8}}\text{元/千吨公里}$$

=1.27 元/千吨公里

（5）重车平均吨位因素变动影响额

$$=\left(\frac{C_0}{A_1\alpha_1 l_1\beta_1 q_0\gamma_0\frac{1}{1-\omega_0}}-\frac{C_0}{A_1\alpha_1 l_1\beta_1 q_1\gamma_0\frac{1}{1-\omega_0}}\right)\times 1\,000=\frac{C_0(q_1-q_0)\times 1\,000}{A_1\alpha_1 l_1\beta_1 q_1 q_0\gamma_0\frac{1}{1-\omega_0}}$$

$$=\frac{513\,485\times(9.5-10)\times 1\,000}{6\,060\times 0.952\,8\times 177.69\times 0.709\,6\times 9.5\times 10\times 0.977\times\frac{1}{1-0.421\,8}}\text{元/千吨公里}$$

=−2.20 元/千吨公里

（6）吨位利用率因素变动影响额

$$=\left(\frac{C_0}{A_1\alpha_1 l_1\beta_1 q_1\gamma_0\frac{1}{1-\omega_0}}-\frac{C_0}{A_1\alpha_1 l_1\beta_1 q_1\gamma_1\frac{1}{1-\omega_0}}\right)\times 1\,000=\frac{C_0(\gamma_1-\gamma_0)\times 1\,000}{A_1\alpha_1 l_1\beta_1 q_1\gamma_1\gamma_0\frac{1}{1-\omega_0}}$$

$$=\frac{513\,485.00\times(0.978\,4-0.977)\times 1\,000}{6\,060\times 0.952\,8\times 177.69\times 0.709\,6\times 9.5\times 0.978\,4\times 0.977\times\frac{1}{1-0.421\,8}}\text{元/千吨公里}$$

=0.06 元/千吨公里

（7）拖运率因素变动影响额

$$=\left(\frac{C_0}{A_1\alpha_1 l_1\beta_1 q_1\gamma_1\frac{1}{1-\omega_0}}-\frac{C_0}{A_1\alpha_1 l_1\beta_1 q_1\gamma_1\frac{1}{1-\omega_1}}\right)\times 1\,000$$

$$=\frac{513\,485.00\times\left(\frac{1}{1-0.435\,3}-\frac{1}{1-0.421\,8}\right)\times 1000}{6\,060\times 0.952\,8\times 177.69\times 0.709\,6\times 9.5\times 0.978\,4\times\frac{1}{1-0.435\,3}\times\frac{1}{1-0.421\,8}}\text{元/千吨公里}$$

=1.02 元/千吨公里

车辆运用效率指标变动对单位成本中的甲类费用含量的影响总额

$$=\left(\frac{C_0}{A_0\alpha_0 l_0\beta_0 q_0\gamma_0\frac{1}{1-\omega_0}}-\frac{C_0}{A_1\alpha_1 l_1\beta_1 q_1\gamma_1\frac{1}{1-\omega_1}}\right)\times 1\,000$$

$$=\frac{513\,485\text{元}}{11\,658.721\text{千吨公里}}-\frac{513\,485\text{元}}{11\,983.212\text{千吨公里}}$$

$$=44.04\text{元/千吨公里}-42.85\text{元/千吨公里}$$

$$=1.19\text{元/千吨公里}$$

或

$$=(0.44+0.36+0.24+1.27-2.20+0.06+1.02)\text{ 元/千吨公里}$$
$$=1.19\text{ 元/千吨公里}$$

2、载运系数变动对单位成本中乙类费用含量的影响额分析

本例中，千车公里变动成本计划数为 2 387.02 元，载运系数因素变动对单位成本中乙类费用含量的影响额分析如下：

载运系数变动对单位成本中乙类费用含量的影响额

$$=\frac{F_0}{\beta_0 q_0 \gamma_0 \frac{1}{1-\omega_0}}-\frac{F_0}{\beta_1 q_1 \gamma_1 \frac{1}{1-\omega_1}}=\frac{2\,387.02}{0.688\,6\times 10\times 0.977\times \frac{1}{1-0.421\,8}}\text{元/千吨公里}$$
$$-\frac{2\,387.02}{0.709\,6\times 9.5\times 0.978\,4\times \frac{1}{1-0.435\,3}}\text{元/千吨公里}=0.78\text{ 元/千吨公里}$$

其中

（1）里程利用率因素变动影响额

$$=\frac{F_0}{\beta_0 q_0 \gamma_0 \frac{1}{1-\omega_0}}-\frac{F_0}{\beta_1 q_0 \gamma_0 \frac{1}{1-\omega_0}}=\frac{2\,387.02}{0.688\,6\times 10\times 0.977\times \frac{1}{1-0.421\,8}}\text{元/千吨公里}$$
$$-\frac{2\,387.02}{0.709\,6\times 10\times 0.977\times \frac{1}{1-0.421\,8}}\text{元/千吨公里}$$

$$=205.15\text{ 元/千吨公里}-199.08\text{ 元/千吨公里}=6.07\text{ 元/千吨公里}$$

（2）重车平均吨位因素变动影响额

$$=\frac{F_0}{\beta_1 q_0 \gamma_0 \frac{1}{1-\omega_0}}-\frac{F_0}{\beta_1 q_1 \gamma_0 \frac{1}{1-\omega_0}}=\frac{2\,387.02}{0.709\,6\times 10\times 0.977\times \frac{1}{1-0.421\,8}}\text{元/千吨公里}$$
$$-\frac{2\,387.02}{0.709\,6\times 9.5\times 0.977\times \frac{1}{1-0.421\,8}}\text{元/千吨公里}=-10.48\text{ 元/千吨公里}$$

（3）吨位利用率因素变动影响额

$$=\frac{F_0}{\beta_1 q_1 \gamma_0 \frac{1}{1-\omega_0}}-\frac{F_0}{\beta_1 q_1 \gamma_1 \frac{1}{1-\omega_0}}=\frac{2\,387.02}{0.709\,6\times 9.5\times 0.977\times \frac{1}{1-0.421\,8}}\text{元/千吨公里}$$

$$-\frac{2\,387.02}{0.709\,6\times9.5\times0.978\,4\times\frac{1}{1-0.421\,8}}\text{元/千吨公里}=0.30\text{ 元/千吨公里}$$

（4）拖运率因素变动影响额

$$=\frac{F_0}{\beta_1 q_1 \gamma_1 \frac{1}{1-\omega_0}}-\frac{F_0}{\beta_1 q_1 \gamma_1 \frac{1}{1-\omega_1}}=\frac{2\,387.02}{0.709\,6\times9.5\times0.978\,4\times\frac{1}{1-0.421\,8}}\text{元/千吨公里}$$

$$-\frac{2\,387.02}{0.709\,6\times9.5\times0.978\,4\times\frac{1}{1-0.435\,3}}\text{元/千吨公里}=4.89\text{ 元/千吨公里}$$

以上各效率指标变动对单位成本中的甲类费用含量影响额和载运系数变动对单位成本中乙类费用含量的影响额分析结果见表 5-9。

表 5-9　车辆运用效率指标与载运系数变动对单位成本升降影响额分析表

（单位：元/千吨公里）

影响因素		影响额（“+”为降低；“−”为升高）
车辆运用效率指标变动对单位成本中甲类费用含量的影响额	总车日变动	+0.44
	工作率变动	+0.36
	平均车日行程变动	+0.24
	里程利用率变动	+1.27
	重车平均吨位变动	−2.20
	吨位利用率变动	+0.06
	拖运率变动	+1.02
	小　计	+1.19
车辆载运系数变动对单位成本中的乙类费用含量的影响额	里程利用率变动	+6.07
	重车平均吨位变动	−10.48
	吨位利用率变动	+0.30
	拖运率变动	+4.89
	小　计	+0.78
合　计		+1.97

（二）各类费用耗费水平变动对运输单位成本的影响分析

如前所述，我们在分析车辆运用效率指标变动对单位成本变动影响时，是以假定甲类费用耗费水平、乙类费用耗费水平和丙类费用耗费水平不变为前提的，但事实上，这三类费用的耗费水平都会发生不同程度的变动。所以，还要对这三类费用的耗费水平变动对单位成本的影响进行分析。

各类费用耗费水平变动对单位成本中甲、乙、丙三类费用含量的影响额可通过表 5-10 中的算式分别确定。

表 5-10　各类费用耗费水平变动对单位成本升降影响额的分析式

影响因素	影响额计算式（“+”为降低；“−”为升高）
甲类费用耗费水平变动	$\left(\dfrac{C_0}{A_1\alpha_1 l_1\beta_1 q_1\gamma_1\dfrac{1}{1-\omega_1}}-\dfrac{C_1}{A_1\alpha_1 l_1\beta_1 q_1\gamma_1\dfrac{1}{1-\omega_1}}\right)\times 1\,000$
乙类费用耗费水平变动	$\dfrac{F_0}{\beta_1 q_1\gamma_1\dfrac{1}{1-\omega_1}}-\dfrac{F_1}{\beta_1 q_1\gamma_1\dfrac{1}{1-\omega_1}}$
丙类费用耗费水平变动	$\left(\dfrac{M_0}{A_0\alpha_0 l_0\beta_0 q_0\gamma_0\dfrac{1}{1-\omega_0}}-\dfrac{M_1}{A_1\alpha_1 l_1\beta_1 q_1\gamma_1\dfrac{1}{1-\omega_1}}\right)\times 1\,000$

注：1．M_0 和 M_1 分别为丙类费用计划数与实际数。

2．其他符号代表含义同表 5-5。

1、甲类费用耗费水平变动对单位成本中的甲类费用含量的影响分析

首先，将甲类费用所属项目的耗费水平计划数与实际数分别加以确定，如表 5-11 所示。

表 5-11　甲类费用耗费水平变动对单位成本升降影响额分析表

（单位：元）

成本项目	计划数	实际数	耗费水平变动对单位成本中的甲类费用含量的影响额/（元/千吨公里）
甲类费用	513 485.00	559 921.60	−3.88
1．营运间接费	133 409.00	81 235.60	4.35
2．工资	333 400.00	419 900.00	−7.22
3．职工福利费	46 676.00	58 786.00	−1.01
周转量/千吨公里	—	11 983.212	—

然后，通过下式计算甲类费用耗费水平变动对单位成本中的甲类费用含量的影响额。

甲类费用耗费水平变动对单位成本中的甲类费用含量的影响额

$$=\left(\frac{C_0}{A_1\alpha_1 l_1\beta_1 q_1\gamma_1\frac{1}{1-\omega_1}}-\frac{C_1}{A_1\alpha_1 l_1\beta_1 q_1\gamma_1\frac{1}{1-\omega_1}}\right)\times 1\,000$$

=（甲类费用计划数−甲类费用实际数）×1 000/总车日×工作率实际数×平均车日行程实际数×里程利用率实际数×重车平均吨位实际数×吨位利用率实际数×1/（1−拖运率实际数）

$$=\frac{(513\,485-559\,921.60)\times 1\,000}{6\,060\times 0.952\,8\times 177.69\times 0.709\,6\times 9.5\times 0.978\,4\times\frac{1}{1-0.435\,3}}\text{元/千吨公里}$$

=−3.88 元/千吨公里

其中甲类费用所属的各明细项目耗费水平变动对单位成本的影响额，也可按上式计算得出，并列于表 5-11 内。

2、乙类费用耗费水平变动对单位成本中的乙类费用含量的影响分析

首先，将乙类费用耗费水平的计划数与实际数分别加以确定，如表 5-12 所示。

表 5-12　乙类费用耗费水平变动对单位成本升降影响额分析表

成本项目	计划数		实际数		耗费水平变动影响额/（元/千吨公里）
	总额/元	耗费水平（元/千车公里）	总额/元	耗费水平/（元/千车公里）	
乙类费用	2 391 795.00	2 387.02	3 146 998.40	3 067.32	−58.25
1．燃料	1 210 676.00	1 208.26	1 707 786.00	1 664.55	−39.07
2．轮胎	258 320.00	257.80	442 000.00	430.81	−14.81
3．修理费	577 399.00	576.25	547 212.40	533.36	+3.67
4．车辆折旧	345 400.00	344.71	450 000.00	438.61	−8.04
总行程/千车公里	1 002.002		1 025.976		—

然后，通过下式计算乙类费用耗费水平变动对单位成本中的乙类费用含量的影响额。

乙类费用耗费水平变动对单位成本中的乙类费用含量的影响额

$$=\frac{F_0}{\beta_1 q_1 \gamma_1 \frac{1}{1-\omega_1}}-\frac{F_1}{\beta_1 q_1 \gamma_1 \frac{1}{1-\omega_1}}$$

$$=\frac{\text{乙类费用耗费水平计划数}-\text{乙类费用耗费水平实际数}}{\text{载运系数实际数}}$$

$$=\frac{2\,387.02-3\,067.32}{0.709\,6\times 9.5\times 0.978\,4\times \frac{1}{1-0.435\,3}}\text{元/千吨公里}$$

$$=-58.25\text{元/千吨公里}$$

乙类费用项下的各费用项目耗费水平变动对单位成本中的乙类费用含量的影响额均可按上式计算确定。其分析结果见表 5-12。

3、丙类费用耗费水平变动对单位成本中的丙类费用含量的影响分析

以上例为例，首先将丙类费用计划数与实际数以列表的方式加以归集与计算，然后按计算式在表上计算影响额，见表 5-13。

表 5-13 丙类费用耗费水平变动对单位成本升降影响额分析表

成本项目	计划数		实际数		耗费水平变动影响额
	总额/元	耗费水平/（元/千吨公里）	总额/元	耗费水平/（元/千吨公里）	
丙类费用	300 000.00	25.73	397 800.00	33.20	−7.47
1. 按周转量计算的燃料附加费用	250 000.00	21.44	312 000.00	26.04	−4.60
2. 按周转量计算的行车补贴	50 000.00	4.29	85 800.00	7.16	−2.87
周转量/千吨公里	11 658.721	—	11 983.212	—	—

丙类费用耗费水平变动对单位成本中的丙类费用含量的影响额的计算式为

$$\left(\frac{M_0}{A_0\alpha_0 l_0\beta_0 q_0\gamma_0\dfrac{1}{1-\omega_0}}-\frac{M_1}{A_1\alpha_1 l_1\beta_1 q_1\gamma_1\dfrac{1}{1-\omega_1}}\right)\times 1\,000$$

$$=\frac{\text{丙类费用计划数}}{\text{计划周转量}}-\frac{\text{丙类费用实际数}}{\text{实际周转量}}$$

$$=\frac{300\,000}{11\,658.721}\text{元/千吨公里}-\frac{397\,800}{11\,983.212}\text{元/千吨公里}$$

$$=-7.47\text{元/千吨公里}$$

丙类费用项下的各明细费用耗费水平变动的影响额的计算方法相同（见表 5-13）。

以上甲、乙、丙各类费用耗费水平变动对运输单位成本的影响分析的结果，可通过列表方式加以汇总，见表 5-14。

对表 5-14 中的计算数值可根据式（5-7）进行检验，据表 5-7 可知

计划单位成本−实际单位成本=274.93 元/千吨公里−342.54 元/千吨公里

=−67.61 元/千吨公里

与表 5-14 中各类因素变动对单位成本升降影响额总计−67.63 元/千吨公里比较，两者相差 0.02 元/千吨公里，属于计算过程中的取舍误差。

将各类因素变动对单位成本升降影响额总计与实际周转量相乘，可得出成本升降总值，即

−67.63 元/千吨公里×11 983.212 千吨公里=−810 424.63 元

与按成本降低额公式计算的成本降低额相比相差−239.67 元，即

−810 424.63 元−（274.93 元/千吨公里−342.54 元/千吨公里）×11 983.212 千吨公里

$= -810\,424.63$ 元$-$（$-810\,184.96$ 元）

$= -239.67$ 元

也属于计算过程中的取舍误差。

表 5-14 运输单位成本升降因素分析汇总表

<table>
<tr><th colspan="2" rowspan="2">因素分析分类</th><th rowspan="2">项 目</th><th colspan="2">影 响 额</th></tr>
<tr><th>对单位成本影响额/（元/千吨公里）</th><th>对总成本影响额/元</th></tr>
<tr><td rowspan="14">车辆效率指标与载运系数变动因素的分析</td><td rowspan="8">车辆运用效率指标变动对单位成本中甲类费用含量的影响额</td><td>总车日变动</td><td>+0.44</td><td>+5 272.61</td></tr>
<tr><td>工作率变动</td><td>+0.36</td><td>+4 313.96</td></tr>
<tr><td>平均车日行程变动</td><td>+0.24</td><td>+2 875.97</td></tr>
<tr><td>里程利用率变动</td><td>+1.27</td><td>+15 218.68</td></tr>
<tr><td>重车平均吨位变动</td><td>−2.20</td><td>−26 363.07</td></tr>
<tr><td>吨位利用率变动</td><td>+0.06</td><td>+718.99</td></tr>
<tr><td>拖运率变动</td><td>+1.02</td><td>+12 222.88</td></tr>
<tr><td>小 计</td><td>+1.19</td><td>+14 260.02</td></tr>
<tr><td rowspan="5">车辆载运系数变动对单位成本中的乙类费用含量的影响额</td><td>里程利用率变动</td><td>+6.07</td><td>+72 738.10</td></tr>
<tr><td>重车平均吨位变动</td><td>−10.48</td><td>−125 584.06</td></tr>
<tr><td>吨位利用率变动</td><td>+0.30</td><td>+3 594.96</td></tr>
<tr><td>拖运率变动</td><td>+4.89</td><td>+58 597.91</td></tr>
<tr><td>小 计</td><td>+0.78</td><td>+9 346.91</td></tr>
<tr><td colspan="2">车辆运用效率指标与载运系数因素影响额合计</td><td>+1.97</td><td>+23 606.93</td></tr>
<tr><td rowspan="11">各类费用耗费水平因素变动分析</td><td rowspan="5">甲类费用耗费水平变动对单位成本中的甲类费用含量的影响额</td><td>甲类费用</td><td>—</td><td>—</td></tr>
<tr><td>1. 营运间接费</td><td>+4.35</td><td>+52 126.97</td></tr>
<tr><td>2. 工资</td><td>−7.22</td><td>−86 518.79</td></tr>
<tr><td>3. 职工福利费</td><td>−1.01</td><td>−12 103.04</td></tr>
<tr><td>小 计</td><td>−3.88</td><td>−46 494.86</td></tr>
<tr><td rowspan="6">乙类费用耗费水平变动对单位成本中的乙类费用含量的影响额</td><td>乙类费用</td><td>—</td><td>—</td></tr>
<tr><td>1. 燃料</td><td>−39.07</td><td>−468 184.09</td></tr>
<tr><td>2. 轮胎</td><td>−14.81</td><td>−177 471.37</td></tr>
<tr><td>3. 修理费</td><td>+3.67</td><td>+43 978.39</td></tr>
<tr><td>4. 车辆折旧</td><td>−8.04</td><td>−96 345.02</td></tr>
<tr><td>小 计</td><td>−58.25</td><td>−698 022.09</td></tr>
</table>

（续）

<table>
<tr><td colspan="2" rowspan="2">因素分析分类</td><td rowspan="2">项　　目</td><td colspan="2">影　响　额</td></tr>
<tr><td>对单位成本影响额/（元/千吨公里）</td><td>对总成本影响额/元</td></tr>
<tr><td rowspan="5">各类费用耗费水平因素变动分析</td><td rowspan="4">丙类费用耗费水平变动对单位成本中的丙类费用含量的影响额</td><td>丙类费用</td><td>—</td><td>—</td></tr>
<tr><td>1. 按周转量计算的燃料附加费用</td><td>−4.60</td><td>−55 122.78</td></tr>
<tr><td>2. 按周转量计算的行车补贴</td><td>−2.87</td><td>−34 391.82</td></tr>
<tr><td>小　　计</td><td>−7.47</td><td>−89 514.59</td></tr>
<tr><td colspan="2">各类费用耗费水平因素影响额合计</td><td>−69.60</td><td>−834 031.54</td></tr>
<tr><td colspan="3">各类因素变动对单位成本升降影响额总计</td><td>−67.63</td><td>−810 424.61</td></tr>
<tr><td colspan="3">实际周转量/千吨公里</td><td colspan="2">11 983.212</td></tr>
<tr><td colspan="3">成本升降总值</td><td colspan="2">−810 424.63</td></tr>
</table>

三、各类费用耗费水平变动因素分析

除了从车辆运用效率指标变动因素和费用耗费水平变动因素对单位成本升降进行因果分析外，还应对各项费用自身变动原因进行因果分析，也就是搞清哪些原因引起这些费用项目的实际数与计划数不一致。应当在深入调查、掌握详尽资料的基础上加以具体分析。

各类费用耗费水平变动因素分析应由归口管理成本、费用的责任部门负责，具体要求是：工资，着重分析职工人数、平均工资、劳动生产率等变动对工资总额及营运支出升降的影响；燃料、润滑材料、材料、低值易耗品、备品配件、轮胎等物资及动力费用，着重分析消耗数量变动和价格变动对运输成本的影响；消耗数量变动分析，应结合运输技术和运输组织，以及生产技术和生产组织情况，从产量计划的完成和定额执行情况两方面进行分析，找出各种主要材料实际消耗脱离定额的原因；价格变动应从外部因素、内部因素两方面分析，着重分析内部因素；折旧费和修理费，着重分析增减变动原因和各项固定资产利用率对营运支出项目的影响；其他费用，重点分析事故损失、劳动保护费增减变动情况及其原因。

以下给出甲、乙、丙类费用项下的各明细费用项目的耗费水平变动因素分析的基本方法。

（一）甲类费用各明细项目耗费水平变动原因分析

1. 工资

本项目的耗费水平变动因素，包括司机的人员数量变动影响因素和平均

工资变动影响因素两个方面。其计算公式为

$$\text{人员数量因素变动影响额}=\left(\text{计划平均人员数}-\text{实际平均人员数}\right)\times\text{计划人均工资}$$

$$\text{平均工资因素变动影响额}=\left(\text{计划人均工资}-\text{实际人均工资}\right)\times\text{实际平均人数}$$

例：据下列资料（见表 5-15），对人员数量因素变动影响额和平均工资变动影响额进行计算分析。

表 5-15　人员数量变动和平均工资变动对工资总额的影响额分析数据表

项　　目	计　　划	实　　际	差异额/元
司机人数/人	240	242	—
平均工资/（元/人）	1 389.17	1 735.12	—
工资总额/元	333 400.00	419 900.00	−86 500

解：

工资总额差异额=333 400.00 元−419 900.00 元=−86 500 元

其中

人员数量变动因素影响额=（240−242）人×1 389.17 元/人
=−2 778.34 元

平均工资变动因素影响额=（1 389.17−1 735.12）元/人×242 人
=−83 719.90 元

人员数量变动还应进一步与人员定额进行对比分析；平均工资变动还应按工资类别、基本工资、辅助工资、津贴等项平均每人的计划数与实际进行对比，分析变动的具体原因。

2、职工福利费

本项目的计划与实际比较的降低额包括两方面的影响因素：一是工资总额变动对提取的职工福利费的影响；二是提取率变动对提取的职工福利费的影响。其计算公式为

$$\text{工资总额因素变动影响额}=\left(\text{计划工资总额}-\text{实际工资总额}\right)\times\text{计划提取率}$$

$$\text{提取率因素变动影响额}=\left(\text{计划提取率}-\text{实际提取率}\right)\times\text{实际工资总额}$$

例：据下列资料（见表 5-16），试对工资总额因素变动影响额和提取率变动影响额进行计算分析。

表 5-16 工资总额变动和提取率变动对职工福利费的影响额分析数据表

项 目	计 划	实 际	差异额/元
司机工资总额/元	333 400.00	419 900.00	—
提取率/%	14	14	—
提取额/元	46 676.00	58 786.00	–12 110

解：

工资总额因素变动影响额=（333 400.00 元–419 900.00 元）×14%
=–12 110 元

提取率因素变动影响额=（14%–14%）×419 900.00 元
=0 元

3．营运间接费用

营运间接费用具有固定费用性质，属于预算管理的费用，其实际与预算的差异，应根据各项费用项目的不同内容，分别采取不同的分析方法。

（1）对于按照管理人员人数进行管理和制定定额的费用，应从人员数量变动和每人平均费用变动进行详细分析。

（2）对于生产和管理用的房屋、建筑物以及各项设备，应从预算的增减，以及维护、保养、使用所发生的费用变动进行详细分析。

（3）在管理费用当中，随着生产任务多少、业务量大小而发生变动的费用项目，除了用绝对数进行分析比较以外，还应将预算金额按生产任务、业务量的增减比例进行调整，然后再与实际金额进行比较。

（4）营运间接费用中有较多项目，采用预算控制，没有另外相应的定额，与生产任务的多少、业务量的大小也不发生关系，这些费用只能用实际数与预算比较，分析其节超情况。

营运间接费用的分析可通过列表的方式比较各明细项目耗费水平差异，并对每项差异进行因果分析。其表格形式如表 5-17 所示。

表 5-17 明细项目耗费水平变动对营运间接费用影响分析数据表

项 目	预算数/元	实际数/元	差异额/元	差 异 原 因
营运间接费用总额				
1．工资				
2．职工福利费				
3．材料				

（续）

项　目	预算数/元	实际数/元	差异额/元	差 异 原 因
4．修理费				
5．燃润料				
6．折旧费				
7．办公费				
8．水电费				
9．业务费				
10．差旅费				
11．仓库经费				
⋮				

（二）乙类费用各明细项目耗费水平变动原因分析

1、燃料

车辆行车燃料消耗定额应按不同车型制定百车公里空驶定额，按百吨公里制定重驶附加定额，拖挂运输挂车自重按总车公里折合成吨公里并入实载的吨公里之内给予附加。

燃料费用的降低额的计算公式为

$$\frac{燃料项目}{降低额}=\frac{燃料项目}{计划成本}\times\frac{实际主车总车公里}{计划主车总车公里}-\frac{燃料项目}{实际成本}$$

其中

燃料价格因素变动影响额=（计划单价−实际单价）×实耗量

燃料耗费水平变动对单位成本的影响额的计算举例见表5-12。

燃料费用降低额的影响因素包括：一是行车燃料消耗定额变动差异；二是重驶附加率变动差异；三是车辆厂牌（即车型）行驶里程比重变动差异。

对燃料成本分析时，应考虑以下几方面因素：

1）价格变动的影响。

2）不同消耗定额的车辆行驶里程的比率变动的影响。

3）消耗定额变动的影响。

4）不同地区的行驶里程比重变动、拖运率变动等因素的影响。

5）车辆利用效率的影响。

6）驾驶人员技术水平变动的影响。

7）新车（走合期）比重的影响。

2、轮胎

轮胎费用包括营运车辆耗用的外胎、内胎、垫带以及轮胎的零星修补费。

轮胎仅对外胎按不同规格制定行驶里程定额，同一规格的外胎，由于外胎的厂牌不同，质量相差悬殊，应分别制定定额。

轮胎外胎由于计入运输成本的方法不同，分析方法也不相同。外胎计入运输成本的方法有两种：一是领用新胎（包括更换新胎、领用周转胎）时将轮胎的全部价值一次计入运输成本，一次领用较大，可以采取待摊的方法分期摊销；另一种是采取按实际行驶里程和胎公里摊提计入运输成本的方法。外胎采用领用时一次计入运输成本的方法，其分析方法可比照内胎、垫带的方法进行。

轮胎费用降低额即轮胎费用耗费水平变动对单位成本的影响额，其计算公式为

$$\text{轮胎费用降低额}=\text{轮胎费用计划成本}\times\frac{\text{实际主车总车公里}}{\text{计划主车总车公里}}-\text{轮胎费用实际成本}$$

轮胎费用耗费水平变动对单位成本的影响额的计算举例见表5-12。

对轮胎费用耗费水平变动本身，还应进行详尽分析。例如，还应对外胎使用里程定额差异和外胎的车辆厂牌行驶里程比重变动差异两个因素进行再分析。

3、修理费

修理费包括保养维修费和大修费两项费用。

（1）保养维修费　保修成本项目包括润料、各级保养费用和小修费用。实行总成互换修理法的企业，保修部门领用周转总成的价值和卸下总成的修理费用也在保修费内列支。对不计价的旧件修复费用也在保修费用列支。保修项目包括的内容较多，而且这些费用在定额管理方法上又不一致，因此，必须根据不同的费用定额管理方法，采取不同的分析方法。

行车用的消耗，其定额管理方法通常是按行车燃料消耗定额的百分比确定的。采用这种定额方法时，其定额的数量节约或超耗，可根据燃料的定额差异的数量计算方法折算。

车辆的各级保养都应制定间隔里程定额，但对各级保养和小修的费用定额，制定方法不尽相同。有的制定有各级保养的一次费用定额和工时定额；有的对各级保养和小修合并制定百车公里费用定额，并对其中材料费单独制定定额。车辆小修费用应当单独制定各厂牌车辆的百车公里小修费用定额。

因此，必须按照定额管理的不同方法，分别按以下方法进行分析：

保修费制定有一次费用定额的企业，保养费用的成本降低或提高额中包括有间隔里程定额差异和一次费用定额差异因素，但车辆必须实行计划保养，达到规定的里程即应进行保养；超过规定里程，不按期进行保养，虽然在运输成本上反映出是降低，但却会严重影响到车辆技术状况，是不利因素。另

外，保养作业要求按其规定项目保全，又有质量要求，避免不适当地降低保养费用。再者，大部分企业对保修部门都是按辅助生产部门管理和核算的。对辅助生产部门保修成本的定额，应另外进行单独分析，不属于运输成本分析的范围。正是由于从某种意义上讲，对保养费用不要求不合理地降低，因而对车辆保养费的分析，一般不作为运输成本分析的重点，而仅从保修工人的定员配备和工时利用情况方面，作概括的分析。保养和小修合并制定百车公里材料消耗定额的目的，是尽可能节省材料配件的更换和消耗。因此，应将这部分作为分析的重点。

按百公里制定小修费用定额的企业，小修费用与制定百车公里材料费用同样是分析的重点，要求尽可能地降低小修费用。小修费用成本降低额中包括有费用定额差异和不同厂牌车辆行驶里程比重变动差异两个因素。其具体分析方法，可比照车辆折旧的分析方法。

（2）大修费 车辆大修的定额管理方法，规定有各种厂牌车辆大修间隔里程定额和大修一次费用定额。

车辆大修费用计入运输成本的计算方法是：按各厂牌车辆的实际行驶里程乘该厂牌车辆的千车公里大修提存额，计算出本期应计提的大修费，并计入运输成本；大修间隔里程定额和一次大修费用定额与实际的差异，都要调整运输成本。车辆报废时，前次大修到报废期间所提取的大修费，还要冲减运输成本。

大修费用耗费水平变动对单位成本的影响额的计算公式为

$$\frac{\text{大修费用}}{\text{降低额}}=\frac{\text{大修费用}}{\text{计划成本}}\times\frac{\text{实际主车总车公里}}{\text{计划主车总车公里}}-\frac{\text{大修费用}}{\text{实际成本}}$$

大修费降低额中应包括大修间隔里程定额差异、大修费用定额差异和不同厂牌车辆的行驶里程比重变动差异三个因素，可进一步做出详细分析。

修理费耗费水平变动对单位成本的影响额的计算举例见表 5-12。

4. 折旧

营运车辆折旧采取按实际行驶车公里和车公里折旧额计算和提取的方法。在一个年度内千车公里折旧额一般不变动，各年度之间对比时，才可能发生千车公里折旧额变动。

折旧费用降低额即折旧费用耗费水平变动对单位成本的影响额，其计算公式为

$$\frac{\text{折旧费用}}{\text{降低额}}=\frac{\text{折旧费用}}{\text{计划成本}}\times\frac{\text{实际主车总车公里}}{\text{计划主车总车公里}}-\frac{\text{折旧费用}}{\text{实际成本}}$$

折旧费耗费水平变动对单位成本的影响额的计算举例见表 5-12。

折旧费用降低额，包括各厂牌车辆千车公里折旧额变动差异和不同厂牌

车辆行驶里程比重变动差异两个因素，可做进一步分析。

5、行车事故损失

行车事故损失是指营运车辆在运行过程中，因行车肇事所发生的事故损失。这包括行车过程中因碰撞、翻车、碾压、落水、失火、机械故障等原因而造成的人员伤亡、牲畜死伤、车辆损坏、货物毁损等行车事故所发生的修理费、抢救和善后费用，以及支付给外单位人员的医药费、丧葬费、抚恤费、生活费等事故损失，在扣除向保险公司投保收回的索赔收入，以及事故对方或过失人赔偿金额后，计入运输成本中“行车事故损失”项目的净损失。分析行车事故损失，应查明行车事故损失的计划数与实际数差额的原因。

6、其他

车辆费用中的其他成本项目，包括上述各项车辆费用中规定的成本项目以外，其他与行车直接有关的费用，还包括行车杂支、车辆牌照和检验费、车辆清洗费、车辆冬季预热费、司机途中宿费、停车和看车费、中途故障救济费、司机劳保用品费，以及车辆领用季节性运行设备、运输特殊物品的装备、篷布绳索、随车低值易耗品的摊销。

上述这些费用中有的与行车里程的多少有直接关系，如行车杂支、过渡费等；有的与行车里程多少虽有直接关系，可是又多属于不经常发生的递延性费用，如季节性运行设备、篷布绳索等；有的与行车里程多少没有直接关系，如司机劳保用品、随车工具等。因此，对这些费用应根据费用的不同性质，分别采用相应的方法进行分析。

（三）丙类费用各明细项目耗费水平变动原因分析

由于丙类费用与周转量成正比变动，因此只有当丙类费用的单位费率发生变动时，才可计算分析其降低额。例如，当吨公里燃料附加费率或按周转量计算的行车补贴费率调整提高或降低时，必然影响丙类费用水平的增加或降低。

【复习思考题】

1. 汽车运输成本项目应如何划分？其内容是什么？
2. 汽车运输成本按其成本性态分类，分为哪几类？
3. 何为运输业务的成本计算对象和成本计算单位？
4. 汽车运输的单位成本、成本降低额、成本降低率如何计算？
5. 试述车辆运用效率指标变动对运输单位成本的影响分析方法。
6. 试述车辆载运系数变动对运输单位成本的影响分析方法。
7. 试述甲、乙、丙三类费用耗费水平变动对运输单位成本的影响分析方法。

【练习题】

一、计算并填列表 5-18。

表 5-18　运输成本计算表

年　月

成本项目	合计	汽油车	柴油车
一、车辆费用/元	8 511 000	3 585 000	4 926 000
二、营运间接费/元	1 055 000	523 200	531 800
三、运输总成本/元			
四、周转量/千吨公里	25 500	11 500	14 000
五、单位成本/（元/千吨公里）	—		
六、上年度实际单位成本/（元/千吨公里）	—	354.10	385.00
七、成本降低额/元			
八、成本降低率（%）			

二、根据表 5-19 和表 5-20，分析该企业当月车辆运用效率指标变动、载运系数变动和费用耗费水平变动对单位成本变动的影响，并将分析结果填列表 5-21。

表 5-19　×年×月车辆运用效率指标计划与实际情况

项目	计划数	实际数
总车日/车日	5 000（A_0）	5 200（A_1）
工作率（%）	95（α_0）	96（α_1）
平均车日行程/车公里	300（l_0）	310（l_1）
里程利用率（%）	68（β_0）	70（β_1）
重车平均吨位/吨位	10（q_0）	11（q_1）
吨位利用率（%）	97（γ_0）	98（γ_1）
拖运率（%）	0（ω_0）	0（ω_1）
总周转量/千吨公里	9 399.300	11 677.586
	$(A_0\alpha_0 l_0\beta_0 q_0\gamma_0\frac{1}{1-\omega_0}\div 1000)$	$(A_1\alpha_1 l_1\beta_1 q_1\gamma_1\frac{1}{1-\omega_1}\div 1000)$

表 5-20　×年×月运输成本费用分类表

成本项目	计划	实际
一、甲类费用/元	274 807.50	247 948.22
二、乙类费用/元	2 010 000.00	2 550 000.00
总行程/千车公里	1 425	1 547.520
千车公里变动成本/（元/千车公里）	1 410.53	1 647.80
三、丙类费用/元	300 000.00	355 000.00

（续）

成本项目	计划	实际
四、运输总成本/元	2 584 807.50	3 152 948.22
五、周转量/千吨公里	9 399.300	11 677.586
六、单位成本/（元/千吨公里）	275.00	270.00
七、单位成本差额/（元/千吨公里）	5.00	

表 5-21　运输单位成本升降因素分析汇总表

因素分析分类		项目	影响额	
			对单位成本影响额/（元/千吨公里）	对总成本影响额/元
车辆运用效率指标与载运系数变动因素的分析	车辆运用效率指标变动对单位成本中甲类费用含量的影响额	总车日变动		
		工作率变动		
		平均车日行程变动		
		里程利用率变动		
		重车平均吨位变动		
		吨位利用率变动		
		拖运率变动	—	—
		小计		
	车辆载运系数变动对单位成本中的乙类费用含量的影响额	里程利用率变动		
		重车平均吨位变动		
		吨位利用率变动		
		拖运率变动	—	—
		小计		
	车辆运用效率指标与载运系数因素影响额合计			
耗费水平因素分析	甲类费用耗费水平变动对甲类费用含量影响额			
	乙类费用耗费水平变动对乙类费用含量影响额			
	丙类费用耗费水平变动对丙类费用含量影响额			
	各类费用耗费水平因素影响额合计			
各类因素变动对单位成本升降影响额总计				
实际周转量/千吨公里				
成本升降总值				

【阅读资料】“沃尔玛”降低运输成本的经验之谈

沃尔玛公司是世界上最大的商业零售企业，在物流运营过程中，尽可能地降低成本是其经营哲学。

沃尔玛有时采用空运，有时采用船运，还有一些货物采用货车公路运输。在中国，沃尔玛百分之百地采用公路运输，所以如何降低货车运输成本，是沃尔玛物流管理面临的一个重要问题，为此他们主要采取了以下措施：

（1）沃尔玛使用一种尽可能大的货车，大约有 16 米加长的货柜，比集装箱运输货车更长或更高。沃尔玛把货车装得非常满，产品从车厢的底部一直装到最高，这样非常有助于节约成本。

（2）沃尔玛的车辆都是自有的，司机也是他的员工。沃尔玛的车队大约有 5 000 名非司机员工，还有 3 700 多名司机，车队每周每一次运输可以达 7 000～8 000 公里。

沃尔玛知道，货车运输是比较危险的，有可能会出交通事故。因此，对于运输车队来说，保证安全是节约成本最重要的环节。沃尔玛的口号是“安全第一，礼貌第一”，而不是“速度第一”。在运输过程中，货车司机们都非常遵守交通规则。沃尔玛定期在公路上对运输车队进行调查，货车上面都带有公司的号码，如果看到司机违章驾驶，调查人员就可以根据车上的号码报告，以便于进行惩处。沃尔玛认为，货车不出事故，就是节省公司的费用，就是最大限度地降低物流成本。由于狠抓了安全驾驶，运输车队已经创造了 300 万公里无事故的纪录。

（3）沃尔玛采用全球定位系统对车辆进行定位，因此在任何时候，调度中心都可以知道这些车辆在什么地方，离商店有多远，还需要多长时间才能运到商店，这种估算可以精确到小时。沃尔玛知道货车在哪里，产品在哪里，这样可以提高整个物流系统的效率，有助于降低成本。

（4）沃尔玛的连锁商场的物流部门 24 小时进行工作，无论白天或晚上，都能为货车及时卸货。另外，沃尔玛的运输车队利用夜间进行从出发地到目的地的运输，从而做到了当日下午进行集货，夜间进行异地运输，翌日上午即可送货上门，保证在 15～18 个小时内完成整个运输过程。这是沃尔玛在速度上取得优势的重要措施。

（5）沃尔玛的货车把产品运到商场后，商场可以把它整个地卸下来，而不用对每个产品逐个检查，这样就可以节省很多时间和精力，加快了沃尔玛物流的循环过程，从而降低了成本。这里有一个非常重要的先决条件，就是沃尔玛的物流系统能够确保商场所得到的产品是与发货单完全一致的产品。

（6）沃尔玛的运输成本比供货厂商自己运输产品要低，所以厂商也使用沃尔玛的货车来运输货物，从而做到了把产品从工厂直接运送到商场，大大节省了产品流通过程中的仓储成本和转运成本。沃尔玛的集中配送中心把上述措施有机地组合在一起，做出了一个最经济合理的安排，从而使沃尔玛的运输车队能以最低的成本高效率地运行。当然，这些措施的背后包含了许多艰辛和汗水，相信我国的本土企业也能从中得到启发，创造出沃尔玛式的奇迹来。

第六章　船舶运输成本管理

【学习目的】

通过本章的学习，了解船舶运输成本的概念与分类、船舶运输成本核算体制、船舶运输成本计算对象、船舶运输成本计算单位，初步掌握船舶运输成本核算程序以及船舶运输成本的分析方法等。

第一节　海洋运输业务及其成本概述

一、沿海运输业务及其成本

沿海运输业务是海运企业营运船舶在近海航线上的运输业务。沿海运输船舶往来于国内沿海港口之间，在通常情况下运输距离、航次时间较短，数日内即可往返一次。船舶进出港口，由港口单位提供码头设备和各种服务，航运单位按规定向港口单位交付各种港口使用费用。海运企业的沿海运输业务，由港口单位代理，海运企业付给代理费用。

海运企业船舶吨位较大，费用较多，所以应按单船归集船舶营运费用，计算货运成本。

海运企业的运输船舶，有时从事非运输工作，如船舶临时出租、援救遇难船舶的施救工作等，应属于其他业务，所发生的船舶费用，应在计算船舶运输成本时予以计算并扣除。

二、远洋运输业务及其成本

远洋运输业务通常指国际航线运输业务。远洋运输船舶来往于国内外港口之间，运输距离较长，每次航行时间常在一个月以上，甚至长达数月之久。远洋运输业务具有船舶吨位大，航次时间长的特点。

远洋运输船舶进出国内港口，使用码头设备，与沿海船舶相同，须按规定向港口单位支付各种港口使用费；货运业务由港口代理，支付代理费用。远洋船舶进出国外港口，须按各港口规定支付各种港口使用费；在国外港口，船舶运输业务由代理行代理，并向其支付代理费用。船舶通过海峡，须支付海峡通行费。按照国际运输规定，航方往往根据运输条款支付某些运输业务费用，如垫舱费用、装卸费用、揽货佣金、理货费用等，远洋运输业务其成本构成，与沿海和内河船舶运输有着明显的不同。

出于管理上的需要，远洋运输量须按船舶航次统计，运输收入须按船舶已完航次计算。因此，船舶营运成本的计算不仅要按单船，同时还要按不同航次，以便正确划分与计算各航次的运输效益。

三、沿海运输与远洋运输在成本计算上的差别

1、成本计算周期不同

沿海运输按月计算成本，远洋运输因航次时间较长，航次经常出现跨月情况，故通常按航次结算成本，期终除计算已完航次成本外，不需要计算未完航次成本。

2、固定费用计入成本的方法不同

远洋运输成本计算在划分直接费用与间接费用时，凡能明确由航次负担的费用，称为航次直接费用（如航次运行费用），可直接计入航次成本；不能明确由航次负担的费用，称为航次间接费用（如船舶固定费用），需要按一定的分配方法计入航次成本。

而沿海运输按月计算成本，航次运行费用和船舶固定费用都作为运输的直接费用。

3、未达应付账项数额相差显著

远洋运输企业由于航行国外航线，船舶在国外港口所发生的各种港口使用费以及代理费用的代垫支出，不能及时报账，在年终计算成本时，往往发生巨额的未达应付账单，必须专门处理，否则会影响企业的成本水平和利润水平。

4、成本构成项目不同

远洋运输成本构成不同于沿海运输成本，如港口费、工资包含的内容不同，航次运行费用组成项目也不同。

第二节　海运成本计算对象、成本计算期和成本计算单位

一、成本计算对象

海运企业营运生产的目的是提供海上运输劳务，所以海运成本计算对象是企业运输船舶的运输业务。企业应计算海运业务的总成本和单位成本，以便对海运成本进行分析与控制。

散装油运输业务比重较大的海运企业，还可以单独计算油运成本。

海运成本虽以海运业务为成本计算对象，但由于运输成本主要是船舶设

备的使用成本，因此发生的船舶费用，仍以运输船舶为对象，通过计算船舶费用，间接计算货运成本。远洋运输船舶都是按单船归集和分配船舶费用，即使是计算船型成本，也是先按单船汇集船舶费用，然后再按相同船型汇总。对于船舶吨位较小的沿海运输船舶，一般可按船型归集船舶费用，但对吨位较大的船舶仍应按单船归集船舶费用。

海运企业可以根据企业经营管理上的需要计算下列各种成本：

（1）单船运输成本　以每艘船舶运输业务为成本计算对象，计算每艘船舶运输成本。

（2）类型船运输成本　以各类型的船舶运输业务为成本计算对象，计算各类型船舶的运输成本。

（3）航线运输成本　以各航线的船舶运输业务为成本计算对象，计算各航线运输成本。

单船成本、类型船成本和航线成本，可以根据经营管理的需要，定期或不定期地进行计算。可以用会计核算方法，也可以用统计核算方法；可以计算完全成本，也可以计算非完全成本。

二、成本计算期

1、沿海运输按月计算成本

沿海运输航线较短，航次时间较短，航次频繁，而且沿海船舶较远洋船舶的吨位小，船舶费用较低，船舶运输虽按航次组织，但各月末未完航次成本数额较为均衡。因此，为了简化成本计算，通常以月为成本计算期，按日历的月、季、年计算成本。单船以月末的最后一天为成本计算截止时间。

沿海运输按月计算成本时，在实际工作中，以月末的最后一天为成本计算截止时间会有困难，如船舶燃料消耗数量以机舱日志记录为原始依据，而燃料消耗报告通常在航次结束后依据机舱日记摘要填写。因此，在以月为成本计算期时，对于燃料消耗仍以当月已完航次的消耗数计入成本。近海航线较短，当月可以完成一个以上航次，当月的燃料消耗数量就是当月已完几个航次燃料消耗数的合计。又如港口费，通常也按已完航次计算。至于其他各项费用，均按当期发生数计列，由当期成本负担。

2、远洋运输按航次计算成本

远洋运输由于航次时间较长，船舶吨位较大，船舶费用较多，而且各个期初期末未完航次数不均衡，相应的未完航次成本相差较大。因此，为了正确计算成本，远洋运输通常分船按航次计算成本，计算报告期已完航次的成本，将期末未完航次的费用转入下期。但为简化核算手续，对于航次时间较短，航次运量和运输费用跨进跨出不太悬殊的远洋运输，也可按月（季、年）计算成本，不按航次计算成本。

船舶的航次运输成本，是以航次起讫日期为成本计算期的已完航次运输成本。

所谓航次是船舶按照航次命令运载货物完成一个完整的运输生产过程。船舶的航次时间，应从上一航次最终港卸空所载货物时起，到本航次最终卸空所载货物时为止，航次开始与结束的时间在计算上是非常准确的。不管中途停靠多少个港口，不管补给所占用的时间长短，也不管已卸了多少货物，只要没有全部卸完，都属同一个航次。

定期班轮的航次时间，可按班期时间计算。航次有单程航次和往复航次。船舶空放单独作为航次，其时间应自上一航次最终卸空所载货物时算起，至下一航次开始装货时止。船舶航次成本一般按单航程计算，也可按往复航次计算。凡是报告期内完成的单航程航次成本，计入报告期已完航次成本，空放航次不单独计算成本，须与载货航次合并计算成本。

在会计结算期，当期已完航次成本的计算公式为

$$\begin{matrix}\text{本期已完航次}\\\text{运输成本}\end{matrix}=\sum_{(\text{航次})}\begin{matrix}\text{期初未完各}\\\text{航次成本}\end{matrix}+\begin{matrix}\text{本期发生的各}\\\text{航次运输支出}\end{matrix}-\begin{matrix}\text{期末未完各}\\\text{航次成本}\end{matrix}$$

三、成本计算单位

海运企业，不论沿海运输或远洋运输，船舶完成运输周转量都是按当月（季、年）已完航次统计的到达量计算。因此，计算单位成本时所用的周转量，都是月（季、年）已完航次的周转量，而不是以月（季、年）末最后一天截止时期。

此外，海运企业为了比较船舶费用的水平，可以计算每一船舶吨位公里的费用。所谓船舶吨位公里是指各艘船舶的定额吨位数，与其完成航次的全部航行里程的乘积之和，其计算公式为

$$\begin{matrix}\text{海运企业某期}\\\text{船舶吨位公里}\end{matrix}=\sum_{\text{艘}}\left(\begin{matrix}\text{每艘船舶的}\\\text{定额吨位数}\end{matrix}\times\begin{matrix}\text{已完航次}\\\text{航行里程}\end{matrix}\right)$$

此外，远洋运输还可以运输量千吨为成本计算单位，特别是计算航线成本时，由于同航线距离固定，只需计算运输量千吨的单位成本即可，其所以如此，与各运价方案有关，因为远洋运价方案不同于沿海运价，沿海运价的基价为每吨公里运费率，而远洋运价基价是航线每吨运费率。计算航线每千吨单位运输成本，可以简化成本分析，为航运业务决策提供有用的资料。

第三节 海运成本计算项目

一、成本计算项目的设置

海运成本分为船舶费用和营运间接费用两类。

船舶费用是指运输船舶从事运输业务所发生的各项费用，包括为保持船舶正常营运状态而发生的船舶经常性费用、船舶在航行过程中所发生的航行费用以及船舶在各港口所发生的港口费用和代理业务费用。

营运间接费用是指企业为管理和组织经营业务所发生的各项营运费用和业务费用。

远洋运输企业因为要计算航次成本，因此，还须将船舶费用分为“航次营运费用”和“船舶固定费用”两部分，且下面各设若干费用项目。沿海运输企业如要计算航次运输成本或由于管理需要，也可将船舶费用划分为航次运行费用和船舶固定费用。船舶固定费用则需要通过分摊，计入航次成本。在营运期间企业租入船舶，船舶发生的租费也应设立专项进行反映。

二、成本项目的内容

海运成本计算科目，可分为航次运行费用、船舶固定费用、船舶租费、集装箱固定费用和营运间接费用等。在各成本计算科目下设有明细项目。

（一）航次运行费用

航次运行费用，指船舶在运行过程中可以直接归属于航次负担的费用。航次直接费用受货种、运量、运距、航次时间、靠港次数、运费等因素的影响。

航次运行费用的明细项目及其内容如下：

（1）燃料费　指船舶在航行、装卸、停泊等时间内耗用的全部燃料费用。

（2）港口费　指船舶进出港口、停泊、过境等应付的港口费用，包括船舶吨税、灯塔费、引水费、拖轮费、码头费、浮筒费、系解缆费、海关检验费、运河及海峡通过费等。

（3）货物费　指运输船舶载运货物所发生的应由船方负担的业务费用，如装卸工工资、加班费、装卸工具费、下货费、翻仓费、货物代理费等。

（4）中转费　指船舶载运的货物达中途港口换装其他运输工具运往目的地、在港口中转时发生的应由船方负担的各种费用，如汽车接运费、铁路接运费、水运接运费、改港费等。

（5）垫隔材料　指船舶在同一库仓内装运不同类别的货物需要分、垫隔，或虽在同一货仓内装同类货物需要防止摇动、移位，以及货物通风需要等耗用的材料、隔货网、防摇装置、通风筒等材料费用。退回可以再利用的材料，应作价冲回项目。

（6）速遣费　指有装卸协议的营运船舶，提前完成装卸作业，按照协议付给港口单位的速遣费用。如发生延期，收回的延期费冲减本项目。

（7）事故损失　指船舶在营运生产过程中发生海损、机损、货损、货差、污染、人身伤亡等事故的费用，包括施救、赔偿、修理、诉讼、善后等直接损失。

（8）航次其他费用　指不属于以上各项而仍由航次负担的其他费用，如淡水费、交通车船费、邮电费、清洁费、国外港口接待费、航次保险、领事签订、代理行费、业务杂支、冰区航行破冰费等。

（二）船舶固定费用

船舶固定费用，指为保持船舶适航状态所发生的经常性维持费。这些费用不能直接归属于某一航次负担，但可以按单船进行归集。

船舶固定费用的明细项目及其内容如下：

（1）工资　指船员的标准工资、船岸差、副食品价格补贴、回民伙食津贴、航行津贴、油轮津贴、运危险品津贴、船员伙食以及其他按规定支付的工资性津贴。

（2）职工福利费　根据规定比例、提存范围，按实际发放船员工资总额计算提取的职工福利费。

（3）润料　指船舶耗用的润滑油脂。

（4）船舶材料　指船舶在运输生产和日常维护保养中耗用以及劳动保护用、事务耗用的各种材料、低值易耗品等。

（5）船舶折旧费　指企业按确定折旧方法按月计提的折旧费。

（6）船舶修理费　指已完工的船舶实际修理费支出、日常维护保养耗用的修理用料、备品配件等，以及船舶技术改造大修理费用摊销的支出。

（7）船舶保险费　指企业向保险公司投保各种船舶保险所支付的保险费用。保险公司退回的保险费应予以冲减。

（8）车船使用税　指按规定交纳的车船使用税。

（9）船舶非营运期费用　指船舶在厂修、停船自修、事故停航、定期熏仓等非营运期内所发生的费用，包括为修理目的空驶至船厂期间内发生的费用。为了反映年度内船舶非营运期的费用总额及其组成的内容，也可在船舶固定费用以外，设置“非营运期费用”的成本项目，归集非营运期费用。

（10）船舶共同费用　指船舶共同受益，但不能或不便按单船归集的船舶费用。主要包括：

1）工资，指替补公休船员、后备船员、培训船员等按规定支付的工资、津贴、补贴等。

2）职工福利费，指上项各类船员根据国家规定提取的职工福利费。

3）船员服装费，指根据规定发给船员的服装费。

4）船员差旅费，指船员报到、出差、学习、公休、探亲、调遣等发生的差旅费。

5）文体宣传费，指用于船员文娱体育活动和对外宣传购置的书报杂志、电影片、录像带、幻灯片等支出，以及放映机、录像机、电视机的更新和修理费等。

6）广告及业务活动费，指通过报刊、电台、电视、画册、展览等进行广告或宣传，以及船舶为疏港、揽货业务联系支付的业务招待费用等。

7）单证资料费，指运输业务印制使用的各种票据、货运单、航单、航海图书、技术业务资料以及各类单证资料的寄递费用。

8）船员疗养休养费，指船员因工作环境特殊，企业为船员安排疗养休养的支出。

9）电信费，指船岸通过电台、电缆、卫星、高频电话等通信设备联络时发生的国内外通信费用。

10）其他，包括船员体检费、签证费、油料化验费、技术改造和合理化建议奖等。

11）其他船舶固定费用，指不属于以上各项的其他船舶固定费用，如船舶证书费、船舶检验费等。

（三）船舶租费

船舶的租费，指企业租入运输船舶参加营运，按规定应列入成本的期租费或程租费（期租费是指按租赁时期计算的船租费用；程租费是指按船舶航次计租的租费）。

（四）集装箱固定费用

集装箱固定费用，指为保证集装箱的良好使用状态所发生的经常费用。一般包括：

（1）空箱保管费　指空箱存放在堆场所支付的堆存费用。

（2）折旧费　指按规定折旧率计提的集装箱折旧费。

（3）租费　指租入的集装箱按租约规定所支付的租金。

（4）修理费　指集装箱修理用配件、材料和修理费用。

（5）保险费用　指投保集装箱安全险所支付给保险公司的保险费。

（6）底盘车费用　指企业自有或租入的集装箱底盘车所发生的保管费、

折旧费、租费、保险费、修理费等。底盘车发生的费用，也可分别并入“集装箱固定费用”的有关项目。

（7）其他　指不属于以上项目的集装箱固定费用，如清洁费用、熏箱费等。

（五）营运间接费用

营运间接费用，指企业在营运过程中所发生的不能直接计入运输成本核算对象的各种间接费用。这包括企业各个生产单位（分公司、船队）为组织和管理运输生产所发生的运输生产管理人员工资、职工福利费、燃料、材料、低值易耗品、折旧费、修理费、办公费、水电费、租赁费、差旅费、设计制图费、业务票据费、燃材料盘亏和毁损（减盘盈）、取暖费、会议费、出国人员经费、保险费、交通费、运输费、仓库经费、警卫消防费、劳动保护费、排污费等。

第四节　船舶费用的归集、计算与分配

远洋运输企业由于每艘运输船舶的吨位较大，船舶费用较多，可按单船归集其所发生的船舶费用；而沿海运输企业较远洋运输企业每艘船的吨位较小一些，但船舶的数量较多，船舶种类也较多，船舶也比较复杂，不同吨位级和燃料类船舶的费用水平各不相同。因此，沿海运输企业按单船设置明细账，工作量较大，通常可按船舶种类设置明细账归集和登记船舶费用。当然，对于吨位较大的船舶，各艘船舶费用水平又相差悬殊时，也可以按单船设立船舶费用明细账，归集各自发生的船舶费用。

对于不同种类的船舶，如对于燃油船和燃煤船，燃料费用水平相差很大，可以根据不同种类船舶分别设立费用明细账，归集其所发生的船舶费用。

按单船设立船舶费用明细账，归集和登记船舶费用，并按单船统计各船完成的运输周转量，其目的是为计算单船运输成本、类型船运输成本、航线运输成本以及运输种类成本提供所需的数据资料。

一、航次运行费用的归集与计算

海运企业船舶所发生的航次运行费用，应根据原始凭证或费用计算表编制记账凭证，分别按不同的成本计算对象，直接计入“运输支出”科目的明细分类账的有关项目。按单船核算成本的企业，直接列入各船月度成本；按航次核算成本的企业，直接列入各船的航次成本。

按航次核算成本的远洋运输企业，在“运输支出”科目下按船舶航次设立“船舶航次费用明细账”或“航次成本计算单”，归集船舶每航次所发生的

航次直接费用，并用以结算成本。

二、船舶固定费用的归集与计算

（一）船舶固定费用的归集与分配

在船舶固定费用中有两项综合性费用，即船舶共同费用和船舶非营运期费用。其归集和分配方法如下：

1. 船舶共同费用的计算

船舶共同费用是指应由企业所有船舶共同负担，需要经过分配再由各船负担的船员费用和船舶业务费用。船舶共同费用发生时，一般都不能确定船名或船型，不能按船名或船舶种类归集船舶费用，必须经过归集和分配的手续计入单船或船型的船舶费用。

船舶共同费用发生时，财会部门应根据有关记账凭证和费用汇总表，按照费用发生的先后，计入“船舶固定费用—船舶共同费用”二级明细科目，并按规定费用项目设立费用明细账进行归集登记。

船舶共同费用在月度终了，通常按各船的艘天、吨天或其他比例，分摊编制“船舶共同费用分配表”，并分别计入各船的“船舶固定费用明细账”。

船舶共同费用的分配方法，远洋和沿海企业类似，但有的远洋运输企业对共同费用中的公休、待派船员的工资和提取的福利费，按船员的定员人数分配计入各船的固定费用的工资和职工福利费项目，而船舶共同费用的其他内容则按在册船舶吨天数或艘天数进行分配，在船舶固定费用的“其他”项目反映。这样就不需要在“船舶固定费用”内设置“船舶共同费用”二级明细科目。

2、船舶非营运期费用的计算

船舶非营运期，是指船舶由于技术状况不良，不能从事运输生产工作的时间。船舶非营运时间包括船舶修理时间、等待修理时间、等待报废时间、航次以外进行检修洗刷锅炉，以及专为修理前往船厂和离开船厂的航行时间。

船舶在非营运期间所发生的费用就是船舶非营运期费用。

为了反映船舶非营运期费用在运输成本中的比重，分析和考核非运输期的费用支出，在“船舶固定费用”科目内设置“船舶非营运期费用”二级明细科目，其核算内容包括船舶在非营运期内发生的燃料、港口费和其他非营运期费用。船舶在非营运期内发生的固定费用，如船员工资及福利费、润料、材料、船舶折旧费、船舶修理费用和其他船舶费用，发生时不易分开，为了简化核算手续，可直接在“船舶固定费用”的有关项目内归集，不包括在“船舶非营运期费用”二级科目之内。

在需要计算船舶非营运期全部费用时，可将“船舶固定费用”归集的全部费用按船舶非营运吨天的比例分摊计入，其公式为

$$\text{船舶非营运期的全部费用}=\text{直接归集的船舶非营运期费用}+\frac{\text{船舶固定费用}}{\text{船舶总时间}}\times\text{船舶非营运吨天}$$

沿海运输船舶如不计算航次成本，则不必划分航次运行费用和船舶固定费用，发生的船舶费用可直接计入船舶运输成本中的船舶费用项目内。

（二）各航次船舶固定费用的计算

海运企业需要计算各航次成本时，通常分别单船按规定费用项目设立“船舶固定费用”明细账，企业运输船舶所发生的固定费用，应根据原始凭证或费用计算表编制记账凭证，分别按不同的成本计算对象，直接记入各船“船舶固定费用”明细账的有关项目。

月度终了将船舶固定费用按各船营运天数分配计入该船本月内已完和未完的航次成本。船舶从事与运输无关工作（如临时出租等）时，均按各项工作的营运天数和每营运天的费用计算，其计算公式为

$$\text{某船某月每营运天船舶固定费用}=\frac{\text{该船该月的船舶固定费用}}{\text{该船该月营运天数}}$$

$$\text{某航次应负担的船舶固定费用}=\text{该船该月每营运天船舶固定费用}\times\text{该航次营运天数}$$

$$\text{运输无关工作应负担的船舶固定费用}=\text{该船该月每营运天船舶固定费用}\times\text{该船该月从事与运输无关工作天数}$$

例如：某船×月份船舶固定费用 90 000 元，该月份营运 30 天，其中 20 天为第 2 航次，8 天为第 3 航次（航次尚未完毕），另有 2 天从事施救工作。该船×月份船舶固定费用应计算分配如下：

$$\text{该船每营运天船舶固定费用}=\frac{90\,000\text{元}}{30\text{天}}=3\,000\text{元/天}$$

该船第 2 航次应负担船舶固定费用=3 000 元/天×20 天=60 000 元；

该船第 3 航次应负担船舶固定费用=3 000 元/天×8 天=24 000 元；

该船与运输无关的工作应负担船舶固定费用=3 000 元/天×2 天=6 000（元）。

根据以上计算结果，第 2 航次已完航次成本负担船舶固定费用 60 000 元，第 3 航次未完航次成本应负担船舶固定费用 24 000 元，与运输无关工作（施救工作）负担船舶固定费用 6 000 元，计算运输成本时，应予扣除。

（三）船舶租费的计算

船舶租费是企业租入运输船舶，按租赁合约支付船舶期租费用或程租（航次）费用。程租费按航次计入该航次成本，实行单船计算成本的企业，计入航次结束月度的单船成本。期租费按航次日历天数分摊计入有关航次成本。航次跨越年度时，按当年日历天数分配；属于未完航次的部分，计入未完航次成本。实行单船核算成本的企业，期租费按日历月度划分，分别计入有关月度的单船成本；上年支付的属于下年的租费，作待摊费用结转下一年度。临时退租在租费项目中减除。

（四）船舶费用核算图示

船舶费用核算过程较为复杂，其基本过程可用以下简图示意（见图 6-1）。

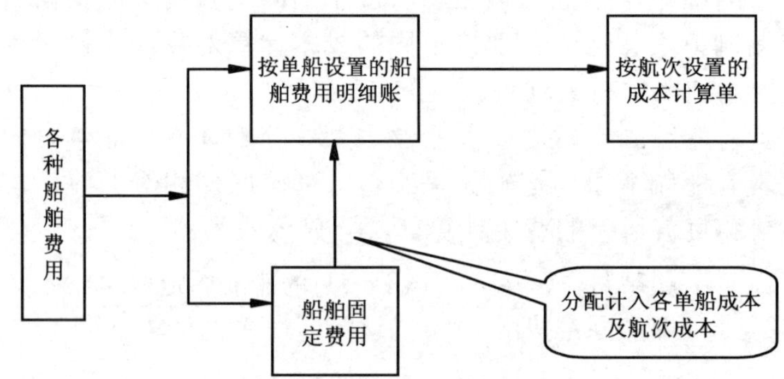

图 6-1　船舶费用核算过程简图

三、集装箱固定费用的计算

集装箱固定费用是指为了维持集装箱适用状态所发生的日常维护费用。集装箱固定费用按集装箱类型设置费用明细账，按规定项目进行归集，按每标准箱的箱天费用和使用天数计算分配给集装箱运输船舶成本。

集装箱固定费用分配的计算公式为

$$\begin{matrix}\text{每标准箱天集}\\\text{装箱固定费用}\end{matrix}=\frac{\text{集装箱固定费用}}{\text{集装箱标准箱天数}}$$

$$\begin{matrix}\text{船舶运输成本应摊}\\\text{集装箱固定费用}\end{matrix}=\begin{matrix}\text{装用集装箱}\\\text{标准箱天数}\end{matrix}\times\begin{matrix}\text{每标准箱天}\\\text{集装箱固定费用}\end{matrix}$$

集装箱固定费用月终编制“集装箱固定费用分配明细表”，计入各航次运输成本。

例如：某远洋运输企业用 20 英尺集装箱 100 只，40 英尺集装箱 50 只，×月份共支付集装箱固定费用 600 000 元，×轮×航次装 20 英尺集装箱 10 只，该航次计 25 天，应摊集装箱固定费用计算如下：

$$\text{每标准箱天集装箱固定费用}=\frac{600\,000\text{元}}{30\text{天}\times(100+2\times50)\text{箱}}=100\text{元/天箱}$$

$$\text{船舶运输成本应摊集装箱固定费用}=100\text{元/天箱}\times25\text{天}\times10\text{箱}=25\,000\text{元}$$

第五节　营运间接费用的归集与分配

营运间接费用的明细分类核算，应按费用归口管理的要求和规定的费用项目设置明细账，反映营运间接费用的内容。一般采用多栏明细账格式，即按归口管理的部门或费用类别及规定的费用项目，分设专栏登记。

营运间接费用的分配范围，原则上应包括企业所经营的各种业务。企业的辅助生产部门对外单位、本企业建设单位、福利事业单位等供应劳务和销售产品，也应负担营运间接费用。在实务中，为了简化分配工作，可规定由企业经营的各种营运业务负担；对非经常性业务或收入额所占比重很小的业务，则不分担营运间接费用。

海运企业的营运间接费用，应先在企业所经营的各种营运业务之间进行分配，求得运输业务应负担的营运间接费用。如果海运企业只计算综合运输成本，分配由运输业务负担的营运间接费用，可计入运输业务的综合成本，不必再进行分配。若需要再进一步计算单船成本、船型成本、运输种类成本时，则需要将运输业务负担的营运间接费用，在各船、各船型或运输种类之间进行分配。

营运间接费用在各船之间进行分配的方法较多，通常可按以下方法进行分配。

一、船舶费用比例分配法

船舶费用包括航次运行费用和船舶固定费用，如有租赁船舶营运时，还包括船舶租费；如有集装箱运输，还应包括集装箱固定费用（这些船舶费用都已扣除了与运输无关部分）。

如计算单船的完全成本，则需分别按船舶进行分配；如按船型计算成本时，则分别按船型分配，其分配计算公式为

$$\text{营运间接费用分配率}=\frac{\text{运输业务应负担营运间接费用}}{\text{运输船舶的船舶费用}\sum_{(\text{船})}\text{与集装箱固定费用之和}}\times100\%$$

$$\text{单船（船型）负担营运间接费用}=\text{营运间接费用分配率}\times\text{该船（船型）船舶费用与集装箱固定费用之和}$$

远洋运输企业按航次计算成本时，运输业务应负担的营运间接费用可全部计入当期已完航次成本，不必分配计入该期未完航次成本。如果营运间接费用需分配给单船或类型船成本时，可按该期所有船舶已完航次的船舶费用（包括船舶固定费用和航次运行费用等）比例分配计算，其计算公式为

$$\text{营运间接费用分配率}=\frac{\text{运输业务应负担的营运间接费用}}{\sum\limits_{\text{（船）}}\text{船舶已完航次船舶费用}}\times 100\%$$

$$\text{某船应负担营运间接费用}=\text{营运间接费用分配率}\times\text{该船已完航次船舶费用}$$

$$\text{某船某已完航次应负担营运间接费用}=\text{营运间接费用分配率}\times\text{该船该航次船舶费用}$$

二、船舶营运吨天比例分配法

此种方法是按在册船舶吨位大小来分配营运间接费用。

在仅按单船或船型核算运输成本时，其运输业务负担的营运间接费用，仅需在各船、各船型或运输种类之间进行分配，而不需要在已完航次之间分配，在这种情况下可采用该方法。其计算公式为

$$\text{每营运吨天营运间接费用}=\frac{\text{运输业务应负担营运间接费用}}{\sum\text{船舶营运吨天}}$$

$$\text{某船（船型）应负担营运间接费用}=\text{每营运吨天营运间接费用}\times\text{该船（船型）营运吨天}$$

第六节　海运成本计算

一、沿海运输成本计算

海运企业货运成本的计算对象是货物运输业务。运输船舶的船舶费用、集装箱固定费用和营运间接费用经过归集和分配计算，在月度（季、年度）终了，应计算货运总成本、货运单位成本；计算货运成本降低额和降低率，并编制沿海运输成本计算表。

此外，企业还可以根据经营管理需要，计算航线成本、货种成本、船舶类型成本、运输种类成本以及单船成本等。

1．货运总成本和单位成本计算

海运企业全部营运船舶所发生的船舶费用，扣除与运输无关应由其他业务负担的费用，如船舶临时出租负担的费用，加上船舶租费和集装箱固定费用，以及应由运输成本负担的营运间接费用，即为运输总成本；运输总成本除以货运周转量即为货运单位成本。其计算公式为

$$\text{运输总成本}=\sum_{\text{船}}\left(\text{船舶费用}-\text{运输无关费用}+\text{船舶租费}+\text{集装箱固定费用}+\text{营运间接费用}-\text{未完航次成本}+\text{以前年度支出}\right)$$

$$\text{单位成本}=\frac{\text{总成本}}{\text{周转量}}$$

2．成本降低率的计算

海运企业应计算运输成本降低额和降低率，其计算公式为

$$\text{成本降低额}=\text{上年实际单位成本}\times\text{本期实际周转量}-\text{本期实际成本}$$

$$\text{成本降低率}=\frac{\text{成本降低额}}{\text{上年实际单位成本}\times\text{本年实际周转量}}\times 100\%$$

以上公式中，周转量的单位为千吨公里。

二、远洋运输成本计算

1．已完航次成本的计算

远洋运输企业船舶已完航次成本，包括已完航次开始到航次结束时累计发生的航次运行费用，应分配负担的船舶固定费用，以及分配的营运间接费用。对于跨期航次，已完航次成本除包括本期发生的航次运行费用和分配负担的船舶固定费用及营运间接费用外，还包括前期同航次发生的未完航次成本（包括直接发生的航次运行费用和分配负担的船舶固定费用）。

对于本期某一已完航次来说，已完航次成本，可用公式表示为

$$\text{本期已完航次成本}=\text{前期未完航次成本}+\text{本期发生的航次运行费用}+\text{本期分配的船舶固定费用}+\text{本期分配的营运间接费用}$$

2、未完航次成本

远洋运输企业在报告期末（月末、季末、年末）尚未结束的航次，船舶仍在继续运行，航次运行费用尚在继续发生，除需分摊船舶固定费用外，不结算航次的运输成本。

本期期末的未完航次成本，应转入下期，等待该航次结束后，再计算已完航次成本。本期未完航次成本，如下期内航次结束，则为下期该航次已完航次成本的一部分；如下期该航次尚未结束，船舶继续运行，则为下期该航次未完航次成本的一部分，上期未完航次成本和本期该航次发生的船舶直接费用以及分配负担的船舶固定费用构成跨期的航次成本。

三、集装箱运输成本计算

集装箱运输是以集装箱作为单元积载设备，由半集装箱船或全集装箱船装载进行货物运输的一种方式。集装箱船舶运输成本计算，除增设“集装箱固定费用”项目外，还要在“航次直接费用”内增设“集装箱货物费”项目，计算集装箱船舶在航次运行过程中发生的有关集装箱运输的业务费用，如集装箱的绑扎费、拆绑费、封箱费、并箱费、运费、码头费等，按发生的航次归集，直接计入船舶航次运输成本。

集装箱固定费用是保持集装箱良好使用状态所发生的经常性维持费用，如集装箱的港口堆存费、集装箱折旧费、修理费、保险费、租费等。集装箱固定费用需单独归集，按照集装箱船装用集装箱的箱天数，或标准箱天数比例分摊负担。集装箱运输的总成本和单位成本计算，通常和非集装箱运输相同。

四、出租船成本计算

出租船成本计算是海运企业将船舶出租给外单位使用时的成本计算。按制度规定，海运企业期租船舶的运输量，统计在租入单位完成的运输量内。船舶临时出租从事其他工作时，不统计运输量。期租船舶是海运企业的其他业务，不计算运输成本，而计算出租船成本。

出租船成本可以租船单位为成本计算对象，也可以出租业务为成本计算对象。船舶出租给租船单位使用时，出租船的成本，通常只包括船舶固定费用和分配负担的营运间接费用，而不包括航次运行费用，但必要时设置以下费用项目：

（1）燃料　指按期租船合同，在出租期内由于出租人的原因临时停租期内耗用的燃料价值。

（2）港口费　指临时停租期内应由出租人负担的港口费用。

（3）其他 指临时停租期内由租船人负担的航次其他费用。出租的船舶，如果时间在一个月以上，可以按船名归集所发生的船舶固定费用。如果月份内船舶同时从事出租和运输工作，船舶固定费用可按营运天数分摊，其计算公式为

$$\text{出租企业应负担的船舶固定费用}=\frac{\text{全月船舶固定费用}}{30\text{天}}\times\text{出租天数}$$

航运企业出租船应计算出租船总成本，出租船成本通常可计算千营运吨天的单位成本，其计算公式为

$$\text{出租船总成本}=\text{出租船的船舶固定费用}+\text{分配负担的营运间接费用}$$

$$\text{出租船单位成本}=\frac{\text{出租船总成本}}{\text{出租船千营运吨天}}$$

船舶临时出租从事其他工作时，出租成本往往是船舶费用的一部分，由于船舶费用按船名归集，因此必须按船舶营运吨天分摊计算，由出租业务负担。其计算公式为

$$\text{某船临时出租应负担船舶费用}=\frac{\text{全月船舶费用}}{\text{全月船舶千营运吨天}}\times\text{该船临时出租千营运吨天}$$

第七节 海运成本计算举例

一、沿海运输成本计算举例

1、核算资料

（1）设某海运公司本期发生的船舶类型费用总额为 5 050 000 元，其中：货船费用 3 050 000 元，油船费用 2 000 000 元。营运间接费用共计 2 626 000 元。

（2）本期营运间接费用全部由运输业务负担。

（3）货船货运周转量 545 412 千换算吨公里。

（4）油船货运周转量 584 615 千换算吨公里。

要求编制“运输分类成本计算表”。

2、核算过程

（1）营运间接费用按规定由各种业务成本负担。

本期营运间接费用共发生 2 626 000 元，全部由运输成本负担。为计算运输分类成本，还需要按各种运输种类船舶费用的比例进行分配。

$$营运间接费用分配率=\frac{2\,626\,000元}{5\,050\,000元}=0.52$$

货船货运应摊营运间接费用=3 050 000 元×0.52=1 586 000 元

油船油运应摊营运间接费用=2 000 000 元×0.52=1 040 000 元

（2）编制“运输分类成本计算表”，计算运输分类成本，见表 6-1。

表 6-1　运输分类成本计算表

20××年×月

项　　目	运输种类		合　　计
	货船货运	油船货运	
船舶费用/元	3 050 000	2 000 000	5 050 000
分摊营运间接费用/元	1 586 000	1 040 000	2 626 000
运输总成本/元	4 636 000	3 040 000	7 676 000
运输周转量/千换算吨公里	545 412	584 615	1 130 027
运输单位成本/（元/千换算吨公里）	8.5	5.2	6.79

二、远洋运输成本计算举例

1、核算资料

（1）某远洋运输公司，其甲货船第 5 航次航行于国外某航线，自 6 月开始至 7 月 20 日结束。甲船于 6 月末为未完航次，当时在“航次成本计算单”上所列费用见表 6-2。

表 6-2　航次成本计算单

（单位：元）

航次运行费用	532 000
其中：燃　料	400 000
港口费	30 000
货物费	100 000
航次其他费用	2 000
6 月份分配该船舶固定费用	600 000
6 月份分配该船集装箱固定费用	20 000

甲船第 5 航次尚未结束，计未完成航次成本 1 152 000 元，由于该航次尚未结束，不分配营运间接费用。

（2）甲船 7 月份航次结束，当月甲船第 5 航次的运行费用以及 7 月份船舶固定费用、集装箱固定费用，见表 6-3。

表 6-3　7 月份甲船航次运行费、船舶固定费及集装箱固定费

（单位：元）

航次运行费用	528 000
其中：燃　料	350 000
港口费	25 000
货物费	150 000
航次其他费用	3 000
7 月份甲船舶固定费用	682 000
7 月份集装箱固定费用	372 000

2、**核算过程**

（1）甲船 7 月份船舶固定费用 682 000 元，按航次营运天数分配，由该月第 5 航次和第 6 航次负担（第 5 航次为已完航次，第 6 航次为未完航次）。计算如下：

$$\text{甲船7月份每天船舶固定费用}=\frac{682\,000\text{元}}{31\text{天}}=22\,000\text{元/天}$$

$$\text{甲船第6航次负担固定费用}=22\,000\text{元/天}\times 11\text{天}=242\,000\text{元}$$

（2）该公司 7 月份集装箱固定费用 372 000 元，按重箱标准箱天 3 100 箱天计算分配由甲船第 5 航次和第 6 航次负担（其中，第 5 航次使用集装箱 2 000 箱天；第 6 航次使用集装箱 1 100 箱天）。其计算如下：

$$\text{每箱天集装箱固定费用}=\frac{372\,000\text{元}}{3100\text{箱天}}=120\text{元/箱天}$$

$$\text{甲船第5航次7月份使用集装箱应负担的费用}=120\text{元/箱天}\times 2\,000\text{箱天}=240\,000\text{元}$$

$$\begin{array}{c}\text{甲船第6航次7月份}\\\text{使用集装箱应负担的费用}\end{array}=120\text{元}/\text{箱天}\times 1100\text{箱天}$$

$$=132\,000\text{元}$$

（3）甲船第 5 航次已完航次成本见表 6-4。

表 6-4 甲船第 5 航次已完航次成本

（单位：元）

项 目	6 月 份	7 月 份	合 计
航行费用	532 000	528 000	1 060 000
其中：燃 料	400 000	350 000	750 000
港口费	30 000	25 000	55 000
货物费用	100 000	150 000	250 000
航次其他费用	2 000	3 000	5 000
分配船舶固定费用	600 000	440 000	1 040 000
分配集装箱固定费用	20 000	240 000	260 000
甲船第 5 航次直接费用合计	168 400	1 736 000	3 420 000

（4）该公司 7 月份营运间接费用共为 1 000 000 元，7 月份各船已完航次运行费用合计 10 000 000 元。营运间接费用按月份已完航次直接费用比例计算分配。计算如下：

$$\begin{array}{c}\text{7月份营运间接}\\\text{费用分配率}\end{array}=\frac{1\,000\,000\text{元}}{10\,000\,000\text{元}}\times 100\%$$

$$=10\%$$

甲船第 5 航次应分配营间接费用为：3 420 000 元×10%=342 000 元

甲船第 5 航次总成本为：3 420 000 元+342 000 元=3 762 000 元

（5）设甲船第 5 航次完成运输周转量 313 500 千吨公里，则其单位成本可计算如下：

$$\text{单位运输成本}=\frac{3\,762\,000\text{元}}{313\,500\text{千吨公里}}=12\text{元}/\text{千吨公里}$$

（6）根据上述结果，可按船名或航线编制“船舶已完航次成本汇总表”（本例略）。

第八节　海运管理成本的计算

以上各节是从财务成本核算规定与要求的角度，介绍了海运企业财务成本的核算方法和成本报告的编制方法。在实际工作中，海运企业的成本核算除财务成本核算方法外，还有许多计算方法，这些方法没有统一的规定，完全是根据企业内部经营管理的需要计算的成本，因此可称之为管理成本。

海运企业常见的管理成本的计算方法有：单船运输成本、类型船运输成本、航线运输成本、货种运输成本和船舶运输作业成本等。

一、单船运输成本和类型船运输成本的计算

单船运输成本简称“单船成本”，是指某船舶在一定时期内完成本任务的运输总成本和单位成本。可以是包括船舶费用和营运间接费用的完全成本，也可以是不包括营运间接费用的不完全成本。在计算单船成本时，以每艘船为成本计算对象，船舶费用按每艘单船归集计算，企业的营运间接费用可按船舶艘天或船舶营运吨天的比例分配，由各船舶负担。

单船成本的计算公式为

$$\text{单船单位成本}=\frac{\text{船舶费用}+\text{分摊营运间接费用}}{\text{周转量}}$$

单船成本主要用于吨位较大的远洋运输船舶，可以按月、季、年不同时期分别计算。

类型船运输成本和单船相同，只是按船舶类型归集计算的运输成本。

单船、类型船成本反映某艘或某类型船舶的运输成本水平，比较同类型各船舶的单船成本，就可以评定每艘船舶的经济效益，寻找降低成本的途径。单船成本、类型船成本还可以作为选择船型、开辟水运航线的参考资料。单船成本往往是船舶经济核算的主要指标。单船成本作为船舶经济核算指标时，可以是不完全成本，只计算船舶可以负责的成本项目。海运企业应该计算和积累单船成本的资料。

二、航线运输成本的计算

航线，是航运企业为了完成两个或数个港口之间的旅客和货物运输任务，根据水域航道港口和货源条件，配备适当船舶，并按一定运行组织方法组成的具体运输路线。航线运输成本是航运企业某一具体航线上在一定期间的船舶运输成本，反映各航线的运输成本水平。

航线运输成本可以考核各航线的运输经济效益；可以作为开辟新航线、确定配船方案和制订运价的参考。

航线运输成本，通常在需用此项资料时计算，其方法只要综合某一航线在一定期间各船舶的航次成本即可求得；也可以根据航线名、港口费率、船舶燃料及润料消耗定额、航行距离、航速以及每营运天船舶固定费用、营运间接费用分配额和其他有关的资料计算求得。

航线成本计算时，由于某一航线的距离是固定的，因此，航线成本的成本计算单位可以是吨或千吨，不需用千吨公里作为成本计算单位。

三、货种运输成本的计算

由于货物种类不同，对于船舶运输成本水平有不同程度的影响，如重货和轻泡货影响船舶载重利用率；又如货物装卸难易影响船舶装卸和停泊的时间。因此，需要计算不同货种的运输成本。货物的种类很多，目前在我国江海运输中，粮食、木材、煤炭、钢铁、矿石、盐、矿建材料、油的运输量和周转量比重较大，一般可按这些货种根据需要选择计算货种运输成本。

货种运输成本的计算通常采用比例分配法来分摊各类货物在作业过程中的耗费。例如，可按装卸各种货物的时间比例分摊船舶停泊作业过程和装卸作业过程费用，按各种货物积载系数或所占船舶容积比例分摊航行作业过程费用。至于专用船舶，只装运单种货物，计算航次运输成本即可求得该货种的运输成本。

按货种计算成本，对于货物运价分级，制订合理运价和研究货物分配，合理运输，都有重要的意义。

四、船舶运输作业成本计算

船舶运输的整个生产过程，是由船舶的航行、装卸、非装卸停泊等几个阶段构成的。计算各阶段作业过程的单位成本，可以分析运输生产作业过程对成本计划完成的影响，可以评价船舶各种技术措施的经济效果。

船舶运输每千吨公里的单位成本，按照作业过程，可分解为航行作业、装卸作业、停泊（非装卸）作业过程的单位成本，用公式表示为

$$\text{船舶运输单位成本} = \frac{\text{航行作业}}{\text{单位成本}} + \frac{\text{装卸作业}}{\text{单位成本}} + \frac{\text{停泊作业}}{\text{单位成本}}$$

计算各作业过程的单位成本，应将运输的全部费用分为固定费用、燃料费用和港口费用三大部分。固定费用又称经营费用，包括船员工资、职工福利费、材料费、折旧费、船舶修理费、船舶其他费用和分摊的营运间接费用。这些费用在船舶的任何作业阶段，都应按营运吨天负担，因此需要计算每营

运吨天的固定费用。其计算公式为

$$\text{每营运吨天费用}=\frac{\text{工资}+\text{职工福利费}+\text{材料费}+\text{折旧费}+\text{修理费}+\text{其他费用}+\text{营运间接费用}}{\text{营运吨天}}$$

船舶消耗的燃料，虽然也是各个作业过程中消耗，但各作业过程的消耗情况不同，需要按各作业过程的消耗分别计入各作业过程。

港口费用包括船舶在港口的各项费用，如港务费、引水费等，应由装卸和停泊作业过程负担，因此需要计算每停泊吨天的港口费用，并按装卸、停泊时间分摊。每停泊吨天港口费用计算公式为

$$\text{每停泊吨天港口费用}=\frac{\text{全部港口费用}}{\text{全部停泊吨天（包括装卸与非装卸）}}$$

计算作业过程单位成本，可以分船计算、分船型计算，也可按全企业船舶计算。其计算公式为

$$\text{航行作业单位成本}=\frac{\text{航行消耗燃料}+\text{每营运吨天固定费用}\times\text{航行吨天}}{\text{周转量}}$$

$$\text{装卸作业单位成本}=\frac{\left(\text{每营运吨天固定费用}+\text{每停泊吨天港口费用}\right)\times\text{装卸吨天}+\text{装卸消耗燃料}}{\text{周转量}}$$

$$\text{停泊作业单位成本}=\frac{\left(\text{每营运吨天固定费用}+\text{每停泊吨天港口费用}\right)\times\text{停泊吨天}+\text{停泊消耗燃料}}{\text{周转量}}$$

第九节　海运成本分析

海运成本分析，通常包括企业的成本分析、船舶的成本分析和专题的成本分析。企业的成本分析的目的在于评定整个企业成本计划的完成情况和成本升降的原因。船舶的成本分析是对单船的成本水平和营运指标进行分析，可按年度、季度、月份或按航次进行，目的在于寻求影响某一单船成本升降的具体原因和成本控制的具体措施。专题的成本分析则是为了解决某一航线、船型，或其他专门的问题而进行的专门性的成本分析，专题分析的分析时间、内容、方法，根据需要决定。企业、船舶和专题的成本分析，可以分别进行，也可以结合进行。

一、成本降低任务完成情况分析

航运企业编制成本计划和核算实际成本，都规定计算成本降低额和成本降低率，通过计划与实际的成本降低额和降低率的比较，就可以确定成本计划降低任务的完成情况，以及本期实际成本与计划成本增减金额和升降幅度。

假定某企业××年成本计划和成本报表所列有关成本的资料见表 6-5。

表 6-5　有关成本资料

	周转量/千吨公里	单位成本/（元/千吨公里）	总成本/元	成本降低额/元	成本降低率（%）
计　　划	95 667	13.152	1 258 212	−158 041	−14.37
实　　际	121 810	10.739	1 308 118	+92 697	+6.62
差　　异	26 143	2.413	49 906	+250 738	+20.99
上年实际单位成本/（元/千吨公里）	11.5				

由表 6-5 所列资料可知，成本降低额超计划 250 738 元，成本降低率超计划 20.99%，两者均超额完成任务，但周转量和单位成本对降低任务完成的影响程度，还有待于进一步分析。

据表 6-5 资料及该企业上年成本计算资料，可编制分析用表，其格式内容见表 6-6。

根据表 6-6 数据，可分别确定运输周转量与单位成本双因素变动对成本降低任务完成的影响数额。

表 6-6　上年成本计算资料分析表

周转量/千吨公里		单位成本/（元/千吨公里）			总成本/元	
计划	本年实际	上年实际	本年计划	本年实际	按计划周转量计算	
					按上年实际单位成本计算	按本年计划单位成本计算
（1）	（2）	（3）	（4）	（5）	（6）	（7）
95 667	121 810	11.5	13.152	10.739	1 100 171	1 258 212

总成本/元			成本降低情况			
按实际周转量计算			成本降低额/元		成本降低率（%）	
按上年实际单位成本计算	按本年计划单位成本计算	按本年实际单位成本计算	计　划	实　际	计　划	实　际
（8）	（9）	（10）	（11）=（6）−（7）	（12）=（8）−（10）	（13）=（11）/（6）	（14）=（12）/（8）
1 400 815	1 602 045	1 308 118	−158 041	92 697	−14.37	6.62

1、运输周转量变动对成本降低任务完成情况的影响

运输成本计划降低额和降低率，是根据计划周转量计算求得的，而实际的降低额和降低率，是根据实际周转量计算而得的。显然，周转量的变动，将影响成本降低任务的完成。

运输周转量变动对成本降低额的影响值，可按下式计算：

$$\frac{\text{运输周转量变动对成本}}{\text{降低额的影响值}}=\frac{\text{本期实际}}{\text{周转量}}\times\frac{\text{上年实际}}{\text{单位成本}}\times\frac{\text{计划}}{\text{降低率}}-\frac{\text{计划}}{\text{降低额}}$$

将表 6-6 有关数据代入上式，可得

运输周转量变动对成本降低额的影响值=121 810 千吨公里×11.5 元/千吨公里×（−14.37%）−（−158 041 元）=−43 256 元。

上述计算结果表明，在单位运输成本不变的条件下（用上年实际单位成本和按计划单位成本计算的计划降低率作为同度量单位），由于本期实际周转量比计划周转量增加而引起的成本降低额比计划成本降低额少降低 43 256 元。这是由于计划单位成本高于上年实际单位成本，因而周转量增加，将使其降低额减少。

2、运输单位成本变动对成本降低任务完成的影响

当运输实际单位成本比计划单位成本有增减时，也会引起成本降低额和降低率的变动。其计算公式为

$$\frac{\text{运输单位成本变动对成本}}{\text{降低任务完成的影响值}}=\frac{\text{实际}}{\text{周转量}}\times\frac{\text{计划单位}}{\text{成本}}-\frac{\text{实际}}{\text{周转量}}\times\frac{\text{实际单位}}{\text{成本}}$$

或

$$=\left(\frac{\text{计划单位}}{\text{成本}}-\frac{\text{实际单位}}{\text{成本}}\right)\times\frac{\text{实际}}{\text{周转量}}$$

将表 6-6 有关数据代入上式，可得

运输单位成本变动对成本降低额的影响值

=121 810 千吨公里×13.152 元/千吨公里−121 810 千吨公里×10.739 元/千吨公里

=（13.152 元/千吨公里−10.739 元/千吨公里）×121 810 千吨公里

=293 928 元

3、运输单位成本变动对成本降低率的影响

运输单位成本变动不但影响成本降低额，同时也影响成本降低率。因此，

有必要对运输单位成本变动而造成的成本降低率的变动进行分析。其计算公式为

$$\text{运输单位成本变动对成本降低率的影响} = \text{实际成本降低率} - \frac{\text{上年实际单位成本} - \text{计划单位成本}}{\text{上年实际单位成本}} \times 100\%$$

将表 6-6 有关数据代入上式，可得

$$\begin{aligned}\text{运输单位成本变动对成本降低率的影响值} &= 6.62\% - \frac{11.5\text{元/千吨公里} - 13.152\text{元/千吨公里}}{11.5\text{元/千吨公里}} \times 100\% \\ &= 6.62\% - (-14.37\%) \\ &= 20.99\%\end{aligned}$$

将以上分析结果汇总后，列于表 6-7 中。

表 6-7 成本降低任务完成情况因素分析汇总表

影响因素	影响程度	
	降低额/元	降低率（%）
货物周转量变动	−43 256	0.00
运输单位成本变动	293 928	20.99
合计	250 672	20.99

表 6-7 中因素影响降低合计数 250 672 元应为 250 738 元，即 92 697 元−（−158 041）元，其误差 66 元应为计算过程中的取舍误差。

二、单位成本的分析

航运企业的运输单位成本由各成本项目构成。单位成本中各成本项目的变动，对计划成本降低任务完成情况的影响各不相同，因此，单位成本分析的重点是分析各项目对单位成本的影响程度，找出单位成本中节约或超支的主要成本项目，以便进一步分析其原因，寻找降低成本的途径。

航运企业可以将综合单位成本作为分析对象，也可以分别按船舶类型或航次单位成本为分析对象。

单位成本分析的方法，一般采用比较的方法，可以用本期实际单位成本与上期实际单位成本比较，也可以用本期实际单位成本与本期计划单位成本比较。现举例如下：

假定某企业某年的单位成本资料的分析比较见表 6-8。

表 6-8　单位成本资料的分析比较

项　目	计划单位成本/（元/千吨公里）	实际单位成本/（元/千吨公里）	实际比计划增（+）减（-）/（元/千吨公里）
船舶费用	12.032	9.579	-2.513
工资及职工福利费	3.346	2.621	-0.725
燃料及润料	3.156	2.335	-0.821
材料	0.082	0.069	-0.013
折旧费	0.353	0.327	-0.026
船舶修理费	1.955	1.174	-0.781
港口费（港口费用）	1.238	1.283	0.045
事故损失	—	0.011	0.011
其他	1.902	1.699	-0.203
营运间接费用	1.12	1.22	0.1
合　计	13.152	10.739	-2.413

根据表 6-8 比较分析资料，可以从成本构成角度直接查明使单位成本降低的成本项目，当然，还应进一步对各成本项目数额的变化原因进行详细分析，以提出降低成本的具体措施。

三、船舶技术经济指标对单位成本影响的分析

航运企业船舶技术经济指标，是反映船舶工作所达到的数量和质量指标。航运成本是航运企业的综合性指标，任何一个船舶技术经济定额指标的变化，都会影响运输单位成本。分析这些指标对单位成本的影响程度，有利于改善船舶工作，找出降低成本的途径。

航运企业船舶工作的技术经济指标很多，而且沿海、海洋和内河并不完全相同，因此，应该选择与运输单位成本关系比较密切的指标进行分析。如海运企业运输船舶可选择营运每吨天生产量、载重（客）量利用率、平均航行速度、航行率、平均航距等指标；内河拖驳运输的拖轮和驳船，可以选择营运率、平均航行速度、航行率、拖轮每千瓦工作效率、驳船载重量使用率等技术经济指标。

船舶工作技术经济指标对单位成本影响的分析方法，基本上是使用差额分析法或连环替代法。现说明如下：

假如某企业某年拖驳运输的货运单位成本（元/千吨公里）见表 6-9。

表 6-9 拖驳运输的货运单位成本

项　目	计　划	实　际	差　异
运输单位成本/（元/千吨公里）	13.152	10.739	−2.413
其中：拖船	6.733	5.645	−1.088
驳船	6.419	5.094	−1.325

拖驳运输，每吨公里运输单位成本，是由每吨公里拖轮成本和每吨公里驳船成本构成的。因此，运输每吨公里单位成本，可按下列公式计算：

$$\text{每吨公里单位成本}=\frac{\text{每千瓦天拖船费用}}{\text{营运率}\times\text{每千瓦天工作效率}\times\text{航速}\times\text{航行率}}+\frac{\text{每吨天驳船费用}}{\text{营运率}\times\text{载重量使用率}\times\text{航速}\times\text{航行率}}$$

表 6-10 所列资料是拖船工作的技术经济指标。

表 6-10 拖船工作的技术经济指标

项　目	拖轮每千瓦天费用/元	营运率（%）	每千瓦天工作效率/吨	航速/（公里/天）	航行率（%）
计　划	2 665.42（M_n）	80（A_n）	6（B_n）	122（C_n）	67.6（D_n）
实　际	2 819.36（M_1）	90（A_1）	7（B_1）	120（C_1）	66.06（D_1）

根据以上资料，按上述公式的前一部分，用差额分析法计算，就可求得拖船技术经济指标对单位成本的影响，其结果见表 6-11。

表 6-11 拖船技术经济指标对单位成本的影响

影 响 因 素	差额分析法的因素分析计算式	对单位成本的影响/（元/吨公里）
每千瓦天费用的影响	$(M_1-M_n)\frac{1}{A_n}\times\frac{1}{B_n}\times\frac{1}{C_n}\times\frac{1}{D_n}$	0.389
营运率的影响	$M_1\left(\frac{1}{A_1}-\frac{1}{A_n}\right)\times\frac{1}{B_n}\times\frac{1}{C_n}\times\frac{1}{D_n}$	−0.791
千瓦天工作效率影响	$M_1\frac{1}{A_1}\times\left(\frac{1}{B_1}-\frac{1}{B_n}\right)\times\frac{1}{C_n}\times\frac{1}{D_n}$	−0.904
航速影响	$M_1\frac{1}{A_1}\times\frac{1}{B_1}\times\left(\frac{1}{C_1}-\frac{1}{C_n}\right)\times\frac{1}{D_n}$	0.090
航行率影响	$M_1\frac{1}{A_1}\times\frac{1}{B_1}\times\frac{1}{C_1}\times\left(\frac{1}{D_1}-\frac{1}{D_n}\right)$	0.129
拖船运输单位成本差额	单位成本计划数：6.733 单位成本实际数：5.645	−1.087（计算误差 0.001）

表 6-12 是驳船工作的技术经济指标，试用差额分析法对其单位成本变动

进行因素分析。

表 6-12 驳船工作技术经济指标

项 目	驳运每千吨天费用/元	营运率（%）	载重量使用率（%）	航速/（公里/天）	航行率（%）
计 划	391.86（M_n）	90（A_n）	70（B_n）	114（C_n）	85（D_n）
实 际	238.48（M_1）	95（A_1）	80（B_1）	112（C_1）	55（D_1）

根据以上资料，按上述公式后一部分，用连环替代法计算，就可以求得驳船技术经济指标对单位成本的影响，其结果见表 6-13。

表 6-13 驳船技术经济指标对单位成本的影响

影 响 因 素	差额分析法的因素分析计算式	对单位成本的影响/（元/吨公里）
每千吨天费用影响	$(M_1-M_n)\frac{1}{A_n}\times\frac{1}{B_n}\times\frac{1}{C_n}\times\frac{1}{D_n}$	−2.512 5
营运率影响	$M_1\left(\frac{1}{A_1}-\frac{1}{A_n}\right)\times\frac{1}{B_n}\times\frac{1}{C_n}\times\frac{1}{D_n}$	−0.205 6
载重量使用率影响	$M_1\frac{1}{A_1}\times\left(\frac{1}{B_1}-\frac{1}{B_n}\right)\times\frac{1}{C_n}\times\frac{1}{D_n}$	−0.462 6
航速影响	$M_1\frac{1}{A_1}\times\frac{1}{B_1}\times\left(\frac{1}{C_1}-\frac{1}{C_n}\right)\times\frac{1}{D_n}$	0.057 8
航行率影响	$M_1\frac{1}{A_1}\times\frac{1}{B_1}\times\frac{1}{C_1}\times\left(\frac{1}{D_1}-\frac{1}{D_n}\right)$	1.797 9
驳船运输单位成本差额	单位成本计划数：6.419 单位成本实际数：5.094	−1.325

海运船舶技术经济指标对海运单位成本的影响，同样可用差额分析法或因素连环替代法进行因素分析。海运成本一般可分为航行、停泊（包括装卸和其他作业）两个阶段，因此，单位成本可以按下列公式计算：

$$\text{单位成本}=\frac{\dfrac{\text{每营运吨天}}{\text{航行费用}}}{\dfrac{\text{每营运吨天}}{\text{生产量}}}+\frac{\text{全部停泊费用}}{\text{全部周转量}}$$

由于营运吨天生产量是载重利用率、平均航行速度、航行率三个指标的乘积；而周转量是货物吨数和平均运距的乘积，因此，每千吨公里成本可用下列公式计算：

$$\text{单位成本}=\frac{\text{每营运吨天航行费用}}{\dfrac{\text{载重}}{\text{利用率}}\times\dfrac{\text{平均航行}}{\text{速度}}\times\text{航行率}\times 1\,000}+\frac{\text{每吨货停泊费用}}{\text{平均运距}\times 1\,000}$$

上述公式表明了船舶技术经济指标与单位成本的关系，因此，我们就可以使用连环替代法，将数字代入计算求得各技术经济指标对单位成本的影响（举例从略）。

四、航运成本项目的分析

影响运输单位成本高低的主要因素有两个，即运输总成本和运输周转量。关于周转量影响单位成本的分析，亦即前述的船舶技术经济指标对单位成本影响的分析，可以具体揭示营运支出节约和超支的原因，以便在工作中采取措施降低成本。运输总成本的分析是按成本项目进行的。航运各成本项目的变动趋势，由于成本项目的费用性质而不同。如代理费用一般随货运周转量增减而变动；港口费用常随停泊港口时间而变动；燃料费用则随船舶航行、停泊作业的时间而变动，变化的情况比较复杂。因此，在对营运支出分析时，必须注意费用的性质。

航运成本项目的分析方法，应分别成本项目将计划成本和实际成本比较，确定每一项目超支和节约程度，找出分析重点，然后再详细分析影响因素。

某企业某年运输计划成本和实际成本资料见表 6-14。

表 6-14 运输计划成本和实际成本资料

项目	总成本/元		成本增加/元	增加率（%）
	计划	实际		
1．船舶费用	1 789 254	1 889 931	+100 677	+5.63
工资	513 975	534 590	+20 615	+4.01
职工福利费	73 945	69 330	−4 615	−6.24
燃料	400 000	485 290	+85 290	+21.32
物料	14 456	13 211	−1 245	−8.61
船舶修理费	343 475	242 050	−101 425	−29.53
折旧	62 070	62 220	+150	+0.24
港口费	217 551	243 750	+26 199	+12.04
事故损失	—	2 000	+2 000	+100.00
其他	163 782	237 490	+73 708	+45.00
2．营运间接费用	65 950	85 858	+19 908	+3 019
合计	1 855 204	1 975 789	+120 585	+6.40

从表 6-14 中可以看出，实际总成本比计划总成本增加了 120 585 元，其中工资、燃料、折旧、港口费、事故损失、其他费用等都超支了，而职工福

利费、物料、修理等项目则减少了。为了查明总成本降低或增加的原因，并找出降低成本的途径，必须对成本项目逐一详细分析。

1、船员工资的分析

船员工资计划与实际的差额，可能是由于船员人数的变动，也可能是由于平均工资水平的变动，可以用下列公式计算其影响程度。

$$\begin{matrix}\text{船员平均人数的变动}\\\text{对工资总额的影响}\end{matrix}=\left(\begin{matrix}\text{实际平}\\\text{均人数}\end{matrix}-\begin{matrix}\text{计划平}\\\text{均人数}\end{matrix}\right)\times\begin{matrix}\text{计划平}\\\text{均工资}\end{matrix}$$

$$\begin{matrix}\text{船员平均工资的变动}\\\text{对工资总额的影响}\end{matrix}=\left(\begin{matrix}\text{实际平}\\\text{均工资}\end{matrix}-\begin{matrix}\text{计划平}\\\text{均工资}\end{matrix}\right)\times\begin{matrix}\text{实际平}\\\text{均人数}\end{matrix}$$

在分析平均工资的变动时，应该把工资增长率同劳动生产率的增长率进行比较，查明平均工资增长速度与劳动生产率的增长速度是否相适应。影响平均工资脱离计划的各个因素，如调整工资等原因，也应进一步分析。在分析平均人数变动时，应分析船员定额变动以及企业船舶吨位变动的影响。

2、燃料费用的分析

船舶燃料费用在运输总成本中比重较大，节约燃料消耗，对于降低航运成本有着重要的意义，是航运成本分析的重点。

燃料费用实际脱离计划的因素很复杂，主要有燃料耗用数量计划与实际差异和燃料价格的差异，有计划千瓦小时与实际千瓦小时的差异，燃料消耗定额计划与实际的差异。航运企业由于定额管理上的需要，燃料消耗定额往往分为计划定额和执行定额，因此，燃料消耗定额差异又有执行定额与计划定额的差异和执行定额与实际定额的差异。此外，燃料种类的变动也会发生差异。所有这些因素，必须一一加以分析，找出实际脱离计划的差异及其原因。

燃料费用可以根据整个企业各种燃料的全部费用进行分析，也可以根据各类型或个别船舶的耗用来分析，还可以分别燃料种类进行分析。

燃料费用可变动分析，首先应分析燃料消耗数量和燃料价格变动影响。其计算方法如下例所述。

例如，某企业重柴油和轻柴油等燃料的消耗资料见表 6-15。

从表 6-15 中可见，燃料费用共计超支 85 299 元，其中价格变动 27 070 元，消耗量变动 58 299 元，而且重柴油和轻柴油等都有不同程度的超支。

表 6-15 重柴油和轻柴油等燃料的消耗资料

（单位：元）

项 目	燃料成本额			差 额		
	按计划耗用量计划价格计算	按实际耗用量实际价格计算	按实际耗用量计划价格计算	数量变化	价格变化	合 计
甲	①	②	③	④=③-①	⑤=②-③	⑥=②-①
重柴油	132 280	184 979	167 839	35 559	+17 140	+52 699
轻柴油	32 100	48 870	48 140	+16 040	+730	+16 770
⋮	⋮	⋮	⋮	⋮	⋮	⋮
合计	368 250	453 549	426 479	+58 229	+27 070	+85 299

燃料消耗量变动的原因，是千瓦小时和千瓦小时消耗定额的变动，分析时可对此进一步进行分析。

燃料执行定额和计划定额的差异，执行定额与实际消耗定额的差异以及标准燃料换算率变动的差异，均属数量差异，应进一步进行分析。

燃料价格的变动，是燃料实际价格和计划价格之间的差异。引起价格变动的原因，有调拨价的变动，有采购费用的节约或超支，应依供应部门和会计部门的日常核算资料进行分析。

3、润料、材料的分析

船舶消耗的润料、材料等费用，主要与船舶营运吨天（千瓦天）、消耗定额和价格有关。但这些费用中品种很多，很难按照品种分别详细分析其价格消耗量的变动影响，只能从费用总数加以分析，可以用实际营运吨天（或千瓦天）调整的计划费用总数，计算营运吨天变动的影响；按照会计核算的价格差异计算方法，计算其价格差异的影响。至于耗用量的差异，可以从总差异额中减去以上两种差异后计算求得。

4、船舶折旧的分析

船舶折旧是按船舶的价值及折旧率决定的。在一般情况下，船价和折旧率等不变动，计划与实际发生差异，往往是由于船舶投产、报废、暂时封存等原因，应根据船舶投入或脱离生产的日期等有关资料进行分析。

5、船舶修理费用的分析

船舶修理费用在航运成本中比重较大。船舶修理费没有工作量单位，没有稳定的单位价格，而修理范围又常常变动较大，计划数和实际数差异只能说明其脱离计划的程度，在分析时应将实际修理费用与计划比较，逐船比较分析其修理范围、修理内容、修理价格，寻求其超支或降低的原因。

6、港口费用的分析

船舶港口费用包括引用水费、港务费等，需要分析每一停泊吨天港口费用的节约和超支，然后分析代理费率变化、平均收入变化、运量变化等各项因素的影响。

7、事故损失的分析

船舶海损、机损的修理、赔偿、善后费用等和商务事故赔偿，由于不编列计划，分析时可按项目与上年度实际比较，并研究事故造成的直接和间接损失。

【复习思考题】

1．海洋运输业务成本项目包括哪些主要内容？
2．航次运行费用是如何进行核算的？
3．船舶固定费用是如何进行核算的？
4．什么是船舶共同费用？与船舶固定费用有何区别？
5．集装箱固定费用是如何进行核算的？
6．如何计算航运总成本和单位成本？
7．船舶技术经济指标对单位成本影响的分析方法有哪些？

【练习题】

对某航运企业××年成本计划和成本报表所列有关成本的资料进行分析。

1．数值计算结果填列于表 6-16、表 6-17。

2．对成本降低任务完成情况进行双因素（周转量、单位成本）分析，并填列于表 6-18。

表 6-16　有关成本资料

	周转量/千吨公里	单位成本/（元/千吨公里）	总成本/元	成本降低额/元	成本降低率（%）
计　　划	95 000	11.80			
实　　际	122 000	12.00			
差　　异		–0.20			
上年实际单位成本/（元/千吨公里）		11.5			

表 6-17 上年成本计算资料分析表

周转量/千吨公里		单位成本/（元千吨公里）			总成本/元	
					按计划周转量计算	
计划	本年实际	上年实际	本年计划	本年实际	按上年实际单位成本计算	按本年计划单位成本计算
（1）	（2）	（3）	（4）	（5）	（6）	（7）

总成本/元			成本降低情况			
按实际周转量计算			成本降低额/元		成本降低率（%）	
按上年实际单位成本计算	按本年计划单位成本计算	按本年实际单位成本计算	计划	实际	计划	实际
（8）	（9）	（10）	（11）=（6）－（7）	（12）=（8）－（10）	（13）=（11）/（6）	（14）=（12）/（8）

表 6-18 成本降低任务完成情况双因素分析汇总表

影响因素	影响程度	
	降低额/元	降低率（%）
货物周转量变动		
运输单位成本变动		
合计		

【阅读资料】汽车生产企业海运物流成本为何居高不下？

近期，东南汽车获得了单笔 8 000 辆得利卡出口伊朗的订单，但东南汽车的高层却说，如果有更多的滚装船运输，东南完全可以实现出口更多的汽车。

海洋运力的严重不足，已经成为限制中国汽车企业出口的最主要"瓶颈"，而造成这一结果的原因，除了本国汽车滚装船生产的滞后外，还有一个重要原因在于日韩企业控制了国际汽车滚装船市场。

与中国汽车海运形成鲜明对比，日、韩海运企业共有 9 大企业，包括 NYK、K'LINE、现代运输等，这 9 家企业中日本 6 家、韩国 3 家。而这 9 大企业通常都和本国的大汽车制造商签署了长期的合作协议，因此其国内的汽车企业可以获得比中国低廉的运输价格，而中国汽车企业由于整车出口数量的限制而饱受歧视，不得不用日韩海运物流企业。同时，由于去向分散、航线偏僻的第三世界国家是中国车企的主要目的地，造成中国企业的海运物流成本居高不下。

据介绍，以吉利汽车出口到埃及和叙利亚为例，每立方米空间的运费是

80 美元，一辆车占用 8.4 立方米的空间，运费将近 700 美元。仅此一点，中国企业便要比日韩企业多支出运费 5%～10%，如果整车出口到南美，那么每辆车的运费成本便要 1 300～1 500 美元。与吉利轿车出口的 3 000～8 000 美元的成本价相比，运费大概占到整车成本的 20%～50%。

运费的增加同时也增加了税收，成为自主品牌出口的沉重负担。一般整车出口的关税征收按照到岸价来计算，到岸价由成本加保险和运费构成，保险的费用大约为 20 美元，可以忽略不计，但由于第三世界国家的整车进口关税都高达 40%～50%，把这部分累加上去以后，每辆车的费用便高达 1 950～2 250 美元。

成本居高不下的另一个重要原因就是亚洲国家近两年来汽车出口迅速，造成区域滚装船的紧张。以韩国现代和日本丰田为例，现代每年出口 200 万辆，丰田每年出口 700 万辆，这都依靠滚装船运输。当本国企业和中国企业的运输发生矛盾时，放弃中国的出口运输就成为这些日、韩企业的必然之选。

中国目前已经成为全球第四大汽车生产国，去年汽车产量达到 571 万辆，但出口仅为 17.3 万辆。而在今年汽车产量超过 700 万辆后，出口量却未能随之增加。

事实上，中国全国的滚装船只有 12 艘，对比的是日本、韩国、挪威三国拥有的滚轮船数量分别为 217 艘、72 艘和 87 艘。在汽车产业发展的同时，匹配与之相适应的海运物流行业，已经是促进出口型汽车战略的关键性议题。

第七章　仓储成本管理

【学习目的】

通过本章的学习，了解物流仓储成本的构成，初步掌握仓储成本的计算方法、存货数量的盘存方法和物流仓储成本的动态管理方法。

第一节　仓 储 概 述

仓储的概念和运输的概念相对应，运输是以改变“物”的空间状态为目的的活动，而仓储则是以改变“物”的时间状态为目的的活动，以克服产需之间的时间差异，获得更好的效用。

仓储是社会物质生产的必要条件之一。仓储作为社会再生产各环节之间的“物”的停滞，构成了上一步活动和下一步活动的必要条件。即使完全进入信息化社会，仓储的作用也不会完全消失，仓储作为社会物质生产的必要条件，依然会长期存在。

仓储成本管理的任务是用最低的费用在适当的时间和适当的地点取得适当数量的存货。在许多企业中，仓储成本是物流总成本的一个重要组成部分，物流成本的高低常常取决于仓储成本的大小，而且，企业物流系统所保持的库存水平，对于企业为生产或客户提供服务的水平起着重要的作用。

一、仓储的概念

在物流科学体系中，经常涉及到库存、储备及仓储这几个概念，而且经常被混淆。其实，三个概念虽有共同之处，但仍然有所区别。

1、*库存*

库存是指处于储存状态的物品。广义的库存还包括处于制造加工状态和运输状态的物品。

2、*储备*

储备是指储存起来以备急需的物品。储备分当年储备、长期储备和战略储备三种。

库存和储备两者的本质区别在于停滞的位置与目的性不同。储备这种停滞所处的地理位置比库存广泛得多。储备的位置：第一，可能在生产及流通中的任何节点上，可能是仓库中的储备，也可能是其他形式的储备；第二，储备是有目的的、能动的、主动的行动，而库存有可能不是有目的的，有可能完全是盲目的或被动的。

3、仓储

仓储是指保护、管理、储藏的物品。仓储是包含库存和储备在内的一种广泛的经济现象，是一切社会形态都存在的经济现象。但在一般情况下，仓储与储备两个概念是不作区分的。

二、仓储性态

（一）按储备在社会再生产中的作用划分

1、生产储备

生产储备是企业为保持生产的正常进行而保有的物质准备，这种储备是存在生产领域中，已脱离流通领域但尚未投入生产过程。

生产储备是工业化时期大生产生产方式要求具备的生产保证形式。在网络经济时代，对于制造业而言，许多类型的行业逐渐从以生产储备保证生产的生产方式，转向以供应链形式组织供应等新的生产方式。在这一领域中，采用配送方式、供应链方式、虚拟库存方式，可以做到生产储备的“零库存”。

但是，对于国民经济的基础产业和原材料产业，用生产储备的形式来保证和组织生产，即使在网络经济时代，也会依然存在。当然，在网络经济时代，由于信息技术、网络技术的支持作用和现代网络的保证作用，生产储备数量可以大幅度降低，生产储备的内容也会发生变化，但生产储备的管理形式还会长期存在。

生产储备一般以库存形式存在，储备占用生产企业的流通资金。由于被储备之“物”已由生产企业验收，在此期间的损失一般都进入到生产企业生产成本之中。生产储备主要有以下三种：

（1）经常储备　经常储备是企业在前后两批原材料、燃料、零部件运达的间隔期内，为满足日常生产而建立的储备。这种储备是经常需要保有的，当一批订货到达时，储备的数量到了最高值，在间隔期中陆续消耗，储备陆续降低，至间隔期到达日，下批订货到达前，储备降至最低。

（2）保险储备　企业为了应付各种意外原因，如运输延误，在经常储备间隔结束时仍未到货；或者虽到货但品种、规格、质量不符合要求，不能投入使用；或由于生产加速造成消耗速度增加，在间隔期未完时，经常储备便被消耗尽；或紧急外援，吃掉了一块经常储备等，为此所建立的储备称保险储备。保险储备在未动用时，是一个恒定数量，其数量变化没有周期性。

（3）季节储备　企业为了克服某些原材料供应的季节影响而建立的储备。

这种储备建立的原因，是由于生产、消耗或流通受到季节影响而发生中断，为弥补这一中断期，以中断期为目标按消耗速率建立的储备。

2、消费储备

消费储备是为了保持消费的需要而保有的物质储备，这种储备是在最终消费领域中，已脱离了流通领域但尚未进入消费过程。

消费储备一般不以库存形式存在，在强大的流通领域储备保证之下，消费者无需过多储备，因而也很少为此而专设仓库，往往采取暂存、暂放的仓储形式。

3、流通储备

流通储备是社会再生产中，为保证再生产的正常而保持在流通领域中的“物”的暂时停滞。流通仓储的“物”，已经完成了上一段生产过程，进入了流通领域但尚未进入再生产和消费领域。

流通储备可能以库存形式存在，也可能以非库存形式不断处在市场上、车站上、码头上或在运输中，也可能处在不停的运动中。进入物流领域中的“物”，不论在什么环节上，都属于流通储备。

流通储备又有广义和狭义的概念：广义上来讲，社会上的全部产品，皆为流通储备。这种广义的流通储备是保持整个国民经济发展不可缺少的，流通储备总量与国民经济生产总值、国民收入总量在宏观上有一定比例关系。狭义上来讲，流通储备是指流通企业为实现企业经营所保有的物质准备，具体而言则是为了保证市场所需，保证销售和供应所保有的物质准备，这个准备往往也是以库存形式存在的。

4、国家储备

国家储备是国家有关机构代表国家，为全国性的特殊原因所建立的物质准备。这种储备主要是保持在国家专门设立的机构中，也有的保持在流通领域或生产领域中。国家储备主要有三种形式：

（1）国家的当年储备　在国家的每个年度计划中，为了防止计划不周、计划不准确或计划失误所出现的需求，每年由国家控制一部分物资或计划指标以备当年使用的，称当年储备。

（2）国家的战略储备　国家从长远发展考虑，或从国际形势考虑，对战略物资或本国资源缺乏物资所保有的准备，如对战略物资石油、粮食、武器、有色及稀有金属、贵金属等的储备。

（3）国家的防灾保险储备　国家为了应付可能发生的水、旱、火、地震等自然灾害和其他意外事件所保有的物资准备。防灾保险储备的主要对象是粮食及各种抢险、救灾物资等。

（二）按集散程度区划分

1、集中仓储

仓储以一定大数量集中于一个场所之中，称集中仓储。集中仓储是一种大规模仓储方式，可以实现规模效益，有利于仓储时采用机械化、自动化设备，有利于先进科学技术的实行。从仓储的调节作用来看，集中仓储有比较强的调节能力及对某一需求的更大的保证能力，集中仓储的单位仓储费用较低。

2、分散仓储

仓储在地点上形成较广区域的分布，每个仓储点的仓储数量相对较低。分散仓储是较小规模的仓储方式，机动性比较强，灵活反应的能力也较强。

分散库存的主要特点是容易和需求直接密切结合，仓储位置离需求很近，但是由于库存数量有限，保证供应的能力一般较小。

三、物流仓储的作用

仓储是物流的主要功能要素之一。在物流中，运输承担了改变“物”的空间状态的重任；物流的另一个重任，即改变“物”的时间状态则由仓储来承担。所以，在物流系统中，运输和仓储是并列的两大主要功能要素，被称为物流的两个支柱。

仓储，在工业化时期起着“蓄水池”的作用；在现代物流领域，它对整个物流过程起着“调节阀”的作用。

作为控制和调节企业物流“流速”中心的仓储，在企业物流系统中具有极其重要的作用。主要表现在以下几个方面：

1、降低成本提高效率

在供应物流方面，企业通常是从多个供应商分别购进商品并运至仓库，经过必要的处理加工后，整批运至下一道工序（或客户）。或者将商品从工厂大量运至仓库，然后根据客户的要求加工处理后，小批量运到市场或客户。因此，这将大大降低运输成本，调节运力差异，提高运输效率。

2、进行商品整合

如果考虑到颜色、形状、大小等因素，企业的一个生产线包括了成百上千种产品部件，这些部件通常在不同的工厂生产，企业可以根据客户的要求，将商品在仓库中进行加工、分拣、包装、配套等，然后运给客户。单纯的储存和保管型仓库，已不能适应生产和市场的需要，增加配送和流通加工的功能、向流通仓库的方向发展，是现代仓库的一个重要标志。

3、调节供求

生产和消费之间会或多或少存在时间上或空间上的差异，仓储可以提高商品的时间效用，调和均衡生产和集中消费或均衡消费和集中生产在时间上的矛盾。同时，仓库合理地靠近客户，使商品适时地到达客户手中，将提高客户的满意度并扩大企业销售，这一点对于企业产成品仓库来说尤其重要。

4. 仓储是“第三个利润源”的重要源泉

仓储作为一种停滞，在“存”的过程中使用价值降低，各种仓储成本支出又必然起到冲减利润的作用。那么，利润源又从何说起呢？这可以从以下几个方面得到回答：① 有了库存保证，省去了增大成本的加班赶工费；② 有了仓储保证，就无需紧急采购，不致加重成本；③ 有了仓储保证，就能在有利时机进行销售，或在有利时机购进，这必然会增加销售利润，或减少购进成本；④ 仓储是大量占用资金的一个环节，仓库建设、维护保养、进库、出库等都要大量耗费人力、物力、财力，仓储过程中的各种损失，也是很大的消耗。因而，仓储管理的增收节支潜力也是巨大的。

四、仓储的负作用

在物流系统中，仓储是一种必要的活动。但由其特点决定，也经常存在冲减物流系统效益，恶化物流系统运行的趋势，所以有人明确提出，仓储中的“库存”是企业的癌症，主要原因是因为仓储的代价太高。伴随着仓储活动规模的扩大，将使下述各项仓储费用支出相应增加：

（1）固定费用支出　库存会引起仓库建设、仓库管理、仓库工作人员工资、福利等费用开支增高。

（2）机会损失　仓储物资占用资金所付利息，以及这部分资金如果用于另外项目会有更高的收益，所以，利息损失和机会损失都是很大的。

（3）陈旧损失与跌价损失　物资在库存期间，可能发生各种物理、化学、生物、机械等损失，严重者将失去全部价值及使用价值。随库存时间的增加，存货无时无刻不在发生陈旧变质，一旦错过有利的销售期，又不可避免地出现跌价损失。

（4）保险费支出　近年来，为分担风险，我国已开始对库存物资采取投保缴纳保险费的方法。保险费支出在有些国家、地区已达到相当大的比例，在网络经济时代，社会保障体系和安全体系日益完善，这个费用支出的比例还会呈上升的趋势。

（5）进货、验收、保管、发货、搬运等项支出

上述各项费用支出都是抵减企业效益的因素，再加上在企业全部运营中，仓储对流动资金的占用达到 40%～70%的高比例，在非常时期，有的企业库存竟然占用了全部流动资金，使企业无法正常运转。所以有些经济学家和企业家将其看成是“洪水猛兽”，也就不足为怪了。无论是褒或是贬，都不能根

本改变现代社会仓储这一现实，相反，却证实了仓储有利及有害的两重性。仓储成本管理的任务之一，就是要在物流系统中充分发挥仓储有利的一面，而遏制其有害的一面。

第二节　仓储成本的构成

仓储成本主要包括仓储持有成本、订货或生产准备成本、缺货成本和在途库存持有成本等。

一、仓储持有成本

1、仓储持有成本的构成

仓储持有成本是指为保持适当的库存而发生的成本，它可以分为固定成本和变动成本。固定成本与一定限度内的仓储数量无关，如仓储设备折旧、仓储设备的维护费用、仓库职工工资等；变动成本与仓储数量的多少相关，如库存占用资金的利息费用、仓储物品的毁损和变质损失、保险费用、搬运装卸费用、挑选整理费用等。

仓储持有成本主要包括资金占用成本、仓储维护成本、仓储运作成本、仓储风险成本。

（1）资金占用成本　资金占用成本也称为利息费用或机会成本，是仓储成本的隐含费用。资金占用成本反映失去的盈利能力，如果资金投入其他方面，就会要求取得投资回报，因此资金占用成本就是这种尚未获得的回报的费用。为了核算上的方便，一般情况下，资金占用成本指占用资金支付的银行利息。

资金占用成本是仓储持有成本的一个重要组成部分，通常用持有库存的货币价值的百分比表示。也有用确定企业新投资最低回报率来计算资金占用成本的。

（2）仓储维护成本　仓储维护成本主要包括与仓库有关的租赁、取暖、照明、设备折旧、保险费用和税金费用等。仓储维护成本随企业采取的仓储方式不同而有不同的变化，如果企业利用自用的仓库，大部分仓储维护成本是固定的；如果企业利用公共的仓库，则有关存储的所有成本将直接随库存数量的变化而变化，在做仓储决策时，这些成本都要考虑。

另外，根据产品的价值和类型，产品丢失或损坏的风险高，就需要较高的保险费用。同时，许多国家将库存列入应税财产，高水平库存导致高税费。保险费用和税金将随着产品不同而有很大变化，在计算仓储维护成本时，必须考虑它们。

（3）仓储运作成本　仓储运作成本主要与商品的出入仓库有关，即通常所说的搬运装卸成本。

（4）仓储风险成本　仓储风险成本是由于企业无法控制的原因而造成的库存商品贬值、损坏、丢失、变质等损失。

2、仓储持有成本的计算项目

（1）固定成本的计算项目　由于仓储持有成本中的固定成本是相对固定的，与库存数量无直接关系，因此，固定成本的成本项目主要包括：租赁费、取暖费、照明费、设备折旧费、保险费用和税金等。

（2）变动成本的计算项目　变动成本与仓储数量的多少相关，如库存占用资金的利息费用、仓储物品的毁损和变质损失、保险费用、搬运装卸费用、挑选整理费用等。

计算一种单一库存商品的仓储持有成本分下列三步：

第一步：确定库存商品的成本。企业可采用先进先出法、后进先出法、移动加权平均法、加权平均法、个别计价法等存货计价方法计算存货的成本。

第二步：估算每一项仓储成本占库存商品价值的比例。

第三步：用全部储存成本占库存商品价值的比例乘以商品价值，这样就可以估算出保管一定数量商品的年库存成本。

仓储持有成本的确定方法见表 7-1。

表 7-1　仓储持有成本占库存商品价值的比例

成本类别	仓储成本占库存商品价值比例（%）
仓储成本：仓库租金、仓库折旧、税金、保险费等	3～10
作业成本：搬运装卸费用、设备折旧、能源消耗、人工费用等	1～5
其他成本：资金占用成本、库存商品损坏、丢失、变质等损失	8～25
所有的持有成本	12～40

3、仓储持有成本与仓储水平的关系

随着库存水平的提高，年储存成本将随之增加，也就是说，储存成本是一种可变动成本，并与平均存货数量或存货平均值成正比。

二、订货或生产准备成本

订货成本或生产准备成本，是指企业向外部的供应商发出采购订单的成本，或指企业内部的生产准备成本。

1、订货成本

订货成本是指企业为了实现一次订货而进行的各种活动的费用，包括处理订货的差旅费、办公费等支出。订货成本中有一部分与订货次数无关，如常设机构的基本开支等，称为订货的固定成本；另一部分与订货的次数有关，如差旅费、通信费等，称为订货的变动成本。

具体来讲，订货成本包括与下列活动相关的费用：① 检查存货；② 编制并提出订货申请；③ 对多个供应商进行调查比较，选择最合适的供应商；④ 填写并发出订单；⑤ 填写并核对收货单；⑥ 验收发来的货物；⑦ 筹集资金并付款。与这些活动相关的成本很容易被忽视，但在考虑涉及订货、收货的全部活动时，这些成本很重要。

2、生产准备成本

生产准备成本，是指当库存的某些产品不由外部供应而是由企业自己生产时，企业为生产一批货物而进行准备的成本。其中，与生产产品的数量有关的费用如更换模具、增添某些专用设备等属于生产准备成本中的固定成本，与生产产品的数量有关的费用如材料费、加工费、人工费等属于生产准备成本中的变动成本。

3、仓储持有成本与订货成本的关系

订货成本与仓储持有成本，随着订货次数或订货规模的变化呈反方向变化，起初随着订货批量的增加，订货成本的下降比持有成本的增加要快，即订货成本的边际节约额比持有成本的边际增加额要多，使得总成本下降。当订货批量增加到某一临界点时，订货成本的边际节约额与持有成本的边际增加额相等，这时总成本最小。此后，随着订货批量的不断增加，订货成本的边际节约额比持有成本的边际增加额要小，导致总成本不断增加。由此可见，仓储总成本呈 U 形变化。显然，U 形曲线的底部就是仓储总成本的最小值，也是仓储决策通常要达到的理想目标。

三、缺货成本

缺货成本是库存决策中一项重要成本参数，是指由于库存供应中断而造成的损失，包括原材料供应中断造成的停工损失、产成品库存缺货造成的延迟发货损失和丧失销售机会的损失（还应包括商誉损失）；如果生产企业以紧急采购代用材料来解决库存材料的中断之急，那么缺货成本表现为紧急额外购入（成本紧急采购成本大于正常采购成本部分）。当一种产品缺货时，客户就会购买竞争对手的产品，这就会对企业产生直接利润损失，如果失去客户，还可能为企业造成间接或长期成本。在供应物流方面，原材料、半成品或零配件的缺货，意味着机器空闲甚至停产。

缺货成本是由于外部和内部中断供应所产生的。当企业的客户得不到全部订货时，叫做外部缺货；而当企业内部某个部门得不到全部订货时，叫做

内部缺货。如果发生外部缺货，将导致以下情况的发生：

（1）延期交货　延期交货可以有两种形式：或者缺货商品可以在下次规则订货时得到补充；或者利用快递延期交货。如果客户愿意等到下一个规则订货，那么企业实际上没有什么损失。但如果经常缺货，客户可能就会转向其他供应商。

如果缺货商品延期交货，那么就会发生特殊订单处理和运输费用，延期交货的特殊订单处理费用要比普通处理费用高。由于延期交货经常是小规模装运，运输费率相对较高，而且，延期交货的商品可能需要从一地区的一个工厂仓库供货，进行长距离运输。另外，可能需要利用速度快、收费较高的运输方式运送延期交货商品。因此，延期交货成本可根据额外订单处理费用的额外运费来计算。

（2）失销　尽管一些用户可以允许延期交货，但是仍有一些用户会转向其他供应商，也就是说，许多公司都有生产替代产品的竞争者，当一个供应商没有客户所需的商品时，客户就会从其他供应商那里订货，在这种情况下，缺货导致失销，对于企业来说，直接损失就是这种商品的利润损失。这样，可以通过计算这批商品的利润来确定直接损失。

关于失销，需要指出以下三点：首先，除了利润的损失，还包括当初负责这批销售业务的销售人员的精力损失，这就是机会损失。其次，很难确定在一些情况下的失销总量。比如，许多客户习惯电话订货，在这种情况下，客户只是询问是否有货，而未指明要订货多少，如果这种产品没货，那么客户就不会说明需要多少，企业也不会知道损失的总量。再次，很难估计一次缺货对未来销售的影响。

（3）失去客户　第三种可能发生的情况是由于缺货而失去客户，也就是说，客户永远转向另一个供应商。如果失去了客户，企业也就失去了未来一系列的收入，这种缺货造成的损失很难估计，需要用管理科学的技术以及市场营销的研究方法来分析和计算。除了利润损失，还有由于缺货造成的商誉损失。商誉很难度量，在仓储决策中常被忽略，但它对未来销售及企业经营活动非常重要。

为了确定必要的库存量，有必要确定如果发生缺货而造成的损失。

第一步，分析发生缺货可能产生的后果，包括：延期交货、失销和失去客户。

第二步，计算与可能结果相关的成本，即利润损失。

第三步，计算一次缺货的损失。

如果增加库存的成本少于一次缺货的损失，那么就应增加库存以避免缺货。

如果发生内部短缺，则可能导致生产损失（机器设备和人员闲置）和交货期的延误。如果由于某项物品短缺而引起整个生产线停工，这时的缺货成本可能非常高，尤其对于准时化生产的企业来说更是如此。为了对保险库存量做出最好的决策，制造企业应对由于原材料缺货造成停产的成本有全面的理解。首先确定每小时或每天的生产率，然后计算停产造成的产量减少量，最后得出利润的损失量。

针对库存需求的不确定性，为把缺货损失控制在一个适度的范围，许多企业都会考虑保持一定数量的保险库存及缓冲库存，但是困难在于确定在任何时候需要保持多少保险库存，保险库存太多意味着多余的库存，而保险库存不足则意味着缺货或失销。

保险库存每一追加的增量都将造成效益的递减。超过期望需求量的第一个单位的保险库存，所提供的防止缺货的预防效能的增值最大，第二个单位所提供的预防效能比第一个单位稍小，依次类推。如果保险库存量增加，那么缺货概率就会减少。在某一保险存货水平，储存额外数量的存货成本加期望缺货成本会有一个最小值，这个水平就是最优水平。高于或低于这个水平，都将产生净损失。

零售业保持保险库存，可以在用户的需求率不规律或不可预测的情况下，起到保障作用；生产企业保持产成品保险库存，可以在零售和中转仓库的需求量超过平均值时，有能力补充他们的库存；半成品的额外库存可以在工作负荷不平衡的情况下，使各制造部门间的生产正常化。准备这些追加库存是要不失时机地为客户及内部需要服务，以保证企业的长期效益。

四、在途库存持有成本

在途库存持有成本虽不像前面讨论的三项成本那么明显，然而在某些情况下，企业必须考虑这项成本。如果企业以目的地交货价销售商品，就意味着企业要负责将商品运达客户，当客户收到订货商品时，商品的所有权才转移。从理财的角度来看，商品仍是销售方的库存。因为这种在途商品在交给客户之前仍然属于企业所有，运货方式及所需的时间是储存成本的一部分，企业应该对运输成本与在途存货持有成本进行分析。

一个重要的问题是如何计算在途库存持有成本。前面讨论过库存持有成本的四个方面，即资金占用成本、仓储维护成本、仓储运作成本、仓储风险成本，这些成本对于在途存货来说有所变化。

在途库存的资金占用成本一般等于仓库中库存的资金占用成本。

仓储运作成本、仓储维护成本一般与在途库存不相关，但对保险费用要加以考虑。

由于运输服务具有短暂性，货物过时或变质的风险要小一些，因此仓储风险成本较小。

一般来说，在途库存持有成本要比仓储持有成本小，在实际中，需要对每一项成本仔细分析，才能准确计算出实际成本。

第三节　仓储成本的计算

仓储成本是伴随着物流仓储活动而发生的各种费用，仓储成本的高低直接影响着企业的利润水平，因此仓储成本管理是企业物流管理的一项重要内容。

一、仓储成本计算目的

仓储成本是指物流仓储活动中所消耗的物化劳动和活劳动的货币表现。它是伴随着物流活动而发生的各种费用，主要由三部分构成：① 伴随着物资的物理性活动发生的费用，以及从事这些活动所必需的设备、设施的费用；② 物流信息的传送和处理活动发生的费用，以及从事这些活动所必需的设备和设施的费用；③ 对上述活动进行综合管理的费用。

仓储成本是客观存在的，但是，在对于仓储成本的计算内容和范围没有一个统一的计算标准之前，不同的企业有不同的计算方法，企业之间千差万别，这给仓储成本计算和仓储成本管理带来很大困难。随着仓储成本管理重要性的提高，企业出现了统一物流计算标准的要求。从企业经营的总体上看，仓储成本计算获得的数据，主要为了满足以下几个方面的需要：

1）为各个层次的经营管理者提供物流管理所需的成本资料。

2）为编制物流预算以及预算控制提供所需的成本资料。

3）为制订物流计划提供所需的成本资料。

4）提供价格计算所需的成本资料。

为达到以上目的，仓储成本除了按物流活动领域、支付形态等类别分类外，还应根据管理上的需要进行分类，而且要通过不同期间成本的比较，实际发生费用与预算标准的比较，并结合仓储周转数量和仓储服务水平，对仓储成本进行分析。

二、仓储成本的计算范围

在计算仓储成本之前，需要明确仓储成本的计算范围。计算范围取决于成本计算的目的，如果要对所有的仓储物流活动进行管理，就需要计算出所有的仓储成本。同样是仓储成本，由于所包括的范围不同，计算结果也不一样。如果只考虑库房本身的费用，不考虑仓储物流其他领域的费用，也不能反映仓储成本的全貌。由于每个企业在统计仓储费用时的口径不一样，往往缺乏可比性。因此，在讨论仓储成本的时候，首先应该明确该成本计算所包括的范围。

在计算仓储成本时，由于原始数据主要是来自财务部门提供的数据，因此，首先应该把握按支付形态分类的成本。在这种情况下，对外支付的保管费可以直接作为仓储物流成本全额统计，但企业内发生的仓储费用是与其他部门发生的费用混合在一起的，需要从中剥离出来，如人工费、材料费、物业管理费、管理费、营业外费用等。下面结合部分主要费用具体说明物流费用剥离的方法。

1、材料费

材料费是与包装材料、消耗工具、器具备品、燃料等关联的费用，可以根据材料的出入库记录，将此期间与物流有关的消耗量计算出来，再分别乘以单价，便可得出物流材料费。

2、人工费

人工费可以从向物流人员支付的工资、奖金、补贴等报酬的实际金额以及由企业统一负担部分按人数分配后得到的金额中计算出来。

3、物业管理费

物业管理费包括水、电、气等费用，可以根据安装在设施上的用量记录装置获取相关数据，也可以根据建筑设施的比例和物流人员的比例简单推算。

4、管理费

管理费无法从财务会计方面直接得到相关的数据，可以按人头比例推算。

5、营业外费用

营业外费用包括折旧、利息等。折旧根据设施设备的折旧年限、折旧率计算，利息根据物流相关资产的贷款利率计算。

三、仓储成本的计算方法

（一）购进存货成本的计算

库存商品购进是指物流企业为了出售或加工后出售，通过货币结算方式取得商品或商品所有权的交易行为。

存货的形成主要有外购和自制两个途径。从理论上讲，企业无论从何种途径取得的存货，凡与存货形成有关的支出，均应计入存货的成本。就一般企业来讲，其购入的存货，按买价加运输费、装卸费、保险费、包装费、仓储费等费用、运输途中的合理损耗、入库前的挑选整理费用和按规定应计入成本的税金以及其他费用，都应作为实际成本。物流企业由于其行业的特殊性，在购进商品时，按照进价和按规定应计入商品成本的税金作为实际成本，采购过程中发生的运输费、装卸费、保险费、包装费、仓储费等费用，运输途中发生的合理损耗、入库前的挑选整理费等，直接计入当期损益。

物流企业加工的商品，以商品的进货原价、加工费用和按规定应计入成本的税金作为实际成本。

（二）仓储成本的计算

一般来讲，仓储成本的计算可以采用以下三种方法。

1、按支付形态计算仓储成本

把仓储成本分别按仓储搬运费、仓储保管费、材料消耗费、人工费、仓储管理费、仓储占用资金利息等支付形态分类，就可以计算出仓储成本的总额。这样可以了解花费最多的项目，从而确定仓储成本管理的重点。

这种计算方法是从月度损益表中“管理费用、财务费用、营业费用”等各个项目中，取出一定数值乘以一定的比率（物流部门比率，分别按人数平均、台数平均、面积平均、时间平均等计算出来）算出仓储部门的费用。再将仓储成本总额与上一年度的数值作比较，弄清楚增减的原因并研究制订整改方案。示例如表 7-2 所示。

表 7-2　K 公司按支付形态划分的仓储成本计算表

（单位：元）

项　目	管理、财务、营业等相关费用	仓储成本	计算基准（%）	备　注
（1）仓库租赁费	100 080	100 080	100	金额比率
（2）材料消耗费	30 184	30 184	100	金额比率
（3）工资津贴费	631 335	178 668	28.3	人数比率
（4）燃料动力费	12 645	6 664	52.7	面积比率
（5）保险费	10 247	5 400	52.7	面积比率
（6）修缮维护费	19 596	10 327	52.7	面积比率
（7）仓储搬运费	28 114	14 816	52.7	面积比率
（8）仓储保管费	39 804	20 977	52.7	面积比率
小　计	872 005	367 116	42.1	前 8 项比率
（9）仓储管理费	19 276	8 115	42.1	仓储费用比率
（10）易耗品费	21 316	8 974	42.1	仓储费用比率
（11）资金占用利息	23 861	10 045	42.1	仓储费用比率
（12）税金等	33 106	13 937	42.1	仓储费用比率
小　计	97 559	41 071	42.1	
合　计	969 564	408 187	42.1	仓储费用占费用总额比率

表 7-2 中计算基准的计算公式如下（K 公司有 127 人，物流工作人员有 36 人；全公司面积为 5 869m^2，物流设施面积为 3 093m^2）：

人数比率=物流工作人员数÷全公司人数=36 人÷127 人=28. 3%

面积比率=物流设施面积÷全公司面积=3 093m^2÷5 869m^2=52.7%

仓储费用比率=[仓储成本前 8 项之和]÷[相关费用前 8 项之和]

2、按仓储项目计算仓储成本

按前面所述的支付形态进行仓储成本分析，虽然可以得出总额，但是还不能充分地说明仓储的重要性。若想降低仓储成本，就应把这个仓储总额按照项目详细区分开来，以便掌握仓储的实际状态，了解在哪些功能环节上有浪费，从而达到控制成本的目的。这就是按仓储项目计算仓储成本的方法。

与按支付形态计算成本的方法相比，这种方法更能进一步找出妨碍实现仓储合理化的症结，而且可以计算出标准仓储成本（单位个数、重量、容器的成本），以便确定合理化目标。请参考表 7-3。

表 7-3　K 公司按项目计算的仓储成本计算表

（单位：元）

项　　目	管理等费用	项　　目				
		仓储租赁费	仓储保管费	仓储管理费	材料消耗费	搬运费等
（1）仓库租赁费	100 080	100 080	—	—	—	—
（2）材料消耗费	30 184	8 074	12 405	4 889	4 816	—
（3）工资津贴费	631 335	3 305	438 030	90 000	—	100 000
（4）燃料动力费	12 645	2 700	—	7 245	2 700	—
（5）保险费	10 247	5 134	5 163	50	—	—
（6）修缮维护费	19 596	7 408	—	4 780	7 408	—
（7）仓储搬运费	28 114	—	—	—	7 117	20 997
（8）仓储保管费	39 804	—	39 804	—	—	—
（9）仓储管理费	19 276	2 991	2 991	2 991	10 303	—
（10）易耗品费	21 316	—	—	—	21 316	—
（11）资金占用利息	23 861	10 045	13 816	—	—	—
（12）税金等	33 106	3 332	26 442	3 332	—	—
合　　计	869 484	143 069	538 651	109 955	53 660	120 997
物流成本构成	100	16.45	61.95	12.65	6.17	13.92

3、按适用对象计算仓储成本

按适用对象计算仓储成本，就是按产品、地区、顾客的不同来计算仓储成本，由此可以分析产生仓储成本的不同对象。

按支店或营业所计算仓储成本，就是要算出各营业单位仓储成本与销售金额或毛收入的对比，用来了解营业单位仓储成本中存在的问题，以便加强管理。

按商品计算仓储成本是指把按项目计算出来的仓储费，以各自不同的基准，分配给各类商品，以此计算出仓储成本。这种方法可以用来分析各类商品的盈亏。

（三）销售存货的成本计算

商品销售是指企业以现金或转账结算方式，向其他企业销售商品，以供其销售或生产消费的一种交易活动。

1．确认销售商品收入的条件

企业销售商品时，如同时符合以下四个条件，即确认为收入：

1）企业已将商品所有权上的主要风险和报酬转移给买方。风险主要包括商品由于贬值、损坏、报废等可能造成的损失；报酬是指商品中包含的未来经济利益，包括商品因升值等给企业带来的经济利益。

判断一项商品所有权上的主要风险和报酬是否已转移给买方，需要视不同的情况而定：① 在大多数情况下，所有权上的风险和报酬的转移伴随着所有权凭证的转移，或实物的交付而转移，例如大多数零售交易；② 有些情况下，企业已将所有权凭证或实物交付给买方，但商品所有权上的主要风险和报酬并未转移。

2）企业既没有保留通常与所有权相联系的继续管理权，也没有对已售出的商品实施控制。例如，甲企业将自有的土地出让给另一企业，但土地仍由甲企业开发，开发后的土地售出后，利润由两企业共同按比例分配。此项销售，不能作为销售收入确认。

3）与交易相关的经济利益能够流入企业。与交易相关的经济利益即为企业销售商品的价款，销售商品的价款是否能够收回，是确认收入的一个重要条件，如收回的可能性大，则可作为收入确认，如收回的可能性不大，则不能确认为收入。

4）相关的收入和成本能够可靠的计量。根据收入与费用配比原则，与同一项销售有关的收入和成本，应在同一会计期间予以确认。因此，如果成本不能可靠计量，相关的收入也无法确认。

企业销售商品应同时满足上述四个条件。

2．存货销货成本的计算

物流企业在将商品销售出去以后，既要及时反映商品的销售收入，也要计算已售存货的成本，以便据以计算商品销售成果。存货发出的成本，不仅影响当期的经营损益，而且也影响期末存货价值的真实性。

实行数量进价金额核算的物流企业，商品发出的计价方法主要有以下几种：

（1）个别认定法　个别认定法也称个别计价法、分批认定法、具体辨认法等，是指以某批材料购入时的实际单位成本，作为该批发出时的实际成本。这种存货的计价方法，适用于大件物品、贵重物品。这种方法使存货的成本流动与实物流动完全一致，因而能准确地反映销货成本和期末存货成本。

优点：能正确计算存货的实际成本和耗用存货的实际成本。

缺点：分别记录各批的单价和数量，手工工作量较大，进货批次较多时不宜采用手工计算方式。

（2）加权平均法　加权平均法，指期末用期初结存和本期入库存货的实际成本之和，据以计算加权平均成本作为期末存货成本和销货成本的方法。

$$\text{加权平均单价}=\frac{\text{期初结存金额}+\text{本期进货金额合计}}{\text{期初结存数量}+\text{本期进货数量合计}}$$

$$\text{期末存货成本}=\text{加权平均单价}\times\text{期末结存数量}$$

$$\text{本期销货成本}=\text{期初成本}+\text{本期进货成本}-\text{期末存货成本}$$

（3）移动加权平均法　移动加权平均法，是指平时入库存货就根据当时库存存货总成本与总数量计算平均单位成本，作为下一次收入存货以前发出存货时的单位成本。

采用移动加权平均法，存货的计价和明细账的登记在日常进行，可以随时了解存货占用资金的动态，但日常核算工作量较为繁琐。

$$\text{移动加权平均单价}=\frac{\text{新购进金额}+\text{原结存金额}}{\text{新购进数量}+\text{原结存数量}}$$

（4）先进先出法　先进先出法，是假定先购进的存货先耗用或先销售，期末存货就是最近入库的存货。先耗用或先销售的存货按先入库存货的单位成本计价，后耗用或后销售的存货按后入库存货的单位成本计价。

特点：期末存货的账面价值，反映最近入库存货的实际成本。

（5）后进先出法　后进先出法，是假定后入库的存货先耗用或先销售，因此耗用或销售的存货按最近入库存货的单位成本计价，期末存货按最早入库存货的单位成本计价。

后进先出法在实地盘存制和永续盘存制下均可使用。但是采用不同的方法在不同的盘存制度下，计算的期末存货成本和本期的销货成本是不同的。

3、存货数量的盘存方法

企业存货的数量需要通过盘存来确定，常用的存货数量盘存方法主要有实地盘存制和永续盘存制。

（1）实地盘存制　也称定期盘存制，指会计期末通过对全部存货进行实物盘点，以确定期末存货结存数量，然后分别乘以各项存货的盘存单价，计算出期末存货的总金额，计入各有关存货账户，再倒算出各种存货本期已耗用或已销售存货的成本。这种方法在物流企业，被称为“以存计销”或“盘存计销”。

采用实地盘存制的优点：平时可以不登记存货明细账减少栏，从而简化了核算工作。

采用实地盘存制的缺点：① 核算手续不够严密，不能通过账簿记录随时反映各种存货的收入、发出和结存情况，不利于对存货的计划、管理和控制；② 由于发出存货的成本是通过倒算的方式确定的，如果出现收发错误、毁损、自然损耗、被盗等情况，账面均无反映，而是全部隐匿在倒算出的本期发出（销售或耗用）存货之中，不利于对存货的管理，影响成本的计算和利润确定的正确性。

（2）永续盘存制　也称账面盘存制，对存货项目随时进行库存记录，即分别品名、规格设置存货的明细账，逐笔或逐日地登记收入或发出的存货，并随时记录结存数。

在永续盘存制下，一般情况下存货账户余额应当与实际库存相符。采用永续盘存制，也应根据需要对存货进行实物盘点。为了核对存货的账面记录，加强对存货的管理，每年至少应对存货进行一次全面盘点。

采用永续盘存制的优点：核算手续严密，平时可以通过账簿记录完整掌握各种存货收发及结存情况，有利于加强控制和管理。

采用永续盘存制的缺点：存货核算的工作量较大。

第四节　物流仓储成本的动态管理

对于大多数企业来说，在维持其正常营运的资金中，占最大比重的是库存商品的成本，进行合理的库存管理，能有效地提高企业资金周转率，降低仓储成本，提高企业的盈利率。国内外企业对仓储成本管理普遍给予了高度的重视，越来越多的企业正在通过信息系统对企业进行财务管理，希望在生产和销售环节中最大限度地降低库存量，甚至实现零库存。

当前，库存管理信息系统正从信息处理和业务模拟型，转向管理决策支持型；系统所采用的管理模型，也正从静态模型，转向能够对仓储进行动态监控的管理模型，从中挖掘企业的第三利润源泉。

一、实现企业内部各部门之间的信息共享

为了及时了解库存数量的准确信息，各个部门之间必须实现有效的信息共享。

在存货档案中存储每种存货的最高库存量、最低库存量、安全库存量等

基本信息，采购计划部门可根据存货的现存量和安全库存量，结合采购经济批量，合理制定其采购计划，而当采购计划完成后，已入库该存货现存量的变化同时能被各个相关部门看到，并可建立采购计划和采购入库的对应关系，跟踪采购计划的执行情况，有效降低仓库中的存货存量，减少资金的占用率，降低库存物品的管理费用和维护费用。

销售部门在开销售发票或发货单时，可随时查询每种存货的现存量来判断销售业务是否能够完成，这样不但能提高销售订单的完成比率，对保证公司信誉也是非常重要的。

每种产成品大多都需要多种原材料，而各种原材料之间的比例关系是固定的，因此生产部门领用原材料时，应严格按照一定的比例关系领取各种原材料，同时考虑到每种原材料在运输生产过程中的合理损耗，在领料时每种原材料要加上适当的损耗比例，这样既加快了工作效率，又不会因为领取各种材料的比例不当，而造成生产的延误或某些原材料的不必要占用，有效地降低库存存货数量。

二、实现企业总部与异地分公司、子公司和仓库的信息共享

对于一些大型的企业集团来说，其总部和各个分公司、子公司往往不在同一地方，怎样实现总部和异地分公司、子公司之间的信息共享，是这些企业非常关心的问题。当前许多购销存系统软件，可针对不同情况的企业，提供相应的解决方案，最大限度地满足各种企业的需要。例如：企业组织模式为分销模式，即企业为一独立核算的集团企业，总部设在本地，在异地设有分销处，分销处包括没有独立核算资格的分销处和其辖下的仓库，总部和分销处之间就需要进行异地数据传递和接收并进行相应的后期处理。对于不同的企业有以下两种不同的解决方案：

（1）集团应用　总部将商品调拨给各分销处时，总部开具调拨单，生成入库单传递给分销中心；分销中心将总部传递过来的入库单接收到本地计算机中，等总部调拨的商品到达后对入库单进行审核，并将审核后的入库单反传给总部，以便总部了解商品在途情况；分销中心对总部调拨的商品进行销售，对销售后的商品开具出库单等单据，并将出库单据传递给总部；总部将分销中心传递过来的出库单等库存单据接收到本地计算机中。

（2）远程仓库　如企业和仓库相距较远时，可利用系统提供的数据导入、导出功能；总部采购商品后，填制采购入库单并将商品发送给远程仓库办理入库；远程仓库收到总部采购的商品后办理入库业务，并对入库后的采购入库单进行审核，然后将已审核的采购入库单返传给总部，以便总部了解商品的在途情况；企业销售后开具销售出库单，用户或业务员拿着销售出库单，

到远程仓库中提货，或远程仓库根据销售出库单发货后对销售出库单进行审核，然后将审核后的销售出库单返传给总部。

利用这两种方案企业可以有效地实现总部仓库与分销处仓库之间、不同分销处仓库之间共享库存信息，在考虑到仓库之间运输成本的情况下，进行合理地调拨而不必在各个仓库中对每种存货保存大量的库存量。

三、物流和资金流一致性动态控制

在手工管理时，财务账和库存账是独立的两本账，每逢月末财务人员与仓库管理员一起盘点对账，结果常常是财务人员账簿上存货数量和金额与库存账不能保证一致，在这个问题上浪费了大量的时间和精力，同时还使得物流信息和资金流信息远远滞后于生产管理的需要。

可利用购销存系统软件使物流和资金流保持一致，并进行动态控制，所有入库信息通过采购订单一次录入，后面所有相关的采购入库单、采购发票信息都依据采购订单得到，而不必重复录入。在电脑处理流程中，各种入库单代表物流信息，实物入库后，对入库单进行审核，系统会自动将入库单传送到存货核算子系统中，经过记账制单系统可以自动将该笔业务所产生的资金流信息，传输到总账子系统，从而与财务系统实现数据的无缝连接和共享。与此同时，管理者可以根据其关心的重点内容来选择需要统计、分析和显示的字段。

这些账表把管理者关注的热点内容披露出来，为物流和资金流的动态控制提供了有力的保障。

由于电脑在库存管理上的应用与普及，使越来越多的企业财务管理人员从繁杂的记账、算账的劳动中解脱出来，并重新定义其管理职能，即从存货核算转变为对存货进行控制。

四、利用动态库存信息辅助决策

为了便于随时掌握企业的动态，对企业的发展和对不同市场状况采取不同的策略，从而加强管理和决策，库存管理软件可为各级管理者提供各种存货分析账表：

（1）存货明细账　可反映本会计年度各月份存货收发存的数量和金额的变化；反映按计划价格核算的存货本会计年度各月份的成本差异，以及差异的汇总数据。

（2）出入库汇总表　反映某期间的出入库存货已记账、未记账、全部单据的汇总数据，以及成套件、单件的汇总数据；按不同口径统计汇总数，例如按仓库汇总、按存货汇总、按入库类别汇总、按部门汇总、按供应商汇总、按仓库和入库类别汇总、按存货和入库类别汇总、按供应商和入库类别汇总、按部门和入库类别汇总等，分析物流动态变化情况。

（3）入库成本分析表　统计分析不同期间或不同入库类别存货的平均入库成本。

（4）ABC 存货成本分析表　根据存货的价值和重要程度，将存货分为 A、B、C 三类，并通过此表分析 A 类存货、B 类存货、C 类存货的存货水平。

（5）库存资金占用情况分析表　利用此表分析库存资金占用计划、实际库存资金的占用额，以及它们之间的差额。

（6）暂估存货余额表　提供统计明细账中暂估入库的存货的数量和入库成本明细，分析不同期间的暂估单据入库及报销情况。管理者通过查看库存台账，及时了解和掌握各种存货的出、入库和结存数量及金额。

（7）呆滞积压备查簿　管理者利用此表查询各仓库呆滞积压存货的收发存明细情况。

（8）库存分析表　管理者利用此表及时掌握存货在仓库中停留的时间，是哪家供货商提供的货物，是哪个部门、哪个业务员采购的货物等。

五、采用有效的“先进先出”法

有效的“先进先出”方式主要有：① 采用计算机存取系统。采用计算机管理系统，根据物品入库时的时间，依靠按时间排序的软件，可以自动排列出出货的顺序，从而实现“先进先出”。这种计算机存取系统还能将先进先出和快进快出结合起来，加快周转，减少劳动消耗。② 在仓储中采用技术流程的办法保证“先进先出”。最有效的方法是仓库中的技术流程采用贯通式货架系统，既可提高仓库的利用率，又能使仓库管理实现机械化、自动化，是现代仓库的重要技术措施。

六、虚拟仓库和虚拟仓储

采用虚拟仓储方式，可以防止实际仓储带来的一切费用和弊端，同时可以有效实现仓储的功能。在网络经济时代，这是信息技术、网络技术在市场经济条件下与买方市场环境结合起来的一个创新，它不仅对于解决仓储问题有意义，而且对于优化整个物流系统都有着重大意义。

【练习题】

B 公司管理、财务、营业等相关费用如表 7-4 所示（该公司有 500 人，物流工作人员有 80 人；全公司面积为 7 500m^2，物流设施面积为 4 000m^2），试按支付形态划分法计算仓储成本，并填入表 7-4 内（金额比率为 100%）。

表 7-4 B 公司按支付形态划分的仓储成本计算表

（单位：元）

项 目	管理、财务、营业等相关费用	仓储成本	计算基准（%）（保留一位小数）	备 注
（1）仓库租赁费	200 000			金额比率
（2）材料消耗费	50 100			金额比率
（3）工资津贴费	950 000			人数比率
（4）燃料动力费	22 000			面积比率
（5）保险费	18 000			面积比率
（6）修缮维护费	29 000			面积比率
（7）仓储搬运费	38 000			面积比率
（8）仓储保管费	59 000			面积比率
小 计				前 8 项比率
（9）仓储管理费	29 200			仓储费比率
（10）易耗品费	28 500			仓储费比率
（11）资金占用利息	28 600			仓储费比率
（12）税金等	43 100			仓储费比率
小 计				仓储费比率
合 计				仓储费占费用总额比率

计算基准的计算公式如下：

金额比率=100%

人数比率=物流工作人员数÷全公司人数=80 人÷500 人=16%

面积比率=物流设施面积÷全公司面积=4 000m^2÷7 500m^2=53.3%

仓储费用比率=[前 8 项的仓储费]÷[前 8 项的管理、财务营业等费用]

【阅读资料 1】仓储增值

今天，除了经济利益和服务利益以外，仓库还必须提供其他的增值服务，以保持其竞争力。这种情况对于公共仓库和合同仓库的经营人以及私有仓库的经营人来说，是千真万确的。仓库增值服务主要集中在包装或生产上。

最普通的增值服务与包装有关。在通常情况下，产品往往是以散装形式或无标签的形式装运到仓库里来的，所以这种存货基本上没有什么区别。一旦收到顾客的订单，仓库经营人就要按客户要求对产品进行定制和发放。有关这方面服务的例子与一家汽车蓄电池制造商有关，该制造商把未做标志的产品装运到仓库中去，同时向仓库经营人提供有关商标牌号的待印图案。一旦接到订货，要求使用特定的标志时，仓库经营人就把该标志图案印制到电池上，然后用定制的盒子将产品包装起来。所以即使该产品在仓库里存放时是没有区别的，购买该产品的顾客实际收到的也是已经定制化了的产品和包装。由于支持个别顾客需求所需要的安全储备量较少，使该制造商可以减少其存货。与此同时，还可以相应地减少市场预测和生产计划的复杂性。

此外，仓储还可以通过优化包装来提高这种增值服务，以满足整个渠道的顾客需求。例如，仓库可以通过延期包装和变换托盘来增值。这种做法可以使制造商只处理一种统一的产品，于此同时延期包装，以使包装需求专门化。另一个有关仓库增值的例子是在产品交付给顾客以前，去除保护性包装。对于大型器械商品，这是一种有价值的服务，因为有时要顾客处理掉大量的包装是有困难的，因此去除或回收包装材料是提供的增值服务。

仓库经营人还可以通过改变包装特点来增值，如供应商将大批量的防冻剂装运到仓库，然后仓库经营人对该产品进行瓶装，以满足各种牌号和包装尺寸的需要。这类延期包装使存货风险降到最低程度，减少了运输成本，并减少损坏。

仓库还能够完成生产活动，以延迟产品的专门化和优化产品的特点。有时，在仓库里进行装配还可以纠正生产中的问题。例如，可以将汽车引擎装运到仓库里去，如果汽化器发生了质量问题，他们就可以在仓库里更换，无需将每一个装置都退回到引擎厂去。在这种情况下，仓库是作为生产的最后阶段进行作业的。

另一个增值服务是对如水果和蔬菜之类的产品进行温控。例如，仓库经营人可以依赖储存温度，提前或延迟香蕉的成熟过程，使它可以按照市场的状况成熟。

增值的仓储服务还能够提供有关的市场机密。例如美国进口商可以为私人牌号的顾客重新给产品加标志。这种重新加标志的活动是在该产品进入美国以后才完成的，以防止供应商识别进口商的最终顾客。

提供增值的仓储服务，是仓库经营人和配送中心经理对监督合同的履行承担特别的责任。尽管外源及其经营管理可以提高存货的有效性和作业的效率，但他也要承担厂商控制范围外的责任。例如，仓库包装需要仓库经营人严格符合厂商内部所适应的质量标准。因此，仓库必须按相同的质量运作，并作为外源厂商的服务标准。

在美国国内的配送服务面临种种挑战的同时，全球市场的活跃也增加了种种机会。但货物的装运将经历更长的供给线时，增值服务在仓库层次的重要性也随之增加了。解除管制已给物流供应商提供了新的机会，使他们能够通过多种经营迎接市场挑战。

【阅读资料 2】上海通用汽车公司的库存控制措施与成效

库存是供应链环节的重要组成部分，指一个组织所储备的所有物品和资源。从 1977 年到 2000 年，典型的高科技公司库存绩效成倍增长，周转次数从 2.5 次增加到了 5 次。某些公司，如苹果和戴尔，现今其库存的运作时间甚至只有 6～8 天（相应的周转次数分别为 61 次、46 次）。这意味着，公司运营其业务所需的库存较二十年前减少了 50%。这些公司纷纷在降低库存，在提高库存周转率方面不断寻求更优。

即使在发达国家，全年流通费用的支出也占到 GDP 的 10%。而我国由于流通技术水平低，流通效率低，物流成本高，每年全社会支出的流通费用约占 GDP 的 20%，达 17 880 亿元。这就是大公司纷纷通过库存环节降低物流成本的原动力。削减库存带来的经济效益也是十分明显的：在美国制造业中，平均库存成本占库存价值的 30%～35%。例如，如果一个公司的年库存产品价值是 2 000 万美元，每年其库存成本将超过 600 万美元，这些成本由过时、保险、机会成本等原因引起。

如果库存量可减少到 1 000 万美元，直接在账面上反映，该公司可以节约 300 多万美元。也就是说，减少库存而节约的成本可看作是利润的增加。同时高技术企业产品因为过时特别快和物流运作条件要求高，其库存持有成本应明显高于一般企业产品。具体如何实现降低库存，不同的企业有着不同的库存政策。而各家为了获得竞争优势，也纷纷推出独一无二的绝招。下文列举了通用的策略。

上海通用目前有四种车型，不包括其中的一种刚刚上市的车型在内，另外三种车型零部件总量有 5 400 多种。上海通用在国内外拥有 180 家供应商，还有北美和巴西两大进口零部件基地。那么，上海通用是怎么提高供应链效率、减少新产品的导入和上市时间并降低库存成本的呢？

利用“牛奶取货”的方式，降低库存成本。通用的部分零件，有些是本地供应商所生产的，他们根据生产的要求，在指定的时间直接送到生产线上去生产。这样，因为不进入原材料库，所以保持了很低或接近于“零”的库存，省去大量的资金占用。有些用量很少的零部件，为了不浪费运输车辆的运力，充分节约运输成本，上海通用使用了叫做“牛奶圈”的小小技巧：每天早晨，上海通用的汽车从厂家出发，到第一个供应商那里装上准备好的原材料，然后到第二家、第三家，依次类推，直到装上所有材料，然后再返回。这样做的好处是，省去了所有供应商空车返回的浪费。传统的汽车厂以前的做法是要么有自己的运输队，要么找运输公司把零件送到公司。这种方式并不是根据需要来供给，有几个方面的缺点：有的零件根据体积或数量的不同，并不一定正好能装满一货车，但为了节省物流成本，他们经常装满一货车才给你，这样就造成了库存高，占地面积大；而且，不同供应商的送货缺乏统一的标准化的管理，在信息交流、运输安全等方面都会带来各种各样的问题，如果要想管好它，必须花费很多的时间和很大的人力资源。所以通用就改变了这种做法，聘请一家第三方物流供应商，由他们来设计配送路线，然后到不同的供应商处取货，再直接送到上海通用。

利用“牛奶取货”或者叫“循环取货”的方式解决了这些问题。通过循环取货，上海通用的零部件运输成本可以下降 30%以上。这种做法的优点是非常显而易见的，同时这也体现了上海通用的一贯思想：把低附加价值的东西外包出去，集中精力做好制造、销售汽车的主营业务，即精干主业。与供应商共赢，建立供应链预警机制，上海通用所有的车型国产化都达到了 40%以上，有些车型已达到 60%甚至更高。这样可以充分利用国际国内的资源优势，在短时间内形成自己的核心竞争力。所以，上海通用非常注意协调与供应商之间的关系。上海通用采取的是“柔性化生产”，即一条生产流水线可以生产不同平台多个型号的产品，如它可以在同一条生产流水线上同时生产别克标准型、较大的别克商务旅行型和较少的赛欧。

这种生产方式对供应商的要求极高，即供应商必须时常保持“时刻供货”的状态，这样就会给供应商带来很高的存货成本。而供应商一般不愿意独自承担这些成本，就会把部分成本打在给通用供货的价格中。如此一来，最多也就是把这部分成本赶到上游供应商那里，并没有真正地降低整条供应链成本。为了克服这个问题，上海通用与供应商时刻保持着信息沟通。“我们有一年的生产预测，也有半年的生产预测，我们的生产计划是滚动式的，基本上每个星期都有一次滚动，在滚动生产方式的前提下我们的产量在做不断的调整。这个运行机制的核心是要让供应商也看到我们的计划，让其能根据通用的生产计划安排自己的存货和生产计划，减少对存货资金的占用。如果供应商在原材料、零部件方面造成问题，他也要给我们提供预警，这是一种双向的信息。万一某个零件预测出现了问题，在什么时候跟不上需求了，我们就会利用上海通用的资源，甚至全球的资源来做出响应。”

“如果没有很好的供应链，我们也不会有很好的生产。这就要求大家共担风险，共同享利，共同发展。”因为市场千变万化，供应链也是千变万化的，对突发事件的应变也是如此。比如美国“9·11”事件以后，当时上海通用在北美的进口零部件就出现了问题，“我们就启动了‘应急计划’，一段时间内我们不用海运，而是改用空运的方式”。再比如像在伊拉克战争前夕，通用看到战争爆发的可能性，并看到了对其供应链可能产生的影响，所以这段时间通用就尽可能地增加零部件的库存，而且也预警所有的供应商，让他们对可能受影响的原材料增加库存。“当然我们也要同时保护供应商的利益，不能把这部分成本转嫁到他们身上。供应链归根结底就是要贯彻一个双赢的概念。”

第八章　包装成本管理

【学习目的】

通过本章的学习，了解包装成本的构成，掌握包装材料费的计算方法和包装成本的控制与分析方法。

第一节　包装材料、包装机械与包装技术

包装作为物流企业的构成要素之一，与运输、保管、搬运、流通加工均有十分密切的关系。包装是生产的终点，同时又是物流的起点，因而包装成本在物流成本中占有非常重要的地位。

一、包装概述

（一）包装的定义

在中国国家标准《包装流通术语》GB/18354—2001 中对包装所下的定义是："所谓包装是指为在流通过程中保护商品、方便运输、促进销售，按照一定技术方法而采用的容器、材料及辅助物等的总体名称，也指为了达到上述目的而采用容器、材料和辅助物的过程中施加一定技术方法等的操作活动。"

日本工业标准（JIS.Z.0101）对包装的定义是："作为包装是指在物品的运输和保管等过程中，为保护物品的价值和状态，采用适当的材料、容器等对物品实施的技术或实施的状态，分为个装、内装和外装。"

（二）包装的分类

包装的门类繁多，品种复杂，这是由于要适应各种物资性质的差异和不同运输工具等各种不同的要求和目的，使包装在设计、选料、包装技术、包装形态等方面出现了多样化。

1、按包装功能不同分类

包装作为生产的终点、物流的起点，其所起的作用与包装的功能是分不开的。包装对产品具有保护、保管、定量、标识、商品、便利、效率和促销等功能。按包装的功能，包装可分为工业包装和商业包装两大类。

（1）工业包装　工业包装是以运输、保管为主要目的的包装，也就是从物流需要出发的包装，亦称运输包装。它是一种外部包装（包含内部包装）。

工业包装具有保护功能、定量（单位化）功能、便利功能和效率功能。

（2）商业包装　商业包装指零售包装或消费包装。其主要是根据零售业的需要，作为商品的一部分或为方便携带所做的包装，也称作逐个包装。

商业包装的主要功能是定量功能、标识功能、商品功能、便利功能和促销功能。主要目的在于促销或便于商品在柜台上零售，或为了提高作业效率。

在有些情况下工业包装同时又是商业包装，比如装橘子的纸箱（15 千克装）就属于工业包装，连同箱子出售时，也可以认为是商业包装。为使工业包装更加合理并为促进销售，在有些情况下，也可以采用商业包装的办法来做工业包装，如家电用品就是兼有商业包装性质的工业包装。

2、按包装层次不同分类

按包装层次不同通常可分为单件包装、内包装和外包装三种。

（1）单件包装　又称小包装、个体包装，是指直接用来包装物品的包装，通常包装和商品形成一体，在销售中直接达到用户。单件包装属于销售包装或消费包装。

（2）内包装　是指包装物品的内部包装，即考虑到水分、潮湿、光射、热源、碰撞、振动等因素对物品的影响，选择相应的材料或包装物对物品所做的保护性包装。

（3）外包装　通常是指包装货物的最外层包装。外层包装一般都属于运输包装。

二、包装材料的分类

包装材料种类繁多，常见的有以下几种。

1、金属包装材料

金属包装材料是指把金属压制成薄片，用于产品包装的材料，主要指钢材和铝材，其形式为薄板和金属箔，前者为刚性材料，后者为软性材料。刚性金属包装材料主要用于加工运输包装，也可用于加工销售包装，如金属罐，还可用于加工各种瓶罐的盖、底和捆扎材料等；软性金属包装材料主要用来制造金属箔和复合材料，由金属和纸制成的复合包装材料具有广阔的应用前景。

包装用金属材料主要有以下几种：

包装用金属材料
- 黑色金属
  - 板材：薄钢板、镀锌薄钢板、马口铁等
  - 带材：打包钢带、铁丝、圆钉等
- 有色金属
  - 板材：铝板、合金铝板等
  - 有色金属箔：铝箔、合金铝箔等

2、玻璃包装材料

玻璃以其本身特有的优良特性及玻璃加工制造技术的不断进步成为现代包装的主要材料。用于包装的玻璃品种有：

（1）普通瓶罐玻璃　如钠、钙硅酸盐玻璃等。

（2）特种玻璃　如中性玻璃、石英玻璃、微晶玻璃、着色玻璃、玻璃钢（钢化玻璃）。

3、木制包装材料

木材作为包装材料历史悠久，几乎所有的木材都可以用于包装材料，特别是用于外包装材料更显优势。常用于包装的木材主要有以下几种：

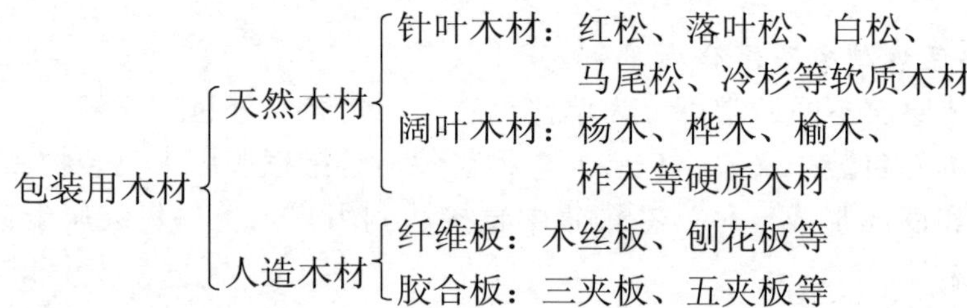

4、纸和纸板

纸和纸板在包装材料中的应用最为广泛。纸属于软性薄片材料，无法形成固定形状的容器，常用于做裹包衬垫和口袋；纸板属于刚性材料，能形成固定形状的容器。用于包装的纸和纸板有以下几种：

- 包装用纸
  - 纸
    - 普通包装纸：牛皮纸、纸袋纸、包裹纸等
    - 特殊包装纸：邮封纸、鸡皮纸、羊皮纸、上蜡纸、透明纸、沥青纸、油纸、耐碱纸、防锈纸等
    - 包装装潢纸：书写纸、胶版纸、铜版纸、压花纸、肋纹纸、表涂层纸等
  - 纸板
    - 纸板：箱板纸、黄板纸、白板纸、卡片纸等
    - 瓦楞纸：瓦楞原纸、瓦楞纸板

5、塑料包装材料

塑料用做包装材料，大大改变了商品包装的面貌。塑料在包装中的应用已成为现代商品包装的重要标志之一。塑料在整个包装材料中的比例仅次于纸和纸板，有逐步取代纸、木材、金属和陶瓷玻璃的趋势。

目前，我国塑料包装材料及容器主要有：塑料编织袋、塑料周转箱、钙塑箱、塑料打包带、捆扎绳、塑料中空容器、塑料包装薄膜、泡沫塑料及复

合材料等。

6、复合包装材料

随着科学技术的不断发展，包装材料也不断创新。复合包装材料是将两种或两种以上具有不同特性的材料，通过各种方法复合在一起，改进单一材料的性能，发挥更多优点的材料。

复合包装材料在包装领域有广泛的应用。目前已开发研制出的复合材料有三四十种，使用较多的是塑料薄膜复合材料，另外还有纸基复合材料、塑料基复合材料、金属基复合材料等。

三、包装机械的分类

包装机械不仅可以极大地提高包装的劳动生产率，也可大幅度提高包装水平。随着包装机械的广泛使用，包装机械费用将以折旧为主要方式转移到包装成本中去。

常见的包装机械有以下几类。

1、填充包装机械类

填充包装类机械是包装机械中最主要的一大类，主要有：装箱机械、装盒机械、装袋机械；液压产品的灌装机械；固体物品填充机械等。

（1）装箱机械 装箱机械以纸箱为主。根据机械工作的程序不同，有的是已装订成形的平叠纸箱，有的则是未装订接口的瓦楞平板，在包装过程中边包覆产品、边粘合接口。

（2）装盒机械 装盒机械是将单件或多件产品，用真空喂给机械或其他机械，取出预制纸盒坯，并自动打开装入物品以后，使纸坯折合或上胶粘合的机械。装盒机械一般包括纸盒供给、产品输送、装填、折合、成品输出等，有的还附设打印、印刷、封口与检测机构等。

（3）装袋机械 装袋机械的主要结构分为张袋机械、计量装置、填充装置和封袋装置。张袋机械主要是将包装袋袋口打开，以接受从漏斗里充填进入的物料。填充装置结构简单，一般有料斗、料槽。填充装置必须接近或插入包装袋口和张袋装置。

（4）灌装机械 灌装机械是指灌装液体与半液体产品或液体与固体混合制品的机械，灌装所用的容器主要有桶、罐、瓶、听、软管等。按照灌装产品的工艺可以分为常压灌装机、真空灌装机、加压灌装机等。

（5）填充机械 填充机械主要是指填充干燥粉状、颗粒状、块状商品于盒、瓶、罐、听中的机械。因被装产品不同，机械的结构也不相同。对于刚性或半刚性的容器（瓶或罐），是由推板和链板等的各种举动，通过传送带自动送入填充装置的。

2、裹包和捆扎机械类

裹包和捆扎机械以及加标机械不同于充填机械，它们是直接使用材料来包装产品，而充填机械则是用容器来包装的。

（1）裹包机械　裹包机械又称扰性材料裹包机械，主要材料为纸、蜡纸、牛皮纸或用纸、铝箔、塑料薄膜组成的复合材料。常见的裹包机械有：扭结式包装机、端抑式包装机、枕式包装机、信封式包装机和拉伸式包装机等。

（2）捆扎机械　捆扎机械是供纸箱、木箱或包封物品，利用纸、塑料纺织纤维和金属的绳、带等进行捆扎的机械。捆扎机械种类繁多、类型各异，大小也不相同，除人工操作的钢皮打包机、塑料带打包机外，还有各种类型的半自动及全自动的捆扎机械。

（3）封条和加标机械　封条加工机是一种封箱贴条机械，多采用机械气动和电气控制来完成封贴工序，既可以用于装箱机流水线的生产使用，又可以做人工装箱后的封箱、贴封条的单机使用。

加标机械主要在容器上加标。加标机械由于标签有未上胶和上胶两种，操作方法也有所不同。

（4）封口机械　封口机械主要是用于各种容器的封口。按封口的工艺分为玻璃加盖机械、布袋口缝纫机械、封箱机械，以及塑料袋和纸袋的各种封口机械。

3、产品包装技术机械类

由于收缩、拉伸和热成型等包装机械与塑料包装材料和包装容器的工艺特性密切相关，因而统称为包装技术机械。

（1）收缩包装机械　收缩包装机械是用经过拉伸的热收缩薄膜包装产品，对薄膜进行适当的加热处理，使薄膜收缩而紧裹物品的包装机械。这种包装机械的最大特点是通用性，适合各种产品的包装，特别是不规则产品的包装。

（2）热成型包装机械　热成型包装机械（又称为吸塑包装机械），根据其成型工艺的不同，可以分为泡罩式包装机、贴体包装机、热压成型充填机和真空包装机等。热成型包装机可以连续地或间歇地将聚氯乙烯等塑料薄膜（薄片）靠真空和压缩成型为泡罩或盘状，当包装产品自动装进泡罩或盘状内，并热合于纸板或铝箔上后，再冲裁成一定形状的片状，形成一种特殊的包装形态。

（3）拉伸包装机械　拉伸包装机械是依靠机械装置，在常温下将弹性塑料薄膜围绕着待包装产品件拉抻、裹紧，并在末端进行封合的一种包装机械。这种包装机械一般是为集装在托盘上成堆的包装而设计的，所用的塑料为聚乙烯薄膜。

四、包装技术

为了使包装的功能能够充分发挥其作用，达到最佳的包装效果，包装时也应采用一定的技术措施。这些技术的设计实施所支出的费用，合称包装技术费用。

按包装的主要功能不同，可以将包装技术分为商品包装技术和运输包装技术。商品包装技术的主要内容包括：热封技术、外壳包装技术、收缩包装技术、灭菌包装技术、防霉包装技术以及印刷技术等。运输包装技术主要包括：外包装技术和内包装技术。外包装技术主要包括容器设计技术、印刷标记技术等内容；内包装技术主要包括缓冲包装技术、防潮包装技术、防锈包装技术、防虫包装技术、防鼠包装技术等内容。

1、缓冲包装技术

缓冲包装技术也称防振包装技术，是解决包装物品免受外界的冲击力、振动力等作用，从而防止其损伤的包装技术和方法。

产品在流通过程中破损的主要原因是受运输中的振动、冲击以及在装卸作业过程中的跌落等外力作用，不同物品承受外力的作用程度虽然有所不同，但若超过一定程度便会发生毁损。为使外力不完全作用在产品上，必须采用某些缓冲的办法，使外力对产品的作用限制在不被损坏的限度之内。

企业设计一个合理的缓冲包装所考虑的因素范围很广，主要包括产品特性、流通环境、缓冲材料的特性和选择、产品价格、重要性程度、企业信誉、材料价格等因素。

2、防潮包装技术

防潮包装技术就是采用防潮材料对产品进行包装，以隔绝外部空气相对温度变化对产品的影响，从而保护产品质量。防潮包装技术要达到的目标是产品质量保存，采取的基本措施是以包装来隔绝外部空气潮气的变化的影响。实施防潮包装是用低透湿度或透湿度为零的材料，将被包装物与外界潮湿大气相隔绝。凡是能阻止或延缓外界潮湿空气透入的材料，均可用来做防潮阻隔层材料。现代防潮包装中，应用最为广泛的材料有：聚乙烯、聚氯乙烯、聚苯乙烯、聚酯、聚偏二氯乙烯等。

3、防锈包装技术

防锈包装技术是运输、储存金属制品与零部件时，为了防止其生锈而降低了价值或性能所采用的包装技术和方法。其目的是消除和减少致锈的各种因素，采用适当的防锈处理，在运输和储存中防止防锈材料的功能受到损伤。除此之外，还要注意降低一般性的外部的物理性破坏。

金属防锈可以在金属表面涂覆防锈材料，或采用气相蚀剂、塑料封存等方法；在采用容器包装时，还要在容器内或周围放入适量吸潮剂，以吸收包装内部残存的或由外部进入的水气，从而达到防锈的目的。此外，还有充氮和干燥空气等封存法。

4、产品包装防霉技术

产品防霉包装是为了防止因霉菌侵袭使内装物长霉而影响产品质量，所采取的一定防护措施的包装技术。

产品包装防霉处理采用耐低温包装、防潮包装和高封密包装。耐低温包装一般是用耐冷耐潮的包装材料制成的，经过耐冷处理过的包装能较长时间在低温下存放，而包装材料在低温下不会变质，以低温抑制微生物的生理活动，从而达到内装物不霉腐的目的。防潮包装可以防止包装内水分的增加，起到抑制微生物生长和繁殖的作用，可延长内装物品的储存期。高封密包装是采用陶瓷、金属、玻璃等高封密容器进行真空和其他防霉处理（如加适量防霉剂）。

第二节　包装费用的计算

一、购入包装用材料成本的确定

企业的材料除少数自制外，大部分是通过采购取得的。购入包装用材料的成本如何计算？哪些项目包括在采购成本之内？对此，财政部门颁布的《企业会计准则》和修订的《工业企业会计制度》均有所规定和说明，外购材料的成本包括以下内容：

（1）买价　即购买价格。对于购货时存在的购货折扣应以扣除，即购入的材料物资，按扣除折扣后的净额计价。

（2）材料入库前发生的各种附带成本　包括：运杂费（运输费、装卸费、保险费、仓储费等）、在运输中的合理损耗、入库前的挑选整理费用、购入材料负担的不能抵扣的税和其他费用等。

由于每次采购不是一种材料，所以，外购材料采购成本可按下列程序计算：

对于买价可直接计入各种材料的采购成本以及各种附带成本，凡能分清归属的，可直接计入各种材料的采购成本，不能分清的，可根据各种材料的特点，采用一定的分配方法，分配计入各种材料采购成本。其分配方法通常按材料的重量、体积、买价等分配。

例：企业购入甲材料 1 000 千克，不含税单价 10 元；购入乙材料 2 000 千克，不含税单价 8 元。共支付运杂费 300 元。运杂费按材料重量比例分摊。

甲、乙两种材料的采购成本计算，见表 8-1。

表 8-1　材料采购成本计算表

材料名称	买价/元	运杂费分配率	应分摊运杂费/元	总成本/元	单位成本/元
甲材料	10 000	$\frac{300}{1\,000+2\,000}=0.10$	100	10 100	10.10
乙材料	16 000		200	16 200	8.10

二、发出材料成本的计价

由于企业的各种材料是分次分批分别从不同地点购进的，而每次购进的同种材料单价又往往不同，因此，在每次发料时，就存在如何计价的问题，企业可以根据不同情况，采用下列方法计价。不论采用哪种方法，都会对企业的财务状况损益计算，直至缴纳所得税的数额产生影响。因而，计价方法一经确定，企业不得随便变动。

1、先进先出法

先进先出法是以先购入的材料先发出为假定前提，每次发出材料的单价，要按库存材料中最先购入的那批材料的实际单价计价。采用这种方法要求分清所购每批材料的数量和单价。在发出材料时，除应逐笔登记发出数量外，还要登记余额，并算出结存的数量和金额。

现以甲材料为例，采用先进先出法计算发出材料和期末材料的成本，见表 8-2。

表 8-2　甲材料明细账

20××年		凭证编号	摘要	收入			发出			结存		
月	日			数量/千克	单价（元/千克）	金额/元	数量/千克	单价（元/千克）	金额/元	数量/千克	单价（元/千克）	金额/元
1	1	—	期初余额	—	—	—	—	—	—	300	50	15 000
	10	略	购入	900	60	54 000	—	—	—	300 900	50 60	15 000 54 000
	11		发出	—	—	—	300 500	50 60	15 000 30 000	400	60	24 000
	18		购入	600	70	42 000	—	—	—	400 600	60 70	24 000 42 000
	20		发出	—	—	—	400 400	60 70	24 000 28 000	200	70	14 000
	23		购入	200	80	16 000	—	—	—	200 200	70 80	14 000 16 000
	31		本月合计	1 700	—	112 000	1 600	—	97 000	200 200	70 80	14 000 16 000

采用先进先出法，其优点是使企业不能随意挑选材料计价以调整当期利润，有利于均衡核算工作。缺点是核算工作量比较繁琐，而且当物价上涨时，会高估企业当期利润和库存材料价值。在物价持续下跌的情况下，又会使计入产品成本的材料费用偏高，导致低估企业期末库存材料价值和当期利润。

在手工计价方式下，这种计价方法一般适用于收发不太频繁的材料计价。

2、全月一次加权平均法

全月一次加权平均法是以月初结存材料金额与全月收入材料金额之和，除以月初结存材料数量与全月收入材料数量之和，算出以数量为权数的材料平均单价，从而确定当月材料的发出成本和月末库存成本，其计算公式为

$$\text{材料月末加权平均单价}=\frac{\text{月初结存材料金额}+\text{全月收入材料金额}}{\text{月初结存材料数量}+\text{全月收入材料数量}}$$

本月发出材料成本=本月发出材料数量×材料月末加权平均单价

月末库存材料成本=月末库存材料数量×材料月末加权平均单价

仍以上述甲材料明细账为例，采用全月一次加权平均法计算发出材料和期末库存材料的成本，见表 8-3。

表 8-3　甲材料明细账

20××年		凭证编号	摘　要	收　入			发　出			结　存		
月	日			数量/千克	单价（元/千克）	金额/元	数量/千克	单价（元/千克）	金额/元	数量/千克	单价（元/千克）	金额/元
1	1	—	期初余额	—	—	—	—	—	—	300	50	15 000
	10	略	购入	900	60	54 000	—	—	—	1 200	—	—
	11	—	发出	—	—	—	800	—	—	400	—	—
	18	—	购入	600	70	42 000	—	—	—	1 000	—	—
	20	—	发出	—	—	—	800	—	—	200	—	—
	23	—	购入	200	80	16 000	—	—	—	400	—	—
	31	—	本月合计	1 700	—	112 000	1 600	63.50	101 600	400	63.50	25 400

$$\text{材料月末加权平均单价}=\frac{15\,000\text{元}+54\,000\text{元}+42\,000\text{元}+16\,000\text{元}}{300\text{千克}+900\text{千克}+600\text{千克}+200\text{千克}}=63.50\text{元/千克}$$

本月发出甲材料成本=1 600 千克×63.50 元/千克=101 600 元

月末甲材料库存成本=400 千克×63.50 元/千克=25 400 元

采用加权平均法，只在月末一次计算加权平均单价，可以大大简化核算工作，而且在市场价格上涨或下跌时所计算出来的单位成本平均化，对材料成本的分摊较为折中。但是，这种方法平时在账上无法提供发出和结存材料的单价和金额，不利于材料的日常管理。同时，材料计价工作集中在月末进行，容易影响材料核算工作的均衡性和及时性。这种计价方法适用于各期材料成本变动不大的材料计价。

3、移动加权平均法

移动加权平均法是以原结存材料金额与本批材料收入金额之和，除以原结存材料数量与本批收入材料数量之和，算出以数量为权数的材料平均单价，作为日常发料的单价的一种计价方法。收入材料单价变动一次，就要计算一次加权平均单价。其计算公式为

$$\text{移动加权平均单价}=\frac{\text{原结存材料金额}+\text{本批收入材料金额}}{\text{原结存材料数量}+\text{本批收入材料数量}}$$

仍以前述甲材料资料为例，采用移动加权平均法计算发出材料和期末库存材料的成本，见表 8-4。

表 8-4　甲材料明细账

20××年		摘　要	收　入			发　出			结　存		
月	日		数量/千克	单价（元/千克）	金额/元	数量/千克	单价（元/千克）	金额/元	数量/千克	单价/（元/千克）	金额/元
1	1	期初结存	—	—	—	—	—	—	300	50	15 000
	10	购入	900	60	54 000	—	—	—	1 200	57.5	69 000
	11	发出	—	—	—	800	57.5	46 000	400	57.5	23 000
	18	购入	600	70	42 000	—	—	—	1 000	65	65 000
	20	发出	—	—	—	800	65	52 000	200	65	13 000
	23	购入	200	80	16 000	—	—	—	400	72.5	29 000
	31	本月合计	1 700	—	112 000	1 600	—	98 000	400	72.5	29 000

10 日，第一批收料后的平均单价

=（15 000+54 000）元/（300+900）千克=57.5 元/千克

18 日，第二批收料后的平均单价

=（23 000+42 000）元/（400+600）千克=65 元/千克

23 日，第三批收料后的平均单价

=（13 000+16 000）元/（200+200）千克=72.5 元/千克

本月发出材料成本合计=46 000 元+52 000 元=98 000 元

期末库存材料成本=400 千克×72.5 元/千克=29 000 元

采用这种计价方法，可以均衡材料核算工作，有利于材料的日常管理，而且计算出的平均单价比较客观。但在材料收入批数较多的情况下，核算工作量较大。

4、后进先出法

后进先出法是以最后购入的材料最先发出为假定前提，每次发出材料的单价，须按库存材料中最后购进的那批材料的实际单价计价的一种计价方法。采用这种方法要求分清所购每批材料的数量和单价，发出材料时除逐笔登记

发出数量外，还要登记数额，并结出结存材料的数额。仍以前述甲材料资料为例，采用后进先出方法计算发出材料和期末库存材料的成本，见表 8-5。

表 8-5 甲材料明细账

20××年		摘要	收入			发出			结存		
月	日		数量/千克	单价/（元/千克）	金额/元	数量/千克	单价/（元/千克）	金额/元	数量/千克	单价/（元/千克）	金额/元
1	1	期初结存	—	—	—	—	—	—	300	50	15 000
	10	购入	900	60	54 000	—	—	—	1 200	57.5	69 000
	11	发出	—	—	—	800	57.5	46 000	400	57.5	23 000
	18	购入	600	70	42 000	—	—	—	1 000	65	65 000
	20	发出	—	—	—	800	65	52 000	200	65	13 000
	23	购入	200	80	16 000	—	—	—	400	72.5	29 000
	31	本月合计	1 700	—	112 000	1 600	—	98 000	400	72.5	29 000

用后进先出法计算出来的发出材料的成本比较接近现行成本，因在物价持续上涨时期，后购进的材料一般高于先购进的。因此采用后进先出法就意味着将较高的原材料费用计入了当期成本，从而使当期高估成本，低估利润，这种做法符合稳健性原则。不过这种方法的手工计价工作量较大，且资产负债表上反映的存货价值不能代表真实的财务状况。

三、材料收发的控制

多数企业的包装材料成本，在包装成本中都占较大比重，管理上必须严加控制，既要防止企业在材料上占压资金，也要保证库存材料满足包装生产上的需要。为此在材料收发业务中必须按照规定填制材料收发凭证，办理材料入库出库手续，这是搞好材料成本核算的基础工作。

（一）材料收入的凭证

企业材料收入来源，有外购、自制、回收废料以及车间余料退回和委托加工材料收入等。材料由外部运输单位或企业运输部门运到企业材料仓库时，仓库应根据发货票所列的品种、规格数量进行核算、验收。验收以后，应该填制收料单。

为了便于收料单的分类、汇总，一张收料单一般只能填列一种材料。对于同一供应单位、同一品种在同一日内分批到达的材料，可以先分批进行备忘登记，日末汇总填制一张收料单。

当自制完工的材料及收回的车间余料和废料交库时，应该填制材料交库单，并在单中填明“自制完工”或“废料收回”字样。仓库验收材料以后，应在交库单中填写实收数量，并由交料人员在单中签章，以明确责任。

车间或部门余料退回仓库，应该填制退料单，退料单的格式与材料交库单基本相同。对于已领未用，但下月需要继续耗用的材料，为了避免本月末交库、下月初又领用的繁琐手续，可以办理“假退料”手续，既填制本月退料单（或用红字填制领料单）同时填制下月领料单，材料实物并不移动。这样不仅简化了领料手续，而且可以保证正确计算各月的包装成本。

（二）材料发出的凭证

为加强领用材料的控制，努力节约材料消耗，同时为正确核算包装成本和材料费用提供依据，仓库发出材料时，应由领料单位填制领料凭证，领料凭证一般有下述几种。

1、领料单

领料单是一次使用有效的凭证，每领一次料填写一份，适用于没有消耗定额或不经常领用的材料，由领料车间根据计划填写。在实际工作中，领料单一般一式四联，一联留领料单位，一联留仓库，两联送交会计部门，作为登记总账和计算成本的依据。领料单的格式见表 8-6。

表 8-6　领料单

日期：　　　　　　　　　　　　　　　　编号：

名　　称	单　　位	数　　量	单　　价	合 计 金 额
备注：				
领料人：		仓管：		开票：

2、领料登记表

领料登记表是一种多次使用的累计领发料凭证，适用于车间、班组需要经常领用、价值较低的消耗性材料。可每月按一单一料开设，一般一式三联，平时存放在仓库，领料时，由领料人在登记表上签收；月终汇总后，一联留存仓库，一联交领料单位，可以大大减少日常领料凭证的填制手续，而且便于月末材料耗用的汇总工作。

3、限额领料单

限额领料单是一种对所指定的材料在规定限额内多次使用的领发料凭证，适用于经常领用有消耗定额的材料。

限额领料单是由生产计划部门或供应部门根据生产计划和材料消耗定额等有关资料核定并编制的。单中事先填明领料单位、材料用途、领料限额等。限额领料单一式两联，一联送交仓库据以发料，一联交领料部门据以领料。其格式见表 8-7。

表 8-7 限额领料单

×年×月								编号 2345
领料单位：×××			材料用途：B 产品			计划产量：5 000 台		
材料编号：102045			名称规格：×××			计量单位：千克		
单价：4.00 元			消耗定量：0.2 千克/台			领用限额：1 000 千克		
年		请领		实发				
月	日	数量	领料单位负责人	数量	累计	发料人	领料人	限额结余

采用限额领料单，应严格规定发料，对于不按批准数量超额领料或变更规定材料的领料，仓库有权拒绝发料。如果由于增加产量需要增加限额时，必须经过有关部门审核，办理追加手续。如果由于浪费或其他原因需要超过限额领料时，应另填领料单，说明理由，经批准后据以领料。对于变更规定材料，领用代用材料时，还应经技术部门审批后，才能向仓库领料。

实行限额领料制度，可以有效控制材料的消耗，有利于节约材料，降低包装的材料费用，并可简化领料手续，减少领料凭证，便于核算。总之，企业应根据各种材料收发业务的特点，分别采用不同的材料收发凭证，做到既加强材料收发的管理、控制，又减少凭证数量，简化核算手续。

四、包装机械费用的计算

包装机械费用主要是指包装机械的维修费和折旧费。

包装机械的维修费是包装机械发生部分损坏，进行修理时支出的费用，可以分为中小修理和大修理。中小修理的费用直接计入当期包装成本，大修理的费用由于其支出额较大，可分期计入包装成本。具体计算与装卸搬运机械费用的计算基本相同。

包装机械的折旧费是指包装机械因在使用过程中的损耗，而定期逐渐转移到包装成本中的那一部分价值。影响折旧的主要因素有包装机械的原值、折旧期限、净残值和计提折旧的起止时间。计提折旧的主要方法有：平均年限法、工作量法、加速折旧法等，企业一旦选择某种折旧方法，其后不得随意改变。

五、包装技术费用的计算

包装技术费用包括包装技术设计费用和包装技术实施费用。

（一）包装技术设计费用

包装技术设计费用是指设计人员在包装技术的设计过程中，所发生的与设计包装技术有关的一切费用，主要包括设计人员的工资、设计过程中领用的材料或产品以及各种现金支出。

1. 设计人员的工资

设计人员的工资包括设计人员的标准工资、奖金、津贴和补贴、加班加点工资及特殊情况下支付的工资。设计人员的工资，应根据其考勤记录和个人工资标准计算，其计算公式为

应付月工资=月标准工资+各种补贴+加班加点工资+
各种奖金−事假或旷工日数×平均日工资−
病假日数×平均日工资×病假应扣工资百分比

其中，平均日工资（又称日工资率）计算公式为

平均日工资=月标准工资/21 天

2. 设计中领用材料或产品

设计人员在设计过程中，可能需要经过反复试验，为试验领用的材料，其成本计算方法与企业当期领用的材料（包装材料）成本相同；为试验领用的产品，其成本与企业计算的产品成本相同。

3. 与设计有关的各种费用支出

与设计有关的各种费用支出以实际支出额为准。

（二）包装技术实施费用

包装技术实施费用包括实施包装技术所需的内包装材料费和一些辅助包装费用。

1. 内包装材料费

企业在实施防振、防潮、防锈、防霉等技术时，常需要一些起减振、防振、防潮、防虫等作用的内包装材料，常见的有充气塑料、塑料泡沫、干燥剂、防潮纸等。这些内包装材料的成本为实际发生的成本，为简化计算，也可用计划成本进行计算，期末再根据计算出的成本差异率将计划成本调整为实际成本。

2. 其他费用

包装技术的其他费用是指为实施包装技术而发生的，不属于内包装材料费的其他一些费用，如清洗水费、控制温度的电费、水费，可根据实际耗用的数量和水电部门规定的水电单价计算。

六、包装人工费用的计算

包装人工费用的计算，必须有准确的原始记录资料，包括工资卡、考勤记录、工时记录、工作量记录等原始凭证，企业的会计部门根据劳动合同的

规定和企业规定的工资标准、工资形式、奖励津贴等制度，按照考勤记录、工时记录、产量记录等资料，计算每个包装工人及其他有关人员的工资。具体计算与装卸搬运人工费用的计算相同，支付给所有包装工人及其他有关人员的工资总额即为包装人工费用。

第三节　包装成本的控制与分析

一、包装成本控制

（一）包装材料的标准成本

包装材料的标准成本是指各种材料标准用量与标准价格的乘积。

1. 标准用量

标准用量是指在现有生产技术条件下，生产单位包装产品或包装单位产品所需用的材料数量。它包括构成包装物实体的材料、生产中必要的损耗和不可避免的废品损失所耗用的材料。标准用量应以技术分析为基础合理地进行确定。

2. 标准价格

标准价格是指采购部门按供应单位的价格及相关因素所确定的各种材料的单价。它包括买价和运杂费等。

包装材料的标准成本可按下列公式确定：

包装材料标准成本=材料的标准价格×单位产品的标准用量

例：某包装物需耗用 A、B 两种材料，其包装材料的标准成本计算见表8-8。

表 8-8　A、B 材料的包装标准成本计算表

项　　目	A 材料	B 材料
标准用量的计算	—	—
预计基本用量/（千克/件）	20	10
预计损耗/（千克/件）	0.5	0.5
标准用量/（千克/件）	20.5	10.5
标准价格的计算	—	—
预计购买单价/（元/千克）	6	9
预计采购费用/（元/千克）	1.5	2.5
预计正常损耗/（元/千克）	0.5	0.5
标准价格/（元/千克）	8	12
各种材料标准成本/（元/件）	164	126
单位包装物标准成本/（元/件）	290	

（二）包装人工费用的标准成本

包装人工费用的标准成本是指包装单位产品所需的标准工时乘以标准工资率。

标准工时是指在现有技术条件下，包装单位产品所必须消耗的时间，包括直接包装所用工时、必要的间歇和停工时间等，另外还要考虑机器设备的故障及劳动组织工作等因素。

标准工资率是指按单位产品或单位标准工时支付的直接人工的工资，一般按现行的工资制度规定的工资水平计算确定。如果采用计件工资制，就是单位产品应支付的计件工资额；如果采用计时工资，就是单位标准工时应分配的工资额，其计算公式为

$$\text{小时标准工资率}=\frac{\text{预计支付直接人工标准工资总额}}{\text{标准总工时}}$$

“标准总工时”是指企业在现有的生产技术条件下，能够完成的最大包装能力，通常用直接人工工时数和机器小时数表示。人工标准工资由劳动部门制定。

根据以上两个标准，可以按下列公式计算确定包装人工标准成本：

包装人工标准成本=单位产品标准工时×小时标准工资率

例：某包装车间人工费标准，见表 8-9。

表 8-9　包装人工标准成本计算表

项　目	成　本
标准工时的计算	—
直接包装工时/（小时/件）	4
间歇工时/（小时/件）	0.4
停工工时/（小时/件）	0.6
标准工时/（小时/件）	5
小时标准工资率的计算	—
包装工人人数/人	40
每人每月标准工时/小时	160
每月标准工时/小时	6 400
每月生产包装工人工资总额/元	32 000
小时标准工资率/（元/小时）	5
包装人工标准成本/（元/件）	25

（三）包装机械费用的标准成本

包装机械费用的标准成本是指包装单位产品所需的标准工时乘以标准分

配率。

标准工时可采用包装人工工时，标准分配率是根据事先制定的包装机械预算费用计算确定的。其计算公式为

机械费用标准分配率=包装机械费用预算额÷包装人工标准总工时

包装机械标准成本=包装单位产品人工工时×机械费用标准分配率

例：某包装机械的费用项目及该包装机械成本标准的计算，见表 8-10。

表 8-10 包装机械的成本标准计算表

标　准	成　本
机械费用标准分配率的计算	—
折旧费/元	3 000
维修费/元	800
包装人工工时/小时	5 000
机械费用标准分配率/（元/小时）	0.76
包装单位产品人工工时标准/小时	1.5
包装机械成本标准/元	1.14

（四）包装技术费用的标准成本

包装技术费用可分为变动费用和固定费用两类，其标准成本需分别制定。

1．变动费用的标准成本

变动费用的用量标准常采用人工工时标准，它在制定人工成本标准时已经确定，其价格标准是每工时变动费用标准分配率，根据变动费用预算除以人工总工时求得。其计算公式为

变动费用标准分配率=变动费用预算/人工总工时

确定了用量标准和价格标准后，两者乘积为变动费用标准成本。其计算公式为

变动费用标准成本=人工标准工时×变动费用标准分配率

2．固定费用的标准成本

固定费用的标准成本计算同变动费用标准成本计算基本相同，先计算确定固定费用的单位工时标准分配率，然后根据预计的直接人工标准工时，求得单位产品的固定费用标准成本。固定费用单位工时的标准分配率可按下列公式计算：

$$固定费用标准分配率=\frac{固定费用预算总额}{人工标准总工时}$$

$$\frac{\text{单位产品固定费用}}{\text{标准成本}}=\frac{\text{单位产品人工}}{\text{标准工时}}\times\frac{\text{固定费用标准}}{\text{分配率}}$$

二、包装成本分析

在进行包装成本分析时，一般按构成包装成本的各个项目，即按包装材料费用、包装人工费用、包装机械费用、包装技术费用分别进行分析。

因为每个项目的标准成本都是由标准用量和标准价格决定的，所以每个成本项目的差异，也可以归结为价格脱离标准造成的价格差异和用量脱离标准造成的数量差异，可用计算公式表示为

成本差异=实际成本−标准成本
=价格差异+用量差异

其中价格差异和用量差异的计算公式分别为

价格差异=实际用量×（实际单价−标准单价）

用量差异=标准单价×（实际用量−标准用量）

（一）包装材料成本差异的分析

包装材料实际成本与标准成本之间的差额，是包装材料成本差异。形成这个差异的原因有两个：一是价格脱离标准；二是用量脱离标准。前者按实际用量计算，称为价格差异；后者按标准价格计算，称为数量差异。

材料价格差异=实际用量×（实际单价−标准单价）

材料用量差异=（实际用量−标准用量）×标准单价

例： 明泰公司本月生产 A 包装物 400 件，耗用某种材料 3 500 千克，材料实际单价为 0.50 元/千克；直接材料的单位产品用量标准为 6.2 千克，每千克材料的标准价格为 0.40 元。试分析生产该包装物的直接材料价格差异与用量差异。

解：

直接材料成本差异=实际成本−标准成本
=3 500 千克×0.5 元/千克−400 件×6.2 千克/件×0.4 元/千克
=1 750 元−992 元=758 元

其中

直接材料价格差异=3 500 千克×（0.50 元/千克−0.40 元/千克）=350 元

直接材料用量差异=（3 500 千克−400 件×6.2 千克/件）×0.40 元/千克=408 元

材料价格差异一般是在采购过程中形成的，应由采购部门负责。造成材料实际价格游离标准价格的原因有许多，如供应厂家价格变动、未按经济批量进货、未能按时订货而造成紧急订货、采购时舍近求远使运费和途耗增加、

不必要的加速运输方式、违反合同被罚等。对材料价格差异，有关部门需要进行具体分析和认真调查，以便明确最终原因和责任的归属。

材料数量差异是材料在耗用过程中形成的反映包装部门（或企业的包装物生产部门）成本控制的业绩，一般应由包装部门负责。材料用量差异形成的具体原因很多。如果工人操作技术高，则节省材料；若操作技术低或操作疏忽，则可能造成废品和废料，从而导致材料的浪费；机器或工具不适用也会造成用料增加。但有时多用材料并非是包装部门的责任，如购入材料质量低劣、规格不符，也会造成使用材料的数量超过标准。因此对材料用量差异的原因也应作具体调查研究，以明确各部门应负的责任。

（二）包装人工成本差异的分析

包装人工成本差异，是指包装人工实际成本与标准成本之间的差额。它可分为“价差”和“量差”两部分。价差是指实际工资率脱离标准工资率而形成的人工成本差异，其差额按实际工时计算确定，又称工资率差异；量差是指实际使用工时脱离标准工时而造成的人工成本差异，其差异额是按标准工资率计算确定的金额，又称人工效率差异。即

工资率差异=实际工时×（实际工资率–标准工资率）

人工效率差异=（实际工时–标准工时）×标准工资率

例：本月包装 A 产品 400 件，实际使用工时 1 000 小时，支付工资 6 000 元；包装单位产品的人工标准成本是 12 元/件，每件产品的标准工时为 2.4 小时，即标准工资率为 5 元/小时。试分析其工资率差异与人工效率差异。

解：

包装人工成本差异=实际人工成本–标准人工成本
=6 000 元–400 件×12 元/件
=1 200 元

其中

工资率差异=1 000 小时×（6 000/1 000–5）元/小时
=1 000 小时×（6–5）元/小时
=1 000 元

人工效率差异=（1 000–960）小时×5 元/小时
=40 小时×5 元/小时
=200 元

工资率差异的原因主要有工资的调整、出勤率的变化、加班和使用临时工等，原因复杂而且难以控制。直接人工效率差异的形成原因，包括工作环

境不良、工人经验不足、新上岗工人增多、包装设备的完好程度、作业计划安排周密程度、动力供应情况等。人工效率差异的责任主要由包装部门负责，但也可能有一部分应由其他部门负责。例如，因材料质量不好而影响生产效率，从而产生的人工效率差异，则应由供应部门负责。

（三）包装机械费用成本差异的分析

包装机械费用成本差异，是指实际包装机械费用与标准包装机械费用之间的差额。其计算公式为

$$\begin{matrix}\text{包装机械费用}\\\text{成本差异}\end{matrix}=\begin{matrix}\text{实际包装}\\\text{机械费用}\end{matrix}-\begin{matrix}\text{标准包装}\\\text{机械费用}\end{matrix}$$

包装机械费用在企业中属于固定费用，它经企业选定固定资产折旧方法后计算确定，一般无特殊原因不再变动，与企业包装业务量多少无直接关系。固定费用与变动费用不同，差异分析时不考虑包装量的变化。包装机械费用成本差异可分为耗费差异和能量差异。

耗费差异是指包装机械费用的实际发生金额与预算金额（产能费用预算数）之间的差异。其计算公式为

$$\begin{aligned}\text{耗费差异}&=\begin{matrix}\text{实际包装}\\\text{机械费用}\end{matrix}-\begin{matrix}\text{包装机械}\\\text{费用预算数}\end{matrix}\\&=\begin{matrix}\text{实际包装}\\\text{机械费用}\end{matrix}-\begin{matrix}\text{固定费用}\\\text{标准分配率}\end{matrix}\times\begin{matrix}\text{生产}\\\text{能量}\end{matrix}\end{aligned}$$

能量差异是指包装机械费用预算与包装机械费用标准成本的差额。或者说，是实际包装量的标准工时与包装能量的差额用标准分配率计算的金额。它反映未能充分使用现有包装能量而造成的损失。其计算公式为

$$\begin{aligned}\begin{matrix}\text{能量}\\\text{差异}\end{matrix}&=\begin{matrix}\text{包装机械}\\\text{费用预算数}\end{matrix}-\begin{matrix}\text{包装机械费用}\\\text{标准成本}\end{matrix}\\&=\begin{matrix}\text{固定费用}\\\text{标准分配率}\end{matrix}\times\begin{matrix}\text{生产}\\\text{能量}\end{matrix}-\begin{matrix}\text{固定费用}\\\text{标准分配率}\end{matrix}\times\begin{matrix}\text{实际产量}\\\text{标准工时}\end{matrix}\\&=\left(\begin{matrix}\text{生产}\\\text{能量}\end{matrix}-\begin{matrix}\text{实际产量}\\\text{标准工时}\end{matrix}\right)\times\begin{matrix}\text{固定费用}\\\text{标准分配率}\end{matrix}\end{aligned}$$

例：本月包装 A 产品 400 件，发生机械费用 1 600 元，实际工时 1 000 小

时；企业包装能量为 500 件，即 1 200 小时，每件产品包装机械费用标准成本 2.4 元/件，每件产品标准工时为 2.4 小时，即标准分配率为 1 元/小时。

解：

包装机械费用成本差异=实际包装机械费用–标准包装机械费用

=1 600 元–400 件×2.4 元/件

=640 元

其中 耗费差异=1 600 元–1 200 小时×1 元/小时=400 元

能量差异=1 200 小时×1 元/小时–400 件×2.4 元/件=240 元

三、包装费用的管理

包装费用的高低直接影响着物流企业的经济效益，因而物流企业应加强对包装费用的管理。具体可以从以下几方面入手。

（一）合理选择包装材料，降低包装费用

在保证产品质量不降低的情况下，可以采用代用材料，如用国产材料代替进口材料，用价格低廉的材料代替价格昂贵的材料。这种方式，不仅在经济上合算，在技术上也是可行的。

（二）发展包装机械化，降低包装费用

采用机械化包装，可以确保包装质量，提高包装作业效率，促进包装规格化；提高物流连续作业水平；降低包装劳动强度，改善包装工作条件；还可以减少物流过程费用。

（三）实现包装的标准化

实现包装标准化，可以保证包装质量，并使包装的外部尺寸与运输工具、装卸机械相配合，不仅方便物流过程的各项作业，同时也降低了物流过程的费用。

（四）包装物的回收和旧包装利用

我国生产企业每年产生的旧包装数量惊人，回收利用潜力巨大。企业回收利用旧包装能解决企业的部分急需，降低生产成本，还能及时解决产品的包装问题，保证产品物流活动的顺利进行。另外我国资源有限，不可再生资源的使用紧张。包装材料对资源的消耗数量较大，企业如能回收利用旧包装，可为国家节省大量的资源。

【练习题】

某企业存货中的 A 包装材料收入与发出资料如下：

（1）1 月份期初结存数量 500 件，单价 10 元/件。

（2）1 月 5 日，发出存货 400 件。

（3）1 月 9 日，购进存货 200 件，单价 11 元/件。

（4）1 月 13 日，发出存货 200 件。

（5）1 月 20 日，购进存货 500 件，单价 12 元/件。

（6）1 月 28 日，发出存货 400 件。

要求：根据上述资料，分别用“先进先出法”、“月末一次加权平均法”计算发出存货和月末结存存货的成本。

【案例】某包装企业的包装成本控制案例分析

企业提高效率换句话说就是降低成本。有效的成本控制是企业在激烈的市场竞争中取得成功的基本要素。但成本管理控制绝对不仅仅是单纯的压缩成本费用，而是需要建立起科学合理的成本分析与成本控制系统，让企业的管理者清楚地掌握公司的成本构架、盈利情况和决策的正确方向，成为企业内部决策的关键支持，从根本上改善企业成本状况，从而真正实现有效的成本控制。

该包装企业从原材料、供应链、仓储管理等方面着手，总结了以下几点经验。

1. 改善原材料成本

一般瓦楞纸板的成本，原材料（面纸和瓦楞纸）就占了 70%以上，在沿海几个竞争激烈的地区还攀升到接近 80%，其他固定费用才占 20%左右。因此，改善原料的成本才是控制利润的关键。通常情况下会有几种常见的办法：

（1）现金买纸　以现金交易降低原料售价，但该方法现金需求量大，以目前资金回笼要 3 个月来计算，资金压力相当大。

（2）大量买纸　以购买量来降低原料售价，一样是资金需求量高，库存压力大，“押宝”的风险很高。

（3）使用替代材质　例如，用 125 克的 A 级纸代替 175 克的 B 级纸，在物理指标的测量上是达到一样的目的，但所用的原料可能较便宜，如何代替是考验客户的接受度，也考验厂商的适应能力。

（4）在生产设备上进行控管　在现有设备上进行有效的控管，像使用计算机生产管理系统来节省原料的使用，进行糊量的控制以及温度的控制等，虽然要进行一些投资，但至少要比人工操作的费用省 3%以上。

目前，纸箱企业的生产管理产品众多，如何进行选择，重点不应该只考虑价格方面，而是如何能精确地达到节省原料的目的。尤其是换纸的准确度，好的可以控制在 1 米左右，不好的误差会高达 20～30 米！另外，提供计算机自动测纸质，车速控制吃糊量，使用高速运转时可自动将吃糊间隙调小，使用低速运转时将吃糊量适当地调大，这样一来至少可节省 15%的糊量。再者，对于温度的控制部分，也可由计算机来根据纸质及车速自动调节预热缸的烘干面积，确保纸板的硬度等。

2. 供应链上三方联手控制成本

从供应链角度看，纸箱企业要协调产业链中上游企业和下游终端用户的关系，做到造纸企业、纸箱企业、终端用户三位一体，实现从原料供应到成品交货运行的理想状态，提高整个系统的运行效率和质量，建立标准采购供应模型。上游企业与造纸厂建立合作机制；与油墨厂建立互动机制；与制版厂建立经营机制。下游终端用户企业与客户建立有责任、有诚信、合作共赢的战略伙伴关系，用最负责任的态度，以高品质的材料、有效的信息和周到的服务，创造最低的系统总成本。全球经济市场竞争的日趋激烈，使得以往那种企业与企业之间单打独斗的形式已不复存在，取而代之的是以协同商务、协同竞争和双赢原则为商业动作模式的，由客户、供应商、研发中心、制造商、经销商和服务商等合作伙伴组成的供应链与供应链之间的竞争。一个企业所参与的供应链规模越大，动作效率越高，这个企业的竞争力和生命力就越强。

3. 控制综合成本

原纸管理——库存原纸的标准化，整合纸质，可减少库存原纸的种类10%～20%；产能管理——后道工序的产能管理，纸箱制造业的竞争力来自后道工序技术定位与产能管理：成本管理——定量地确定每张订单的成本，明确企业的市场定位。控制产品成本包括：原纸成本、生产用料成本（辅助材料、配件）、制造成本、其他成本（运输、销售、管理等）。只有从管理上入手，才能将企业综合成本控制在最低。因为原纸成本占整个纸箱成本的60%～80%，所以，在整个企业内部进行成本控制中，寻找新的原纸供应商和质量可靠、价格更便宜的纸是关键的一环。

4. 建立纸、纸板、纸箱一体化

现在存在一种情况，一个大型纸箱厂纸箱生产线所需材料要从几家甚至几十家造纸企业购进瓦楞原纸和箱板纸，运费高，质量经营波动，生产的瓦楞板和纸箱成本高。应该将纸板生产企业整合成少量的大型企业，并与纸箱厂建立长期伙伴关系。有条件的企业应走一条龙业务，实施废纸回收，木、浆、纸、纸板、纸箱一体化，提高企业核心竞争力。

5. 节省采购仓储和运输费用

为了降低纸箱的成本，可以实行企业零库存。由纸箱厂提供仓储服务，节省仓储和运输费用。在采购方式上，实行按季度采购的新方法，通过批量采购来降低价格。例如，某公司以立体仓储打造包装物流文化，采用空压托盘塑料紧缩膜裹包，使纸板在物流过程中防潮、防脏、防变软变形，确保纸箱使用质量。

在仓储运输方面，可租用距离客户近、规模大的仓库，一次性运输到库，减少多次运输造成的高费用。

第九章　配送成本管理

【学习目的】

通过本章的学习，了解配送的概念、流程和配送成本的构成要素；初步掌握配送成本核算方法、配送成本计算方法和配送成本分析与控制方法。

第一节　配送成本的构成

一、配送概述

（一）配送概念

配送是指在经济合理区域内，根据客户要求，对物品进行拣选、加工、包装、分割、组配等作业，并按时送达指定地点的物流活动。

配送是物流系统中一种特殊的、综合的活动形式，是商流与物流紧密结合，包含了物流中若干功能要素的一种物流活动。从物流角度来说，配送几乎包括了所有的物流功能要素，是物流的一个缩影或在较小范围内物流全部活动的体现。一般的配送集装卸、包装、保管、运输于一身，通过一系列活动完成将物品送达客户的目的。特殊的配送则还要以流通加工活动为支撑，其内容更广。严格来讲，整个物流活动如果没有配送环节，就不能成为完整的物流活动。

配送是连接生产与消费的流通部门，具有产生时间效用和空间效用的双重职能。对配送的深入认识，应当掌握以下几个要点。

1、配送具有资源配置的作用

配送是以现代送货形式实现资源最终配置的经济活动，对于现代企业而言，“接近顾客”是至关重要的，作为接近顾客的配送，自然取得了它在现代经济中的地位。

2、配送的实质是送货

这里强调现代送货，表述了和以往简单运输的区别，其区别以“现代”两字概括，即现代配送是市场经济的一种体制形式，是具有一定组织形式和计划行为的送货，是以现代生产力、劳动手段支撑的送货服务。

3、配送是“配”和“送”的有机结合

配送利用有效的分拣、配货、组配等理货工作，使送货达到一定的规模，以利用规模优势取得较低的送货成本。如果不进行分拣、配货等配送流程，必然会增加活劳动和物化劳动的消耗，使送货成本不优于客户取货成本。

4、配送是市场经济形式

配送是在市场经济条件下，在“供大于求”的买方市场环境中所派生的一种形式。在买方市场条件下，用户具有选择权，卖方需要通过有效的服务来销出自己的产品，而配送是卖方提高服务水平的一种方式。

5、配送以客户要求为出发点

配送是从客户利益出发、按客户要求进行的一种经济活动，因而必须明确“客户第一”、“质量第一”的观念。配送企业的地位是服务地位而不是主导地位，所以不能从本企业利益出发，而应从客户利益出发，在满足客户利益的基础上取得自己的利益。

6、以最合理的方式送交用户

物流质量概念中“以最合理方式”的提法是基于这样一种考虑：过分强调“按用户要求”是不妥的，受用户本身的局限，要求有时候存在不合理性，在这种情况下会损失自我或双方的利益。所以，对于配送而言，应当在时间、速度、服务水平、成本、数量等多方面寻求最优，实现双方共同受益，即“双赢”的原则。

（二）配送的流程

1、集货

集货是指将分散的或小批量的物品集中起来，以便进行运输、配送的作业。

集货是配送的重要环节，为了满足特定客户的配送要求，有时需要把从几家甚至数十家供应商处预订的物品集中，并将要求的物品分配到指定容器或场所。

集货是配送的准备工作或基础工作，配送的优势之一，就是可以集中客户的需求进行一定规模的集货。

2、分拣

分拣是指将物品按品种、出入库的先后顺序进行分门别类堆放的作业。这种作业一般有人工、半自动和全自动三种形式，按照货单使用人工或分类机进行分类。

分拣是配送不同于其他物流形式的功能要素，也是配送成败的一项重要支持性工作。它是完善送货、支持送货的准备性工作，是不同配送企业，在送货时进行竞争和提高自身经济效益的必然延伸。所以，也可以说，分拣是送货向高级形式发展的必然要求。有了分拣，就会大大提高送货的服务水平。

3、配货

配货是指使用各种拣选设备和传输装置，将存放的物品按客户的要求分拣出来，配备齐全，送入指定发货地点的作业。配货的作业速度和出错率，直接影响配送的作业效率及顾客满意程度。

4、配装

在单个客户配送数量不能达到车辆的有效载运负荷时，就存在如何集中不同客户的配送货物，进行搭配装载以充分利用运能、运力的问题，这就需要配装。与一般送货不同之处在于，通过配装送货可以大大提高送货水平及降低送货成本，所以配装是配送系统中有现代特点的功能要素，也是现代配送不同于传统送货的重要区别之一。

5、配送运输

运输中的末端运输、支线运输，同一般运输形态的主要区别在于：配送运输是较短距离、较小规模、额度较高的运输形式，一般使用汽车做运输工具。与干线运输的另一个区别是，配送运输的路线选择问题是一般干线运输所没有的，干线运输所选择的运输线大多是直观的或唯一的，通常在选择上并不复杂；而配送运输由于配送客户多，一般城市交通线路比较复杂，如何优化最佳配送线路，如何使配装和路线有效搭配等，是配送运输的特点。

6、送达服务

将配好的物品运输到客户还不算配送工作的结束，这是因为送达物品和客户接收物品往往会出现不协调，使配送前功尽弃。因此，要圆满地实现运到物品的移交，并有效地、方便地处理相关手续及完成结算，还应和客户协商卸货地点、卸货方式等。送达服务也是配送独具的特殊性。

7、配送加工

配送加工是指按照配送客户的要求所进行的流通加工。在配送中，配送加工这一功能要素不具有普遍性，但往往是有重要作用的功能要素。这是因为通过配送加工，可以大大提高客户的满意程度。配送加工是流通加工的一种，但配送加工有其自己的特点，即配送加工一般只取决于客户的要求，其加工目的较为单一，如分个包装、赠送礼品的组合捆包、装箱式成套化的捆绑、板材的切割、纸张的裁剪、食品的冷藏、家具的组装等。

8、回程

在执行完配送任务之后，配送车辆需要回程，在一般情况下，回程车辆往往空驶。所以，从提高运输效用角度考虑，在规划配送线路时，回程路线应尽量缩短；在进行稳定的计划配送时，回程车辆可将包装物、残次品等运回集中处理，或者将用户的产品运回配送中心，作为配送中心的资源，向其他用户进行配送。

二、配送服务

（一）配送供给与需求

配送供给与需求的双方，是实行配送的企业和接受配送服务的用户所构成的。一般有以下三种情况：

（1）企业对企业的配送　企业对企业的配送可以是完全独立的企业之间，也可以发生在企业集团的企业之间。基本上是属于社会开放系统的企业之间的配送供给与配送需求。

（2）企业内部配送　企业内部配送大多发生在巨型企业之中，如连锁型企业的连锁配送。

（3）企业对消费者的配送　企业为提高服务水平而采取的配送方式。

（二）配送服务方式

1、定时配送

根据配送企业和用户双方达成的配送时间协议，按照规定的时间和时间间隔进行配送。配送的品种及配送的数量可预先在协议中确定，实行计划配送；也可以根据用户的实际需要以双方商定的信息联络方式通知配送品种及数量。

定时配送这种方式，由于时间确定，对用户而言，可以根据自己的经营情况，在合适的时间进货，也易于安排接货力量。对于配送企业而言，这种服务方式易于安排工作计划，有利于对多个用户实行共同配送，易于合理安排配送车辆使用和优化线路。定时配送有下述几种具体的形式：

（1）小时配送　小时配送是接到配送信息之后，在 1 小时之内将货物送达。这种方式适用于一些消费者突发的需求所产生的配送要求，也是配送系统中应急的配送方式。

（2）日配　日配是接到配送信息之后，在 24 小时之内将货物送达的配送方式。日配是定时配送中实行较为广泛的配送方式，一般而言，日配的时间要求方式是以工作日为基本单位，如上午的配送订货，下午送达；下午的配送订货，第二天早上送达。这样就可以使用户获得前置时间的服务保障。

日配方式广泛而稳定开展，可以使用户基本上无需保持库存，进而实现“零库存”，降低其库存成本。

（3）准时配送方式　按照双方协议的时间，配送企业准时将货物送到用户指定地点的配送方式。同小时配送和日配相比，准时配送往往是根据用户的生产节奏，按指定的时间将货送达，配送方式更为精密，可以使用户实现真正的“零库存”。准时配送方式要求有很高水平的配送系统作为保证。

2、定量配送

按事先双方协议规定的数量进行配送。定量配送的数量固定，备货工作有较强的计划性，可以按托盘、集装单元及车辆的装载能力来有效地选择配送的数量，配送效率高。

3、定时定量配送

按照规定的配送时间和配送数量进行配送。定时定量配送兼有定时、定量两种方式的优点，是一种精密的配送方式。

4、定时定路线配送

在规定的运行路线上，制订配送车辆到达的时间表，按运行时间表进行配送。用户可以按照配送企业规定的路线及规定的时间，选择这种配送服务，并在指定时间及指定位置接货。

5、应急配送

完全按照用户突然提出的配送要求，随即进行的配送方式。应急配送是对配送服务进行补充和完善，也是配送企业应当具有的应急能力。

6、共同配送

共同配送是指为了提高物流效率，对许多企业一起进行配送。

共同配送的主要追求目标，是使配送合理化。共同配送可以分为以货主为主体的共同配送和以物流企业为主体的共同配送两种类型。

7、加工配送

加工配送是指配送和流通加工相结合，通过流通加工后进行配送。

流通加工和配送结合，使流通加工更有针对性，以减少盲目性。配送企业不但可以依靠送货服务取得收益，还可以通过流通加工增值取得收益。

三、配送成本的构成内容

配送是集货、分拣、配载、包装、组配及加工等一系列活动的集合，通过配送，物流活动才得以最终实现。但完成配送活动是需要付出代价的，其表现形态就是配送成本。配送成本是配送过程中所支付费用的总和。

配送成本应由以下费用构成。

（一）配送运输费用

配送运输费用主要有以下方面：

（1）车辆费用　车辆费用指从事配送运输生产而发生的各项费用。具体包括驾驶员及助手的工资及福利费、燃料、轮胎、修理费、折旧费、车船使用税等项目。

（2）营运间接费用　指营运过程中发生的不能直接计入各成本计算对象的站、队经费，包括站、队人员的工资及福利费、办公费、水电费、折旧费等内容。但不包括管理费用。

（二）分拣费用

（1）分拣人工费用　从事分拣工作的作业人员及有关人员的工资、奖金、补贴等费用的总和。

（2）分拣设备费用　分拣机械设备的折旧费用及修理费用。

（三）配装费用

（1）配装材料费用　常见的配装材料有木材、纸、自然纤维和合成纤维、塑料等。这些包装材料功能不同，成本相差很大。

（2）配装辅助费用　除上述费用外，还有一些辅助性费用，如包装标记、标志的印刷，拴挂物费用等的支出等。

（3）配装人工费用　从事配装工作的工人及有关人员的工资、奖金、补贴等费用的总和，即配装人工费用。

（四）流通加工费用

（1）流通加工设备费用　流通加工设备因流通加工形式不同而不同，购置这些设备所支出的费用，以流通加工费用的形式转移到被加工产品中去。

（2）流通加工材料费用　在流通加工过程中，投入到加工过程中的一些材料消耗所需要的费用，即流通加工材料费用。

（3）流通加工人工费用　在流通加工过程中从事加工活动的管理人员、工人及有关人员的工资、奖金等费用的总和。

在实际应用中，应该根据配送的具体流程归集成本，不同的配送模式，其成本构成差异较大。在相同的配送模式下，由于配送物品的性质不同，其成本构成差异也很大。

第二节　配送成本的计算

配送成本费用的核算是多环节的核算，是各个配送环节或活动的集成，在实际核算时，涉及哪一个活动，应当对哪一个配送活动进行核算。配送各个环节的成本费用核算都具有各自的特点，如流通加工费用的核算与配送运输费用的核算具有明显的区别，其成本计算的对象及计算单位都不同。

配送成本费用的计算由于涉及到多环节的成本计算，对每个环节应当单独计算成本计算对象的总成本。总成本是指成本计算期内成本计算对象的成本总额，即各个成本项目金额之和。

配送成本费用总额是由各个环节的总成本组成的。即

配送成本=配送运输成本+分拣成本+配装成本+流通加工成本

需要指出的是，在进行配送成本费用核算时，要避免配送成本费用重复交叉，夸大或减小费用支出，使配送成本费用失去真实性。

一、配送运输成本的计算

（一）配送运输成本项目及内容

配送运输成本是指配送车辆在完成配送货物过程中，所发生的各种车辆费用和配送间接费用。

车辆费用是指配送车辆从事配送生产所发生的各项费用，包括以下项目：

（1）工资　指支付给配送车辆司机的基本工资、附加工资及工资性津贴。

（2）职工福利费　指按规定的工资总数及规定比例计提的职工福利费。

（3）燃料　指配送车辆运行所耗用燃料，如汽油、柴油等费用。

（4）轮胎　指配送车辆耗用的外胎、内胎、垫带等的费用支出以及轮胎的翻新费用和修补费。

（5）修理费　指配送车辆进行各级保养和修理所发生的工料费、修复旧件费用和行车耗用的机油费用。

（6）大修　指配送车辆计提的大修基金，以及车辆大修竣工后调整的费用差异和车辆超、亏大修里程定额差异应调整增减的费用。

（7）折旧　指配送车辆按规定计提的折旧费。

（8）车船使用税　指企业按规定向税务部门交纳的营运车辆使用税。

（9）行车事故损失　指配送车辆在配送过程中，因行车肇事所发生的事故损失。

（10）其他　指不属于以上各项的车辆费用，如行车杂支、随车工具费、防滑链条费、中途故障救济费、司机和助手劳动保护用品费、车辆清洗费、

冬季预热费、由配送方负担的过桥费等。

配送间接费用是指配送运输管理部门，为管理和组织配送运输生产所发生的各项管理费用和业务费用。其包括配送运输管理部门管理人员的工资及福利费；配送运输部门为组织运输生产活动所发生的管理费用及业务费用，如取暖费、水电费、办公费、差旅费、保险费等；配送运输部门用固定资产的折旧费、修理费用；直接用于生产活动，构成营运成本但不能直接计入成本项目的其他费用。

上述车辆费用和配送间接费用构成了配送运输成本项目。配送运输成本在配送总成本构成中所占比例很大，应进行重点管理。

（二）配送运输成本计算方法

配送运输成本的计算方法，是指配送车辆在配送生产过程中所发生的费用，按照规定的成本计算对象和成本项目，计入配送运输成本的方法。其数字来源如下：

（1）工资及职工福利费　根据“工资分配汇总表”和“职工福利费计算表”中各车型分配的金额计入成本。

（2）燃料　根据“燃料发出凭证汇总表”中各车型耗用的燃料金额计入成本。配送车辆在本企业以外的油库加油，其领发数量不作为企业购入和发出处理的，应在发生时按照配送车辆领用数量和金额计入成本。

（3）轮胎　轮胎外胎采用一次摊销法的，根据“轮胎发出凭证汇总表”中各车型领用的金额计入成本；采用按行驶胎公里提取法的，根据“轮胎摊提费计算表”中各车型应负担的摊提额计入成本。发生轮胎翻新费时，根据付款凭证直接计入各车型成本或通过待摊费用分期摊销。内胎、垫带根据“材料发出凭证汇总表”中各车型领用金额计入成本。

（4）修理费　辅助生产部门对配送车辆进行保养和修理的费用，根据“辅助营运费用分配表”中分配各车型的金额计入成本。

（5）折旧　根据“固定资产折旧计算表”中按照车辆种类提取的折旧金额计入各分类成本。

（6）车船使用税、行车事故损失和其他费用　如果是通过银行转账、应付票据、现金支付的，根据付款凭证等直接计入有关车辆成本；如果是在企业仓库内领用的材料物资，根据“材料发出凭证汇总表”、“低值易耗品发出凭证汇总表”中各车型领用的金额计入成本。

（7）营运间接费用　根据“营运间接费用分配表”计入有关配送车辆成本。

（三）配送运输成本计算表

物流配送企业月末应编制配送运输成本计算表，以反映配送运输总成本和单位成本。

配送运输总成本是指成本计算期内成本计算对象的成本总额，即各个成本项目金额之和。单位成本是指成本计算期内各成本计算对象完成单位周转量的成本额。按各成本计算对象计算的成本降低额，是指用该配送运输成本的上年度实际单位成本乘以本期实际周转量计算的总成本，减去本期实际总成本的差额。它是反映该配送运输成本由于成本降低所产生的节约金额的一项指标。

按各成本计算对象计算的成本降低率，是指该配送运输成本的降低额，与上年度实际单位成本乘以本期实际周转量计算的总成本之比的百分比，它是反映该配送运输成本降低幅度的一项指标。

各成本计算对象的成本降低额和成本降低率的计算公式为

$$成本降低额=\frac{上年度实际}{单位成本}\times\frac{本期实际}{周转量}-\frac{本期实际}{总成本}$$

$$成本降低率=\frac{成本降低额}{上年度实际单位成本\times本期实际周转量}\times100\%$$

配送运输成本计算表的格式见表 9-1。

表 9-1　配送运输成本计算表

编制单位：　　　　　　　　　年　　　月份　　　　　　（单位：元）

项　目	计算依据	配送车辆合计	配送营运车辆								
			解放	东风	…	…	…	…	…	…	…
一、车辆费用											
工资											
职工福利费											
燃料											
轮胎											
修理费											
折旧											
车船使用税											
运输管理费											
行车事故损失											
其他											
二、营运间接费用											
三、配送运输总成本											
四、周转量/千吨公里											
五、单位成本/（元/千吨公里）											
六、成本降低率（%）											

二、分拣成本的核算

分拣成本是指分拣机械及人工在完成货物分拣过程中所发生的各种费用。

（一）分拣成本项目和内容

1、分拣直接费用

（1）工资　指按规定支付给分拣作业工人的标准工资、奖金、津贴等。

（2）职工福利费　指按规定的工资总额和提取标准计提的职工福利费。

（3）修理费　指分拣机械进行保养和修理所发生的工料费用。

（4）折旧　指分拣机械按规定计提的折旧费。

（5）其他　指不属于以上各项的费用。

2、分拣间接费用

分拣间接费用是指配送分拣管理部门为管理和组织分拣生产，需要由分拣成本负担的各项管理费用和业务费用。

上述分拣直接费用和间接费用构成了配送环节的分拣成本。

（二）分拣成本的计算方法

配送环节分拣成本的计算方法，是指分拣过程所发生的费用，按照规定的成本计算对象和成本项目，计入分拣成本的方法。

（1）工资及职工福利费　根据“工资分配汇总表”和“职工福利费计算表”中分配的金额计入分拣成本。

（2）修理费　辅助生产部门对分拣机械进行保养和修理的费用，根据“辅助生产费用分配表”中分配的金额计入成本。

（3）折旧　根据“固定资产折旧计算表”中按照分拣机械提取的折旧金额计入成本。

（4）其他　根据“低值易耗品发出凭证汇总表”中分拣成本领用的金额计入成本。

（5）分拣间接费用　根据“配送管理费用分配表”计入分拣成本。

（三）分拣成本计算表

物流配送企业月末应编制配送分拣成本计算表，以反映配送分拣总成本。

配送分拣总成本是指成本计算期内分拣作业成本计算对象的成本总额，即各个成本项目金额之和。分拣成本可用表 9-2 进行计算。

表 9-2　分拣成本计算表

编制单位：　　　　年　　月份　　　　（单位：元）

项　目	计算依据	合　计	分拣品种				
			货物甲	货物乙	…	…	…
一、分拣直接费用							
工资							
职工福利费							
修理费							
折旧							
其他							
二、分拣间接费用							
分拣总成本							

三、配装成本的核算

配装成本是指在完成配装货物过程中所发生的各种费用。

（一）配装成本项目和内容

1. 配装直接费用

（1）工资　指按规定支付的配装作业工人的标准工资、奖金、津贴。

（2）职工福利费　指按规定的工资总额和提取标准计提的职工福利费。

（3）材料　指配装过程中消耗的各种材料，如包装纸、箱、塑料等。

（4）辅助材料　指配装过程中耗用的辅助材料，如标志、标签等。

（5）其他　指不属于以上各项的费用，如配装工人的劳保用品费等。

2. 配装间接费用

配装间接费用是指配送配装管理部门为管理和组织配装生产，需由配装成本负担的各项管理费用和业务费用。

上述配装直接费用和配装间接费用构成了配装成本。

（二）配装成本的计算方法

配送环节的配装活动是配送的独特要求，其成本的计算方法，是指配装过程中所发生的费用，按照规定的成本计算对象和成本项目，计入配装成本的方法。

（1）工资及职工福利费　根据“工资分配汇总表”和“职工福利费计算表”中分配的配装成本的金额计入成本。

计入产品成本中的直接人工费用的数额，是根据当期“工资结算汇总表”

和“职工福利费计算表”来确定的。

“工资结算汇总表”是进行工资结算和分配的原始依据。它是根据“工资结算单”按人员类别（工资用途）汇总编制的。“工资结算单”应当依据职工工作卡片、考勤记录、工作量记录等工资计算的原始记录编制。

“职工福利费计算表”是依据“工资结算汇总表”确定的各类人员工资总额，按照规定的提取比例计算后编制的。

（2）材料费用　根据“材料发出凭证汇总表”、“领料单”及“领料登记表”等原始凭证，将配装成本耗用的金额计入成本。

在直接材料费用中，材料费用数额是根据全部领料凭证汇总编制“耗用材料汇总表”确定的；在归集直接材料费用时，凡能分清某一成本计算对象的费用，应单独列出，以便直接计入该配装对象的产品成本计算单中；属于几个配装成本对象共同耗用的直接材料费用，应当选择适当的方法，分配计入各配装成本计算对象的成本计算单中。

（3）辅助材料费用　根据“材料发出凭证表”、“领料单”中的金额计入成本。

（4）其他费用　根据“材料发出凭证汇总表”、“低值易耗品发出凭证”中配装成本领用的金额计入成本。

（5）配装间接费用　根据“配送间接费用分配表”计入配装成本。

（三）配装成本计算表

物流配送企业月末应编制配装成本计算表，以反映配装总成本。

配装作业是配送的独特要求，只有进行有效的配装，才能提高送货水平，降低送货成本。表 9-3 为配装成本计算表。

表 9-3　配装成本计算表

编制单位：　　　　　　　　年　　月份　　　　　　　（单位：元）

项　目	计算依据	合　计	配装品种			
			货物甲	货物乙	…	…
一、配装直接费用						
工资						
职工福利费						
材料费						
辅助材料费						
其他						
二、配装间接费用						
配装总成本						

四、流通加工成本的核算

（一）流通加工成本项目和内容

1、直接材料费用

流通加工的直接材料费用，是指对流通加工产品加工过程中直接消耗的材料、辅助材料、包装材料以及燃料和动力等。与工业企业相比，流通加工过程中的直接材料费用，占流通加工成本的比例不大。

2、直接人工费用

流通加工成本中的直接人工费用，是指直接进行加工生产的生产工人的工资总额和按工资总额提取的职工福利费。生产工人工资总额包括计时工资、计件工资、奖金、津贴和补贴、加班工资、非工作时间的工资等。

3、制造费用

流通加工制造费用是物流中心设置的生产加工单位，为组织和管理生产加工所发生的各项间接费用。它主要包括流通加工生产单位管理人员的工资及提取的福利费，生产加工单位房屋、建筑物、机器设备等的折旧和修理费，生产单位固定资产租赁费、机物料消耗、低值易耗品摊销、取暖费、水电费、办公费、差旅费、保险费、检验费、季节性停工和机器设备修理期间的停工损失，以及其他制造费用。

（二）流通加工成本项目的归集

1、直接材料费用的归集

在直接材料费用中，材料和燃料费用数额是根据全部领料凭证汇总编制“耗用材料汇总表”确定的；外购动力费用是根据有关凭证确定的。

在归集直接材料费用时，凡能分清某一成本计算对象的费用，应单独列出，以便直接计入该加工对象的产品成本计算单中；属于几个加工成本对象共同耗用的直接材料费用，应当选择适当的方法，分配计入各加工成本计算对象的成本计算单中。

2、直接人工费用的归集

计入产品成本中的直接人工费用的数额，是根据当期“工资结算汇总表”和“职工福利费计算表”来确定的。

“工资结算汇总表”是进行工资结算和分配的原始依据。它是根据“工资结算单”按人员类别（工资用途）汇总编制的。“工资结算单”应当依据职工工作卡片、考勤记录、工作量记录等工资计算的原始记录编制。

“职工福利费计算表”是依据“工资结算汇总表”确定的各类人员工资总

额，按照规定的提取比例计算后编制的。

3、制造费用的归集

制造费用是通过设置制造费用明细账，按照费用发生的地点来归集的。制造费用明细账按照加工生产单位开设，并按费用明细账项目设专栏组织核算。流通加工制造费用明细账的格式可以参考工业企业的制造费用明细账的一般格式。由于流通加工环节的折旧费用、固定资产修理费用等占成本比例较大，其费用归集尤其重要。

（三）流通加工成本计算表

物流配送企业月末应编制流通加工成本计算表，以反映流通加工总成本和单位成本。

配送环节的流通加工总成本是指成本计算期内成本计算对象的成本总额，即各个成本项目金额之和。表 9-4 为流通加工成本计算表。

表 9-4 流通加工成本计算表

编制单位： 年 月份 （单位：元）

项目	计算依据	合计	流通加工品种			
			产品甲	产品乙	…	…
直接材料费用						
直接人工费用						
制造费用						
合计						

第三节 配送成本控制与分析

一、配送成本控制的意义与方法

（一）配送成本控制的意义

物流成本主要包括仓储成本、运输成本、装卸搬运成本、流通加工成本、包装成本、配送成本、物流信息管理成本等七部分，其中配送成本比例相对较高，约占 35%～60%。所以，控制配送成本对降低整个物流成本、提高物流效益有极大贡献。

配送成本控制是指在配送经营过程中，按照规定的标准调节影响成本的各种因素，使配送各环节生产耗费控制在预定的范围内。

配送企业所取得的收入是通过降低配送过程中成本费用，和客户一起共同分享这一节约的利润。配送成本控制不仅是客户考虑的内容，也是配送企业考虑的内容，因此，进行配送成本控制显得尤为重要。由于配送是一个多环节物流活动的集成，在实际运行中会有一些不合理的情况出现。不合理配送的表现形式主要有：

（1）资源筹措的不合理 配送是通过筹措资源的规模效益来降低资源筹措成本，使配送资源筹措成本低于客户自己筹措资源成本，从而取得优势。如果不是集中多个客户需要进行批量筹措资源，而仅仅是为某一两个用户代购代筹，对客户来讲，不但不能降低资源筹措费用，相反却要多支付一笔配送企业的代办费，显然是不合理的。

（2）库存决策不合理 配送应实现集中库存总量低于各客户分散库存总量，从而大大节约社会财富，同时降低客户实际平均分摊库存负担。因此，配送企业必须依靠科学管理来实现一个低总量的库存，否则仅仅是库存转移，而未解决库存降低的不合理现象。

（3）价格不合理 总的来讲，配送的价格应低于客户自己完成物流活动的总和，这样才会使客户有利可图；有的时候，由于配送有较高的服务水平，价格较高，客户是可以接受的，但这不是普遍的原则。如果配送价格普遍高于客户自己的进货价格，就可能损害了客户的利益，就是一种不合理的表现。价格制定过低，使配送企业处于无利或亏损状态下运行，会损伤配送企业自身，也是不合理的。

（4）送货中的不合理运输 配送与客户自提比较，尤其对于多个小客户来讲，可以集中配装一车送几家，这比一家一户自提，可大大节省运力和运费。如果不能利用这一优势，仍然是一户一送，或选线不合理，就会致使车辆实载率偏低，造成运力的浪费。

以上几种不合理的配送形式，都会增加配送的成本费用，会使配送企业丧失成本领先的竞争优势。

另外，配送成本是物流多环节的成本费用组成的，对配送成本控制也是对各环节成本的分项控制。所以对配送成本的控制要有系统的观点，使配送成本费用控制在预定范围内。

（二）配送成本控制的方法

配送成本控制方法包括绝对成本控制法和相对成本控制法。

1. 绝对成本控制

绝对成本控制是把成本支出控制在一个绝对金额以内的成本控制方法。绝对成本控制就是从节约各种费用支出、杜绝浪费的途径进行配送成本控制，要求把营运过程中发生的各环节的一切费用支出，都列入成本控制范围。标准成本和预算控制是绝对成本控制的主要方法。

2、**相对成本控制**

相对成本控制是通过成本与产值、利润、质量和功能等因素的对比分析，寻求在一定制约因素下取得最优经济效益的一种控制方法。

相对成本控制扩大了配送成本控制领域，要求配送企业在降低配送成本的同时，充分注意与成本关系密切的因素，诸如配送产品结构、项目结构、配送服务水平等方面的工作，目的在于提高控制成本支出的效益，即减少单位产品成本投入，提高整体经济效益。

二、配送成本控制的基本程序

（一）制定控制标准

成本控制标准是控制成本费用的重要依据，物流配送成本标准的制定，应按实际的配送环节分项制定，不同的配送环节，其成本项目是不同的。制定配送作业的成本控制标准，业务数量标准通常由技术部门研究确定；费用标准由财务部门和有关责任部门研究确定，同时尽可能吸收负责执行标准的职工参加各项标准的制定，从而使所制定的标准符合实际配送活动的要求。

（二）揭示成本差异

成本的控制标准制定后要与实际费用比较，及时揭示成本差异。差异的计算与分析也要与所制定的成本项目进行比较。

（三）成本反馈

在成本控制中，成本差异的情况要及时反馈到有关部门，以便及时控制与纠正。

三、配送各环节成本控制的选择

配送各环节的成本控制应该在控制配送总成本的基础上分项控制，由于各环节的成本项目差异很大，在选用成本控制标准时应遵循合适的原则，对不同的环节应采用不同的成本控制标准。

配送运输环节的作业具有汽车运输的特点，受驾驶水平、道路条件、车辆性能的影响。尽管配送运输一般按优化的配送路线进行配送，但其不确定因素很多，因此，对配送运输成本的控制应选择计划成本控制。对配送运输成本应建立定额管理制度，技术经济定额如行车燃料消耗定额、轮胎使用胎公里定额、大修和各级保养间隔里程定额以及各种配件材料消耗定额和车辆保修费定额与工时定额等，这些定额是进行成本计划管理的依据。

配送的流通加工环节、分拣环节及配装环节应采用标准成本控制，虽然各环节成本项目具有一定差异，但控制标准可按直接材料费用、直接人工费用和制造费用分别制定。执行每一项控制标准都要考虑数量与单价两个基本因素。

（一）标准成本的制定

物流配送流通加工等环节的标准成本，应按配送的实际环节制定，在进行标准成本制定过程中要充分考虑各环节的实际情况。流通加工等环节的标准成本，业务数量标准通常由技术部门研究确定；费用标准由财务部门和有关责任部门研究确定，同时尽可能吸收负责执行标准的职工参加各项标准的制定，从而使所制定的标准符合实际配送活动的要求。

配送各环节标准成本可按直接材料、直接工资、制造费用等项目制定，用“标准消耗量×标准价格”的公式来确定。之所以要这样做，有两个原因：第一，数量和价格区分开来便于分析“量差”和“价差”对成本的影响，以便分清责任。例如，材料用量差异，通常是作业部门的责任。第二，数量和价格分离开来便于修订标准成本，只要用标准消耗量乘以新的单位标准价格的简便方法即可求得。

标准成本可按直接材料、直接人工和制造费用三个成本项目分别制定。

1. 直接材料标准成本的制定

配送成本构成中的直接材料标准成本的制定，一方面应从技术部门取得各作业过程的技术文件，提供各作业过程所需各种材料的消耗量（如配送流通加工成本中的加工材料的消耗量）；另一方面，应从供应部门取得每种材料的标准单价，主要包括运杂费和购价等。把各种材料的标准消耗量乘其标准单价，就可以求得配送各环节直接材料的标准成本。

直接材料标准成本计算公式为

配送各环节直接材料标准成本=直接材料标准数量×直接材料标准价格

2. 直接人工标准成本的制定

计算各环节直接人工的标准成本，其中标准工作时间，一般是通过“时间和动作研究”，按产品的加工工序、搬运装卸工序、拣选及配装工序等来制定。这个标准时间，除了包括直接作业时间外，还要考虑工人必要的间歇和停工时间。“标准价格”是确定作业工人工资标准成本的另一因素，它一般是采用预算工资率，即每一标准工时应分配的工资，乘以职工工时标准为基础来确定。各工序消耗的标准时间，由各作业部门和工程技术部门来提供，预算工资率一般由人力资源部门来提供。

直接人工标准成本计算公式为

配送某环节直接人工标准成本=直接人工标准数量×直接人工标准价格

3、制造费用标准成本的制定

制造费用标准成本的制定，需考虑数量标准与费用率标准两个因素。制造费用的数量标准是指正常生产条件下生产单位产品所需的标准工作时间；制造费用的费用率标准，是指每标准工时所负担的制造费用。制造费用分为固定性制造费用预算和变动性制造费用预算两部分。费用率标准的计算公式为

固定性制造费用标准分配率=固定性制造费用预算÷标准总工时

变动性制造费用标准分配率=变动性制造费用预算÷标准总工时

根据制造费用用量和费用分配率标准，制造费用标准成本的计算公式为

固定性制造费用标准成本=固定性制造费用分配率×标准工时

变动性制造费用标准成本=变动性制造费用分配率×标准工时

（二）标准成本差异分析

标准成本差异是标准成本同实际成本的差额。实际成本低于标准成本的差异为节约差异，实际成本高于标准成本的差异为超支差异。由于标准成本是根据消耗数量与价格两个基本因素计算的，因而差异的分析，也要从消耗数量与价格两个因素入手。

1、直接材料成本差异分析

直接材料成本差异分析，分为直接材料数量差异和直接材料价格差异。

直接材料数量差异是直接材料实际耗用量同标准用量之间的差异。其计算公式为

直接材料数量差异=（实际数量–标准数量）×标准价格

出现差异之后要进行差异分析，并及时采取纠偏措施。造成数量差异的主要原因有用料上的浪费和质量事故造成的材损等，同时要考虑采购部门购入材料的质量及仓储保管质量。

直接材料价格差异是指直接材料的实际价格同标准价格之间的差异。计算公式为

直接材料价格差异=（实际价格–标准价格）×实际数量

例：某配送车间 A 产品本月实际产量为 120 件，材料消耗标准用量为 10 千克，每千克标准价格为 50 元，实际材料耗用量为 1 100 千克，实际单价为 51 元。其实际材料标准成本差异计算如下：

直接材料的实际成本=1 100 千克×51 元/千克=56 100 元

直接材料的标准成本=120 件×10 千克×50 元/千克=60 000 元

直接材料成本差异=56 100 元−60 000 元=−3 900 元

其中

直接材料数量差异=（1 100−120×10）千克×50 元/千克=−5 000 元

直接材料价格差异=（51−50）元/千克×1 100 千克=1 100 元

材料价格差异由采购部门负责。造成价格差异的原因，一般是市场价格的变化、采购批量的增减、采购费用的升降等。

2、直接人工差异分析

直接人工差异分析，分为直接人工效率差异和直接人工工资率差异分析。直接人工效率差异，是指直接人工实际工作时间数同其标准工作时间数之间的差异。计算公式为

直接人工效率差异=（实际工时−标准工时）×标准工资率

直接人工工资率差异，是指直接人工实际工资率与标准工资率之间的差异。计算公式为

直接人工工资率差异=（实际工资率−标准工资率）×实际工时

造成直接人工成本差异的原因主要有：工资水平的提高、工艺改进引起工时的变化、劳动生产率的升降等。

例：某配送车间 A 作业直接人工成本差异计算如表 9-5。

表 9-5 直接人工成本差异计算表

项　目	工时数/小时	工资率/（元/小时）	金额/元
标准成本	5 200	11.8	61 360
实际成本	5 000	12.6	63 000
工资率差异	（5 000×12.6）−（5 000×11.8）=4 000 元		
效率差异	（5 000×11.8）−（5 200×11.8）=−2 360 元		
直接人工成本差异	4 000+（−2 360）=1 640 元		

3、制造费用差异分析

制造费用差异是制造费用的实际发生额与标准发生额之间的差异，制造费用一部分与当期生产量发生联系，而大部分则与企业的生产规模发生联系。因此，对制造费用差异分析，要按变动性制造费用与固定性制造费用进行分析。

对变动性制造费用差异分析，要包含效率差异与耗用差异两部分进行分析。计算公式为

变动性制造费用耗用差异=（实际分配率–标准分配率）×实际工时

变动性制造费用效率差异=（实际工时–标准工时）×标准分配率

例：某配送作业变动性制造费用实际发生额为 7 540 元，实际耗用直接工时 1300 小时，作业量 120 000 件，单位作业标准工时为 0.01 小时/件，变动性制造费用标准分配率为 6 元/小时，变动性制造费用差异计算如下：

变动性制造费用耗费差异=7 540 元–1 300 小时×6 元/小时=–260 元

变动性制造费用效率差异=1 300 小时×6 元/小时–0.01 小时/件×120 000 件×6 元/小时=600 元

变动性制造费用总差异=–260 元+600 元=340 元

固定性制造费用数额的大小，一般与一定的生产规模相联系，故对固定性制造费用差异的分析，需要从耗用差异、效率差异两方面进行分析。计算公式为

$$\text{固定性制造费用耗用差异}=\text{固定性制造费用实际发生额}-\text{固定性制造费用预算数}$$

$$\text{固定性制造费用效率差异}=\text{固定性制造费用预算数}-\text{实际产量标准工时}\times\text{固定性制造费用标准分配率}$$

例：某配送作业的固定性制造费用预算成本为 30 000 元，预算直接人工 1 000 小时，单位作业标准工时为 0.01 小时/件，固定性制造费用标准分配率为 30 元/小时，预算作业量 100 000 件，实际作业量为 90 000 件，实际发生固定性制造费用为 28 700 元。固定性制造费用差异计算如下：

固定性制造费用耗费差异=28 700 元–30 000 元=–1 300 元

固定性制造费用效率差异=30 000 元–30 元/小时×0.01 小时/件×90 000 件=3 000 元

固定性制造费用总差异=–1 300 元+3 000 元=1 700 元

四、配送成本分析

配送成本分析的方法多种多样，具体选用哪种方法，取决于企业成本分析的目的、费用和成本形成的特点、成本分析所依据的资料性质等。配送成本是由多环节的成本组成的，因此，对配送成本的分析也应当按照各环节成本进行分项分析，通过分析能够真正揭示配送费用预算和成本计划的完成情况，查明影响计划或预算完成的各种因素变化的影响程度，寻求降低成本、

节约费用的方法。

现以配送环节的配送运输成本为例进行分析。配送运输成本汇总表是反映配送运输环节在一定时期（年、季、月）的成本的构成、成本的水平和成本计划执行情况的综合性指标报表。利用配送运输成本汇总表，可以分析、考核各项计划执行情况和各种消耗定额完成情况，研究降低成本的途径，从而不断改善经营管理，提高配送盈利水平。

（一）配送运输成本汇总表的结构、内容和编制方法

配送运输成本汇总表是总括反映配送部门在月份、季度、年度内配送车辆成本的构成、水平和成本计划执行结果的报表，见表 9-6。配送运输成本汇总表是月报，表内列有配送车辆的车辆费用和配送间接费用及各成本项目的计划数、本月实际数和本年累计实际数。计划数只在 12 月份填列，实际数根据“配送支出”账户明细账月终余额填列。周转量根据统计部门提供的资料填列。成本降低额和成本降低率按下式计算：

$$\text{配送运输成本降低额}=\text{配送车辆上年实际单位成本}\times\text{本年配送实际周转量}-\text{本年配送实际总成本}$$

$$\text{配送运输成本降低率}=\frac{\text{配送成本降低额}}{\text{配送车辆上年实际单位成本}\times\text{本年实际配送周转量}}\times100\%$$

表 9-6　配送运输成本汇总表

编制单位：　　　　　　　　　年　　月份　　　　　　　　（单位：元）

项　目	行　次	计　划　数	本期实际数	本年累计实际数
一、车辆费用	1	5 217 100		5 139 188
1．工资	2	258 700		258 265
2．职工福利基金	3	28 700		28 696
3．燃料	4	2 673 000		2 637 771
4．轮胎	5	462 000		455 372
5．保修	6	851 200		835 996
6．大修	7	487 000		477 960
7．折旧	8	394 500		380 938
8．行车事故损失	11	32 000		34 240
9．其他	12	30 000		29 950
二、配送运输管理费用	13	967 000		933 254
三、配送总成本	14	6 184 100		6 072 442

（续）

项　　目	行　次	计　划　数	本期实际数	本年累计实际数
四、周转量（千吨公里）	15	43 452		43 395. 134
五、单位成本（元/千吨公里）	16	142.32		139.93
六、成本降低额	17	65 601		168 684
七、成本降低率（%）	18	1.05%		2.73
补充资料（年表填列）	19	—		—
上年周转量（千吨公里）	20	—		42 689. 642
上年单位成本（元/千吨公里）	21	—		143.83
总行程（千车公里）	22	115		10 999
燃料消耗汽油柴油：（升/百吨）	23	7.3		7.36
历史最好水平：单位成本（元/千吨公里）	24	—	—	（略）

表 9-6 中还要列出一些“补充资料”，包括上年配送运输总成本、上年周转量及配送总行程等项目，以供进行成本分析之用。

（二）配送运输成本汇总表的分析

配送运输成本汇总表的一般分析，主要是根据表中所列数值，采用比较分析法，计算比较本年计划、本年实际与上年实际成本升降情况，结合有关统计、业务、会计核算资料和其他调查研究资料，查明成本水平变动原因，提出进一步降低成本的意见。

现以表 9-6 所列数值为例进行分析：

（1）本年度计划配送运输成本要求比上年实际降低 1.05%，成本降低额 65 601 元。实际成本降低 168 684 元，成本降低率 2.73%。成本降低额大幅度超过计划要求，配送单位成本的降低是主要原因。

（2）车辆费用和配送间接费用的实际数均低于计划数，表明企业在节约开支方面是有成绩的。

（3）行车事故损失，计划数为 32 000 元，实际数为 34 240 元。虽然实际数与计划数相差不大，但应引起重视，仔细分析原因。

配送运输成本的这种一般分析，只能了解成本水平升降的概略情况，为了进一步揭示成本变动的具体原因，还需要从以下几个方面作比较深入的分析：① 各种燃料、材料价格和一些费用比率（如折旧率、大修理基金提存率等）变动对成本水平的影响；② 各项消耗定额和费用开支标准变动对成本水平的影响；③ 配送车辆数及其载重量变动和车辆运用效率高低对成本水平的影响等。

【复习思考题】

1. 简述配送作业流程。

2．简述配送成本构成。

3．如何降低配送成本？

4．为什么配送各环节成本没有统一、标准的计算方法？

5．为什么要对配送各环节成本进行分项控制？

【练习题】

一、某配送车间 A 产品本月实际产量为 500 件，材料消耗标准用量为 2 千克，每千克标准价格为 100 元，实际材料耗用量为 900 千克，每千克实际单价为 110 元。计算分析直接材料的数量差异与价格差异。

二、某配送车间 A 作业直接人工成本差异数据如表 9-7 所示，据其数据计算工资率差异、效率差异与直接人工成本差异，并填列表 9-7 内。

表 9-7　直接人工成本差异计算表

项　　目	工时数/小时	工资率/（元/小时）	金额/元
标准成本	4 000	10	40 000
实际成本	4 100	11	45 100
工资率差异			
效率差异			
直接人工成本差异			

三、某配送作业变动性制造费用实际发生额为 5 000 元，实际耗用直接工时 2 200 小时，作业量 4 000 件，单位作业标准工时 0.5 小时/件，变动性制造费用标准分配率为 1.30 元/件。试分析计算变动性制造费用差异。

四、某配送作业的固定性制造费用预算成本为 15 000 元，预算直接人工 2 000 小时，单位作业标准工时为 0.2 小时/件，固定性制造费用标准分配率为 7.50 元/小时，预算作业量 10 000 件，实际作业量为 11 000 件，实际发生固定性制造费用为 24 000 元。试分析计算固定性制造费用差异。

【阅读资料】降低配送成本的五种策略

配送是按用户的订货要求，在物流据点进行分货、配货工作，并将配好之货送交收货人的活动。它是流通加工、整理、拣选、分类、配货、装配、运送等一系列活动的集合。通过配送，才能最终使物流活动得以实现，而且，配送活动增加了产品价值，有助于提高企业的竞争力。但完成配送活动是需要付出代价的，即需配送成本。配送管理的目标是在满足一定的顾客服务水平与配送成本之间寻求平衡，即在一定的配送成本下尽量提高顾客服务水平，或在一定的顾客服务水平下使配送成本最小。本文着重介绍在一定的顾客服务水平下使配送成本最小的五种策略。

（1）混合策略　混合策略是指配送业务一部分由企业自身完成。这种策略的基本思想是：尽管采用纯策略（即配送活动要么全部由企业自身完成，要么完全外包给第三方物流完成）易形成一定的规模经济，并使管理简化，但由于产品品种多变、规格不一、销量不等等情况，采用纯策略的配送方式超出一定程度不仅不能取得规模效益，反而还会造成规模不经济。而采用混合策略，合理安排企业自身完成的配送和外包给第三方物流完成的配送，能使配送成本最低。例如，美国一家干货生产企业为满足遍及全美的 1 000 家连锁店的配送需要，建造了 6 座仓库，并拥有自己的车队。随着经营的发展，企业决定扩大配送系统，计划在芝加哥投资 700 万美元再建一座新仓库，并配以新型的物料处理系统。该计划提交董事会讨论时，却发现这样不仅成本较高，而且就算仓库建起来也还是满足不了需要。于是，企业把目光投向租赁公共仓库，结果发现，如果企业在附近租用公共仓库，增加一些必要的设备，再加上原有的仓储设施，企业所需的仓储空间就足够了，总投资只需 20 万美元的设备购置费，10 万美元的外包运费，加上租金，也远没有 700 万美元之多。

（2）差异化策略　差异化策略的指导思想是：产品特征不同，顾客服务水平也不同。

当企业拥有多种产品线时，不能对所有产品都按同一标准的顾客服务水平来配送，而应按产品的特点、销售水平，来设置不同的库存、不同的运输方式以及不同的储存地点，忽视产品的差异性会增加不必要的配送成本。例如，一家生产化学品添加剂的公司，为降低成本，按各种产品的销售量比重进行分类：A 类产品的销售量占总销售量的 70%以上；B 类产品占 20%左右；C 类产品占 10%左右。对 A 类产品，公司在各销售网点都备有库存；B 类产品只在地区分销中心备有库存而在各销售网点不备有库存；C 类产品连地区分销中心都不设库存，仅在工厂的仓库才有存货。经过一段时间的运行，事实证明这种方法是成功的，企业总的配送成本下降了 20%之多。

（3）合并策略　合并策略包含两个层次：一是配送方法上的合并；另一个则是共同配送。

1）配送方法上的合并。企业在安排车辆完成配送任务时，充分利用车辆的容积和载重量，做到满载满装，这是降低成本的重要途径。由于产品品种繁多，不仅包装形态、储运性能不一，在容重方面，也往往相差甚远。车上如果只装容重大的货物，往往是达到了载重量，但容积空余很多；只装容重小的货物则相反，看起来车装得满，可实际上并未达到车辆载重量。这两种情况实际上都造成了浪费。实行合理的轻重配装、容积大小不同的货物搭配装车，就可以不但在载重方面达到满载，而且也能充分利用车辆的有效容积，取得最优效果。最好是借助电脑计算货物配车的最优解。

2）共同配送。共同配送是一种产权层次上的共享，也称集中协作配送。它是几个企业联合集小量为大量共同利用同一配送设施的配送方式，其标准运作形式是：在中心机构的统一指挥和调度下，各配送主体以经营活动（或以资产为纽带）联合行动，在较大的地域内协调运作，共同对某一个或某几个客户提供系列化的配送服务。这种配送有两种情况：一是中小型生产、零售企业之间分工合作实行共同配送，即同一行业或在同一地区的中小型生产、零售企业单独进行配送的运输量少、效率低的情况下进行联合配送，不仅可减少企业的配送费用，配送能力得到互补，而且有利于缓和城市交通拥挤，提高配送车辆的利用率；第二种是几个中小型配送中心之间的联合，针对某一地区的用户，由于各配送中心所配物资数量少、车辆利用率低等原因，几个配送中心将用户所需物资集中起来，共同配送。

（4）延迟策略　传统的配送计划安排中，大多数的库存是按照对未来市场需求的预测量设置的，这样就存在着预测风险，当预测量与实际需求量不符时，就出现库存过多或过少的情况，从而增加配送成本。延迟策略的基本思想就是对产品的外观、形状及其生产、组装、配送应尽可能推迟到接到顾客订单后再确定。一旦接到订单就要快速反应，因此采用延迟策略的一个基本前提是信息传递要非常快。一般说来，实施延迟策略的企业应具备以下几个基本条件：① 产品特征：模块化程度高，产品价值密度大，有特定的外形，产品特征易于表述，定制后可改变产品的容积或重量；② 生产技术特征：模块化产品设计、设备智能化程度高、定制工艺与基本工艺差别不大；③ 市场特征：产品生命周期短、销售波动性大、价格竞争激烈、市场变化大、产品的提前期短。

实施延迟策略常采用两种方式：生产延迟（或称形成延迟）和物流延迟（或称时间延迟），而配送中往往存在着加工活动，所以实施配送延迟策略既可采用形成延迟方式，也可采用时间延迟方式。具体操作时，常常发生在诸如贴标签（形成延迟）、包装（形成延迟）、装配（形成延迟）和发送（时间延迟）等领域。美国一家生产金枪鱼罐头的企业就通过采用延迟策略改变配送方式，降低了库存水平。历史上这家企业为提高市场占有率曾针对不同的市场设计了几种标签，产品生产出来后运到各地的分销仓库储存起来。由于顾客偏好不一，几种品牌的同一产品经常出现某种品牌因畅销而缺货，而另一些品牌却滞销压仓。为了解决这个问题，该企业改变以往的做法，在产品出厂时都不贴标签就运到各分销中心储存，当接到各销售网点的具体订货要求后，才按各网点指定的品牌标志贴上相应的标签，这样就有效地解决了此缺彼涨的矛盾，从而降低了库存。

（5）标准化策略　标准化策略就是尽量减少因品种多变而导致附加配送成本，尽可能多地采用标准零部件、模块化产品。如服装制造商按统一规格生产服装，直到顾客购买时才按顾客的身材调整尺寸大小。采用标准化策略要求厂家从产品设计开始就要站在消费者的立场去考虑怎样节省配送成本，而不要等到产品定型生产出来了才考虑采用什么技巧降低配送成本。

第十章　装卸搬运成本管理

【学习目的】

通过本章的学习，了解装卸搬运成本项目及其内容构成，初步掌握装卸搬运成本的计算方法和装卸搬运成本分析的基本方法。

第一节　装卸搬运成本的构成

一、装卸搬运的概念

所谓的装卸是指物品在指定地点以人力或机械装入或卸下运输设备。

装卸是物流过程中保管物资和运输两端物资的处理活动，具体来说，包括物资的装载、卸货、移动、货物堆码上架、取货、备货、分拣等作业以及附属于这些活动的作业。

与装卸相类似的词汇还有搬运，一般来说搬运是指物体横向或斜向的移动，而装卸是指上下方向的移动。广义的装卸则包括了搬运活动。

此外，搬运与运输的区别主要是物体的活动范围不同。运输活动是在物流节点之间进行，而搬运则是在物流节点内进行，而且是短距离的移动。

装卸活动是物流各项活动中出现频率最高的一项作业活动，装卸活动效率的高低，会直接影响到物流整体效率。虽然装卸活动本身并不产生效用和价值，但是装卸活动对劳动力的需求量大，需要使用装卸设备，因此物流成本中装卸费用所占的比重较大。

二、企业装卸搬运作业形式

（一）按作业场所分类

企业装卸搬运按作业场所不同基本上可以分为以下三类：

（1）车间装卸搬运　指在车间内部工序间进行的各种装卸搬运活动，如原材料、在制品、半成品、零部件、产成品等的取放、分拣、包装、堆码、输送等作业。

（2）站台装卸搬运　指在企业车间或仓库外的站台上进行的各种装卸搬运活动，如装车、卸车、集装箱装箱与掏箱、搬运等作业。

（3）仓库装卸搬运　指在仓库、堆场、物流中心等处的装卸搬运活动，如堆码取拆、分拣配货、挪动、移位等作业。

（二）按操作特点分类

（1）堆码取拆作业　包括在车间内、仓库内、运输工具内的堆码和拆垛作业。

（2）分拣配货作业　指按品种、用途、到站、去向、货主等不同特征进行分拣货物作业。

（3）挪动移位作业　指单纯地改变货物的水平空间位置的作业。

（三）按作业方式分类

（1）吊装吊卸法（垂直装卸法）　主要是使用各种起重机械，以改变货物铅垂方向的位置为主要特征的方法，这种方法应用面最广。

（2）滚装滚卸法（水平装卸法）　是以改变货物水平方向的位置为主要特征的方法，如各种轮式、履带式车辆通过站台、渡板开上开下装卸货物，用叉车装卸单件货物或集装箱和托盘等。

（四）按作业对象分类

（1）单件作业法　单件作业法是指单件、逐件装卸搬运的方法，这是以人力作业为主的作业方法。

（2）集装作业法　集装作业法是指先将货物集零为整，再进行装卸搬运的方法。其主要有集装箱作业法、托盘作业法、货捆作业法、滑板作业法、网装作业法等。

（3）散装作业法　散装作业法是指对煤炭、矿石、粮食、化肥等块、粒、粉状物资，采用重力法（通过筒仓、溜槽、隧洞等方法）、倾翻法（铁路的翻车机）、机械法（抓、舀等）、气力输送法（用风机在管道内形成气流，利用压差来输送）等方法进行装卸。

三、装卸搬运机械种类

企业物料装卸搬运的发展过程主要经历了手工物料搬运、机械化物料搬运、自动化物料搬运、集成化物料搬运系统、智能型物料搬运系统及将成为今后发展趋势的以智能、集成、信息为基础的物料搬运系统等阶段。物料搬运设备及器具是机械化物料搬运的主要组成部分。

装卸机械按作用可分为两类：① 起重搬运设备，包括起重机、叉车等；② 输送设备，包括卡车、牵引车、连续输送机、推车等。

1. 起重机

起重机是起重机械的统称。按照起重机所具有的机构、动作繁简的程控以及工作性质和用途，可以把起重机归纳为三大类：

（1）简单起重机械　一般只做升降运动或一个直线方向移动，只需要具有一个运动机构，而且大多数是手动的，如绞车、葫芦等。

（2）通用起重机械　除需要一个使物品升降的起升机构外，还有使物品水平方向的直线运动或旋转运动机构。属于这类起重机械的有：通用桥式起重机、门式起重机、固定旋转式起重机和移动旋转式起重机（如汽车起动机）等。

（3）特种起重机械　它是一种具备两个以上运动机构的多动作的起重机械，专用于某些专业性的工作，构造比较复杂，如冶金专用起重机、建筑专用起重机和港口专用起重机等。

2、连续输送机

连续输送机的特点是，在工作时连续不断地沿同一方向输送散料或重量不大的单件物品，装卸过程中无需停车，因此生产率很高。在流水作业生产线上，连续输送机已成为整个工艺过程中最重要的环节之一。其优点是生产率高、设备简单、操作简便。缺点是一定类型的连续输送机只适合输送一定种类的物品（散料或重量不大的单件物品），不适合搬运很热的物料或形状不规则的单元物料；只能布置在物料输送线上，而且只能沿着一定线路定向输送，因而在使用上有一定的局限性。

3、叉车（又名铲车、装卸车）

叉车是一种能把水平运输和垂直升降有效结合起来的装卸机械，有装卸、起重及运输等方面的综合功能。其具有工作效率高、操作使用方便、机动灵活等优点，其标准化和通用性也很高，被广泛用于车间、仓库、建筑工地、货栈、车站、机场和码头，对成件成箱货物进行装卸、堆垛以及短途搬运、牵引和吊装工作。

4、起重电梯

电梯是一种依靠轿厢沿着垂直方向运送人员或货物的间歇性运动的重要起升机械。可从不同角度分类：按运行速度可分为低速电梯、快速电梯、高速电梯和超速电梯等；按电动机电源可以分为交流电梯和直流电梯。

5、小型搬运车

小型搬运车有：手推车、手动托盘搬运车和手动叉车等。手推车是一种以人力为主，在路面上水平输送物料的搬运车；手动托盘搬运车用来搬运装载于托盘（托架）上的集装单元货物；手动叉车是一种利用人力提升货物的装卸、堆垛、搬运的多用车。

6、无人搬运车和工业机器人

（1）无人搬运车　无人搬运车就是无人驾驶自动搬运车，它可以自动导向、自动认址、自动程序动作。其具有灵活性强、自动化程度高、可节省大量劳动力等优点，还适用于有噪声、空气污染、放射性元素危害人体健康的地方及通道狭窄、光线较暗等不适合驾驶车辆的场所，它已日益引起人们的关注，并得到广泛应用。

（2）工业机器人　工业机器人是一种能自动定位控制、可重复编程、多功能、多自由度的操作机。其能运用材料、零件或操持工具，用以完成各种作业，目前已广泛应用于产业部门，用得最多的是汽车工业和电子工业。从作业内容来看，以堆垛、包装、机床上下材料、定位焊、弧焊以及喷漆最为普遍。

7．运输机械

（1）货车　货车是一种重型载货汽车的通称，是主要的运输工具，在物料搬运中，配合装卸机械在厂内外进行运输工作。其类型、型号很多。

（2）拖车　拖车由牵引车牵引行驶，其运载能力强，适用于尺寸大、重量大的货物运输，有全挂车和半挂车两种。一般由汽车牵引，也有用蓄电池搬运车或其他车辆牵引的。

8．装卸搬运器具

装卸搬运的工具与装载器具是人工与机械化之间的桥梁，是系统的通用设备。在物理学搬运过程中大量使用的装卸搬运器具有：垫板、托盘、标准料箱、料架、料斗、装运箱甚至集装箱。

四、成本计算对象、成本计算期与成本计算单位

（一）成本计算对象

对于以运输业务为主的运输企业，在经营装卸搬运业务时，可按机械作业和人工作业分别作为成本计算对象，核算其成本。以机械装卸作业为主、人工作业为辅的作业活动，可不单独核算人工装卸成本；以人工装卸作业为主、机械装卸作业为辅的作业活动，也可不单独核算机械装卸成本。

对于港口企业，为了加强成本管理，在采用综合的装卸成本计算对象时，还可以分操作过程、分货种计算货物的装卸成本。

分操作过程、分货种计算货物的装卸成本，首先应根据作业区生产的特点，正确地划分操作过程和货种。其次，在货种之间分配各项费用时，需选择合理的分配标准。对于装卸工人的工资和外付装卸费，应按工时的比例分摊；装卸耗用的材料及低值易耗品的摊销、修理费和其他装卸直接费用，应按操作量的比例分摊；驾驶员的工资、机械折旧费应按机械定额台时分摊；动力及照明费按机械设备定额消耗量比例分摊；燃料费用应按

各类机械燃料消耗定额比例分摊；其他人员（如装卸工具维修与保管人员、装卸队和机械队管理人员）的工资、营运间接费用，可按直接费用的比例分摊。

（二）成本计算期

各类装卸搬运成本计算期，通常以月为单位，并按日历的月、季、年计算各种业务成本。

（三）成本计算单位

运输企业的装卸成本一般以千装卸操作吨为成本计算单位。港口企业的装卸成本一般以装卸千吞吐吨、千装卸自然吨或千装卸操作吨为成本计算单位。

集装箱装卸业务的成本计算单位，可采用“标准箱”和“千吞吐吨”两种，其换算比例为

1 标准箱=10 吞吐吨

货物吞吐量是衡量港口生产大小的主要数量指标，并不完全反映货物装卸工作量。例如船过船货物装卸作业，虽然只有一个装卸操作吨，但须计算为进出口二个吞吐量，所反映的工作量不真实。以吞吐量为成本计算单位，不能真实反映其装卸单位成本水平。

装卸自然吨是指一吨货物从进港至出港止，不论经过几个操作过程，均以一吨计算。

装卸操作量是指一吨货物经过一个完整操作过程所装卸、搬运的货物数量。

五、装卸成本项目及其内容

装卸业务成本项目包括装卸直接费用和营运间接费用两类。

（一）装卸直接费用

（1）工资　指按规定支付给装卸工人、装卸机械司机的计时工资、计件工资、加班工资及各种工资性津贴。

（2）职工福利费　指按装卸工人工资总额和按规定比例计提的职工福利费。

（3）燃料和动力　指装卸机械在运行和操作过程中所耗用的燃料、动力和电力费用。

（4）轮胎　指装卸机械领用的外胎、内胎、垫带及其翻新和零星修补费用。

（5）修理　指为装卸机械和装卸工具进行维护和小修所发生的工料费用，以及装卸机械在运行和操作过程中耗用的机油、润滑油的费用。为装卸机械

维修领用周转总成的费用和按规定预提的装卸机械的大修理费用，也列入本项目。

（6）折旧　指装卸机械按规定计提的折旧费。

（7）工具　指装卸机械耗用的工具费，包括装卸工具的摊销额和工具的修理费。自制装卸工具的制造，应通过辅助营运费用核算，所领用的材料和支付的工资费用，不得列入本项目。

（8）租费　指企业租入装卸机械或装卸设备进行装卸作业，按合同规定支付的租金。

（9）劳动保护费　指从事装卸业务使用的劳动保护用品，防暑、防寒、保健饮料，以及劳动保护案例措施所发生的各项费用。

（10）外付装卸费　指支付给外单位支援装卸工作所发生的费用。

（11）事故损失费　指在装卸作业过程中，因此项工作造成的应由本期装卸成本负担的货损、机械损坏、外单位人员人身伤亡等事故所发生的损失，包括货物破损等货损、货差损失和损坏装卸机械设备所支付的修理费用。

（12）其他费用　指不属于以上各项目的其他装卸直接费用。

（二）营运间接费用

营运间接费用主要指营运过程中发生的不能直接计入（需分配计入）各装卸作业成本计算对象的装卸作业部门的经费。它包括装卸作业部门非直接生产人员的工资及福利费、办公费、水电费、折旧费等，但不包括企业本身的管理费用。

第二节　装卸搬运成本的计算

企业的装卸支出，应设置“装卸支出”明细科目，按成本责任部门设置账页，按规定的项目设置专栏，归集所发生的各项费用。

装卸基层单位核算完全成本时，该基层单位应设置装卸成本明细分类账，进行账务处理，除核算装卸直接费用和该单位的经费外，有时还应分摊车站经费。最后由企业汇总，形成企业的装卸总成本。

装卸基层单位不核算完全成本时，该基层单位一般只核算装卸直接费用和基层单位的经费。其中耗用的燃料等按计划成本计算，车站经费可不分配给装卸基层单位。月终时，装卸基层单位通过各种原始凭证汇总表、分配表汇集全部装卸直接费用和装卸基层单位经费，即为装卸总成本。企业汇总各装卸基层单位的装卸总成本，加上应由本期装卸业务负担的车站经费以及燃材料成本差异，即为企业装卸总成本。

一、成本项目的计算

装卸成本的计算，有些项目用直接计入法，如装卸搬运作业过程中发生的各项费用，包括燃料、动力、轮胎、折旧和大修理费用提存等。这些费用在发生和支付时，根据各种凭证汇总表、分配表、计算表及有关原始凭证计入装卸成本。有些项目通过分配计入，如装卸基层单位在组织经营管理方面发生的各项费用，按一定的分配办法计入装卸成本。

（一）工资及职工福利费

根据“工资分配汇总表”和“职工福利费计算表”的有关数字，直接计入装卸成本。

在实行计件工资制的企业，应付工人的计件工资等于职工完成的合格品数量乘以计件单价。作业中发生的货损货差，如果是因工作不慎造成的，不支付工资。如果工人在同一月份内从事多种作业，作业计件单价各不相同，就需逐一计算相加。计件工资的计算公式为

应付计件工资=装卸数量×装卸该种货物的单价

1. 个人计件工资

例 1：工人张力装卸 A 货物 100 件，计件单价 0.60 元，装卸 B 货物 60 件，计件单价 0.80 元，则该工人的工资为

100 件×0.6 元/件+60 件×0.80 元/件=108 元

也可以采用另一种方法计算工人的计件工资，即将月份内装卸完成的各种货物折合为定额工时数，乘以小时工资率，用公式表示为

完成定额工时数=各种装卸货物数量×该种装卸货物单位工时定额

应得计件工资=完成定额工时数×小时工资率

例 2：车工王林本月加工装卸 A 货物 300 件，每件定额工时 30 分钟，装卸 B 货物 198 件，每件定额工时 10 分钟，该车工小时工资率为 1.50 元，应得计件工资计算如下：

完成工时定额=（300 件×30 分钟/件+198 件×10 分钟/件）/ 60 分钟=183 小时

应得计件工资=183 小时×1.50 元/小时=274.50 元

2. 班组集体计件工资

如果实行班组集体计件工资，在班组内按每人贡献大小进行分配，通常是按每人的标准工资和实际的工作时间（日数或工时数）的综合比例进行分配。其计算公式为

$$\text{班组内工资分配率}=\frac{\text{班组集体计件工资额}}{\text{每人日工资率（或小时工资率）}\times\text{出勤日数（或工时数）}}$$

$$\text{某工人应得计件工资}=\text{该工人日工资率（或小时工资率）}\times\text{出勤日数（或工时数）}\times\text{班组内工资分配率}$$

例：某生产小组集体装卸货物，其中A货物2 000件，计件单价0.50元，B货物500件，计件单价3.00元，共计2 500元，该小组由3人组成，出勤情况及每人应得计件工资，见表10-1。

表10-1 出勤情况及每人应得计件工资

姓　名	工资标准/元	小时工资率/（元/小时）	出勤工时/小时	小时工资率×出勤工时/元	小组工资分配率	应得计件工资/元
王　平	870.00	5.00	166	830.00	—	780.07
丁　立	1 131.00	6.50	168	1 092.00	—	1 026.32
李　明	783.00	4.50	164	738.00	—	693.61
合　计	—	—	—	2 660.00	0.939 849 6	2 500.00

按照《劳动法》第五十一条的规定，法定节假日用人单位应当依法支付工资，即折算日工资、小时工资时不剔除国家规定的11天法定节假日（全年法定休假天数为115天）。据此，日工资、小时工资的折算式如下：

日工资=月工资收入/月计薪天数

小时工资率=月工资收入/（月计薪天数×8小时）

全年计薪天数=365天－（115天－11天）=261天

月计薪天数=261天/12月=21.75天/月

所以，表10-1中：

$$\text{小时工资率}=\frac{\text{月标准工资}}{21.75\times8}$$

$$\text{小组工资分配率}=\frac{2\,500\text{元}}{2\,660\text{元}}=0.939\,849\,6$$

（二）燃料和动力

每月终了根据油库转来的装卸机械领用燃料凭证，计算实际消耗数量与金额，计入成本。电力可根据供电部门的收费凭证或企业的分配凭证，直接计入装卸成本。

（三）轮胎

由于装卸机械的轮胎磨耗与行驶里程无明显关系，故其费用不宜采用按胎公里摊销的方法处理，应在领用新胎时将其价值直接计入成本。如果一次领换轮胎数量较大时，可作为待摊费用或预提费用，按月份分摊计入装卸成本。

（四）修理费

由专职装卸机械维修工或维修班组进行维修的工料费，应直接计入装卸成本；由维修车间进行维修的工料费，通过“辅助营运费用”账户归集和分配计入装卸成本。

装卸机械在运行和装卸操作过程中耗用的机油、润滑油以及装卸机械保修领用周转总成的价值，月终根据油料库的领料凭证直接计入装卸成本。

装卸机械的大修理预提费用，可分别按预定的计提方法（如按操作量计提）计算，并计入装卸成本。

（五）折旧

折旧是指装卸搬运机械由于在使用过程中发生损耗，而定期逐渐转移到装卸搬运成本中的那一部分价值。装卸搬运机械的损耗，分为有形损耗和无形损耗两种。有形损耗是指装卸搬运机械在使用过程中，由于使用和自然力影响而引起的在使用价值和价值上的损失；无形损耗是指装卸搬运机械由于技术进步而引起的在价值上的损失。

装卸机械的折旧按规定的分类方法和折旧率计算计入装卸成本。影响折旧的因素主要有：装卸搬运机械折旧期限、原值、固定资产净残值率和计提折旧的起止时间。

折旧的计算方法如下：

1、平均年限法

平均年限法又称直线法，是指按固定资产使用年限平均计算折旧的一种方法。其计算公式为

年折旧率=（1-预计净残）/折旧年限×100%

月折旧率=年折旧率/12

月折旧额=固定资产原值×月折旧率

例：某企业一台装卸搬运机械原值为 100 000 元，使用年限为 10 年，净残值率为该机械原值的 4%。计算按月计提的折旧额。

解：

年折旧率=（1-4%）/10×100%=9.6%

月折旧率=9.6%/12=0.8%

月折旧额=100 000 元×0.8%=800 元

2．工作量法

工作量法是按固定资产预计作业总量计提折旧的方法。其计算公式为

$$\text{单位作业量折旧额}=\frac{\text{固定资产原值}\times(1-\text{预计净残值率})}{\text{预计作业总量}}$$

各期折旧额=单位作业量折旧额×各期实际作业量

例：某企业一台装卸搬运机械原值为100 000元，预计全部工作小时为200 000 小时，预计净残值率为原值的 4%，本月统计表明该机器工作小时为300小时。试计算本月该机器的折旧额。

解：

每工作小时折旧=100 000 元×（1–4%）/ 200 000 小时=0.48 元/小时

本月应提折旧额=0.48 元/小时×300 小时=144 元

3．加速折旧法

加速折旧法又称递减费用法，是指固定资产每期计提的折旧数额，在使用初期计提得多，在后期计提得少，从而相对加快折旧速度的一种方法。

（1）双倍余额递减法　双倍余额递减法是按双倍直线折旧率计算固定资产折旧的方法。它是在不考虑固定资产残值的情况下，用固定资产账面上的每期期初折余价值，以双倍直线折旧率来计算确定各期折旧额的一种方法。其计算公式为

年折旧率=2/折旧年限×100%

月折旧率=年折旧率/12

月折旧额=固定资产账面净值×月折旧率

实行双倍余额递减法计提折旧的固定资产，应当在折旧年限到期前两年，将扣除预计净残值后的固定资产净值平均摊销。

例1：企业某项固定资产原值为80 000元，预计残值为2 000元，预计使用年限5年。采用双倍余额递减法计算折旧，各年折旧额见表10-2。

表10-2　折旧额计算表

年　限	期初账面净置/元	折旧率（%）	折旧额/元	累计折旧额/元	期末账面净值/元
1	80 000	40	32 000	32 000	48 000
2	48 000	40	19 200	51 200	28 800
3	28 800	40	11 520	62 720	17 280
4	17 280	—	7 640	70 360	9 640
5	9 640	—	7 640	78 000	2 000

在表 10-2 中，年折旧率为 2/5×100%=40%。

从第 4 年起，将扣除预计净残值后的固定资产净值（17 280 元–2 000 元）平均摊销。其计算如下：

每年净值摊销额=（17 280 元–2 000 元）/2 =7 640 元

（2）年数总和法　年数总和法又称折旧年限积数法。它是将固定资产的原值减去残值后的净值乘以一个逐年递减分数，计算确定固定资产折旧的一种方法。逐年递减分数的分子代表固定资产尚可使用折旧的年数，分母代表使用年数逐年数字之总和，如使用年限为 n 年，分母即为：$1+2+3+\cdots+n=n(n+1)/2$。其折旧计算公式为

$$年折旧率=\frac{折旧年限-已使用年数}{折旧年限\times(折旧年限+1)/2}\times 100\%$$

月折旧率=年折旧率/12

月折旧额=（固定资产原值–净残值）×月折旧率

例 2：以上例为例，用年数总和法计算如下：

第 1 年折旧率：5/15×100%=33.33%

第 2 年折旧率：4/15×100%=26.67%

第 3 年折旧率：3/15×100%=20%

第 4 年折旧率：2/15×100%=13.33%

第 5 年折旧率：1/15×100%=6.67%

根据上述各年的年折旧率和固定资产应计提折旧总额 78 000 元（80 000 元–2 000 元），计算各年折旧额。计算结果见表 10-3。

表 10-3　各年折旧额

（单位：元）

年　限	原值–残值	年折旧率	年折旧额	累计折旧额
1	78 000	5/15	26 000	26 000
2	78 000	4/15	20 800	46 800
3	78 000	3/15	15 600	62 400
4	78 000	2/15	10 400	72 800
5	78 000	1/15	5 200	78 000

（六）工具、劳动保护费

装卸机械领用的随车工具、劳保用品和耗用的工具，在领用时可将其价值一次计入成本。

（七）租费

按照合同规定，将本期成本应负担的租金计入成本。

（八）外付装卸费

在费用发生和支付时直接计入成本。

（九）事故损失

月终将应由本期装卸成本负担的事故净损失，结转计入本期成本。

（十）其他费用

由装卸基层单位直接开支的其他费用和管理费用，在发生和支付时，直接计入成本。按机械装卸和人工装卸分别计算成本时，装卸基层单位经费可先通过“营运间接费用”账户汇集，月终按直接费用比例分配。

二、装卸单位成本、成本降低额和成本降低率的计算

装卸总成本计算出来之后，即可计算其单位成本、成本降低额和成本降低率。其计算如下所述。

（一）单位成本的计算

单位成本是指成本计算期内，该成本计算对象完成单位装卸作业量（千操作吨）的成本额。其计算公式为

$$\begin{matrix}\text{某装卸成本计算对象的}\\\text{单位成本}\end{matrix}=\frac{\text{该成本计算对象当月装卸成本总额}}{\text{该成本计算对象当月装卸作业量}}$$

（二）成本降低额

成本降低额是考核成本计划完成情况的主要指标，是以上年度实际单位成本与本期周转量计算的总成本减本期实际总成本的差额。成本降低额是按成本计算对象进行计算，其计算公式为

$$\text{成本降低额}=\begin{matrix}\text{上年度实际}\\\text{单位成本}\end{matrix}\times\begin{matrix}\text{本年实际}\\\text{装卸作业量}\end{matrix}-\begin{matrix}\text{本年实际}\\\text{成本}\end{matrix}$$

当计算结果为负值时，表示成本超支额。

（三）成本降低率

成本降低率是考核成本降低幅度计划完成程度的主要指标，是成本降低额与按上年度实际单位成本计算的总成本的比率。其计算公式为

$$\text{成本降低率}=\frac{\text{成本降低额}}{\text{上年实际单位成本}\times\text{本期实际装卸作业量}}\times 100\%$$

第三节　装卸搬运成本分析

一、人工费用的标准成本

装卸搬运人工费用的标准成本，是指装卸搬运单位货物所需的标准工时乘以标准工资率。

标准工时是指在现有技术条件下，装卸搬运货物所必须消耗的时间，包括直接装卸所用工时、必要的间歇和停工时间等，另外还要考虑机器设备的故障及劳动组织工作等因素。

标准工资率是指按单位货物或单位标准工时支付的直接人工的工资，一般按现行的工资制度规定的工资水平计算确定。如果采用计件工资制，就是单位货物应支付的计件工资额；如果采用计时工资，就是单位标准工时应分配的工资额。其计算公式为

小时标准工资率=预计支付直接人工标准工资总额/标准总工时

“标准总工时”是指企业在现有的生产技术条件下，能够完成的最大装卸搬运能力，通常用直接人工工时数和机器小时数表示。人工标准工资由劳动部门制定。

根据以上两个标准，可以按下列公式计算确定直接人工标准成本。即

直接人工标准成本=单位货物标准工时×小时标准工资率

例：某装卸搬运单位的装卸人工标准成本定额见表10-4。

表10-4　装卸人工标准成本定额的计算

项　目	数　值	计算过程
单位货物标准工时的计算	—	
直接装卸工时/（小时/件）	3	
间歇工时/（小时/件）	0.5	
停工工时/（小时/件）	0.5	
标准工时/（小时/件）	4	3+0.5+0.5
标准总工时的计算	—	
装卸工人人数/人	30	
每人每月标准工时/小时	160	
每月标准工时/小时	4 800	30×160
小时标准工资率的计算	—	
每月生产装卸工人工资总额/元	19 200	
小时标准工资率/（元/小时）	4	19 200/4 800
装卸人工标准成本/（元/件）	16	4×4

二、装卸搬运机械费的标准成本

装卸搬运机械费的标准成本，是指装卸搬运单位货物所需的标准工时乘以标准分配率。

标准工时可采用装卸搬运人工工时，标准分配率是根据事先制定的装卸搬运机械预算费用计算确定的。其计算公式为

$$\text{机械费用标准分配率}=\frac{\text{装卸搬运机械费用预算额}}{\text{装卸搬运人工标准总工时}}$$

$$\text{装卸搬运机械标准成本}=\frac{\text{装卸搬运单位}}{\text{产品人工工时}}\times\frac{\text{机械费用}}{\text{标准分配率}}$$

例：某装卸搬运单位的装卸搬运机械费用标准成本见表 10-5。

表 10-5　装卸搬运机械费用标准成本的计算

标　准	数　值	计算过程
折旧费/元	2 000	
维修费/元	1 000	
装卸搬运人工工时/小时	6 000	
机械费用分配率/（元/小时）	0.5	（2 000+1 000）/6 000
直接人工工时标准/小时	2	
装卸搬运机械成本标准/元	1	0.5×2

三、装卸搬运辅助设施的标准成本

装卸搬运辅助设施费用既有变动费用，也有固定费用。

1．变动费用的标准成本

变动费用的用量标准常采用人工工时标准，它在制定人工成本标准时已经确定，其价格标准是每工时变动费用标准分配率，根据变动费用预算除以人工总工时求得。

$$\text{变动费用标准分配率}=\text{变动费用预算}/\text{人工总工时}$$

确定了用量标准和价格标准后，两者相乘积为变动费用标准成本，即

$$\text{变动费用标准成本}=\text{人工的标准工时}\times\text{变动费用标准分配率}$$

2．固定费用的标准成本

固定费用的标准成本计算同变动费用标准成本计算基本相同，先计算确

定固定费用的单位工时标准分配率，然后根据预计的直接人工标准工时，求得单位货物的固定费用标准成本。固定费用的单位工时标准分配率可按下列公式计算：

固定费用标准分配率=固定费用预算总额/人工标准总工时

$$\frac{\text{单位产品固定费用}}{\text{标准成本}}=\frac{\text{单位产品人工}}{\text{标准工时}}\times\frac{\text{固定费用}}{\text{标准分配率}}$$

例：某装卸搬运单位的装卸搬运辅助费用标准成本见表 10-6。

表 10-6　装卸搬运辅助费用标准成本

标 准 成 本	数 量 标 准	计 算 过 程
变动费用预算：	—	
水/元	3 100	
电/元	4 300	
合计/元	7 400	
生产量标准（人工工时）/小时	10 000	
变动费用分配率/（元/小时）	0.74	7 400/10 000
直接人工工时标准/小时	1	
变动费用成本标准/元	0.74	0.74×1
固定费用预算：	—	
仓库/元	2 350	
站台/元	1 750	
合计/元	4 100	
固定费用分配率/（元/小时）	0.41	4 100/10 000
直接人工工时标准/小时	1	
固定费用成本标准/元	0.41	0.41×1
费用成本标准/元	1.15	0.74+0.41

四、标准成本差异分析

标准成本在某种意义上是一种目标成本，由于在实际生产经营中各种因素的影响，产品的实际成本往往与目标不符，也就是说，与标准成本不符，实际成本与标准成本之间的差额，称为标准成本差异。标准成本差异的大小反映实际成本脱离预定目标的程度，当实际成本大于标准成本，称超支差异，或叫不利差异；当实际成本小于标准成本，称为节约差异，或叫有利差异。为了消除或减少不利差异而进行分析，找出原因，作出决策，以便采取措施加以纠正。

（一）装卸搬运人工成本差异的分析

装卸搬运人工成本差异，是指直接人工实际成本与标准成本之间的差额。

它可分为“价差”和“量差”两部分。价差是指实际工资率脱离标准工资率而形成的人工成本差异，其差额按实际工时计算确定，又称工资率差异。量差是指实际使用工时脱离标准工时而形成的人工成本差异，其差异额是按标准工资率计算确定，又称人工效率差异。

工资率差异=实际工时×（实际工资率–标准工资率）

人工效率差异=（实际工时–标准工时）×标准工资率

例：某企业本期装卸货物200件，实际耗用3 800小时，实际支付工资32 300元，标准工时每件为20小时，标准工资率为8元。试分析其工资率差异与人工效率差异。

解：

直接人工差异=32 300元–200件×20小时/件×8元/小时=300元

其中：

工资率差异=3 800小时×（32 300÷3 800–8）元/小时
=3 800小时×0.5元/小时=1 900元

人工效率差异=（3 800小时–200件×20小时/件）×8元/小时
=–200小时×8元/小时
=–1 600元

工资率差异的原因主要有：工资的调整，出勤率的变化，加班和使用临时工等，原因复杂而且难以控制。直接人工效率差异的形成原因主要包括：工作环境不良，工人经验不足，新上岗工人增多，装卸设备的完好程度，作业计划安排周密程度，动力供应情况等。工人效率差异的责任主要由装卸部门负责，但也可能有一部分应由其他部门负责。例如，因材料质量不好而影响生产效率，从而产生的人工效率差异，就应由供应部门负责。

（二）装卸机械费用成本差异的分析

装卸机械费用成本差异，是指实际装卸机械费用与标准装卸机械费用之间的差额。

装卸机械费用在企业中属于固定费用，是经企业选定固定资产折旧方法后计算确定的，一般无特殊原因不再变动，与企业装卸业务量多少无直接关系。固定费用与变动费用不同，差异分析时不考虑装卸量的变化。装卸机械费用成本差异可分为耗费差异和能量差异。

耗费差异是指装卸机械费用的实际发生金额与预算金额之间的差异。其计算公式为

耗费差异=装卸机械费用实际发生数–装卸机械费用预算数

能量差异是指装卸机械费用预算与装卸机械费用标准成本的差额。或者

说是实际装卸量的标准工时与装卸能量的差额，用标准分配率计算的金额。它反映未能充分使用现有装卸能量而造成的损失。其计算公式为

$$\text{能量差异}=\text{装卸机械费用预算数}-\text{装卸机械费用标准成本}$$

$$=\left(\text{生产能量}-\text{实际产量标准工时}\right)\times\text{固定费用标准分配率}$$

例：本月装卸 A 货物 600 件，发生机械费用 1 800 元，实际工时 1 200 小时；企业装卸能量为 2 000 小时/800 件，每件货物装卸机械费用标准成本为 2.5 元/件，每件货物标准工时为 2.5 小时，即标准分配率为 1 元/小时。试分析其耗费差异与能量差异。

解：

装卸机械费用成本差异=1 800 元−600 件×2.5 元/件=300 元

其中

耗费差异=1 800 元−2 000 小时×1 元/小时= −200 元

能量差异=（2 000 小时−600 件×2.5 小时/件）×1 元/小时=500 元

装卸机械费用耗费差异是实际支出费用超过预算而造成的，多数情况下应从企业内部寻找原因，能量差异主要是由于生产能力利用不充分造成的。

（三）装卸搬运辅助设施的成本差异分析

企业装卸搬运辅助设施费用，既包括变动费用，又包括固定费用，因而在制定标准成本时，把装卸搬运辅助设施的标准成本，按变动费用标准成本和固定费用标准成本分别制订，这里对费用成本差异的分析，也从变动费用成本差异和固定费用成本差异两方面进行。

1、变动费用成本差异分析

变动费用成本差异指实际变动费用与标准变动费用之间的差额，它也由“价差”和“量差”两部分组成。价差是指变动费用的实际分配率脱离标准分配率，按实际工时计算出来的金额，它反映耗费水平的高低，故称耗费差异。量差是指实际工时脱离标准工时，按标准小时费用分配率计算的金额，它反映工作效率变化引起的费用节约或超支，故称变动费用效率差异。其计算公式为

$$\text{变动费用实际分配率}=\frac{\text{实际发生的变动费用}}{\text{实际使用工时}}$$

$$\text{变动费用耗费差异}=\text{实际工时}\times\left(\text{变动费用实际分配率}-\text{变动费用标准分配率}\right)$$

$$\text{变动费用效率差异} = \frac{\text{变动费用}}{\text{标准分配率}} \times \left(\begin{matrix}\text{实际}\\\text{工时}\end{matrix} - \begin{matrix}\text{标准}\\\text{工时}\end{matrix} \right)$$

例：某企业本月利用装卸搬运辅助设施完成的 A 货物装卸量为 600 件，使用工时 1 200 小时，实际发生变动费用 2 400 元。变动费用标准成本为 1.8 元/件，即每件货物标准工时为 1.5 小时，标准的变动费用分配率为 1.2 元/小时。试分析该企业装卸搬运辅助设施的变动费用耗费差异与变动费用效率差异。

解：

变动费用成本差异=实际变动费用–标准变动费用
=2 400 元–600 件×1.8 元/件
=1 320 元

其中

变动费用耗费差异=1 200 小时×（2 400 元÷1 200 小时–1.2 元/小时）
=1 200 小时×（2–1.2）元/小时
=960 元

变动费用效率差异=（1 200 小时–600 件×1.5 小时/件）×1.2 元/小时
=300 小时×1.2 元/小时
=360 元

变动费用耗费差异，是在一定的实际工时水平下，因费用支出脱离了费用预算而造成的。差异的造成有可能是预算估计的错误，但主要是由于装卸搬运部门的管理不善、花费过大而造成的。因此，耗费差异产生的主要责任应归属于装卸搬运部门。

变动费用效率差异是实际工时脱离标准工时而形成的差异。其具体原因与装卸搬运人工效率差异的原因相同。

2．固定费用成本差异分析

装卸搬运辅助设施的固定费用成本差异分析与装卸搬运机械费用的成本差异分析相同。

【复习思考题】

1．如何确定装卸搬运成本计算对象？
2．装卸成本项目有哪些内容？
3．如何计算装卸搬运成本？
4．简述装卸成本分析的基本方法。

【练习题】

企业某项装卸设备原值为 180 000 元，预计残值为 6 000 元，预计使用年限 7 年，采用年数总和法计提折旧。试计算该设备各年折旧率与折旧额。

根据计算出的各年年折旧率和固定资产应计提折旧总额 174 000 元（180 000 元–6 000 元）计算各年折旧额，填入表 10-7 内。

表 10-7　各年折旧额

（单位：元）

年　限	应计提折旧总额	年 折 旧 率	年 折 旧 额	累计折旧额
1	174 000			
2				
3				
4				
5				
6				
7				

【案例】安利如何降低物流成本

同样面临物流信息奇缺、物流基建落后、第三方物流公司资质参差不齐的实际情况，国内同行物流成本居高不下，而安利（中国）的储运成本仅占全部经营成本的 4.6%。2006 年 1 月 21 日，在安利的新物流中心正式启用之日，安利（中国）大中华区储运/店营运总监许绍明透露了安利降低物流成本的秘诀：全方位物流战略的成功运用。

1. 非核心环节通过外包完成

据许绍明介绍，安利的“店铺+推销员”的销售方式，对物流储运有非常高的要求。安利的物流储运系统，其主要功能是将安利工厂生产的产品及向其他供应商采购的印刷品、辅销产品等先转运到位于广州的储运中心，然后通过不同的运输方式运抵各地的区域仓库（主要包括沈阳、北京及上海外仓）暂时储存，再根据需求转运至设在各省市的店铺，并通过家居送货或店铺等销售渠道推向市场。与其他公司所不同的是，安利储运部同时还兼管着全国近百家店铺的营运、家居送货及电话订货等服务。所以，物流系统的完善与效率，在很大程度上影响着整个市场的有效运作。

但是，由于目前国内的物流资讯极为短缺，他们很难获得物流企业的详细信息，如从业公司的数量、资质和信用等，而国内的第三方物流供应商在专业化方面也有所欠缺，很难达到企业的要求。在这样的状况下，安利采用了适应中国国情的“安利团队+第三方物流供应商”的全方位运作模式。核心业务如库存控制等由安利统筹管理，实施信息资源最大范围的共享，使企业价值链发挥最大的效益。而非核心环节，则通过外包形式完成。如以广州为中心的珠三角地区主要由安利的车队运输，其他绝大部分货物运输都是由第三方物流公司来承担。另外，全国几乎所有的仓库均为外租第三方物流公司的仓库，而核心业务，如库存设计、调配指令及储运中心的主体设施与运作则主要由安利本身的团队统筹管理。目前已有多家大型第三方物流公司承担安利公司大部分的配送业务。公司会派员定期监督和进行市场调查，以评估服务供货商是否提供具竞争力的价格，是否符合公司要求的服务标准。这样，既能整合第三方物流的资源优势，与其建立坚固的合作伙伴关系，同时又通过对企业供应链的核心环节——管理系统、设施和团队的掌控，保持安利的自身优势。

2. 仓库半租半建

从安利的物流运作模式来看，至少有两个方面是值得国内企业借鉴的。

首先，是投资决策的实用主义。在美国，安利仓库的自动化程度相当高，而在中国，很多现代化的物流设备并没有被采用，因为美国土地和人工成本非常高，而中国这方面的成本比较低，两相权衡，安利弃高就低。“如果安利中国的销售上去了，有了需要，我们才考虑引进自动化仓库。”许绍明说。刚刚启用的安利新的物流中心也很好地反映出安利的“实用”哲学。新物流中心占地面积达 40 000 平方米，是原来仓库的 4 倍，建筑面积达 16 000 平方米。这样大的物流中心如果全部自建的话，仅土地和库房等基础设施方面的投资就需要数千万元。安利采取和另一物业发展商合作的模式，合作方提供土地和库房，安利租用仓库并负责内部的设施投入。只用了 1 年时间，投入 1 500 万元，安利就拥有了一个面积充足、设备先进的新物流中心。而国内不少企业，在建自己的物流中心时将主要精力都放在了基建上，不仅占用了企业大量的周转资金，而且费时费力，效果并不见得很好。

其次，是在核心环节的大手笔投入。安利单在信息管理系统上就投资了 9 000 多万，其中主要的部分之一，就是用于物流、库存管理的 AS400 系统，它使公司的物流配送运作效率得到了很大提升，同时大大地降低了各种成本。安利先进的计算机系统将全球各个分公司的存货数据联系在一起，各分公司与美国总部直接联机，详细储存每项产品的生产日期、销售数量、库存状态、有效日期、存放位置、销售价值、成本等数据。有关数据通过数据专线与各批发中心直接联机，使总部及仓库能及时了解各地区、各地店铺的销售和存货状况，并按各店铺的实际情况及时安排补货。在仓库库存不足时，公司的库存及生产系统亦会实时安排生产，并预定补给计划，以避免个别产品出现断货情况。

第十一章　流通加工成本管理

【学习目的】

通过本章的学习，掌握流通加工的含义、流通加工的主要形式和流通加工成本的构成；初步掌握流通加工成本项目的核算及归集程序、流通加工成本的计算方法和流通加工成本的控制方法。

第一节　流通加工成本的构成

一、流通加工概述

（一）流通加工概念

流通加工是在物品从生产领域向消费领域流动过程中，为了促进销售、维护产品质量和提高物流效率，对物品进行简单的加工，包括对物品施加包装、分割、计量、组装、价格贴付、标签贴付等简单作业。

流通加工是现代物流系统构架中的重要结构之一。流通加工能够提高物流系统的服务水平，提高物流效率和物品的利用率，更重要的是，流通加工对物流活动具有增值作用。在各个国家，流通加工实际上都已广泛地开展，日本、美国等物流发达国家则更为普遍。随着我国加入 WTO 及经济体制改革的不断深入，工业企业都面临着如何提高自我改造、自我发展、自我积累的艰巨任务，作为新兴的物流企业，面临这场变革，必须提高自身的服务水平。作为物流环节的流通加工，是一项具有广阔前景的经营形式，必将为物流领域带来巨大的效益。

（二）流通加工的作用

流通加工是流通领域的特殊形式，同流通总体一样起着“桥梁和纽带”的作用。流通加工和生产一样，通过改变或完善流通对象的形态来实现“桥梁和纽带”作用。流通加工的主要作用在于优化物流系统，提高整个物流系统的服务水平。

1．提高物流系统的服务水平

从工业化时代进入新经济时代，服务社会是社会经济系统必须要做的事情，通过流通加工，可以使物流系统的服务功能大大增强。

2、提高效率，降低损失

通过流通加工，可以使物流过程中减少损失、加快速度、降低操作成本，从而可以降低整个物流系统的成本。

3、增加物流企业收益

物流企业获得的利润，一般只能从生产企业的利润中转移过来。物流企业为了获得更多的收益，发展流通加工是一项极为理想的选择，通过流通加工可以提高物流对象的附加价值，从而获得更多的利润，增加物流企业的收益。

4、流通加工为配送创造了条件

配送是流通加工、拣选、分类、配货、配送运输等一系列活动的集合。配送活动的开展，依赖于流通加工，从某种意义来讲流通加工是配送的前提，从物流中心看，已经把加工设备的种类、加工能力看作是影响配送的主要因素之一。随着我国配送工作的推行，流通加工必然得到深入的发展。

（三）流通加工的特点

流通加工和一般的生产加工相比较，在加工方法、加工组织、生产管理方面并无显著区别，但在加工对象、加工程度方面差别较大。与生产加工相比较，流通加工具有以下特点：

1）流通加工对象是进入流通的商品，具有商品的属性，以此来区别多环节生产加工中的一环。而生产加工对象不是最终产品，而是原材料、零配件及半成品。

2）流通加工一般是简单加工，而不是复杂加工，如为商品进行价格贴付、标签贴付等，流通加工只是对生产加工的一种辅助及补充。需要特别强调的是，流通加工绝不是对生产加工的取消或代替。

3）从价值观点看，生产加工的目的在于创造价值及使用价值，而流通加工则在于完善其使用价值，并在不做大的改变的情况下提高价值。

4）流通加工组织者是从事物流工作的人，能根据客户的需要进行加工活动，满足其需求。从加工单位来看，生产加工由从事生产的企业来完成，而流通加工是由物流企业来完成。

5）商品生产是以交换与消费为目的而进行的生产，流通加工是为促进消费而进行的加工，这和商品生产目的一致。但流通加工有时候是以流通自身为目的，为流通创造条件，这种为流通所进行的加工与直接为消费进行的加工在目的上存在着差异。

（四）流通加工的效果

对于物流企业来讲，流通加工能为企业带来直接的经济效益，同时也为生产企业带来直接的经济效益。

（1）提高劳动生产率　流通加工是专业化程度很高的作业，其加工效率较之分散加工要高得多。由于是集中的加工，其加工的水平和加工的熟练程度都很高，因此流通加工能够提高劳动生产率。

（2）提高原材料的利用率　通过流通加工环节进行集中下料，能够优材优用、小材小用、合理套裁，具有明显地提高原材料利用率的效果。

（3）进行初级加工方便用户　目前发展较快的初级加工，如净菜加工、钢板预处理等，可以使用户省去进行初级加工的投资、设备及人力，从而搞活供应，方便用户。

（4）提高加工设备的利用率　在分散加工的情况下，加工设备由于生产周期和生产节奏的限制，加工过程是不均衡的，设备的加工能力得不到充分发挥。而与此相对应的流通加工是集中的加工，服务对象是全社会，加工数量大，因而加工设备的利用率显著提高。

二、流通加工的形式

（一）流通加工的类型和方法

由于物流企业所服务的对象种类繁多，因此其流通加工环节具有多种形式，大致有如下几种类型和方法。

1. 以保存产品为主要目的的流通加工

这种模式根据加工的对象不同，表现为生活资料的流通加工和生产资料的流通加工。生活资料即为生活消费品，其加工目的是使消费者对生活消费品满意，如典型的水产品、肉产品等的保鲜加工、保质的冷冻加工。生产资料流通加工的目的是保证生产资料的使用价值不受损害，因为有的生产资料随着时间的推移，其所具有的使用价值或功能会不同程度发生变化，有的甚至完全失去使用价值，因此，对生产资料进行相应的加工是必要的，如对木材的防腐、防干裂处理及对金属的防锈处理等。

2. 为满足需求多样化进行的流通加工

从需求角度看，需求存在多样化和变化性的特点。而生产企业为提高效率，其生产方式是大批量生产，因此不能满足用户多样化的需求。为满足用户对产品多样化的需要，同时又保证社会高效率的大生产，将生产企业的标准产品进行多样化的加工，是流通加工中占有重要地位的加工形式，典型的如钢卷的舒展、剪切及平板玻璃的开片加工等。

3、为提高物流效率降低物流损失的流通加工

有些产品本身的形态难以进行物流操作，如气体运输装卸、过大设备搬运装卸，有些物品则在搬运装卸过程中极易发生损坏。为提高物流效率及降低货损，必须进行一些必要的流通加工，如气体的液化加工、自行车在消费区域的装配加工和造纸用木材磨成木屑的加工等。

4、为衔接不同运输方式使物流更加合理化的流通加工

在干线及支线运输的物流节点设置流通加工环节，可以解决现代社会化生产相对集中和消费相对分散的矛盾。从生产企业至物流中心可以形成少品种、大批量、高效率的定点运输，通过流通加工环节之后形成多品种、小批量、多用户的灵活运输。

5、为实现配送进行的流通加工

配送中心为实现配送活动，满足客户对物品供应数量、供应构成的要求，必须通过流通加工环节保证上述供应的实现。

（二）我国物流系统中流通加工的主要形式

（1）剪板加工　在物流中心或物流节点设置剪板机或切割设备，将大规格钢板裁小或裁成毛坯等的流通加工。

（2）冷冻加工　为解决某些物品，如鲜鱼等在物流过程中的保鲜和装卸搬运问题，在存储环节设置冷冻加工。

（3）分装加工　为促进销售，在销售地区的物流中心或物流节点进行分装加工，如大包装改成小包装、散装改成小包装等。

（4）组装加工　生产企业为提高物流效率及降低货损，采用分装出厂，在消费地的物流中心进行拆箱组装加工，随即进行销售。

（5）精致加工　在农牧副渔等产品的产地和销地的物流中心设置加工环节，除去无用部分，进行切分、清洗、分装等加工。

（6）配煤加工　在使用地区设置加工环节，将各种煤及一些发热物资按不同比例进行掺配，提高燃料的发热值。

三、流通加工成本构成的内容

在物流系统中进行流通加工所消耗的物化劳动和活劳动的货币表现，即为流通加工成本。流通加工成本由以下方面构成。

1、流通加工设备费用

流通加工设备因流通加工形式、服务对象不同而不同。物流中心常见的流通加工设备有数种，如剪板加工需要的剪板机，印贴标签条码的喷印机，拆箱需要的拆箱机等。购置这些设备所支出的费用，通过流通加工费的形式

转移到被加工的产品中去。

2、流通加工材料费用

在流通加工过程中需要消耗一些材料，如包装材料等，消耗这些材料所需要的费用，即为流通加工材料费用。

3、流通加工劳务费用

在流通加工过程中从事加工活动的管理人员、工人及有关人员工资、奖金等费用的总和，即为流通加工劳务费用。

4、流通加工其他费用

除上述费用外，在流通加工中耗用的电力、燃料、油料等费用，也是流通加工成本的构成费用。

为简化核算，对流通加工成本设置直接材料、直接人工和制造费用三个成本项目。

第二节 流通加工成本的计算

一、流通加工成本费用的核算

（一）流通加工直接材料费用的核算

流通加工的直接材料费用，是指流通加工产品加工过程中直接消耗的辅助材料、包装材料等费用。同工业企业相比，在流通加工过程中的直接材料费用，占流通加工成本的比例不大。

1、流通加工直接材料费用的归集

（1）材料消耗量的计算 直接材料费用受材料消耗量和材料价格两个因素的影响，直接材料费用的计算，就是要正确计算与确定材料的消耗数量和价格。

为了正确计算流通加工过程中材料的消耗量，企业应当采用连续记录法，及时记录材料的消耗数量。记录生产过程中材料消耗量的原始凭证有“领料单”、“限额领料单”、“领料登记表”等。为了正确计算材料消耗量，期末，对于在生产过程中只领未用的材料，应当填制“退料单”，“退料单”也是记录材料消耗的原始凭证。只有严格材料发出的凭证和手续，才能正确计算和确定材料消耗的数量。

（2）消耗材料价格的计算　在实际工作中，物流企业可以按照实际成本计价组织材料核算，也可按计划成本计价组织材料核算，但无论采用哪种计价方式，加工过程中消耗的材料，都应当是材料的实际成本。

当采用实际成本计价组织材料核算时，由于同一材料的购入时间和地点不同，各批材料购进的实际单价可能不一致，因此，物流企业必须采用一定的方法，正确计算消耗材料的实际价格。

当采用计划成本计价组织材料核算时，物流企业应当正确计算消耗材料应分摊的材料成本差异，将消耗材料的计划成本调整为实际成本。消耗材料的实际成本等于计划成本加上应分摊的材料成本超支差异，或减去应分摊的材料成本节约差异。

（3）直接材料费用的归集　在直接材料费用中，材料费用数额是根据全部领料凭证汇总编制“耗用材料汇总表”确定的。

在归集直接材料费用时，凡能分清某一成本计算对象的费用，应单独列出，以便直接计入该加工对象的产品成本计算单中；属于几个加工成本对象共同耗用的直接材料费用，应当选择适当的方法，分配计入各加工成本计算对象的成本计算单中。

2、直接材料费用的分配

需要分配计入各加工成本对象的直接材料费用，在选择分配方法时，要遵循合理、简便的原则。分配方法中重要的因素是分配标准，分配方法通常是以分配标准命名的。分配方法的简便原则，主要指分配方法中的分配标准，其资料应当容易取得，便于计算。

在直接材料费用中，流通加工所消耗的材料和燃料费用的分配，一般可以选用重量（体积、产品产量）分配法、定额耗用量比例分配法、系数分配法（标准产量分配法）；流通加工所消耗的动力费用的分配，可以选用定额耗用量比例分配法、系数分配法（标准产量分配法）、生产工时分配法、机器工时分配法等。

（二）流通加工直接人工费用的核算

流通加工成本中的直接人工费用，是指直接进行加工生产的生产工人的工资总额和按工资总额提取的职工福利费，生产工人工资总额包括计时工资、计件工资、奖金、津贴和补贴、加班工资、非工作时间的工资等。

1、流通加工直接人工费用的归集

计入产品成本中的直接人工费用的数额，是根据当期“工资结算汇总表”

和“职工福利费计算表”来确定的。

“工资结算汇总表”是进行工资结算和分配的原始依据，是根据“工资结算单”按人员类别（工资用途）汇总编制的。“工资结算单”应当依据职工工作卡片、考勤记录、工作量记录等工资计算的原始记录编制。

“职工福利费计算表”是依据“工资结算汇总表”确定的各类人员工资总额，按照规定的提取比例经计算后编制的。

2、流通加工直接人工费用的分配

采用计件工资形式支付生产工人工资，一般可以直接计入所加工产品的成本，不需要在各种产品之间进行分配。采用计时工资形式支付的工资，如果生产工人只加工一种产品，也可以将工资费用直接计入该产品成本，不需要分配；如果加工多种产品，则需要选用合理方法，在各种产品之间进行分配。按照工资总额一定比例提取的职工福利费，其分配方法与工资相同。

直接人工费用的分配方法有生产工时分配法、系数分配法等。流通加工生产工时分配法中的生产加工工时，可以是产品的实际加工工时，也可以是按照单位加工产品定额工时和实际加工生产量计算的定额总工时。流通加工生产工时分配法的计算公式为

$$费用分配率=\frac{应分配的直接人工费用}{各种产品加工工时之和}$$

$$某产品应分配费用=该产品加工工时\times费用分配率$$

（三）流通加工制造费用的核算

流通加工制造费用是物流中心设置的生产加工单位为组织和管理生产加工所发生的各项间接费用，主要包括流通加工生产单位管理人员的工资及提取的福利费，生产加工单位房屋、建筑物、机器设备等的折旧和修理费，生产单位固定资产租赁费、机物料消耗、低值易耗品摊销、取暖费、水电费、办公费、差旅费、保险费、试验检验费、季节性停工和机器设备修理期间的停工损失以及其他制造费用。

在构成流通加工成本的直接材料费用、直接人工费用和制造费用等项目中，制造费用属于综合性费用，明细项目比较多，除机器设备等的折旧费和修理费外，制造费用的大部分为一般费用。尽管有些制造费用和加工产品产量的变动有关，但制造费用多为固定费用，不能按照业务量制定定额，只能按会计期间编制制造费用预算，控制制造费用总额。

1、制造费用的归集

制造费用是通过设置制造费用明细账，按照费用发生的地点来归集的。制造费用明细账按照加工生产单位开设，并按费用明细账项目设专栏组织核算。流通加工制造费用明细账的格式可以参考工业企业的制造费用明细账一般格式，见表11-1。

表 11-1 制造费用明细账

流通加工单位：（单位：元）

××年		凭证字号	摘要	制造费用明细账												
月	日			工资	福利费	折旧费	修理费	机物料消耗	低值易耗品摊销	办公费	差旅费	劳动保护费	租赁费	保险费	其他	合计
			分配工资	3 000												3 000
			提福利费		420											420
			提折旧费			2 700										2 700
			付修理费				1 000									1 000
			消耗材料					600								600
			工具摊销						2 800							2 800
			付办公费							2 200						2 200
			付差旅费								800					800
			付劳保费									2 000				2 000
			摊租赁费										1 000			1 000
			摊保险费											1 000		1 000
			付其他费												480	480
			本月合计	3 000	420	2 700	1 000	600	2 800	2 200	800	2 000	1 000	1 000	480	18 000
			月末结存	-3 000	-420	-2 700	-1 000	-600	-2 800	-2 200	-800	-2 000	-1 000	-1 000	-480	-18 000

由于物流中心流通加工环节的折旧费用、固定资产修理费用等占成本比例较大，其费用归集尤其重要。下面简述折旧费用和固定资产修理费用等项目的归集。

（1）折旧费用　折旧费用和修理费从其与加工生产工艺过程的关系看，属于基本费用，为了简化核算，通常视同组织和管理加工生产所发生的间接费用，作为制造费用的项目。折旧费用是通过编制“折旧费用计算汇总表”，计算出各生产单位本期折旧费用以后，计入制造费用的。表11-2为某流通加工中心本月“折旧费用计算汇总表”。

表 11-2 折旧费用计算汇总表

年 月 （单位：元）

生产单位	固定资产类别	月初应计折旧固定资产总值	月折旧率（‰）	月折旧额
第一车间	房屋设备	600 000 400 000 200 000	 2.7 8.1	2 700 1 080 1 620
第二车间	房屋设备	1 100 000 600 000 50 000	 2.7 8.1	5 720 1 620 4 100
机修车间	房屋设备	400 000 200 000 200 000	 2.7 8.0	2 140 540 1 600
供水车间	房屋设备	360 000 160 000 200 000	 2.7 5.6	1 552 432 1 120
合 计	—	2 460 000	—	12 112

根据折旧费用计算汇总表得出的折旧额，计算出流通加工部门折旧费用。

（2）固定资产修理费用 固定资产修理费用一般可以直接计入当月该生产单位的制造费用。当修理费用发生不均衡，一次发生的费用数额较大时，也可以采用分期摊销或按计划预提计入制造费用的办法。

如某物流中心以银行存款支付固定资产修理费 3 200 元，其中第一加工车间 1 000 元，第二加工车间 1 600 元，供水车间 600 元。因其数额不大，故将发生的修理费用全数计入当期各加工生产车间的制造费用。

当采用预提方式计提大修理费用时，要注意应正确预计每月的提取数额，且预提费用总额与实际支付费用总额的差额，期末应当调整计入流通加工成本。

（3）租入固定资产改良支出 企业租入固定资产的改良支出，摊销期一般在一年以上，发生时作为长期待摊费用处理，再按预定期限摊入制造费用。例如，某物流中心流通加工部门，以银行存款 42 000 元用于租入固定资产改良支出，计划在合同规定的租赁期两年内摊销，则每月摊销 1 750 元，摊入制造费用。

2、制造费用的分配

制造费用是各加工单位为组织和管理流通加工所发生的间接费用，其受益对象是流通加工单位当期所发生的全部产品。当加工单位只加工一种产品时，制造费用不需要在受益对象之间分配，直接转入流通加工成本；若加工多种产品时，则需要在全部受益对象之间分配，包括自制材料、工具，以及生产单位负责进行的在建工程，都要负担制造费用。在选择制造费用分配方法时，同样注意分配标准的合理和简便。在实际工作中，制造费用分配方法有生产工时分配法、机器工时分配法、系数分配法、直接人工费用比例分配法、计划分配率分配法等。现以生产工时分配法、机器工时分配法和计划分配率分配法为例说明。

（1）生产工时分配法　生产工时分配法，是以加工各种产品的生产工时为标准分配费用的方法。加工生产工时一般指加工产品实际总工时，也可以是按实际加工量和单位加工量的定额工时计算的定额总工时。生产工时分配法的计算公式为

$$\text{费用分配率}=\frac{\text{某流通加工单位应分配制造费用}}{\text{该流通加工单位各种产品加工工时之和}}$$

某加工产品应分配费用=该产品的加工工时×费用分配率

例：某物流中心第一流通加工部门，本月制造费用明细账归集的制造费用总额为 18 000 元。本月实际加工工时为 30 000 小时，其中：加工甲产品 12 000 小时；乙产品 10 000 小时；丙产品 8 000 小时。采用生产工时分配法编制制造费用分配表见表 11-3。

表 11-3　制造费用分配表

加工单位：第一流通加工部门　　　　年　月

产品名称	加工工时/小时	分配率	分配金额/元
甲产品	12 000	—	7 200
乙产品	10 000	—	6 000
丙产品	8 000		4 800
合计	30 000	0.6	18 000

（2）机器工时分配法　机器工时分配法，是以各种加工产品（各受益对象）的机器工作时间为标准，来分配制造费用的方法。当制造费用中机器设备的折旧费用和修理费用比较大时，采用机器工时分配法比较合理。

必须指出，不同机器设备在同一工作时间内的折旧费用和修理费用差别较大。也就是说，同一件产品（或不同产品）在不同的机器上加工一个单位所负担的费用应当有所差别。因此，当一个加工部门内存在使用和维修费用差别较大的不同类型的机器设备时，应将机器设备合理分类，确定各类机器设备的工时系数。各类机器设备的实际工作时间，应当按照其工时系数换算成标准机器工时，将标准机器工时作为分配制造费用的依据。

例：某物流中心第二流通加工部门，本月制造费用总额为 56 100 元。各种

产品机器加工工时为 70 000 小时，其中：甲产品由 A 类设备加工 16 000 小时，B 类设备加工 6 000 小时；乙产品由 A 类设备加工 4 000 小时，B 类设备加工 20 000 小时；丙产品由 A 类设备加工 20 000 小时，B 类设备加工 4 000 小时。该加工部门 A 类设备为一般设备，B 类设备为高级精密大型设备。按照设备使用和维修费用发生情况确定的 A 类设备（标准设备类）系数为 1，B 类设备系数为 1.5。根据资料采用机器工时分配法编制制造费用分配表，见表 11-4。

表 11-4　制造费用分配表

加工单位：第二流通加工部门　　　　　　年　月

产品名称	机器工作时间/小时				分配率	分配金额/元
	A 类设备（标准）	B 类设备系数（1.5）		标准工时合计		
		加工时数	折合时数			
甲产品	16 000	6 000	9 000	25 000	0.66	16 500
乙产品	4 000	20 000	30 000	34 000		22 440
丙产品	20 000	4 000	6 000	26 000		17 160
合　计	40 000	30 000	45 000	85 000		56 100

从表 11-4 的分配结果可以看到，考虑设备工时系数以后，乙、丙两种产品实际机器工时均为 24 000 小时，但由于乙产品在 B 类设备加工工时较多，因此就比丙产品多负担了 5 280 元费用，这样分配比较合理。

（3）计划分配率分配法　计划分配率分配法，是按照年初确定计划制造费用分配率分配制造费用，实际发生的制造费用与按计划分配率分配的制造费用的差异年末进行调整。

计划分配率是根据各加工单位计划年度制造费用总额和计划年度定额总工时计算的。其计算公式为

$$计划制造费用分配率=\frac{某加工单位年度制造费用预算总额}{该加工单位年度计划完成定额总工时}$$

某加工产品当月应分配制造费用，是根据该产品实际加工量，按单位产品定额工时计算的定额总工时和计划分配率计算的。其计算公式为

$$\begin{matrix}某产品应\\分配费用\end{matrix}=\begin{matrix}该产品按实际加工量\\计算的定额总工时\end{matrix}\times\begin{matrix}计划制造\\费用分配率\end{matrix}$$

例：某物流中心流通加工部门，本年度制造费用预算总额为 210 000 元。该部门加工甲、乙、丙三种产品，本年计划加工量分别为 3 000 件、2 500 件和 1 600 件，单位产品定额加工工时分别为 70 小时、40 小时和 25 小时，年

度计划完成的定额总工时为 350 000 小时。本年 9 月份加工甲产品 200 件、乙产品 250 件、丙产品 300 件。按计划分配率分配制造费用，计算结果如下：

$$计划制造费用分配率=\frac{210\,000元}{350\,000小时}=0.60元/小时$$

9 月份应分配制造费用

$$甲产品：200件\times70小时\times0.60元/小时=8\,400元$$

$$乙产品：250件\times40小时\times0.60元/小时=6\,000元$$

$$丙产品：300件\times25小时\times0.60元/小时=4\,500元$$

计划分配率一经确定，年度内一般不再变更，因此这种方法计算简便，各月产品成本所负担的制造费用也比较均衡。

（四）加工生产费用在完工产品和期末在产品之间的分配

在产品指流通加工单位或某一加工步骤正在加工的在制品，在产品完成全部加工过程、验收合格以后就成为完工产品。

按成本项目归集加工费用，并在各成本计算对象之间进行分配以后，企业本期（本月）发生的加工费用，已经全部计入各种产品（各成本计算对象）的成本计算单中。登记在某种产品成本计算单中的月初在产品成本加上加工费用，即生产费用合计数或称作累计生产费用，有以下三种情况：

（1）该产品本月已经全部完工，没有月末在产品，则加工费用合计数等于本月完工产品加工总成本。如果月初也没有在产品，则本月加工费用等于本月完工产品加工总成本。

（2）该产品本月全部没有完工，则加工费用合计数等于月末在产品加工成本。

（3）该产品既有已经完工的产品，又有正在加工的月末在产品，这时，需要将加工费用合计数在本月完工产品和月末在产品之间进行分配，以正确计算本月完工产品的实际总成本和单位成本。用公式表示为

$$\begin{matrix}月初在产品\\加工成本\end{matrix}+\begin{matrix}本月发生\\加工费用\end{matrix}=\begin{matrix}本月完工\\产品成本\end{matrix}+\begin{matrix}月末在产品\\加工成本\end{matrix}$$

根据上述公式，本月完工产品加工成本为

$$\begin{matrix}本月完工\\产品成本\end{matrix}=\begin{matrix}月初在产品\\加工成本\end{matrix}+\begin{matrix}本月发生\\加工费用\end{matrix}-\begin{matrix}月末在产品\\加工成本\end{matrix}$$

上述公式表明，正确计算完工产品成本，关键是要正确计算月末在产品

加工成本。

物流中心的流通加工部门，在产品品种规格多，流动性大，完工程度不一，所以在产品加工成本的计算是一个比较复杂的问题。物流企业应当根据在产品加工费用的投入程度、月末在产品数量的多少、各月月末在产品数量变化的大小、加工成本中各成本项目费用比重的大小以及企业成本管理基础工作等具体情况，选择合理的在产品成本计算方法。

二、流通加工成本计算的品种法应用举例

（一）物流中心基本情况

某物流中心设有第一、第二两个流通加工车间，对甲、乙两种产品进行流通加工，一车间加工甲产品，二车间加工乙产品，其工艺过程为单步骤流水线加工生产。该物流中心另设有供水、机修两个辅助生产车间，为基本加工车间及其他各部门提供产品及劳务。该物流中心采用品种法计算流通加工成本。

（二）流通加工成本计算程序

该物流中心“基本生产成本”二级账下，设甲产品流通加工成本计算单和乙产品流通加工成本计算单；“辅助生产成本”二级账下，设供水车间明细账和机修车间明细账；“制造费用”总账下按加工一车间、加工二车间、供水车间和机修车间分别设置明细账。本月加工成本计算如下：

1）根据各项生产加工费用发生的原始凭证和其他有关资料，编制各项要素费用分配表，分配本月发生的加工生产费用。分配结果见表 11-5～表 11-8。

表 11-5　材料费用分配表

（单位：元）

会计科目	明细科目	主要材料	辅助材料	燃料	合计
基本生产成本	甲产品	—	5 000	—	5 000
	乙产品	—	3 000	—	3 000
	小计	—	8 000	—	8 000
辅助生产成本	供水车间	30 000	1 000	—	31 000
	机修车间	25 000	2 000	—	27 000
	小计	55 000	3 000	—	58 000
制造费用	一车间	1 000	1 500	200	2 700
	二车间	2 500	2 500	100	5 100
	供水车间	500	1 000	—	1 500
	机修车间	400	500	—	900
	小计	4 400	5 500	300	10 200
管理费用	修理费	1 800	500	—	2 300

表 11-6 工资及福利费用分配表

分配对象		工资			福利费	
会计科目	明细科目	分配标准/小时	分配率	分配金额/元	分配率	分配金额/元
基本加工（成本计算单）	甲产品	60 000	0.385 97	23 158	0.054 03	3 242
	乙产品	40 000	0.385 97	15 439	0.054 03	2 161
	小计	100 000		38 597		5 403
辅助生产	供水车间	—	—	965	—	135
	机修车间	—	—	1 149	—	161
	小计	—	—	2 114	—	296
制造费用	一车间	—	—	772	—	108
	二车间	—	—	386	—	54
	供水车间	—	—	575	—	80
	机修车间	—	—	206	—	29
	小计	—	—	1 939	—	271
管理费用	—	—	—	2 877	—	403
合计	—	—	—	45 527	—	6 373

注：本列分配金额均取整数。

表 11-7 折旧费用计算表

（单位：元）

会计科目	明细账目	金额
制造费用	一车间	4 000
	二车间	3 000
	供水车间	2 000
	机修车间	1 500
	小计	10 500
管理费用	—	5 000
合计	—	15 500

表 11-8 其他费用分配表

（单位：元）

会计科目	明细科目	办公费	劳保费	差旅费	修理费	外购动力费	其他	合计
制造费用	一车间	350	350		1 000	1 400	100	3 200
	二车间	200	300		500	800	150	1 950
	供水车间	250	200		100	600	230	1 380
	机修车间	200	400			400	320	1 320
	小计	1 000	1 250		1 600	3 200	800	7 850
管理费用	—	1 000	400	1 500	200	800	200	4 100
合计	—	2 000	1 650	1 500	1 800	4 000	1 000	11 950

2)根据各项要素费用分配表，登记有关成本计算单（见表 11-9、表 11-10）、辅助生产成本明细账（见表 11-11、表 11-12）、制造费用明细账（见表 11-13、表 11-14、表 11-16、表 11-17），管理费用明细账的登记略。

3)分配辅助生产费用。根据各辅助生产车间制造费用明细账（见表 11-13、

表 11-14）汇总的制造费用总额，分别转入该辅助生产车间的辅助生产成本明细账。然后，对本期该账户归集的辅助生产费用按其受益对象与受益量（劳务量）的多少，分配给第一加工车间和第二加工车间，分别结转到各车间的制造费用账户。辅助生产费用的分配是通过编制相应的分配表进行的，其格式与内容见表 11-15。

4）根据基本加工车间制造费用明细账汇集的制造费用总额（见表 11-16、表 11-17），编制制造费用分配表。本月第一加工车间只加工甲产品，第二加工车间只加工乙产品，各车间制造费用不需要在各种产品之间进行分配，可以直接记入各产品加工成本计算单。

表 11-9 加工成本计算单

产成品：400 件

加工产品名称：甲产品　　　　在产品：0 件

成本项目	月初在产品成本/元	本月费用/元	成本费用合计/元	已完工流通加工成本/元	月末在产品成本/元
直接材料	200	5 000	5 200	5 200	—
直接人工	1 600	26 400	28 000	28 000	—
制造费用	215.50	54 564.90	54 780.40	54 780.40	—
合　计	2 015.50	85 964.90	87 980.40	87 980.40	—

表 11-10 加工成本计算单

产成品：100 件

加工产品名称：乙产品　　　　在产品：20 件

成本项目	月初在产品成本/元	本月费用/元	成本费用合计/元	分配率	已完工流通加工成本/元	月末在产品加工成本/元
直接材料	100	3 000	3 100	25.83	2 583	517
直接人工	400	17 600	18 000	163.64	16 364	1 636
制造费用	258.50	36 605.10	36 863.60	335.12	33 512	3 351.60
合　计	758.50	57 205.10	57 963.60	—	52 459	5 504.60

表 11-10 中：

$$\text{直接材料分配率}=\frac{3100\text{元}}{100\text{件}+20\text{件}}=25.83\text{元/件}$$

$$\text{直接人工分配率}=\frac{18\,000\text{元}}{100\text{件}+20\text{件}\times 50\%}=163.64\text{元/件}$$

$$\text{制造费用分配率}=\frac{36\,863.60\text{元}}{100\text{件}+20\text{件}\times 50\%}=335.12\text{元/件}$$

表 11-11 辅助生产成本明细账

供水车间 （单位：元）

年		凭证号	摘要	直接材料	直接人工	制造费用	合计
月	日						
			材料费用分配表	31 000			31 000
			工资及福利费分配		1 100		1 100
略	略	略	转入制造费用			5 535	5 535
			本期发生额合计	31 000	1 100	5 535	37 635
			结转各受益部门	31 000	1 100	5 535	37 635

注：方框内表示红字。下同。

表 11-12 辅助生产成本明细账

机修车间 （单位：元）

年		凭证号	摘要	直接材料	直接人工	制造费用	合计
月	日						
			材料费用分配表	27 000			27 000
			工资及福利费分配		1 310		1 310
略	略	略	转入制造费用			3 955	3 955
			本期发生额合计	27 000	1 310	3 955	32 265
			结转各受益部门	27 000	1 310	3 955	32 265

表 11-13 制造费用明细账

供水车间 （单位：元）

年		凭证号码	摘要	材料费用	工资及福利费	水电费	折旧费	修理费	办公费	劳保费	其他	合计
月	日											
			材料费用分配表	1 500								1 500
			工资及福利费用分配表		655							655
略	略	略	折旧计算表				2 000					2 000
			其他费用分配表			600		100	250	200	230	1 380
			本期发生额	1 500	655	600	2 000	100	250	200	230	5 535
			结转辅助生产明细账	1 500	655	600	2 000	100	250	200	230	5 535

表 11-14 制造费用明细账

机修车间 （单位：元）

年		凭证号码	摘要	材料费用	工资及福利费	水电费	折旧费	修理费	办公费	劳保费	其他	合计
月	日											
			材料费用分配表	900								900
			工资及福利费用分配表		235							235
略	略	略	折旧计算表				1 500					1 500
			其他费用分配表			400			200	400	320	1 320
			本期发生额	900	235	400	1 500		200	400	320	3 955
			结转辅助生产成本明细账	900	235	400	1 500		200	400	320	3 955

表 11-15　辅助生产费用分配表

（单位：元）

辅助生产车间类别	应分配费用	劳务供应量	分配率	对外分配			
				制造费用			
				加工一车间		加工二车间	
				数量	金额	数量	金额
供水车间	37 635	49 000	0.768 1	29 000	22 274.9	20 000	15 360.1
机修车间	32 265	30 000	1.075 5	20 000	21 510	10 000	10 755
合　　计	69 900	—	—	—	43 784.9	—	26 115.1

注：辅助生产费用不交互分配。

表 11-16　制造费用明细账

加工一车间　（单位：元）

年 月	年 日	凭证号码	摘　　要	材料费用	工资及福利费	水电费	折旧费	修理费	办公费	劳保费	其他	合计
			材料费用分配表	2 700								2 700
			工资及福利费分配		880							880
			折旧计算表				4 000					4 000
略	略	略	其他费用分配表			1 400		1 000	350	350	100	3 200
			辅助生产成本分配			22 274.9		21 510				43 784.9
			本期发生额	2 700	880	23 674.9	4 000	22 510	350	350	100	54 564.9
			期末结转制造费用	2 700	880	23 674.9	4 000	22 510	350	350	100	54 564.9

表 11-17　制造费用明细账

加工二车间　（单位：元）

年 月	年 日	凭证号码	摘　　要	材料费用	工资及福利费	水电费	折旧费	修理费	办公费	劳保费	其他	合计
			材料费用分配表	5 100								51 000
			工资及福利费分配		440							440
			折旧计算表				3 000					3 000
略	略	略	其他费用分配表			800		500	200	300	150	1 950
			辅助生产成本分配			15 360.1		10 755				26 115.1
			本期发生额	51 000	440	16 160.1	3 000	11 255	200	300	150	36 605.1
			期末结转制造费用	5 100	440	16 160.1	3 000	11 255	200	300	150	36 605.1

5）根据各产品成本计算单归集的生产费用合计数（月初在产品加工成本加上本月生产费用）和有关加工数量记录，在完工产品和月末在产品之间分配加工生产费用。本月甲产品已全部完工，加工 400 件；乙产品本月完工 100 件，月末在产品 20 件（材料为一次性投入），工资和费用的发生比较均衡，完工程度为 50%。根据分配结果，编制完工产品成本汇总表（见表 11-18）。

表 11-18 完工产品加工成本汇总表

（单位：元）

成本项目	甲产品（加工量：400 件）		乙产品（加工量：100 件）	
	总成本	单位成本	总成本	单位成本
直接材料	5 200	13	2 583	25.83
直接人工	28 000	70	16 364	163.64
制造费用	54 780.4	136.95	33 512	335.12
合　　计	87 980.4	219.95	52 459	524.59

第三节　流通加工成本分析与控制

一、流通加工成本分析

（一）流通加工成本分析常用方法

对流通加工成本的分析，可通过编制流通加工成本报表进行分析。在对流通加工成本报表分析的过程中，在研究各项成本指标的数量变动和指标之间的数量关系，测定各种因素变动对成本指标的影响程度时，常用以下几种分析方法。

1、**比较分析法**

比较分析法是通过指标对比，从数量上确定差异的一种分析方法，主要作用在于揭示客观上存在的差距，为进一步分析指出方向。

2、**比率分析法**

比率分析法是指通过计算和对比经济指标的比率，进行数量分析的一种方法。采用这一方法，先要把对比的数值变成相对数，求出比率，然后再进行分析。

3、**连环替代法**

连环替代法是用来计算几个相互联系的因素，对综合经济指标变动影响程度的一种分析方法。

4、**差额计算法**

差额计算法是连环替代法的一种简化形式。当运用这一方法时，先要确定各因素实际数与计划数之间的差异，然后按照各因素的排列顺序，依次求出各因素变动的影响程度。

以上所述只是常用的几种数量分析方法。此外，还可以根据分析的目的和要求，采用分组法、指数法、图表法等其他数量分析方法。

下面以流通加工成本表为例，说明流通加工成本表的编制及分析。

流通加工成本表，是反映流通加工中心在报告期内，所加工全部产品的总成本和主要产品流通加工单位成本及总成本的报表。利用流通加工成本表，可以考核、分析全部产品和各种主要产品成本计划的执行情况，以及可比产品成本降低计划的执行情况，从而对企业成本工作进行一般评价。

（二）流通加工成本表的结构和编制方法

流通加工成本表分为基本报表和补充资料两部分，见表 11-19。

基本报表部分，应按可比流通加工产品和不可比流通加工产品分别填列。可比产品是指流通加工中心过去曾经加工过，有完整的成本资料可以进行比较；不可比产品是指流通加工中心本年度初次加工，或缺乏可比的成本资料。在流通加工成本计划中，对不可比产品只规定本年的计划流通加工成本，而对可比产品不仅规定有计划流通加工成本指标，而且规定有成本降低计划指标，即本年度可比流通加工成本比上年度实际成本的降低额和降低率。

流通加工成本表的基本报表部分，应反映各种可比和不可比产品本月及本年累计的实际加工量、实际单位加工成本和实际加工总成本。为反映流通加工中心当年成本计划完成情况，基本报表部分还应反映，各种可比和不可比加工产品，本月和本年累计按计划单位加工成本计算的总成本。计划单位加工成本应根据本年成本计划填列，本月和本年累计计划总成本，应根据计划单位加工成本，分别乘以本月实际加工量和本年累计实际加工量计算填列。

补充资料部分只填列本年累计实际数。可比产品加工成本降低额，是指可比加工产品累计实际总成本，比上年实际平均单位加工成本计算的累计总成本降低的数额，超支额用负数表示。其公式为

$$\begin{matrix}\text{可比产品加工}\\\text{成本降低额}\end{matrix}=\begin{matrix}\text{可比产品按上年实际平均}\\\text{单位成本计算的总成本}\end{matrix}-\begin{matrix}\text{可比产品本年}\\\text{累计实际总成本}\end{matrix}$$

可比产品加工成本降低率，是指可比加工产品本年累计实际总成本，比按上年实际平均单位加工成本计算的累计总成本降低的比率，超支率用负数表示。其计算公式为

$$\begin{matrix}\text{可比产品加工}\\\text{成本降低率}\end{matrix}=\frac{\text{可比产品加工成本降低额}}{\begin{matrix}\text{可比产品按上年实际平均}\\\text{单位成本计算的总成本}\end{matrix}}\times100\%$$

表 11-19　流通加工成本表

编制单位：流通加工中心　　　　年　月　日　　　　（单位：元）

流通加工产品名称	计量单位	实际产量		单位流通加工成本				本月流通加工总成本			本年累计流通加工总成本		
		本月	本年累计	上年实际平均	本年计划	本月实际	本年累计实际平均	按上年实际平均单位成本计算	按本年计划单位成本计算	本期实际	按上年实际平均单位成本计算	按本年计划单位成本计算	本年实际
		（1）	（2）	（3）	（4）	（5）=（9）÷（1）	（6）=（12）÷（2）	（7）=（1）×（3）	（8）=（1）×（4）	（9）	（10）=（2）×（3）	（11）=（2）×（4）	（12）
可比产品合计	—	—	—	—	—	—	—	8 760	8 600	8 590	87 600	86 000	86 150
甲	件	50	500	84	82	83	81	4 200	4 100	4 150	42 000	41 000	40 500
乙	件	60	600	76	75	74	76.08	4 560	4 500	4 440	45 600	45 000	45 650
不可比产品合计	—	—	—	—	—	—	—	—	7 950	7 970	—	72 000	73 350
丙	件	80	700		75	76	76.57	—	6 000	6 080	—	52 500	53 600
丁	件	30	300		65	63	65.83	—	1 950	1 890	—	19 500	19 750
全部产品合计	—	—	—	—	—	—	—	—	16 550	16 569	—	158 000	159 500

注：补充资料（本年累计实际数）：

1．可比产品流通加工成本降低额 1 450 元（本年计划降低额为 1 600 元）。

2．可比产品降低率 1.656%（本年计划降低率为 1.683%）。

……

（三）流通加工成本表的分析

对全部流通加工成本计划的完成情况进行总括评价。通过总评价，一是对流通加工中心全部产品加工成本的完成情况有个总括的了解；二是通过对影响计划完成情况因素的初步分析，为进一步分析指出方向。根据表 11-19 的资料编制分析表，见表 11-20。

表 11-20 本年累计全部加工成本计划完成情况分析表

（单位：元）

加工产品名称	计划总成本	实际总成本	实际比计划升降额	实际比计划升降率（%）
一、可比产品	86 000	86 150	+150	+0.18
其中：甲	41 000	40 500	−500	−1.22
乙	45 000	45 650	+650	+1.40
二、不可比产品	72 000	73 350	+1 350	+1.88
其中：丙	52 500	53 600	+1 100	+2.09
丁	19 500	19 750	+250	+1.28
合计	158 000	159 500	1 500	0.95

$$\begin{array}{c}\text{本年累计全部加工}\\\text{成本计划完成率}\end{array}=\frac{\sum(\text{各种产品实际单位加工成本}\times\text{实际加工量})}{\sum(\text{各种产品计划单位加工成本}\times\text{实际加工量})}\times 100\%$$

$$=\frac{159\,500\text{元}}{158\,000\text{元}}\times 100\%=100.95\%$$

$$\text{成本降低率}=100\%-100.95\%=-0.95\%$$

计算表明，本年累计实际总成本比计划超支 1 500 元，升高 0.95%。其中可比产品流通加工成本实际比计划超支 150 元，主要是乙产品流通加工成本超支 650 元，而甲产品流通加工成本是降低的；不可比产品流通加工成本实际比计划超支 1 350 元，丙、丁产品流通加工成本都超支了。显然，进一步分析的重点是查明乙产品流通加工成本超支的原因。

为了把流通加工中心的生产耗费和加工成果联系起来，综合评价生产经营的经济效益，在全部流通加工成本计划完成情况的总评价中，还应包括产值成本率指标的分析。此外，应对可比产品流通加工成本降低计划的完成情况进行分析，对主要产品流通加工成本进行分析。

二、流通加工成本的控制

物流环节的流通加工成本的控制，可按标准成本制度进行。标准成本制度并非一种单纯的成本计算方法，它是把成本的计划、控制、计算和分析相结合的一种成本控制系统。

（一）标准成本的制定

标准成本应按直接材料、直接人工和制造费用三个成本项目分别制定。

1、直接材料标准成本的制定

制定直接材料的标准成本要考虑两个基本因素；直接材料的数量标准与直接材料的价格标准。直接材料数量标准的确定，以正常生产条件下单位产品耗用材料数量与正常范围内允许发生的耗损及不可避免的废品所耗费的材料数量为依据；直接材料的价格标准，是指在取得某种材料时应支付的平均单位价格，包括买价和采购费用。

直接材料标准成本计算公式为

$$\begin{matrix}\text{某产品流通加工}\\\text{直接材料标准成本}\end{matrix}=\begin{matrix}\text{直接材料}\\\text{标准数量}\end{matrix}\times\begin{matrix}\text{直接材料}\\\text{标准价格}\end{matrix}$$

例：某物流配送中心流通加工部门加工 A 产品，需用甲、乙两种材料，该产品直接材料的标准成本计算见表 11-21。

表 11-21　流通加工直接材料标准成本计算表

项　目	甲 材 料	乙 材 料	合　计
材料标准价格的计算	—	—	—
预计平均购买价格/（元/千克）	15	10	—
预计平均采购费用/（元/千克）	1.00	1.00	—
材料标准价格/（元/千克）	16.00	11.00	—
材料标准数量的计算	—	—	—
材料正常需用量/（千克/件）	0.20	0.15	—
材料正常损耗/（千克/件）	0.05	0.05	—
材料标准数量/（千克/件）	0.25	0.20	—
单位产品流通加工直接材料标准成本/（元/件）	4.0	2.2	6.2

2、直接人工标准成本的制定

直接人工标准成本的制定，要考虑直接人工数量标准与直接人工价格（工资率）标准两个因素。

直接人工数量标准，是指正常生产条件下加工单位产品所需的标准工作时间，包括工艺过程的时间与必要的间歇或停工时间及不可避免的废品损失时间；直接人工价格（工资率）标准，是指按现行的工资福利标准确定的每一单位工作时间的工资和福利费。

直接人工标准成本计算公式为

$$\begin{matrix}\text{某产品流通加工直接}\\\text{人工标准成本}\end{matrix}=\begin{matrix}\text{直接人工}\\\text{标准数量}\end{matrix}\times\begin{matrix}\text{直接人工}\\\text{标准价格}\end{matrix}$$

例：上例中，A 产品需经 A、B 两个车间连续加工，该产品的直接人工标准成本的计算见表 11-22。

表 11-22　直接人工标准成本计算表

项　目	A 车间	B 车间	合　计
直接人工标准价格的计算	—	—	—
从事直接生产工人数/人	40	30	—
每人每月标准工时数/小时	150	150	—
每月标准加工总工时/小时	6 000	4 500	10 500
每月直接工资和福利费/元	16 500	13 570	30 070
每一工时直接人工费/元	2.75	3.02	—
单位产品标准工时/小时	3	2.50	—
单位产品直接人工标准成本/（元/件）	8.25	7.55	15.80

3、制造费用标准成本的制定

制造费用标准成本的制定，需考虑数量标准与费用率标准两个因素。制造费用的数量标准，也是指正常生产条件下生产单位产品所需的标准工作时间；制造费用的费用率标准，是指每标准工时所负担的制造费用，制造费用分为固定性制造费用预算和变动性制造费用预算两部分。费用率标准的计算公式为

$$\text{固定性制造费用标准分配率}=\frac{\text{固定性制造费用预算}}{\text{标准总工时}}$$

$$\text{变动性制造费用标准分配率}=\frac{\text{变动性制造费用预算}}{\text{标准总工时}}$$

根据制造费用用量和费用分配率标准，制造费用标准成本计算公式为

固定性制造费用标准成本＝固定性制造费用分配率×标准工时

变动性制造费用标准成本＝变动性制造费用分配率×标准工时

例：上例中，A 产品制造费用包括固定性制造费用与变动性制造费用两部分。该产品的制造费用标准成本计算见表 11-23。

表 11-23　制造费用标准成本计算表

项　目	固定部分	变动部分	合　计
制造费用分配率的计算	—	—	—
制造费用预算额/元	6 050	12 100	18 150
标准加工总工时/小时	12 100	12 100	—
制造费用分配率/（元/小时）	0.50	1.00	—
单位产品标准工时/小时	5.50	5.50	—
单位产品制造费用标准成本/元	2.75	5.50	8.25

4、单位产品流通加工标准成本的制定

单位产品的流通加工标准成本是在流通加工直接材料标准成本、直接人工标准成本、制造费用标准成本的基础上汇总而成的。

例：根据前面表 11-21、表 11-22 的计算结果，编制 A 产品单位流通加工标准成本计算表，见表 11-24。

表 11-24 单位产品流通加工标准成本计算表

项　　目	数 量 标 准	价格标准/元	标准成本/（元/件）
直接材料	—	—	6.2
甲材料	0.25 千克	16.00	4.0
乙材料	0.2 千克	11.00	2.2
直接人工	—	—	15.80
A 车间	3 小时	2.75	8.25
B 车间	2.5 小时	3.02	7.55
制造费用	—	—	8.25
变动性	5.5 小时	1.00	5.50
固定性	5.5 小时	0.50	2.75
单位产品流通加工成本	—	—	30.25

（二）标准成本差异分析

标准成本差异是标准成本同实际成本的差额。实际成本低于标准成本的差异为节约差异，实际成本高于标准成本的差异为超支差异。由于标准成本根据消耗数量与价格两个基本因素计算而成，因而差异的分析也要从消耗数量与价格两个因素入手。

1、直接材料成本差异分析

直接材料成本差异分析，分为直接材料数量差异和直接材料价格差异。直接材料数量差异是直接材料实际耗用量同标准用量之间的差异。其计算公式为

直接材料数量差异=（实际数量–标准数量）×标准价格

出现差异之后要进行差异分析，并及时采取纠偏措施。造成数量差异的主要原因，有用料上的浪费和质量事故造成的材损等，同时要考虑采购部门购入材料的质量及仓储保管质量。

直接材料价格差异是指直接材料的实际价格同标准价格之间的差异。其计算公式为

直接材料价格差异=（实际价格–标准价格）×实际数量

材料价格差异由采购部门负责，造成价格差异的原因，一般是市场价格

的变化、采购批量的增减、采购费用的升降等。

2、直接人工成本差异分析

直接人工成本差异分析，分为直接人工效率差异和直接人工工资率差异。直接人工效率差异是指直接人工实际工作时间数同其标准工作时间数之间的差异。其计算公式为

$$直接人工效率差异=(实际工时-标准工时)\times 标准工资率$$

直接人工工资率差异是指直接人工实际工资率与标准工资率之间的差异。其计算公式为

$$直接人工工资率差异=(实际工资率-标准工资率)\times 实际工时$$

造成直接人工成本差异的原因主要有：工资水平的提高、工艺改进引起工时的变化、劳动生产率的升降等。

3、制造费用成本差异分析

制造费用成本差异是制造费用的实际发生额与标准发生额之间的差异。制造费用一部分与当期生产量发生联系，而大部分则与企业的生产规模发生联系。因此，对制造费用差异分析，要按变动性制造费用与固定性制造费用进行分析。

对变动性制造费用差异，要对效率差异与耗用差异两部分进行分析。其计算公式为

$$变动性制造费用耗用差异=(实际分配率-标准分配率)\times 实际工时$$

$$变动性制造费用效率差异=(实际工时-标准工时)\times 标准分配率$$

固定性制造费用数额的大小，一般与一定的生产规模相联系，故对固定性制造费用差异的分析，不仅要对耗用差异、效率差异进行分析，还要对生产能力利用的差异进行分析。其计算公式为

$$\begin{matrix}固定性制造费用\\耗费差异\end{matrix}=\begin{matrix}固定制造费用\\实际发生额\end{matrix}-\begin{matrix}固定制造费用\\预算额\end{matrix}$$

$$固定性制造费用效率差异=(实际工时-标准工时)\times 标准分配率$$

$$\begin{matrix}固定性制造费用\\能力差异\end{matrix}=\begin{matrix}固定制造费用\\预算数\end{matrix}-\begin{matrix}按实际工时计算的\\标准固定制造费用\end{matrix}$$

或

$$=\begin{matrix}标准\\分配率\end{matrix}\times\left(\begin{matrix}正常生产\\能力工时\end{matrix}-\begin{matrix}实际\\工时\end{matrix}\right)$$

【复习思考题】

1. 简述流通加工作业的特点。
2. 简述我国主要流通加工形式。
3. 简述流通加工成本的构成。
4. 为什么流通加工成本构成中直接材料所占比例不大？
5. 简述标准成本制定。

【练习题】

某流通加工企业有一个流通加工生产车间（基本生产车间），大量加工生产甲、乙两种产品，另有一个机修辅助生产车间。该企业采用品种法计算产品成本，设置“直接材料”、“直接人工”、“制造费用”三个成本项目。该企业××年 9 月份有关产品产量及成本资料如表 11-25、11-26、11-27、11-28 所示：

表 11-25　月初在产品成本

（单位：元）

产　品	直接材料	直接人工	制造费用	合　计
甲产品	7 680	6 592	3 574.78	17 846.78
乙产品	8 320	2 008	2 320.02	12 648.02

表 11-26　产量资料

（单位：件）

项　目	甲　产　品	乙　产　品
期初在产品	340	280
本月投产	860	720
本月完工	800	600
月末在产品	400	400

表 11-27　定额消耗量与工时记录

		生产工时/小时	修理工时/小时	材料定额消耗量/件
基本车间	甲产品	2 480	—	540
	乙产品	1 520	—	460
	一般	—	6 000	—
企业行政管理部门		—	4 000	—

表 11-28 生产费用资料

（单位：元）

	甲产品生产用	乙产品生产用	甲乙产品共用	基本生产生产用	辅助生产生产用	辅助生产一般用	合 计
原材料	24 000	18 000	8 000	2 000	600	400	53 000
工资	—	—	60 000	4 200	5 800	2 500	72 500
福利费	—	—	8 400	588	812	350	10 150
折旧费	—	—	—	12 000	—	3 000	15 000
外购动力费	—	—	—	14 200	—	12 800	27 000
待摊费用	—	—	—	9 600	—	2 400	12 000
办公费及其他	—	—	—	15 800	—	4 200	20 000

材料在开工时一次投入，在产品的完工率为 50%。甲乙两种产品共同耗用的材料按甲乙产品的材料定额消耗比率分配，基本生产车间生产工人工资、制造费用按生产工时比率分配，辅助生产车间费用按修理工时比率分配。甲乙两产品采用约当产量法计算完工产品成本和月末在产品成本。

要求：根据上述资料，编制各种费用分配表，计算甲乙两种产品的总成本和单位成本。其分配计算过程及计算结果填入下列各表内。

1、**根据题中所给资料，编制原材料费用分配表**（见表 11-29）

表 11-29 材料费用分配表

（单位：元）

会计科目		成本费用	直接计入	分配计入			成本合计
				材料定额消耗	分配率	分配金额	
基本生产	甲产品	直接材料	24 000	540			
	乙产品	直接材料	18 000	460			
	小 计	—	—	—		8 000	
辅助生产	—	—	600	—	—	—	
制造费用—基本	—	—	2 000	—	—	—	
制造费用—辅助	—	—	400	—	—	—	
合 计	—	—	—	—	—	—	

2、**根据工资资料编制工资及福利费分配汇总表**（见表 11-30）

表 11-30 工资及福利费分配汇总表

（单位：元）

会计科目		成本费用	直接计入	分配计入			合计	福利费
				工时定额消耗	分配率	分配金额		
基本生产	甲产品	直接材料	—					
	乙产品	直接材料	—					
	小计	—	—			60 000		
辅助生产	—	工资	5 800	—	—	—		
制造费用—基本	—	工资	4 200	—	—	—		
制造费用—辅助	—	工资	2 500	—	—	—		
合 计	—	—	12 500	—	—	60 000		

3、根据折旧资料编制固定资产折旧费用分配表（见表11-31）

表11-31 固定资产折旧费用分配表

会计科目	折旧费用/元
制造费用—基本车间	
制造费用—辅助车间	
合　计	15 000

4、根据动力费用资料编制外购动力费用分配表（见表11-32）

表11-32 外购动力费用分配表

会计科目	外购动力/元
制造费用—基本车间	
制造费用—辅助车间	
合　计	27 000

5、根据资料编制待摊费用和其他费用分配表（见表11-33）

表11-33 待摊费用和其他费用分配表

会计科目	待摊费用/元	其他费用/元
制造费用—基本车间		
制造费用—辅助车间		
合　计	12 000	20 000

6、根据上述各要素费用分配表，登记辅助生产车间制造费用明细账（见表11-34）

表11-34 制造费用明细账

车间名称：机修车间　　（单位：元）

摘　要	材料费	工资	福利费	折旧	动力	待摊费	办公费	合计
根据材料分配表								
根据工资及福利费分配表								
根据折旧费分配表								
根据动力费分配表								
根据待摊费用及其他费用分配表								
合计								
本月转出	400	2 500	350	3 000	12 800	2 400	4 200	25 650

7、**根据上述有关费用分配表登记辅助生产成本明细账**（见表 11-35）

表 11-35　辅助生产成本明细账

车间名称：机修车间　　　　（单位：元）

摘　　要	直接材料	直接人工	制造费用	合　　计
根据材料分配表				
根据工资及福利费分配表				
根据制造费用明细账				
合计				
本月转出	600	6 612	25 650	32 862

8、**编制辅助生产费用分配表**（见表 11-36）

表 11-36　辅助生产费用分配表

会计科目	分配标准（修理工时/小时）	分　配　率	分配金额/元
制造费用—基本车间			
管理费用			
合　　计	10 000		32 862

9、**根据上述资料，登记基本生产车间制造费用明细账**（见表 11-37）

表 11-37　制造费用明细账

车间名称：基本车间　　　　（单位：元）

摘　　要	材料费	工资	福利费	折旧	动力	待摊费	办公费	修理费	合计
根据材料分配表									
工资及福利费分配表									
根据折旧费分配表									
根据动力费分配表									
待摊及其他费用分配表									
辅助生产费用分配表									
合计									
本月转出	2 000	4 200	588	12 000	14 200	9 600	15 800	19 717.2	78 105.2

10、**根据基本车间制造费用明细账及其他资料编制制造费用分配表**（见表 11-38）

表 11-38　制造费用分配表

车间名称：基本车间

会计科目		分配标准：生产工时/小时	分　配　率	分配金额/元
基本生产	甲			
	乙			
	合计	4 000		78 105.20

11、计算甲、乙产成品的总成本和单位成本（见表 11-39、表 11-40）

表 11-39 产品成本计算单

产品名称：甲　　本月完工：800 件，月末在产品：400 件

摘　要	直接材料	直接人工	制造费用	合　计
月初在产品成本/元				
本月生产费用/元				
生产费用合计/元				
完工产品成本/元				
单位成本/（元/件）				
月末在产品成本/元				

表 11-40 产品成本计算单

产品名称：乙　　完工：600 件，月末在产品：400 件

摘　要	直接材料	直接人工	制造费用	合　计
月初在产品成本/元				
本月生产费用/元				
生产费用合计/元				
完工产品成本/元				
单位成本/（元/件）				
月末在产品成本/元				

【案例】雅芳如何压缩成本

在 1998 年被勒令业务转型的诸多直销商里，转型后最成功的是雅芳。2003 年，雅芳已经在中国 74 个大中城市开设了分公司，并设立了 5 000 多家专卖店和近 2 000 家商场专柜。

但在部分雅芳自己人眼里，这并不是什么奇迹；真正的奇迹在于在更复杂的业务环境下，到 2003 年底，雅芳将自己的运营成本整整降低了约 30%！其中大部分来自物流成本的降低。

1. 自己人眼里的雅芳物流

据一些雅芳公司员工介绍，在 1998 年以前，就有相当数量的雅芳小姐，在扩展某些中型城市业务的时候，建立起了自己的专卖店。也就是说，当 1998 年被禁直销转做批发和零售时，在最难操作的零售业务方面，雅芳基层销售人员（后来的经销商）的“零售知识”并不是零！

而这批人，也是最先对雅芳物流弊病有深刻体会的人—— 那时，恐怕雅芳自己的高层还没意识到这些。

例如，在 1996～1997 年间的湖北某中型城市开辟雅芳市场的莘峰，她在

自己家乡做成几笔大单（集团购买，类似批发业务）后，就开办了一个雅芳店面。她的目的是：雅芳小姐可以提货，客户也可以直接来购买。

这样，既可以减轻雅芳小姐到省会去取货的困难（相当于设了个经销商中转仓），也解决了客户有时想买但又找不到雅芳小姐，或等雅芳小姐上门时客户又由于时间的延误而不想要货的问题（相当于零售店）。按莘峰的话："店面开张确实提高了雅芳推销的时效性。"

既然做了零售店，就自然具有一种对顾客的承诺：在固定时间、地点，我这里能给你提供相应的商品。但当莘峰去武汉分公司补货的时候，却出现了问题。

对在外地的雅芳小姐，当时雅芳分公司在提供方便快捷的服务措施上还是很欠缺。比如雅芳小姐要赶下午的火车回去，这就使她们盼望公司可以开设外地买单服务台，提供包括优先提货、免费送到车站等服务，"但是没有"。

另外，外地雅芳小姐来分公司取货，本身成本就高，而且即使事先有沟通，可是在她们去了以后，货也往往被一些省会的经理和非销售人员利用便利和非正规手段截取，发往别处。那外地雅芳小姐就只好等着，这极大地阻碍了公司的发展。

而分公司的经理们实际上也有苦衷：他们在当地租用的仓库成本非常高，因此希望周转速度能更快一点，这就迫使他们尽量把商品更早地发出去，哪怕来要货的是"非正常渠道人员"。至于外地雅芳经销人员是否有抱怨，就不能管那么多了。

在 1998 年改营批发零售后，雅芳的外地经销商（很多是原来的雅芳小姐，只不过现在自己做店面）依然遵循着老的提货方式——自提自运。其物流运作稍有复杂，但结构未变。

有一个例子是：一位住在新疆南部和田地区的雅芳经销商，去位于乌鲁木齐的雅芳分公司取货，他带着一大堆钱，坐整整一天的火车到喀什，然后再转坐 12 小时的汽车才到达目的地，而这样来回离店的时间差不多需要一个星期。这给经销商造成了很大的困难并且浪费了他们的管理时间。

这种状况一直持续到了 2002 年初。

2. 双重成本压力

经销商体验的成本并不仅仅是资金成本，还有他们所强烈感受到的时间和辛苦。如果在这几方面投入甚大，超过经销商的忍耐程度，则他们一定会想方设法来转嫁这些成本。

他们的转嫁方式一般有以下几种：

1）接受窜货：就是接收其他价格优惠地区的货物，这肯定影响当地的价格体系，实际上影响的是当地渠道体系对品牌的忠诚度。

2）接受假货：即用低进价的假货销售毛利来抵消正货的运营费用。

3）转换品牌：即投入其他化妆品品牌的渠道，替他们做专卖、做商场。

这几种方式到最后，无疑都是将“投入”的球踢到了雅芳公司自己脚下，也就是说，这些方式都将大大提高雅芳公司的运营成本。

更明显的成本负担来自雅芳自己的物流运作体系。雅芳通过长途陆运或空运的方式，将货物从广州运到全国 75 个分公司的仓库，然后由经销商到所属区域的各个分公司提取货物，并在专卖店或专柜向顾客出售。

随着雅芳在中国销售额的增加（2001 年销售收入 8 亿元人民币），各地经销商的要货量也在上升。为了防止大面积缺货，并维持分公司的安全库存，分公司向工厂订货的数量更被放大，这就导致了著名的“牛鞭效应”——分公司仓库的库存额大幅度增加，因此也就要求租用更大的仓库。

此外，分散在各类城市的 75 个大大小小的雅芳分公司仓库，使得雅芳不得不投入大量的人力去从事仓储、出纳、打单等营运作业。显然，这种以“分公司仓库”为中心的物流模式消耗大、速度慢、管理难，越来越跟不上销售的步伐。

3. 向客户“献殷勤”

雅芳必须先解决经销商的问题——自从变为批发零售业务后，雅芳实际上就是在贴近于一个一般的化妆品制造商，中国的中高档化妆品品牌越来越多，经销商（尤其是二三线城市的经销商）向谁表忠诚，全在于厂家是否能提供更好的运营服务——天平在向掌握“终端话语权”的经销商这端下沉。

从 2000 年底开始，雅芳经过将近一年的摸索、研究，决定通过重新整合物流来提高竞争力。为此，雅芳自行开发了一套基于因特网的经销商管理系统（简称 DRM 系统），并拟定了一份集信息流、资金流、物流于一体的企业物流解决方案。雅芳把这套方案称为“直达配送”。

在“直达配送”项目的脚本下，雅芳给自己设定了三个目标：提升客户满意度、降低企业库存量、信息流资金流的整合借助物流改革一步到位。

2000 年 10 月开始构筑的 DRM 系统，其实就是实现企业组织与庞大分销体系的在线管理，它降低的是包括沟通成本和时间成本在内的交易成本。通过 DRM 系统，经销商可以在因特网上查询产品信息，了解最新的市场促销活动。此外，借助 DRM 系统的支付功能，经销商可以在网上订购产品，并通过银行的网上支付业务实行网上结算。

在推广 DRM 系统的同时，雅芳取消了原来设立的 75 个大大小小的仓库，在北京、上海、广州、重庆、沈阳、郑州、西安、武汉这 8 个城市设立 8 个区域服务中心。每个区域服务中心覆盖相邻省市的产品配送。

从 2002 年 3 月开始，雅芳开始和第三方物流商一起实验“直达配送”的业务模式。

新的业务流程是：雅芳生产线上的货物直接从广州运输并存放到 8 个区

域服务中心，各地经销商通过 DRM 系统直接向雅芳总部订购货物，然后由总部将这些订货信息传到区域服务中心，各中心根据经销商所订货物，进行包装、分拣、验货，并在规定的时间内送到经销商手中。

那位住在新疆南部和田地区的雅芳经销商，如今进货时，再也不需要长途跋涉、肩扛手提了，只需要上因特网下订单，在线通过银行网上支付业务付款，然后就可以等着第三方物流公司在 72 小时内将货物送到店里，最后在网上签收就可以了。

这个物流体系的一破一立，最关键的角色就是第三方物流商。因为一开始，直达配送只是个预期中的理想状态，实施的整个过程，雅芳要确定：分公司仓库取消后，谁来做自己区域分拨中心？谁的物流网络能覆盖全国各大中小城市？谁能往新疆一个偏远的地方送货？谁能在送货时安全地代收货款？谁的配送系统能支持网上支付？更重要的：谁能在提供这些服务的前提下要求最低的费用？

在雅芳选择的 2～3 家第三方物流商中，最能符合要求的就是“古老的”中国邮政。雅芳发现：中邮这个在全国拥有 57 136 处邮政营业局所和 34 540 处储蓄网点的巨型物流公司可以帮自己做到很多事情。这其中包括网上支付：中国邮政有一个可提供资金结算的绿卡网，可提供交易双方网上资金安全划转，也可以遵照交易双方选择，提供电子汇款服务；利用投递网络，提供送货上门时代收货款服务，同时解决企业投送商品与收款的难题。

4. 成本的下降点

目前，雅芳的营运成本占销售总额比例从 8%降低到了 6%，这是个非常惊人的转变。那么这些“节省”都省在哪里？

物流成本包括运输成本、仓库成本、库存存置成本以及提货报关服务成本。其中运输成本一般占 3%～5%，存货成本占 30%，而仓库成本最大—— 至少占 60%，因此仓库成本（包括人事费用和仓库租金）也是可以下降最大的一部分。

雅芳 8 个区域服务中心的分拨库（5 个为租用中邮物流的库），其仓库管理都是第三方物流商负责执行。这样，以前雅芳 75 个分公司共有 600 个员工负责收费、仓库、管理、打单等营运工作，现在员工数量锐减至 192 人。这些员工工资一年最少 1 万/人（工资、资金、福利及保险支出），现在则节省至少 408 万。

不仅如此，雅芳还保证了很高的客户满意度，因此使近期的客户流失率大大降低。

第十二章　物流成本预测、计划与决策分析

【学习目的】

通过本章的学习，掌握物流成本预测与成本计划编制的方法，初步掌握物流成本决策分析的一般方法。

第一节　汽车运输成本预测与计划

一、成本预测

成本预测是编制运输成本计划的前提。企业可根据经营范围，组织长期（三五年以至更长时间）的、年度的、短期（若干月）的以至专项的运输成本预测，为确定目标成本和编制成本计划提供信息和资料。

（一）成本预测原则与要求

1）选择历史资料要结合近期实际，经过比较分析，对有关数据进行整理，剔除不可比因素。

2）从实际出发，充分调查内部潜力所在，研究降低成本、费用的可能性和将采取措施的可行性，客观地提出预测资料。

3）系统地分析、研究与成本费用有关的各项信息资料，客观地估计生产发展和技术进步情况并进行科学的判断，据以修正数据。

4）成本预测应从宏观经济范围对影响成本费用诸因素进行考察、分析、研究，并调查研究经营区域内的经济政策，推测发展趋势，进一步完善成本费用预测。

5）企业可根据自身的特点，采用适当的方法进行成本费用预测与试算，如平均法（含算术平均法和加权平均法）、高低点测算法、回归分析法、因素变动预测法、本·量·利分析法等。

（二）成本预测内容

（1）长期预测　企业根据国民经济发展的需求，调查研究影响成本费用变化的各个因素，如货物的流量流向燃料和各种物料价格、各项设备的增减变化情况等，预测成本费用变动的长期发展趋势，以便经营决策，确定企业长期规划和发展目标，以求取得最大经济效益。

（2）年度预测　企业根据自行确立的年度生产任务、实现利税指标和成本、费用降低指标，运用年度内货运量、货物种类、营运线路分布、车辆类型、吨位和装卸机械情况，以及历年的成本费用等资料，确定在正常营运生产条件下当年所应达到的目标成本费用，作为编制成本费用计划的基础，并作为与企业其他计划进行综合平衡的主要基础。

（3）期中预测　在生产预测的基础上，分析前一阶段成本费用计划执行情况，预测年度成本费用计划能否完成，对存在的关键问题，及时采取措施。

（4）专项预测　汽车运输企业对车型的选择、货车结构的改变、车辆的大修，以及各行业技术措施方案和更新改造投资方案等都应进行经济论证和成本费用预测，进行正确评价，为领导决策提供依据。

成本预测是在企业经营决策的总目标下，对成本可能达到的水平进行科学估计。

成本预测是确定目标成本和选择达到目标成本最佳途径的重要手段。加强成本预测工作，可以挖掘企业内部一切潜力，即以相对尽可能少的人力、物力、财力来实现企业的经营目标，保证企业获得最佳的经济效益。从这种意义上来说，成本预测过程，实际上是成本决策过程。

成本预测可以是近期的，也可以是远期的。近期成本预测如月度和季度的成本预测，一般只对成本完成情况进行估计，不全面考虑降低成本的措施。又如企业负责人在月底前，预测哪些成本项目将会超支，从而采取措施，以期消除超支现象。远期成本预测，在预计成本完成情况的同时，全面考虑降低成本的措施。

（三）成本预测步骤

1）提出一个初步目标成本，方法有二。其一，选择某一先进成本作为目标成本。可选取国内外同行业的先进成本水平，也可选取企业历史上的最好成本水平，还可以根据定额成本的降低率来确定。其二，先确定目标利润，在运输收入（扣除税金）中减除目标利润即为初步目标成本。

2）在目前生产情况下，初步预测成本可能达到的水平，并找出与初步目标成本的差距。其目的是找出现有成本与目标成本之间的差距，从而以现有成本为基础，采用加权平均法，对过去成本进行必要调整或根据成本构成进行初步成本预测。

3）对比各种降低成本方案的经济效果。降低汽车运输成本的途径很多，如车型选购、节油技术推广、材料采购、旧件修复等，都要经过经济效果比较，最后确定最佳目标成本。

4）选择成本最优方案，做出目标成本决策。经过各种降低成本方案的经济效果比较、综合平衡，选出最优成本预测方案，计算确定成本预测值。此值即为目标成本，也是企业在预测期内的既定目标。目标成本在预测期内的内外条件发生变化时，要及时调整和修订，使之获得好的经济效益。

（四）成本预测的基本方法

1. 本·量·利分析法

本·量·利分析法又叫盈亏平衡分析法。这种方法是根据运输成本、周转量、盈利三者之间的关系，来分析周转量对企业汽车运输成本和盈利的影响程度。

汽车运输企业的运输收入同运输成本的数量关系，不外乎以下三种情况：

运输收入>运输成本

运输收入<运输成本

运输收入=运输成本

在以上三种情况中，只有运输收入同运输成本相等时企业才处于不盈不亏状态，也就是盈亏平衡状态。因此，盈亏平衡点就是企业的运输收入同汽车运输成本相等的点，在这一点以上就是盈利，在这一点以下就是亏损。盈亏平衡点的本·量·利分析及其数量关系，如图 12-1 所示。

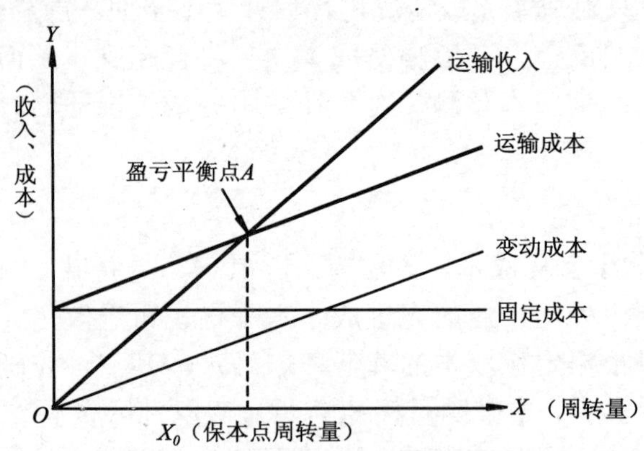

图 12-1 盈亏平衡点示意图

图 12-1 以 Y 轴表示收入与成本，以 X 轴表示周转量，将运输收入线、固定成本线、变动成本线以及由固定成本线与变动成本线叠加而成的运输成本线标到坐标图上，当单位运输收入大于单位变动成本时，则运输收入线与运输成本线必可相交于一点，这一点就是盈亏平衡点 A。

从图 12-1 可以看出，如果平衡点 A 存在且不变，运输产量越大，所实现的盈利就越多或亏损越少；如果运输产量不变，盈亏平衡点 A 越低，实现盈利就越多，在收入既定的条件下，盈亏平衡点的高低取决于固定成本和单位变动成本的多少。

采用盈亏平衡点分析法进行决策分析的前提，就是必须将汽车运输成本费用，按照它与周转量及车辆行驶里程的关系分成两类。一类是固定成本，也称期间成本，在一定时期内该类成本的支出总额与周转量及车辆行驶里程的增减无关，基本上保持稳定不变；另一类是变动成本，又分为两类，即千车公里变动成本和千吨公里变动成本。

盈亏平衡点分析法的基本作用，是构造本·量·利三者关系的数量模型，并根据数量模型求解保本点周转量、保本点运输收入和预测目标固定成本与目标变动成本。

（1）保本点周转量的计算式

$$\text{保本点周转量}=\frac{\text{固定成本}}{\text{单位运价}\times(1-\text{营业税率})-\text{单位变动成本}} \quad (12\text{-}1)$$

由于

$$\text{单位变动成本}=\frac{\text{千车公里变动成本}}{\text{载运系数}}+\begin{matrix}\text{千吨公里}\\\text{变动成本}\end{matrix} \quad (12\text{-}2)$$

所以有

$$\text{保本点周转量}=\frac{\text{固定成本}}{\text{单位运价}\times(1-\text{营业税率})-\left(\dfrac{\text{千车公里变动成本}}{\text{载运系数}}+\begin{matrix}\text{千吨公里}\\\text{变动成本}\end{matrix}\right)}$$

（12-3）

例：某公司 10 月份计划运输收入为 100 万元，营业税率为 5%，计划周转量 5 000 千吨公里，单位运价为 200 元/千吨公里，单位变动成本为 150 元/千吨公里，变动成本总额为 75 万元，固定成本为 20 万元。试预测保本点周转量。

解：

由本题条件可知：固定成本=200 000 元，单位运价=200 元/千吨公里，营业税率=5%，单位变动成本=150 元/千吨公里。代入式（12-1），可得

$$\text{保本点周转量}=\frac{200\,000\text{元}}{200\text{元}/\text{千吨公里}\times(1-5\%)-150\text{元}/\text{千吨公里}}=5\,000\text{千吨公里}$$

本例中，如果单位变动成本为未知，但其千车公里变动成本为 200 元/千车公里，千吨公里变动成本为 50 元/千吨公里，载运系数为 2。试预测其保本点周转量。

将上述已知条件代入式（12-3），则有

$$保本点周转量=\frac{200\,000元}{200元/千吨公里\times(1-5\%)-\left(\frac{200}{2}+50\right)元/千吨公里}$$

$$=5\,000\ 千吨公里$$

（2）保本点运输收入的计算式

$$保本点运输收入=\frac{保本点变动成本+固定成本}{1-营业税率} \quad (12-4)$$

或

$$保本点运输收入=\frac{单位变动成本\times保本点周转量+固定成本}{1-营业税率} \quad (12-5)$$

$$保本点运输收入=单位运价\times保本点周转量 \quad (12-6)$$

以上例为例，保本点周转量为 5 000 千吨公里，单位变动成本为 150 元/千吨公里，固定成本为 200 000 元，营业税率为 5%，代入式（12-5），则

$$\begin{matrix}保本点\\运输收入\end{matrix}=\frac{150元/千吨公里\times5\,000千吨公里+200\,000元}{1-5\%}=1\,000\,000元$$

也可用式（12-6）计算保本点运输收入，将单位运价 200 元/千吨公里及保本点周转量 5 000 千吨公里，代入式（12-6），则

$$保本点运输收入=200元/千吨公里\times5\,000千吨公里=1\,000\,000元$$

（3）目标固定成本的计算式

$$目标固定成本=目标运输收入\times边际收益率-目标利润 \quad (12-7)$$

在式（12-7）中

$$边际收益率=\frac{运输收入\times(1-营业税率)-变动成本}{运输收入}\times100\% \quad (12-8)$$

例：某公司计划期的目标运输收入为 150 万元，预期营业税率为 5%，预期边际收益率为 20%，目标利润为 20 万元。试测算计划期的目标固定成本。

解：

据式（12-7）和给定的条件，则

$$目标固定成本=150万元\times20\%-20万元=10万元$$

本例中，如果预期边际收益率未直接给出，但给定了预期目标变动成本为 112.5 万元。据式（12-8）及式（12-7）则

$$边际收益率=\frac{150万元\times(1-5\%)-112.5万元}{150万元}\times100\%=20\%$$

$$目标固定成本=150万元\times20\%-20万元=10万元$$

（4）目标变动成本的计算式

$$\begin{matrix}目标变动\\成本\end{matrix}=\begin{matrix}目标运输\\收入\end{matrix}\times(1-营业税率)-\begin{matrix}目标固定\\成本\end{matrix}-\begin{matrix}目标\\利润\end{matrix}\qquad(12-9)$$

以上例为例，如果同时给定了目标固定成本为 10 万元，并且其他条件不变。试测算目标变动成本。

解：

据式（12-9）有

$$目标变动成本=150万元\times(1-5\%)-10万元-20万元=112.5万元$$

2、**因素变动预测法**

随着科学技术的进步，道路条件的改善，企业经营管理水平的提高，汽车运输成本的构成必然发生变化。为准确反映计划期产量、生产率、原材料消耗等发生变化对运输成本构成的影响，应及时地对成本进行因素变动影响预测。

（1）周转量变动对单位成本影响的预测　在一定产量限度内，周转量变动时，固定成本不会发生相应变动。但周转量的增减变动，将使单位成本中的固定成本份额（比重）发生增减变动，从而影响单位成本的升降。

周转量变动对单位成本影响的预测分析式为

$$\begin{matrix}周转量变动对\\单位成本影响程度\end{matrix}=\begin{matrix}固定成本占\\总成本比重\end{matrix}-\frac{固定成本占总成本比重}{1+运输周转量增长率}\qquad(12-10)$$

例：某运输公司的汽车运输成本中，固定成本占总成本的比重为 30%，假设计划期周转量预计增加 15%。试测算由于周转量的增加，对单位成本的影响程度。

解：

据式（12-10）及给定的条件，则

$$\begin{matrix}周转量变动对\\单位成本影响程度\end{matrix}=30\%-\frac{30\%}{1+15\%}=3.9\%$$

（2）劳动生产率和工资变动对单位成本影响的预测　运输单位成本与劳动生产率成反比，与工资水平成正比。因此，当劳动生产率和工资水平（即平均工资）发生增减变动时，将使单位成本中的工资成本份额发生增减变动，从而影响单位成本的升降。

劳动生产率和工资变动对单位成本影响的预测分析式为

$$\frac{\text{工资水平与劳动生产率变动}}{\text{对单位成本影响程度}}=\frac{\text{生产工人工资}}{\text{占总成本比重}}-\frac{\frac{\text{生产工人工资}}{\text{占总成本比重}}\times(1+\text{工资增长率})}{1+\text{劳动生产率增长率}} \tag{12-11}$$

例：某运输公司的生产工人工资占总成本的比重为 10%，计划期预计工人工资水平提高 10%，劳动生产率提高 20%。试测算工人工资水平和劳动生产率的提高对单位成本的影响程度。

解：

据式（12-11）及给定的条件，则

$$\frac{\text{工资水平与劳动生产率变动}}{\text{对单位成本影响程度}}=10\%-\frac{10\%\times(1+10\%)}{1+20\%}=0.84\%$$

（3）车辆运用效率变动对单位成本影响的预测

1）工作车日和车日行程发生变动对单位成本影响的预测。工作车日和车日行程发生变动，必然引起计划期周转量变化，从而导致对单位成本中的固定成本份额产生影响，使成本水平发生增减变动。但在载运系数为常数时，工作车日和车日行程的变动，并不影响单位车公里变动成本和单位吨公里变动成本的增减变动。

工作车日和车日行程变动对运输单位成本影响程度的预测分析，可用列表方式表示。见表 12-1。

表 12-1 工作车日和车日行程变动对运输单位成本影响程度

周转量/千吨公里	单位变动成本/（元/千吨公里）	千吨公里固定成本/（元/千吨公里）	运输单位成本/（元/千吨公里）	单位成本降低额/（元/千吨公里）	成本升（–）降（+）率（%）
①	②	③	④=②+③	⑤=160–④	⑥=⑤/160
1 000	120	40.00	160.00	0.00	0.0
1 200	120	36.36	156.36	3.64	+2.3
1 400	120	33.33	153.33	6.67	+4.2
1 500	120	32.00	152.00	8.00	+5.0

注：1. 本表表明，当载运系数为常数时，仅会发生工作车日和车日行程的变动，而这两个因素的变动只影响周转量的增减变动，从而导致运输单位成本中的固定成本份额（即千吨公里固定成本）的增减变动和运输单位成本的增减变动，但并不影响千车公里变动成本和千吨公里变动成本的增减变动。

2. 本表中的运输单位成本与千车公里变动成本、千吨公里变动成本、千吨公里固定成本的关系式为

$$\text{运输单位成本}=\frac{\text{千车公里变动成本}}{\text{载运系数}}+\frac{\text{千吨公里}}{\text{变动成本}}+\frac{\text{千吨公里}}{\text{固定成本}} \tag{12-12}$$

3. 本表中的成本升（–）降（+）率系以基期周转量 1 000 千吨公里为基数，采用定基比较的方法求得的。

4. 本表中的千吨公里固定成本是以固定成本 40 000 元除以周转量求得的。

例如，当预计计划期的载运系数不会有明显变动，但工作车日或车日行程将有明显变动，导致周转量增加到 1 400 千吨公里时，其单位成本降低额为

$$160\text{元/千吨公里}-153.33\text{元/千吨公里}=6.67\text{元/千吨公里}$$

其成本降低率为

$$6.67\text{元/千吨公里}\div160\text{元/千吨公里}=4.2\%$$

2）载运系数发生变动对单位成本影响的预测。载运系数与重车平均吨位、实载率、拖运率之间的函数关系见式（12-13）。

$$\text{载运系数}=\text{重车平均吨位}\times\text{实载率}\times\frac{1}{1-\text{拖运率}} \qquad (12\text{-}13)$$

式中　　实载率=里程利用率×重车吨位利用率

由式（12-13）和式（12-2）可知，载运系数的三个变量中的任意一个或几个发生变动，均会导致载运系数的变动，从而影响单位变动成本和运输单位成本的升降变动。

重车平均吨位、实载率和拖运率的变动，对载运系数变动、单位变动成本变动和运输单位成本升降的影响，可以用列表的方式表示。

为简略起见，在此仅列出当周转量为一常数时，仅因载运系数的三个变量之一的实载率变量变动对载运系数、单位变动成本和运输单位成本的影响数额，见表 12-2。

表 12-2　实载率变动对载运系数、单位变动成本和运输单位成本的影响

周转量/千吨公里	实载率（%）	载运系数	千车公里变动成本/（元/千车公里）	千吨公里变动成本/（元/千吨公里）	单位变动成本/（元/吨公里）	固定成本/元	千吨公里固定成本/元	运输单位成本/（元/千吨公里）	成本降低率（%）
①	②	③	④	⑤	⑥=④/③+⑤	⑦	⑧=⑦/①	⑨=⑥+⑧	⑩=(160-⑨）/160
1 000	60	2.4	240	20	120.00	40 000	40	160.00	0.00
1 000	70	2.8	240	20	105.71	40 000	40	145.71	8.93
1 000	80	3.2	240	20	95.00	40 000	40	135.00	15.63
1 000	90	3.6	240	20	86.67	40 000	40	126.67	20.83
1 000	100	4.0	240	20	80.00	40 000	40	120.00	25.00

注：本例中

$$\frac{\text{载运系数}}{\text{重车平均吨位}}=\text{实载率}\times\frac{1}{1-\text{拖运率}}=4$$

从表 12-2 数字分析可知，实载率的提高可显著增大载运系数，从而使得

单位变动成本显著下降，所以实载率的提高是有效降低运输单位成本的措施和保证。提高实载率，一是要提高里程利用率，二是要提高吨位利用率。

二、运输成本计划

企业可以根据需要编制季度、月度运输成本计划。

（一）运输成本计划的编制原则

（1）编制成本计划要以合理的定额为基础，并与企业其他计划有关指标相衔接，保证成本、费用计划的可行性。

（2）编制成本计划要严格遵守国家规定的成本、费用开支范围，并做到成本费用计划和实际成本费用计算所采用的方法相一致，以保证正确分析和考核成本费用计划完成情况。

（3）编制成本计划要有利于成本管理责任制的运行，促进企业双增双节工作的开展，能够达到并完成成本费用的计划目标。

（二）运输成本计划的编制方法

1．直接计算法

当企业各项成本费用资料齐全，消耗定额完备时，可按企业的成本费用计算方法直接编制成本费用计划。采用这种方法编制成本费用计划时，通常根据企业计划期的营运业务目标和营运支出项目的消耗定额、费用预算及有关资料，应用成本费用计算的方法，逐项计算计划期内各项目的计划成本费用，然后汇总编制全部成本费用。

2．因素测算法

当企业各项成本费用资料不齐全，消耗定额不甚完备时，可按成本费用因素测算方法编制成本费用计划。采用这种方法编制成本费用计划时，主要是以增产节约计划作为调整成本费用计划的依据，逐项分别对耗用定额、单价及业务量等因素进行调整，以此计算出计划期的成本费用计划。

（三）运输成本计划编制步骤

运输成本计划是企业对运输成本进行控制和分析的重要依据。运输成本计划应按汽车运输成本项目和营运车辆类别分别编制。

编制计划的步骤与内容如下。

1．搜集整理资料

与成本计划相关的资料主要有：

1）企业确立成本降低的指标及上年度成本核算资料。

2）计划期企业的运输生产、物资供应、劳动工资等计划资料。

3）企业营运生产计划、固定资产增减计划、营运车辆修理计划、劳动工资计划、技术组织措施计划。

4）计划期燃料、轮胎的消耗定额以及其他各项消耗定额、工时定额、车辆维护里程定额。

5）各成本费用管理部门和所属单位历年营运支出资料，计划期有关定额、支出预计增减幅度，固定资产折旧率，各项价格标准和费率标准，内部计划价格目录。

2、对计划期成本进行预测与试算

由于在编制成本计划时，成本降低额和降低率均以上年度为基础。因此，对上年度成本资料要进行认真分析，从中找出降低成本的途径，对计划期成本进行多因素分析预测。测算重点主要是燃料、原材料、事故损失及固定成本等费用项目因素变动以及全员或驾驶员劳动生产率、载运系数、周转量的因素变动对成本计划的影响。

在编制成本计划前，企业财务会计部门应根据预测分析结果和计划年度影响成本费用的各项主要因素，通过计算，进行试算平衡。

企业的财务会计部门应根据试算平衡得到的营运支出变动幅度及各成本费用管理部门和所属单位的历年成本费用资料，拟定运输成本费用管理部门的成本费用控制指标，经批准后下达。

3、正式编制成本计划

汽车运输成本计划是根据成本预测、企业降低成本的要求和企业下达的运输成本费用控制指标等资料编制的。具体编制的方法如下：

（1）工资　根据计划期的工资计划资料进行编制。编制分车型类别成本计划时，一般按车型类别营运车日的比例进行分摊。

（2）职工福利费　根据企业工资总额按规定比率计提。

（3）燃料　汽车运行燃料消耗量的计算方法较为复杂，其涉及的因素较多，如汽车空驶基本燃料消耗量、货物周转量基本附加燃料消耗量、自重变化的基本附加燃料消耗量、汽车自重增量、道路修正系数、气温修正系数、海拔高度修正系数等。实际当中各运输企业均制定相应的燃料消耗定额，并将其作为编制燃料消耗量计划的主要依据。

燃料计划总成本与单位成本的计算式为

$$\begin{matrix}\text{燃料计划}\\\text{总成本}\end{matrix}=\begin{matrix}\text{计划}\\\text{消耗量}\end{matrix}\times\begin{matrix}\text{燃料计划}\\\text{单价}\end{matrix}\times\left(1\pm\begin{matrix}\text{燃料预计}\\\text{价格差异率}\end{matrix}\right)$$

$$燃料计划单位成本 = \frac{燃料计划总成本}{计划周转量}$$

（4）轮胎　领用轮胎外胎，可一次性计入成本，也可以采用摊销方式计入成本。轮胎费用摊销，是将外胎的价值和翻新费用按行驶里程逐步摊入成本，内胎、垫带和零星修补费一次性计入成本。在编制轮胎成本计划时，要考虑胎型、规格、路面等级和定额里程等。

当分车型编制轮胎成本计划时，可按不同类型轮胎分别计算摊销率，再计算各车型的轮胎成本计划，最后综合为全部轮胎成本计划。

（5）维修费　车辆维修成本计划，包括各级维护成本计划、小修成本计划和行车用机油成本计划。

（6）大修费　车辆大修费用计划提存总额的计算式为

$$\begin{matrix}大修理费用\\计划提存额\end{matrix} = \frac{计划总行程}{1000} \times \begin{matrix}千车公里大修\\费用提取率\end{matrix}$$

（7）折旧　在汽车运输成本中，折旧成本计划系指营运车辆折旧。其计算式为

$$营运车辆折旧计划计提额=各类车计划行驶里程 \times 各类车折旧率$$

（8）其他　指不包括上述项目在内的其他费用，可根据上年度实际和有关定额编制费用预算，以预算数作为成本计划费用。

（9）营运间接费用　可以按车站、车队分别编制，同时按管理项目，以便于逐项考核。

汇总上述九个项目计划值，即为总的成本计划数，根据计划总成本和计划周转量，可计算计划单位成本和计划成本降低率或计划降低额。

$$计划单位成本 = \frac{计划总成本}{计划周转量}$$

$$\begin{matrix}计划成本\\降低率\end{matrix} = \frac{计划成本降低额}{计划期周转量 \times 上期实际单位成本} \times 100\%$$

“年度运输成本计划”通常采用的表格形式见表 12-3。

表 12-3　年度运输成本计划

（单位：元）

成本项目	上年实际	本年计划	比上年增（+）减（–）（%）
一、车辆费用计划数			
1．工资			
2．职工福利费			
3．燃料			

（续）

成本项目	上年实际	本年计划	比上年增（+）减（–）%
4．轮胎			
5．修理费			
6．车辆折旧			
⋮			
二、营运间接费计划数			
三、运输总成本计划数			
四、周转量计划数/千吨公里			
五、单位成本计划数/（元/千吨公里）			
六、成本降低率（%）			

第二节 仓储成本决策与控制

在物流企业中存货占有较大的比重，因此，物流企业的仓储成本管理是一项非常重要的工作。库存物资数量并非越多越好，库存物资数量越多，虽然越能满足生产和消费的需要，但却占用大量的资金，仓储保险费用也较多，显然是极不经济的。因此，物流企业仓储成本管理的核心内容是确定合理的库存量。

一、影响仓储成本的因素

物资仓储量的多少，是由许多因素决定的。比如，从物资本身的特征来看，商品本身的性能不稳定，易燃、易爆、易变质的商品的库存量要小一些。时尚性强的商品，库存量要小一些，如时装等；时尚性不强的商品，库存量可以高一些，如香烟等。从物资管理方面来看，运输条件的便利与否也是影响因素之一。从交通方面来看，运输周期短的商品，可以保持较小的库存量；反之，运输不便，运输周期长的商品，应保持较高的库存量。从物资的使用和销售方面来看，一般销售量增加，相应的库存量也要增加；反之，销售量减少，库存量也要减少。

在研究物资最佳仓储量时，采购批量的大小是控制仓储量的基础。

影响采购批量的成本因素可以分为以下几种。

（一）取得成本

取得成本是指在采购过程中所发生的各种费用的总和。这些费用大体可以归结为两大类：一是随采购数量的变化而变化的变动费用；二是与采购数量多少关系不大的固定费用。

（二）储存成本

生产销售使用的各种物资，在一般情况下，都应该有一定的储备。储备就会有成本费用发生，这种费用也可以分为两大类：一是与储备资金（即储备物资所占用的资金量）多少有近似正比关系的成本，如储备资金的利息、相关的税金等；二是与仓储物资数量（即仓储规模）有近似正比关系的成本，如仓库设施维护修理费，物资装卸搬运费，仓库管理人员工资等。

（三）缺货成本

由于计划不周或环境条件发生变化，导致企业在仓储中发生了缺货现象，从而影响生产的顺利进行，造成生产或销售上的损失，这种由于缺货原因所造成的生产损失和其他额外支出称为缺货损失。所以，为了防止缺货损失，在确定采购批量时，必须综合考虑采购费用、储存费用等相关因素，以确定最佳的经济储量。

（四）运输时间

在物资采购过程中，要做到随要随到的情况是有条件的。在一般情况下，物资采购到企业仓库总是需要一定的时间。所以，在物资采购时，需要将运输时间考虑在相关因素中。

总之，在对上述影响物资采购批量的因素进行综合分析之后，才能正确确定物资的最佳经济采购量，从而进一步确定仓储的最佳经济储量。

二、仓储成本的分析

物流企业的仓储成本分析，应该从取得成本、储存成本、缺货成本三个方面进行。

（一）取得成本

取得成本是指为取得存货而支出的成本。取得成本又可以分为订货成本和购置成本，前者是指取得订单的成本，与订货次数有关；后者是存货本身的价值。因此取得成本为

$$TC_a=F_1+K_aD/Q+DU$$

式中 TC_a ——取得成本；

F_1 ——订货固定成本；

K_a ——每次订货的变动成本；

D ——年需求量；

Q ——每次订货量；

U ——单价。

（二）储存成本

储存成本是指企业为保持存货而发生的成本，如仓储费、搬运费、保险费、占用资金的利息等。储存成本可以分为变动成本和固定成本两部分，前

者与存货数量的多少有关，后者与存货数量无关。因此储存成本为

$$TC_c=F_2+K_cQ/2$$

式中 TC_c——储存成本；

F_2——固定储存成本；

K_c——单位变动储存成本。

（三）缺货成本

缺货成本是指由于存货不能满足生产经营活动的需要而造成的损失，如失销损失、信誉损失、紧急采购额外支出等。缺货成本用 TC_s 表示。则总成本 TC 为

$$\begin{aligned}总成本（TC）&=取得成本+储存成本+缺货成本\\&=TC_a+TC_c+TC_s\\&=F_1+K_aD/Q+DU+F_2+K_cQ/2+TC_s\end{aligned}$$

如果存货量大，可以防止因缺货造成的损失，减少缺货成本，但相应要增加储存成本；反之，如果存货量小，可以减少储存成本，但相应会增加订货成本和缺货成本。存货管理的目标是使存货的总成本达到最小，即确定经济批量。

（四）经济批量的基本模型

经济批量基本模型的假设条件：① 企业能及时补充存货，不考虑缺货成本；② 集中到货；③ 存货单价不变，不考虑现金折扣和数量折扣。

$$\begin{aligned}TC&=取得成本+储存成本\\&=TC_a+TC_c\\&=（F_1+K_aD/Q+DU）+（F_2+K_cQ/2）\end{aligned}$$

总成本中的 F_1、D、F_2 均为常量，则总成本 TC 大小完全由订货变动成本和储存成本决定，与批量有关的总成本公式为

$$TC=K_aD/Q+K_cQ/2$$

在 K_a、D、K_c 为已知常数时，TC 的大小取决于 Q，经济批量 Q^*的计算公式为

$$Q^*=\sqrt{2K_aD/K_c}$$

根据经济批量公式，还可以推算出以下公式：

每年最佳订货次数（次）

$$N^*=D/Q^*$$

最佳储存总成本（元）

$$TC^*=\sqrt{2DK_aK_c}$$

（五）保险储备

上述经济批量模型均假设存货的供需是稳定的，即每日需求量不变。但实际情况并非完全如此，需求量经常会发生变化，交货时间由于各种原因也可能延误。这些不确定因素的存在，要求企业要持有一定的保险储备，以防止延误、存货短缺等造成的损失。此时，存货的再订货点为

$$R=LD+B$$

式中 R ——再订货点；

L ——交货时间；

D ——平均每日需要量；

B ——保险储备。

同时，建立保险储备的代价是储存成本的增加。保险储备大，因缺货造成的损失小，但相应的储存成本大；保险储备小，储存成本小，但可能因缺货造成的损失大。最佳保险储备的确定，就是在存货短缺所造成的损失和保险储备的储存成本之间做出权衡，要使总成本达到最小。总成本公式为

$$TC(S,B)=C_s+C_B=K_uSN+BK_c$$

式中 $TC(S,B)$ ——与保险储备有关的总成本；

C_B ——保险储备成本；

C_s ——缺货成本；

S ——缺货量；

K_u ——单位缺货成本；

N ——年订货次数；

B ——保险储备；

K_c ——单位储存成本。

其中，缺货量 S 具有一定的概率分布，其概率可根据历史经验估计。按概率的方法，可以计算不同保险储备量下的缺货量的期望值，进而计算出不同保险储备量下的成本，对成本进行比较，总成本最低时的保险储备即为最佳保险储备量。

例：某汽车配件销售公司主要经营某种汽车零部件，每年的销售量为 400 件，该零件的单位储存成本为 25 元，一次订货成本为 50 元，单位缺货成本为 1.5 元。在交货间隔期内的需要量及其概率分布，见表 12-4。

表 12-4 在交货间隔期内的需要量及其概率分布

需要量/件	10	20	30	40	50
概率	0.1	0.2	0.4	0.2	0.1

经济批量：

$$Q^* = \sqrt{2K_a D / K_c}$$
$$= \sqrt{2 \times 50元 \times 400件 \div 25元}$$
$$=40 件$$

每年最佳订货次数：

$$N'=D/Q'=400 件/40 件=10 次$$

交货期内平均需要量=10 件×0.1+20 件×0.2+30 件×0.4+40 件×0.2+50 件×0.1
=30 件

保险储备如果为 30 件，缺货量为 0，则总成本为

$$TC（S，B）=C_s+C_B=K_u SN+BK_c$$
$$=0+25 元/件×30 件=750 元$$

保险储备如果为 20 件，缺货量为 10，则总成本为

$$TC（S，B）=C_s+C_B=K_u SN+BK_c$$
$$=（10×1.5×10）元+（25×20）元$$
$$=650 元$$

保险储备如果为 10 件，缺货量为 20，则总成本为

$$TC（S，B）=C_s+C_B=K_u SN+BK_c$$
$$=（20×1.5×10）元+（25×10）元$$
$$=550 元$$

故应保持 10 件的保险储备。

在通货膨胀期间，购价会经常性的变化，运输成本会上升，资金成本也会增加，经济批量模型中的许多因素都具有不稳定性，物流企业可以看准机会，在价格大幅度上升之前购入存货。在通货膨胀情况下，企业需要更有弹性的仓储管理。

三、仓储成本的控制原则

1、政策性原则

（1）质量和成本的关系　不能片面追求降低储存成本，而忽视储存物资的保管要求和保管质量。

（2）国家利益、企业利益和消费者利益的关系　降低仓储成本从根本上说对国家、企业、消费者都是有利的，但是如果在仓储成本控制过程中，采用不适当的手段损害国家和消费者的利益，是极端错误的，应予避免。

（3）全面性的原则　由于仓储成本涉及到企业管理的方方面面，因此仓储成本控制要进行全员、全过程和全方位控制。

2、经济原则

1）因仓储成本控制而发生的成本费用支出，不应超过因缺少控制而丧失的收益。同销售、生产、财务活动一样，任何仓储管理工作都要讲求经济效益。为了建立某项严格的仓储成本控制制度，需要发生一定的人力或物力支出，但这种支出不应太大，不应超过建立这项控制所节约的成本。

2）通常增加成本控制环节发生的成本比较容易计量，而控制的收益则较难确定，但并不能因此否定这条原则。在一般情况下，控制的收益会明显大于其成本，人们可以作出定性的判断。

3）企业应在仓储活动的重要领域和环节上对关键的因素加以控制，而不是对所有成本项目都进行同样周密的控制。

4）仓储成本控制要起到降低成本、纠正偏差的作用，并具有实用、方便、易于操作的特点。

5）在仓储成本控制中要贯彻“例外原则”，对正常储存成本费用支出可以从简控制，而特别关注各种例外情况。

6）管理活动要遵循重要性原则，将注意力集中于重要事项，对一些无关大局的成本项目可以从略。

7）仓储成本控制系统应具有灵活性，对于各种始料未及的情况，控制系统应能发挥作用，不至于在市场变化时成为无用的“装饰品”。

3、分级归口管理原则

企业的仓储成本控制目标，要层层分解，落实到各环节、各小组甚至个人，形成一个仓储成本控制系统。一般来说控制的范围越小越好，因为这样可使各有关责任单位明确责任范围，使仓储成本控制真正落到实处。

4、权责利相结合原则

落实到每一个环节、小组或个人的目标成本，必须与他们的责任大小、控制范围相一致，否则成本控制就不可能产生积极的效果。同时为了充分调动控制者的积极性，应将仓储成本控制的好坏与奖励的大小结合起来。

5、例外管理原则

例外管理原则是成本效益原则在仓储成本控制中的体现。仓储成本控制所产生的效益，必须大于因进行仓储成本控制而发生的成本耗费，如建立仓储成本控制系统的耗费和保证仓储成本控制系统正常运转的耗费。企业实际发生的费用，不可能每一项都和预算完全一致。如果不管成本差异大小，都要予以详细地记录，查明原因，将不胜其烦。因此根据成本效益原则，仓储成本控制，应将精力集中在非正常金额较大的例外事项上。解决了这些问题，就等于解决了关键问题，仓储目标成本的实现就有了可靠的保证，仓储成本控制的目的也就实现了。

四、仓储物资的控制方法

（一）存货的订购点控制法

订购点控制法是以固定订购点和订购批量为基础的一种存货控制方法。它以永续盘存制为基础，当库存低于或等于再订购点时就提出订货计划，并且每次订购的数量是固定的。

实施订购点控制的关键是正确确定订购批量和再订购点。订购批量一般采用经济订购批量，再订购点的确定则取决于对交货时间的准确计算和对保险储备量的合理确定。

1、影响再订购点的因素

（1）交货期　指从办理采购到货物验收入库为止的时间间隔，包括办理订购、发运、在途、验收入库等所需时间。

（2）平均耗用量　指物资每日的平均耗用量。

（3）保险储备量　保险储备是为应付采购期间需要量的变动而建立的，包括不能按时到货、实际交货时间延时而增加的需要，也包括交货期内实际每日需要量超过平均日需要量而增加的需要。

2、再订购点的确定

再订购点的计算式为

再订购点=交货时间×每日出库量+保险储备量

=交货期平均耗用量+保险储备量

在实际工作中，将订购点数量的物资从库存中分离出来，单独存放或加以明显标志，当库存量的其余部分用完，只剩下订购点数量时，即提出订货，每次订购固定数量的物资。

3、定量控制的优点

1）能经常掌握库存量动态，不易出现缺货。

2）保险储备量少，仓储成本相对较低。

3）每次订购量固定，能采用经济批量，也便于进货搬运和保管作业。

4）盘点和订购手续比较简单，尤其便于计算机进行控制。

4、定量控制的缺点

1）订购时间不确定，难以编制严密的采购计划。

2）不适用需求量变化较大的物资，不能及时调整订购批量。

定量控制法一般适用于单位价值较低，需求量比较稳定、缺货损失较大、储存成本较高的货物。

（二）存货的定期控制法

定期控制法是指以固定的订购周期为基础的一种库存控制方法。它采用定期盘点，按固定的时间间隔检查库存量，并随即提出订购批量计划，订购批量根据盘点时的实际库存量和下一个进货周期的预计需要量而定。

在定期库存控制中，关键问题在于正确确定检查周期，即订购周期。检查周期的长短对订购批量和库存水平有决定性的影响。订购周期是由预先规定的进货周期和备运时间长短所决定的。

合理确定保险储备量同样是实施定期控制的重要问题。在定期库存控制中，保险储备量不仅要用以应付交货期内需要量的变动，而且要用以应付整个进货周期内需要量的变动，因此，与定量控制相比，定期控制要求有更大的保险储备量。

1、定期采购量标准

定期采购量标准是指每次订购的最高限额，它由订购周期平均耗用量、交货期平均耗用量与保险储备量构成。其公式为

$$定期采购量=供应间隔时间\times每日平均耗用量+交货期时间\times每日平均耗用量+保险储备量$$

2、定期控制的特点

定期控制法的特点是：订购时间固定，能调整订购批量，但不能及时掌握库存情况，保险储备量较大，每次订购量不固定。

3、定期控制法的适用范围

1）需求量较大，有较严格的保管期限，必须严格管理的物资。

2）需求量变化大，可以事先确定用量的物资。

3）发货次数较多，难以进行连续动态管理的物资。

4）许多不同物资能从统一供应商或中心集中采购订货。

（三）存货的 ABC 分析控制法

1、基本原理

ABC 分析控制法的基本原理是“关键的是少数，次要的是多数”，根据各项存货在全部存货中重要程度的大小，将存货分为 A、B、C 三类。

A 类物资，占用资金较大，应该严格按照最佳库存量的办法，采取定期订货方式，设法将物资库存降到最低限度，并对库存变动实行经常或定期检查，严格盘存等；C 类物资虽然数量较多，但占用的资金不大，因此在采购订货方式上，可以用定量不定期的办法，即按订货点组织订货，在仓库管理上可采取定期盘点，并适当控制库存；B 类物资，可分别不同情况，对金额较高的物资可按 A 类物资管理，对金额较低的物资可按 C 类物资管理。

2、分析步骤

ABC 分析的一般步骤如下：

1）搜集数据。

2）处理数据。

3）编制 ABC 分析表。

4）根据 ABC 分析表确定分类。

5）绘制 ABC 分析图。

3、分析举例

以某仓库库存物资现状为例，根据其各类库存物资分类统计 ，编制 ABC 分析表，并根据 ABC 分析表确定分类，如表 12-5 所示。

表 12-5　ABC 分析表

物资序号	数量/（实物单位）	单价/（元/实物单位）	占用资金/元	占用资金百分比（%）	累计百分比（%）	占产品项百分比（%）	归类
1	10	680	6 800	68.0	68.0	10	A
2	12	100	1 200	12.0	80.0	20	A
3	25	20	500	5.0	85.0	30	B
4	20	20	400	4.0	89.0	40	B
5	20	10	200	2.0	91.0	50	C
6	20	10	200	2.0	93.0	60	C
7	10	20	200	2.0	95.0	70	C
8	20	10	200	2.0	97.0	80	C
9	15	10	150	1.5	98.5	90	C
10	30	5	150	1.5	100	100	C
合计	—	—	10 000	100	—	—	—

据此表绘制 ABC 分析图，如图 12-2 所示。

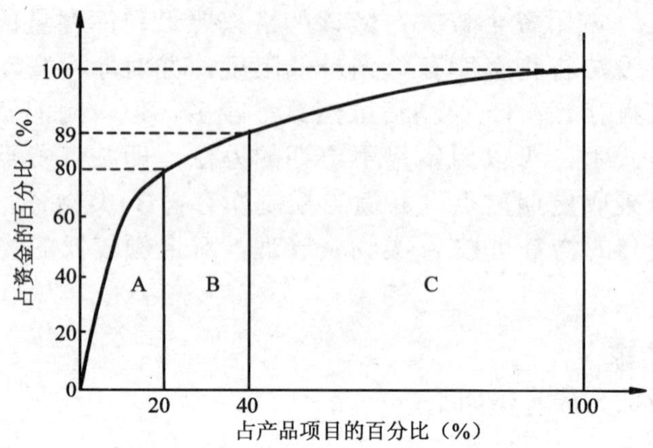

图 12-2　ABC 分析图

从表 12-5 和图 12-2 可以得出：编号 1～2 的物资为 A 类，占用资金 80%；编号 3～4 的物资为 B 类，占用资金 9%；编号 5～10 的物资为 C 类，占用资金 11%。故应对这三类各自包含的物资分别采取不同的管理方式。

第三节　装卸任务分配决策分析

一、装卸任务分配问题的模型

例：有甲、乙、丙、丁 4 名装卸工人，各自操控一台性能不同的装卸机具。现有 4 项不同装卸方式的装卸任务要他们完成，若规定每人只分配一项装卸任务，而每项任务只能由一个人完成，每人为完成每项任务的工时耗费如表 12-6 所示，问：如何分配使完成任务的总工时耗费最少？

表 12-6　任务分配工时耗费表

（工时/装卸量）

	A	B	C	D
甲	4	1	8	2
乙	9	8	4	7
丙	8	4	6	3
丁	6	5	7	2

实质上这是一个典型的任务分配（指派）问题。

在问题比较简单的情况下，可以采用枚举法，即列出所有可能方案，经比较后选出最优解。例如有两人去完成任务时的方案为 2!=2，当 3 人完成三个任务时的方案为 3!=6，但是当 m 等于 10 时则方案数为 $10!=3.6228\times10^6$，这时手工将难以计算。

此决策问题一般称为任务分配问题，其常用的解法为“匈牙利解法”。

这种方法是匈牙利数学家考尼格（Konig）提出的，因此得名匈牙利解法（the Hungarian Method of Assignment）。

二、匈牙利法的计算步骤

在这里为了便于大家理解匈牙利算法，我们用上例来说明该算法的各步骤。

1、第一步：效率矩阵的初始变换——零元素的获得

据表 12-6 构造相应的矩阵（称为初始效率矩阵），并对其进行初始变换，使新矩阵的每行每列至少有一个零。

（1）行变换　找出每行最小元素，再从该行各元素中减去这个最小元素。如表 12-7（b）所示，表中画有括号的数字分别表示行或列的最小元素。

（2）列变换　找出每列最小元素，再从该列各元素中减去这个最小的元素，如表 12-7（c）所示。

表 12-7　效率矩阵的变化过程

$$\begin{pmatrix} 4 & (1) & 8 & 2 \\ 9 & 8 & (4) & 7 \\ 8 & 4 & 6 & (3) \\ 6 & 5 & 7 & (2) \end{pmatrix} \rightarrow \begin{pmatrix} (3) & (0) & 7 & 1 \\ 5 & 4 & (0) & 3 \\ 5 & 1 & 3 & 0 \\ 4 & 3 & 5 & 0 \end{pmatrix} \rightarrow \begin{pmatrix} 0 & 0 & 7 & 1 \\ 2 & 4 & 0 & 3 \\ 2 & 1 & 3 & 0 \\ 1 & 3 & 5 & 0 \end{pmatrix}$$

（a）　　　　（b）　　　　（c）

经变换后的效率矩阵中，其每行、每列至少有一个零元素。

2、第二步：最优化检验

检查表 12-7（c），能否找到 m（m 为矩阵的行数）个位于不同行、不同列的零元素，即检查覆盖所有零元素的直线是否为 m 条。

（1）逐行检查　从第一行开始，如果该行只有一个零元素，就对这个零元素打上括号，划去与打括号零元素同在一列的其他零元素。如果该行没有零元素，或有两个或多个零元素（已划去的不记在内），则转下行，如表 12-8（a）所示。打括号的意义可理解为该项任务已分配给某人。如果该行只有一个零元素，说明只能有唯一分配方案，划掉同列括号零元素可理解为该任务已分配，此后不再考虑分配给他人。当该行有两个或更多的零元素时，不记括号，其理由是至少有两个分配方案，为使以后分配时具有一定灵活性，

故暂不分配。

（2）逐列检查　在逐行检查的基础上，由第一列开始逐列检查，如果该列只有一个零元素就对这个零元素打括号，再划去打括号同行的零元素。若该列没有零元素或有两个以上的零元素，则转到下一列，如表 12-8（b）所示。

表 12-8　对表 12-7 的检查过程

$$\begin{pmatrix} 0 & 0 & 7 & 1 \\ 2 & 4 & (0) & 3 \\ 2 & 1 & 3 & (0) \\ 1 & 3 & 5 & \cancel{0} \end{pmatrix} \rightarrow \begin{pmatrix} (0) & \cancel{0} & 7 & 1 \\ 2 & 4 & (0) & 3 \\ 2 & 1 & 3 & (0) \\ 1 & 3 & 5 & \cancel{0} \end{pmatrix}$$

（a）　　　　　　（b）

（3）重复（1）、（2）两步后可能出现如下三种情况

1）每行都有一个零元素标有括号，显然这些打括号的零必然在不同行、不同列，因此得到了最优解。

2）每行、每列都有两个或更多的零，这表示对这个人可以分配两项不同任务中的任意一个。这时可以从剩有零元素最少的行开始，比较这行各零元素所在列中零元素的个数，选择零元素少的那列的这个零元素打括号，划掉同行同列的其他零元素。然后重复前面的步骤，直到所有零都做了标记。

3）矩阵中所有零都做了标记，但标有（ ）的零元素少于 m 个。这时我们就要找出能覆盖矩阵中所有零元素的最少直线的集合，以表 12-8 为例，步骤如下：

① 对没有（ ）的行打√；

② 对打√行上所有零元素的列打√；

③ 再对打√列上有（ ）的行打√，

重复上两步，直到过程结束，见表 12-9（a）；

④ 对没有打√的行划横线，对所有打√的列划垂线，这就得到覆盖矩阵所有零的最少直线数，见表 12-9（b）。

表 12-9　覆盖矩阵所有零的最少直线数

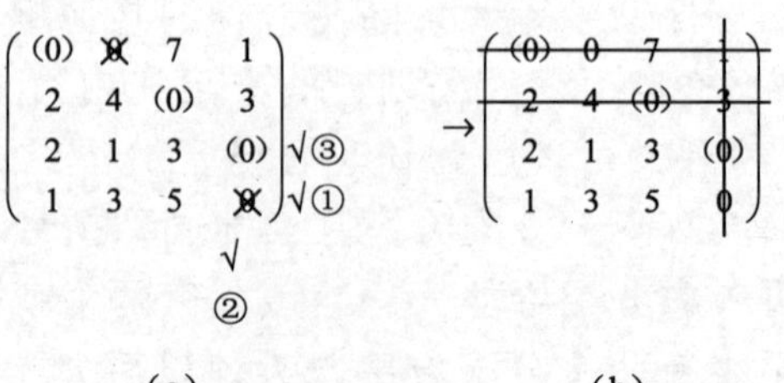

（a）　　　　　　（b）

表 12-9 的每一列表示每一项工作，每一行表示每个人。这样以上打 √ 的含义是：从表 12-9（a）中可以看出第 4 项工作可以由第 3 个人或第 4 个人来做，原来已经分配第 3 人，但不是最优解，为此考虑分配给第 4 人是否更好些。第 4 列、第 3 行、第 4 行打 √ 号，实际上反映它们之间可以有调换关系。

3、第三步：非最优阵的变换——零元素的移动

当表中的覆盖所有零的直线数小于 m 时，得到的不是最优解，因此需要对表中矩阵进一步进行变换，其步骤如下：

1）在未被直线覆盖的所有元素中，找出最小元素。

2）所有未被直线覆盖的元素都减去这个最小元素。

3）覆盖线十字交叉处的元素都加上这个最小元素。

4）只有一条直线覆盖的元素的值保持不变。

如此变换，我们得到新的效率矩阵。但变换后的效率矩阵将出现更多零元素，这样更易于标出 m 个不同行、不同列的零元素。以表 12-9（b）为例，未划线的元素中最小值为 1，经过变换得到表 12-10（b）。

表 12-10　非最优阵的变换

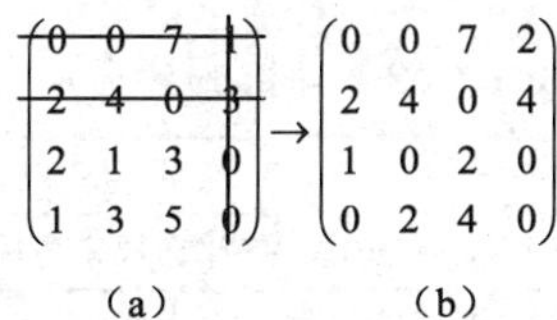

$$\begin{pmatrix} 0 & 0 & 7 & 1 \\ 2 & 4 & 0 & 3 \\ 2 & 1 & 3 & 0 \\ 1 & 3 & 5 & 0 \end{pmatrix} \rightarrow \begin{pmatrix} 0 & 0 & 7 & 2 \\ 2 & 4 & 0 & 4 \\ 1 & 0 & 2 & 0 \\ 0 & 2 & 4 & 0 \end{pmatrix}$$

（a）　　　（b）

4、第四步：重新标号

抹掉原来所有标号，回到第二步，按第二步（1）、（2）办法重新进行标号，直到得到最优解。

我们以表 12-10 为例：

1）先逐行标号，由于第 2 行只有一个零，先进行分配，此后每行都有两个零，为此转到逐列标号，如表 12-11（a）所示。

2）当对第 3 列第 2 行的零元素标以括号后，我们碰到每行、每列都有两个零的情况。这时我们可任选某一零元素标以括号，如表 12-11（b）所示。这里我们把第 1 行、第 1 列的零标括号，并划掉该标号的同行、同列的其他零元素，在重复地进行逐行逐列标号。

3）这样我们就得到不同行、不同列的 4 个零元素，如表 12-11（c）所示，此时我们已得到与表 12-11（c）所对应的最优分配方案。

最终分配方案为：甲→A、乙→C、丙→B、丁→D；其目标函数值为：4+4+4+2=14。

表 12-11 试分配过程

$$\begin{pmatrix} (0) & \not{0} & 7 & 2 \\ 2 & 4 & (0) & 4 \\ 1 & 0 & 2 & 0 \\ \not{0} & 2 & 4 & 0 \end{pmatrix} \rightarrow \begin{pmatrix} (0) & \not{0} & 7 & 2 \\ 2 & 4 & (0) & 4 \\ 1 & (0) & 3 & \not{0} \\ \not{0} & 2 & 4 & 0 \end{pmatrix} \rightarrow \begin{pmatrix} (0) & \not{0} & 7 & 2 \\ 2 & 4 & (0) & 4 \\ 1 & (0) & 2 & \not{0} \\ \not{0} & 2 & 4 & (0) \end{pmatrix}$$

(a) (b) (c)

如果我们选择第 1 行、第 2 列的零并打上括号，则继续标号后的最优方案为：甲→B、乙→C、丙→D、丁→A，目标函数仍然为 14，还可以找到其他分配方案，但是目标函数值都是 14。

第四节 仓库选址决策分析

一、影响仓库选址的因素

物流企业在仓储设施的选址问题上，常常需要考虑多种因素的影响。

在对其进行调研与分析时，应从仓库有关的外部因素和内部因素两个方面来考虑比较妥当，如表 12-12 和表 12-13 所示。

表 12-12 外部因素分析

外部因素	分析要点
国土开发	考虑国土开发计划中，有什么规定影响选址，对仓库是否有利
城市规划	了解城市的规划，以及城市未来的发展，以便确定仓库有利的位置
道路、铁路	了解有关国家、省、市、县、镇、村道路、高速公路和铁路的发展计划，了解道路的宽度、桥梁的负荷能力、高速公路的出口位置等
公共设施	调查电力、煤气、医院、学校等公共设施的计划作为参考
气候、水土	这个问题对仓库非常重要，针对仓库存放的物料必须特别留意
温度、湿度	了解四季最高与最低温度、湿度，以这些数据作为判断的资料
运费、交通	对运输线路、运输时间、交通状况等的调查
水路、河流	了解航道宽度、深度、河流日常水量、上游的情况、过去洪水情况、水质、堤防状况及其维护状况等，根据情况利用水路或河流对仓库是有利的
港湾	调查港湾状况及利用效果等，了解海流、潮水涨落时的状况、潮流速度、涨落潮差等。调查港湾的风向、台风的情况及风向等
用地及地形	了解仓库用地的地势、地形等情况
给、排水	要切实调查给、排水是否方便等资料
电力、燃料	了解供电电力容量和城市煤气供气的状态
劳动力	调查和判断劳动力是否容易获得
公害	了解在仓库附近有无污染环境的企业
废弃物处理	仓库所产生废弃物和垃圾的处理状况
市场情况	市场需求的时间、数量、地点

表 12-13　内部因素分析

内 部 因 素	分 析 要 点
经营政策和方针	根据政策去选定位置、性质以及建设的形态
预测未来	预测仓库的未来需求
仓库技术	从确定技术水平的高低及其未来的理想状态方面进行研究
仓库的经费与核算	根据客观条件和企业的具体情况，分解仓库建设的成本
物料的装卸、堆放	仓库作业的工艺流程
货车等车辆的周转	货车出库的等待时间及行驶路线，是否存在障碍的情况
废物的处理	废物处理的渠道和场所

二、选址问题的标准

影响仓储设施的主要因素会因公司差异而有所不同。在通常情况下，运输基础设施状况、市场状况以及供应商状况等因素是选择仓储地点首要考虑的因素。此外，仓储选址与各个运输节点、存储节点及消费节点的位置与距离有着密切的关系。

以下只讨论与运输节点、存储节点及消费节点的位置与距离等因素相关的选址决策分析方法。

选址问题的标准一般有两种：

1）使所选地址到最远的节点（服务对象）距离尽可能小——中心点。

2）使所选地址到各节点（服务对象）的总距离最小——中位点。

对于时间限制性强的仓储物品的选址问题多用中心点；而对于总资源约束强的物品的选址问题多用中位点。

三、各点之间的距离

（一）距离的定义

讨论选址问题，经常要涉及如下几种各点之间的距离：

1）节点到节点间的最短距离，称为节点—节点距离。

2）边上某点到节点的最短距离，称为点—节点距离。

3）节点到某边上最远一点的距离，称为节点—边距离。

（二）距离的计算

上述三种距离中，节点—节点距离可直接用 Dijkstra 算法（迪杰斯特拉——荷兰计算机科学家）。下面讨论无向网络图中的点—节点距离和节点—边距离的计算方法。

1、边上某点到节点的最短距离

设 d_{ij} 代表 v_i 与 v_j 间的最短距离，a_{rs} 代表边（r，s）的边长，令 h 为边（r，s）上一点的百分位，$0 \leqslant h \leqslant 1$，则边上对应 h 的一点到 v_j 的最短距离为

$$d[h(r,s),j]=\min[ha_{rs}+d_{rj},(1-h)a_{rs}+d_{sj}]$$

2、节点到某边上最远一点的距离

指定节点 j，它到边（r，s）上对应 h 百分位点有两条路，最远点必使两条路一样长，故节点 v_j 到某边（r，s）上最远一点的距离为

$$d[j,(r,s)]=0.5[d_{jr}+d_{js}+a_{rs}]$$

四、中心的定义及其确定方法

根据选址问题的标准，在实际中常用的中心有中心和一般中心两种。

（1）中心　位置在节点上，它是距最远节点距离最近的节点。确定中心的方法是以节点—节点距离为基础，按大中取小原则确定。

（2）一般中心　位置在节点上，它是距边上最远点距离最近的节点。确定一般中心的方法是以节点—边距离为基础，按大中取小原则确定。

例：求如图 12-3 的中心和一般中心。图中数字表示两个节点间的直线距离。

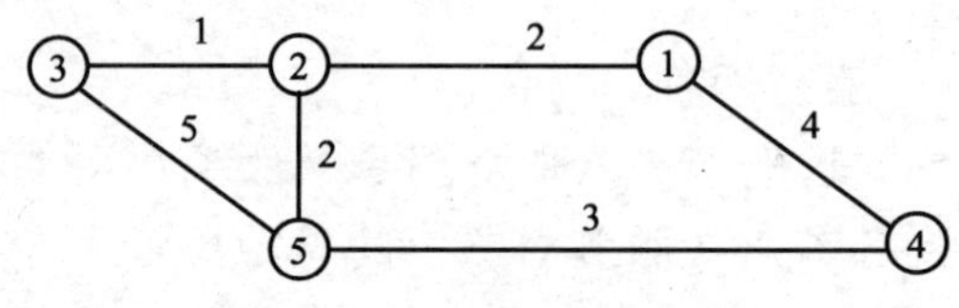

图 12-3　某一网络图

解：

1）按 Dijkstra 算法或任意两点间最短路的算法可求得图 12-3 任意两个节点间的最短路径的距离为矩阵 D。在该矩阵中，按大中取小原则确定中心，可知其中心为节点 1 或节点 5。

$$D=\begin{pmatrix} 0 & 2 & 3 & 4 & 4 \\ 2 & 0 & 1 & 5 & 2 \\ 3 & 1 & 0 & 6 & 3 \\ 4 & 5 & 6 & 0 & 3 \\ 4 & 2 & 3 & 3 & 0 \end{pmatrix}\begin{matrix} 4^* \\ 5 \\ 6 \\ 6 \\ 4^* \end{matrix}$$

2）将图 12-3 各个边进行编号，如表 12-14 所示。

表 12-14　各个边编号表

编　号	1	2	3	4	5	6	7
边（i，j）	（1，2）	（1，4）	（2，3）	（1，5）	（2，5）	（3，5）	（4，5）
边长	2	4	1	4	2	5	3

3）按节点到某边上最远一点的距离公式计算图 12-3 各点到按表 12-14 编号的各个边的最远一点的距离。计算结果为如下矩阵 D'所示。在该矩阵中，按大中取小原则确定一般中心，可知其一般中心为节点 2 或节点 5。

$$D'=\begin{pmatrix} 2 & 4 & 3 & 4 & 6 & 5.5 \\ 2 & 5.5 & 1 & 2 & 4 & 5 \\ 3 & 6.5 & 1 & 3 & 4 & 6 \\ 5.5 & 4 & 6 & 5 & 7 & 3 \\ 4 & 5.5 & 3 & 2 & 4 & 3 \end{pmatrix} \begin{matrix} 6 \\ 5.5^* \\ 6.5 \\ 7 \\ 5.5^* \end{matrix}$$

4）在计算各点到各个边的最远一点的距离时，节点到节点的最短距离可直接从上述矩阵 D 中的相应元素获得。例如节点 v_1 到边（4，5）最远一点距离的计算方法如下：

$$d'[v_1, a(v_4, v_5)]=0.5[d(v_1, v_4)+d(v_1, v_5)+a(v_4, v_5)]$$
$$=0.5(4+4+3)=5.5$$

五、中位点的定义及其确定方法

根据选址问题的标准，在实际中常用的中位点有中位点和一般中位点两种。

（1）中位点　位置在节点上，它到其他节点最短距离的总和最小。确定中位点的方法是以节点—节点距离为基础，按总和中取小原则确定。

（2）一般中位点　位置在节点上，它到各边距离的总和最小。确定一般中位点的方法是以节点—边距离为基础，按总和中取小原则确定。

例：求如图 12-3 的中位点和一般中位点。图中数字表示两个节点间的直接距离。

解：

1）在任意两点间最短距离矩阵 D 上，按总和中取小原则确定中位点，可知其中位点为节点 2。

$$D=\begin{pmatrix} 0 & 2 & 3 & 4 & 4 \\ 2 & 0 & 1 & 5 & 2 \\ 3 & 1 & 0 & 6 & 3 \\ 4 & 5 & 6 & 0 & 3 \\ 4 & 2 & 3 & 3 & 0 \end{pmatrix} \begin{matrix} 13 \\ 10^* \\ 13 \\ 18 \\ 12 \end{matrix}$$

2）在各点到各个边的最远一点的距离矩阵 D'上，按总和中取小原则确定一般中位点，可知其一般中位点为节点 2。

$$D'=\begin{pmatrix} 2 & 4 & 3 & 4 & 6 & 5.5 \\ 2 & 5.5 & 1 & 2 & 4 & 5 \\ 3 & 6.5 & 1 & 3 & 4 & 6 \\ 5.5 & 4 & 6 & 5 & 7 & 3 \\ 4 & 5.5 & 3 & 2 & 4 & 3 \end{pmatrix}\begin{matrix} 24.5 \\ 19.5^{*} \\ 23.5 \\ 30.5 \\ 21.5 \end{matrix}$$

第五节　配送路线决策分析

物流企业或物流中心的配送活动主要包括从生产工厂进货并集结的集货作业；根据各个顾客的不同需求，在配送中心将所需要的货物挑选出来的配货作业；考虑配送货物的质量和体积、充分利用车辆的载重和容积的车载货物的配装及配送路线优化方案的确定。

在这些作业中，制定配送线路优化方案是一个非常重要的问题。配送方案是指配送中心按不同客户的多频度、小批量的订货要求组织配送，其主要内容是指根据顾客的货物需求量来分配车辆和选择优化路线，即如何有效地使用车辆并决定其最经济的行驶路线，使商品能在最佳的时间内送到顾客的手中。

由于从事配送的车辆尤其是从事城市配送的车辆工作条件复杂，不仅货运点多、货物种类多，而且运输服务地区内运输网点分布也不均匀，同时很多客户还对配送提出了时间要求。因此，如何求解优化配送方案是管理者所要探讨的重要课题。

配送线路优化方案问题同时也是供应链研究的一项重要内容。在配送作业中，管理者需要采取有效的配送方案以提高服务水平，降低货运费用。配送线路是否合理对配送的速度、成本、效益有着直接的影响。选取恰当的配送线路优化方案，可以加快对客户需求的响应速度，提高服务质量，增强客户对物流环节的满意度，降低服务商运作成本。下面结合一个例子，介绍求解配送线路优化方案的常用的方法——“节约里程法”。

设配送中心 P_0 向 7 个用户 P_j 配送货物，其配送路线网络、配送中心与用户的距离以及用户之间的距离如图 12-4 与表 12-15 所示。图中括号内的数字表示客户的需求量（单位：吨），线路上的数字表示两节点之间的距离（单位：公里），现配送中心有 2 台 4 吨货车和 2 台 6 吨货车两种车辆可供使用。

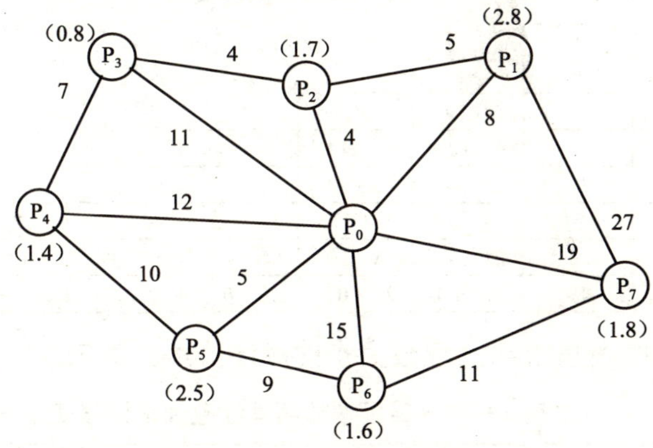

图 12-4　配送网络图

表 12-15　里程表

需要量/吨	P_0							
2.8	8	P_1						
1.7	4	5	P_2					
0.8	11	9	4	P_3				
1.4	12	16	11	7	P_4			
2.5	5	13	9	13	10	P_5		
1.6	15	22	18	22	19	9	P_6	
1.8	19	27	23	30	30	20	11	P_7

（1）试用节约里程法制定最优的配送方案。

（2）设配送中心在向用户配送货物过程中单位时间平均支出成本为 45 元，假定卡车行驶的平均速度为 25 公里/小时，试比较优化后的方案比单独向各用户分送可节约多少费用？

解：

1）先优化配送路线，计算节约里程数。

第一步，根据运输里程表（见表 12-15），按节约里程公式（$d_{0i}+d_{0j}-d_{ij}$），求出相应的节约里程数，如表 12-16 括号内数字所示。

（假设 P_0 向 P_i、P_j 各派 1 辆车送货，则总里程为 2×（$d_{0i}+d_{0j}$），若装载量及一次走行里程允许，则可按 $P_0 \to P_i \to P_j \to P_0$ 的路径，可节约里程 $d_{0i}+d_{0j}-d_{ij}$，根据节约量可以不断优化初始解，最终得到最优解。）

表 12-16 里程表

需要量/吨	P_0							
2.8	8	P_1						
1.7	4	5（7）	P_2					
0.8	11	9（10）	4（11）	P_3				
1.4	12	16（4）	11（5）	7（16）	P_4			
2.5	5	13（0）	9（0）	13（3）	10（7）	P_5		
1.6	15	22（1）	18（1）	22（4）	19（8）	9（11）	P_6	
1.8	19	27（0）	23（0）	30（0）	30（1）	20（4）	11(23)	P_7

第二步，路段按节约里程数大小的顺序排序，如表 12-17 所示。

表 12-17 路段按节约里程数大小排序表

序　号	路　线	节约里程/公里	序　号	路　线	节约里程/公里
1	P_6P_7	23	9	P_2P_4	5
2	P_3P_4	16	10	P_3P_6	4
3	P_2P_3	11	11	P_1P_4	4
4	P_5P_6	11	12	P_5P_7	4
5	P_1P_3	10	13	P_3P_5	3
6	P_4P_6	8	14	P_1P_6	1
7	P_4P_5	7	15	P_2P_6	1
8	P_1P_2	7	16	P_4P_7	1

第三步，按节约里程数大小、不重复分派并充分利用运力的原则，组成配送路线图。

配送路线如下：

① P_5—P_6—P_7组成共同配送，节约里程 11 公里+23 公里=34 公里，配送重量 2.5 吨+1.6 吨+1.8 吨=5.9 吨，使用一辆 6 吨车。

② P_4—P_3—P_2组成共同配送，节约里程 16 公里+11 公里=27 公里，配送重量 1.4 吨+0.8 吨+1.7 吨=3.9 吨，使用一辆 4 吨车。

③ P_1 单独送货，配送重量为 2.8 吨，使用一台 4 吨车配送。

优化后的配送线路，共节约里程为$\triangle S$=34 公里+27 公里=61 公里。

2）根据题意，节省的配送时间为

$$\triangle T=\frac{\Delta S}{\overline{V}}=\frac{61\text{公里}}{25\text{公里/小时}}=2.44\text{ 小时}$$

节省的费用为

$$P=\triangle T\times F=2.44\text{ 小时}\times 45\text{ 元/小时}=109.8\text{ 元}$$

【复习思考题】

1．如何计算公路运输成本降低额和成本降低率？

2．影响仓储成本的因素有哪些？

3．ABC 分析控制法的基本原理是什么？

4. 仓库选址的内部因素有哪些？

5. 什么是再订货点？

【练习题】

1. 某汽车修理厂每月需要某种零件 2 000 件，单价为 30 元，每次订购费为 100 元，年库存保管费率为 16%，求经济订货批量以及年库存管理总费用。

2. 在每年订货 4 次时，每次订货额是 12 000 元，若该原料年保管总额是 480 元，每次订货费是 120 元，求年保管费用率。年存货费用总额的最小值此时是多少？

3. 某厂拟用 5（A、B、C、D、E）台设备加工 5 种货品，加工费（元）如表 12-18 所示。若每台设备只限加工一种零件，则应如何分配任务才能使总加工费最少？

表 12-18　某厂加工费用明细表

（单位：元）

拟用设备	货品 1	货品 2	货品 3	货品 4	货品 5
A	4	1	8	4	2
B	9	8	4	7	7
C	8	4	6	6	3
D	6	5	7	6	2
E	5	5	4	3	1

4. 已知配送中心 P_0 向 5 个用户 P_j 配送货物，其配送路线网络、配送中心与用户的距离以及用户之间的距离如图 12-5 和表 12-19 所示。图中括号内的数字表示客户的需求量（单位：吨），线路上的数字表示两节点之间的距离，配送中心有 3 台 2 吨货车和 2 台 4 吨货车两种车辆可供使用。

要求：1）试利用节约里程法制定最优的配送方案；2）设卡车行驶的平均速度为 40 公里/小时，试比较优化后的方案比单独向各用户分送可节约多少时间？

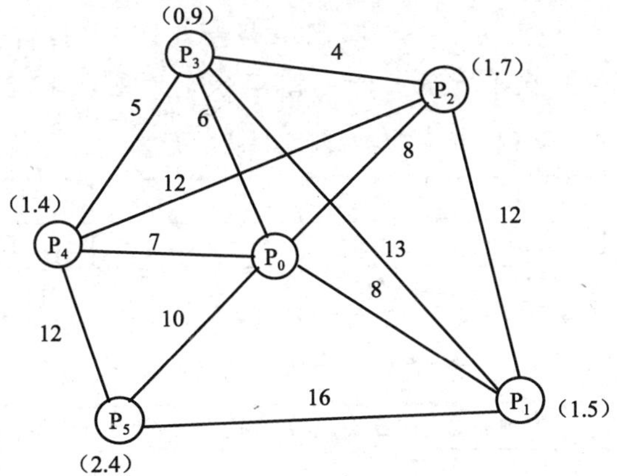

图 12-5　配送网络图

表 12-19 里程表

需要量/吨	P_0					
1.5	8	P_1				
1.7	8	12	P_2			
0.9	6	13	4	P_3		
1.4	7	15	9	5	P_4	
2.4	10	16	18	16	12	P_5

【案例 1】手提包的问题

耐用公司是中国中西部一家箱包制造企业。三年前，业主高山和李文从西北大学获得雕塑专业的学位，两人在探索现代雕塑中一直受自然线条派的影响，并开始将他们在雕塑方面的美学观念融合到女式手提包上，在得到朋友们的鼓励后，他们决定到北京的王府井百货商场和上海第一百货商场展示他们的作品。两家商场的代理人对他们卓越而独特的设计风格留下了深刻的印象，并同意经销这些商品。在半年内，《时代周刊》等杂志曾连续刊登了最流行款式的商品，其中包括高山和李文制作的样品，于是手提包的需求量激增。

现在，有 30 多个工匠从事生产 5 种不同款式的手提包，全是价格 1 000 元以上的高级品。每种手提包均采用相同的做手套用的精制水牛皮革制作，并用他们自己专门配置的鞣革料处理过。

业务的迅速发展对这个小公司提出了若干问题。主要问题是主料长期短缺。生牛皮革价格猛涨，牛皮革当时价是每米 150 元，是三年前的 2.6 倍；此外，商品牲畜的屠宰量也减少了 9%～11%。由于牛皮革装运延误，该公司经常停产，经常不能及时把货发给经销商。为了避免不良后果，有人建议要高山和李文实行更有效的库存控制。

最近，高山和李文雇佣了一名顾问来帮助处理他们的问题，他根据该公司的历史资料确定了牛皮革前置时间的概率分布（见表 12-20）。

表 12-20 牛皮革前置时间的概率分布

前置时间/周	4	5	6	7	8
概　　率	0.1	0.2	0.4	0.2	0.1

李文向顾问提供了下列 5 种手提包的资料（见表 12-21）。

表 12-21 手提包的资料

款　　式	信使袋式	带柄手提离合式	拉锁离合式	背包	带柄公事包式
周需求量/只	5	8	15	6	10
每只包用牛皮革数量/米	2.3	1.6	0.5	0.7	2.1

牛皮革的订购成本与数量无关，为 400 元。每米牛皮革的缺货成本为 80 元，每米每年的储存成本为 60 元。

由于高山和李文感到按指定的订货间隔订购牛皮革，能最充分地满足他们的需要，因此采用了固定订货间隔期库存模式。他们认为每 3 周订货一次是一种可行的方法，并便于与生牛皮革业的屠宰、生皮的预制和交货的作业相协调。

在搜集了这些信息后，顾问便着手分析现行系统，准备提出必要的建议。

1. 现行库存系统是否实用适当？
2. 应做些什么改变？
3. 价格的迅速上涨对选择库存模型系统和保险库存量有什么影响？

【案例 2】海尔的革命年代

物流业兴起是经济发展的大势所趋，可是真正敢于横刀立马于物流潮头的人并不多。原因复杂而简单——中国的国情摆在眼前，企业的逡巡彷徨已经从侧面反映了外部环境的不成熟。毕竟“识时务者为俊杰”，物流实干家在大刀阔斧或是循序渐进方式中，多数选择了后者。正当这种潮流逐渐占据上风时，海尔物流令人耳目一新地出现，并发出了另外一种信号：唯创新者才能独占鳌头。

在竞争对手看来，海尔最令人畏惧的是思维创新的速度和实现创新的能力。当海尔仅仅一只脚踏进物流业时，同行就已经隐约感受到其逼人的压力，而海尔国际物流中心的开张，则把这种压力变成了现实。海尔国际物流中心坐落在海尔开发区工业园，由国家 863 计划项目海尔机器人有限公司整合国内外资源建设而成。宏伟的中心立体库高 22m，拥有 18 056 个标准托盘位，其中原材料 9 768 个盘位，成品 8 288 个盘位，包括原材料和产成品两个自动化物流系统。采用世界上最先进的激光导引技术开发的激光导引无人运输车系统、巷道堆垛机、机器人、穿梭车等，全部实现物流的自动化和智能化。除了硬件的高度专业化外，海尔特色物流管理中的“一流三网”和“同步模式”概念的提出，则形成了中国物流今年最强劲的冲击波。

事实上，庞大的立体库工程仅仅是冰山一角，海尔针对企业的改革则包含了物流进化中更博大深邃的思维。公司总裁张瑞敏对物流的理解，首先是企业的管理革命。企业发展现代物流不能回避的是流程再造，而流程再造将把原直线职能式的金字塔结构，改革为“扁平化”的组织结构。这种企业内部的管理再造，对企业来讲是一场非常痛苦的革命。而企业要在国际化的竞争中立足，除了这种革命之外别无出路。海尔的流程再造是用“一流三网”来体现现代物流的信息化和网络化。其中“一流”是订单信息流，企业内部信息系统的构造，全面围绕着订单流动进行设计。作为物流的基础和支持，“三网”则是指海尔的全球供应网络、全球配送网络和计算机管理网络。对于海尔物流来讲“一流三网”是实现物流革命的必然选择。

对海尔来说，物流还意味着速度。依据张瑞敏的理解，信息化时代企业用以制胜的武器就是速度。对企业来讲，20世纪80年代制胜的武器是品质管理；20世纪90年代制胜的武器就是企业流程再造；而21世纪初的10年，对于新经济时代的企业来讲，制胜的武器就是速度。这个速度，就是能够最快地满足消费者个性化的需求。对个性化需求的考虑，在很多企业“纸上谈兵”时，海尔就已经把产品的定位实现了革命性的调整。而对于如何实现这个速度，海尔提出了“同步模式”：在接到订单的那一刹那，所有与这个订单有关系的部门和个人，能够在物流流程明确分工的环节下同步地行动起来，从而实现同步流程、同步送达。

在企业革命性的调整后，物流帮助海尔实现了革命性的“零库存、零距离、零营运资本”的运作目标。JIT采购、JIT送料、JIT配送是海尔实现“零库存”的武器。目前海尔的仓库，完成的只是一个配送中心的职能，它是为了下道工序配送而暂存的一个地方。“零库存”意味着不仅不会因这些物资积压形成呆滞物资，更重要的是它为产品生产的零缺陷铺平了道路。由于物资的采购保证了品质和新鲜度，从而使质量保证有了非常牢靠的基础。“零距离”指的是海尔在拿到用户的订单需求后，以最快的速度满足用户的需求。海尔目前基于物流的生产过程是“柔性”的生产线，都是为订单来进行生产的，然后再通过全国42个配送中心，及时地配送到用户手中，通过这种做法尽可能地实现“零距离”。张瑞敏对“零距离”的理解还有更深的一层含义，即对企业来讲，不仅仅是意味着产品不需要积压送达客户手中，更意味着企业可以在市场当中不断地获取新的市场，创造新的市场。谈到这一点，张瑞敏引用了美国管理大师德鲁克所说的一句话：“好的公司是满足需求，伟大的公司是创造市场。”所谓“零营运资本”，就是零流动资金占用。海尔因为有了零库存和零距离，因此已经有能力做到“零营运资本”。简单地说，企业在给分供方付款期到来之前，可以先把用户应该给企业的货款收回来。达成收回货款的前提是企业做到现款现货，而做到现款现货的最有效途径，就是企业根据用户的订单来制造产品，这也是企业进入良性运作的过程。物流带给海尔的三个“零理念”，成为海尔在物流时代创造财富的源泉。第三方物流企业经常为如何满足生产厂商的物流需求而绞尽脑汁，考察海尔物流实现的运作思路，多少会带给这些专业企业一些启迪。

“物流带给海尔最关键的是核心竞争力”，这句看似深奥的话有着极为朴素的含义。根据张瑞敏的表述，核心竞争力就是在市场上可以获得用户忠诚度的能力，它并非意味着企业一定生产一个核心部件。拥有这种竞争力的代表企业是戴尔公司，它既不生产软件也不生产硬件，而是从互联网采购，因为它获取了用户的忠诚度，因此就有了核心竞争力。物流也使得海尔能够一只手抓住用户的需求，一只手抓住可以满足用户需求的全球供应链，把这两种能力结合在一起，形成的就是海尔所期望达到的核心竞争力。而海尔运作现代物流，目的就是要获得在全世界通行无阻的核心竞争力，成为国际化的世界名牌企业。

下面的一组组数字可以从侧面说明物流“革命”给海尔带来的变化：整个集团呆滞物资降低 73.8%，仓库面积减少 50%，库存资金减少 67%；7 200m^2的物流中心吞吐能力相当于 30 万 m^2的普通平面仓库；供应商由原来的 2 336 家优化到 978 家，同时国际化供应商的比例上升了 20%；在中心城市实现 8 小时配送到位，区域内 24 小时配送到位，全国 4 天以内到位；100%的采购订单由网上下达，采购周期由平均 10 天降低到 3 天，网上支付已达到总支付额的 20%……这些有着惊人变化的数字背后，正是给海尔带来惊人变化的物流“革命”。在专业物流人看来，与其说海尔创新有方，更不如说海尔的胆气让人叹为观止。从这个意义上看，海尔带来的不仅是企业自身的发展，其革命性的思维方式更将深远地影响到摸索中的中国物流产业。

参 考 文 献

[1] 鲁亮升．成本会计[M]．大连：东北财经大学出版社，2002.

[2] 刘志学．现代物流手册[M]．北京：中国物资出版社，2002.

[3] 王之泰．新编现代物流学[M]．北京：首都经济贸易大学出版社，2005.

[4] 邓凤祥．现代物流成本管理[M]．北京：经济管理出版社，2003.

[5] 现代物流管理课题组．物流成本管理[M]．广州：广东经济出版社，2002.

[6] 林齐宁．运筹学[M]．北京：北京邮电大学出版社，2003.

[7] 张艳．成本会计[M]．北京：机械工业出版社，2008.